Semiótica, Direito & Arte

Semiótica, Direito & Arte

ENTRE TEORIA DA JUSTIÇA E TEORIA DO DIREITO

2020

Eduardo C. B. Bittar

SEMIÓTICA, DIREITO & ARTE
ENTRE TEORIA DA JUSTIÇA E TEORIA DO DIREITO
© Almedina, 2020

Autor: Eduardo C. B. Bittar
Diagramação: Almedina
Design de Capa: FBA.
ISBN: 9786556270791

Dados Internacionais de Catalogação na Publicação (CIP)
(Câmara Brasileira do Livro, SP, Brasil)

Bittar, Eduardo C. B.
Semiótica, Direito & Arte: entre teoria da
justiça e teoria do direito / Eduardo C. B. Bittar.
São Paulo: Almedina, 2020.
Bibliografia.

ISBN 978-65-5627-079-1

1. Direito – Teoria 2. Direito e arte 3. Justiça – Teoria
4. Semiótica (Direito) 5. Semiótica e artes
I. Título.

20-39989   CDU-340.11

Índices para catálogo sistemático:

1. Direito e arte 340.11

Cibele Maria Dias – Bibliotecária – CRB-8/9427

Este livro segue as regras do novo Acordo Ortográfico da Língua Portuguesa (1990).

Translation from the English language edition: Semiotics, Law & Art – Between Theory of Justice and Theory of Law by Eduardo C.B. Bittar Copyright © The Editor(s) (if applicable) and The Author(s), under exclusive license to Springer Nature Switzerland AG [2020]. All Rights Reserved.

Imagem da página 5 – Arquivo pessoal: Eduardo C. B. Bittar – Fotografia: ©pyo

Todos os direitos reservados. Nenhuma parte deste livro, protegido por copyright, pode ser reproduzida, armazenada ou transmitida de alguma forma ou por algum meio, seja eletrônico ou mecânico, inclusive fotocópia, gravação ou qualquer sistema de armazenagem de informações, sem a permissão expressa e por escrito da editora.

Setembro, 2020

Editora: Almedina Brasil
Rua José Maria Lisboa, 860, Conj. 131 e 132, Jardim Paulista | 01423-001 São Paulo | Brasil
editora@almedina.com.br
www.almedina.com.br

"Sem símbolos não há justiça, pura e simplesmente porque nenhuma justiça pode prescindir de formas"

(Antoine Garapon, *Bem julgar*, 1999, p. 311).

"Dans le domaine des relations entre la Sémiotique et l'Art, mais aussi entre l'Art et le Droit, l'Auteur est dédié à une entreprise innovante"

"No campo da relação entre Semiótica e Arte, e, ainda, Arte e Direito, o Autor se dedica a um empreendimento inovador"

François Ost
Professeur Émérite invité à l'Université Saint-Louis (Bruxelles, Bélgique)

"L'iconographie occidentale et le caractère symbolique du Droit sont explorés dans cet ouvrage judicieux, novateur et réfléchi"

"A iconografia ocidental e o caráter simbólico do Direito são explorados nesta obra criteriosa, inovadora e reflexiva"

Antoine Garapon
Magistrat, Secrétaire Général de l'Institut des Hautes Études sur la Justice (France, Paris)

"A reinvenção plausível de um internal point of view, autonomamente comprometido com as exigências específicas do Direito, não é hoje sustentável sem a assimilação lograda das possibilidades e dos recursos de um contexto materialmente situado, inscrito por inteiro na realidade histórico-social e assim mesmo co-determinado por factores naturais, institucionais e culturais. É o exercício in progress desta dialéctica interno/externo (com as perspectivas externas a trazerem-nos por um lado os recursos da semiótica narrativa de Greimas e por outro lado a inter-relação constitutiva com as experiências estéticas da pintura, da arquitectura, do teatro e da literatura) que confere a Semiótica, Direito e Arte de Eduardo Bittar um significado precioso, tanto mais precioso de resto quanto preocupado com a exigência de construir uma ponte (reciprocamente produtiva) entre os universos da Teoria do Direito e da(s) Teoria(s)da Justiça..."

José Manuel Aroso Linhares
Professor Catedrático de Teoria e Filosofia do Direito da Faculdade de Direito da Universidade de Coimbra; Presidente do Conselho de Coordenação do Instituto Jurídico da Universidade de Coimbra (Coimbra, Portugal)

APRESENTAÇÃO

A edição original em inglês deste livro foi publicada pela *Springer* (2020), e, agora, recebe da Editora *Editora Almedina*, a versão em português. Este livro possui a intenção de recobrir um importante campo de investigação dentro da *Semiótica do Direito*, especialmente este diretamente relacionado aos temas da *Justiça*. E esse exercício se completa, através da mais direta conexão entre *Direito & Arte*. Este livro tem como tese central a tarefa de devolver a justiça ao centro das preocupações do jurista. Assim, o *símbolo da justiça* é investigado, na perspectiva semiótica, para que se possa enxergar a sua aparição nos processos de produção de sentido responsáveis pela formação do Direito de cada período histórico. É assim que as mutações históricas encontradas ao nível do *símbolo* são reveladoras das transformações históricas dos valores, das práticas e dos saberes que estruturam a formação do Direito.

O livro oferece ao leitor um programa completo de *Semiótica do Direito*, numa perspectiva que explora a relação *Law & Art* de uma forma muito aberta e curiosa. O livro aborda esse ponto central em muitos aspectos, considerando a relação entre *Semiótica, Direito e Arte* (Capítulo 1), *Semiótica, Arte e Experiência* (Capítulo 2), *Sociedade, Direito e Arte* (Capítulo 3), na Parte I, e *Semiótica, Direito e Pintura* (Capítulo 4.1), *Semiótica, Direito e Arquitetura* (Capítulo 4.2), *Semiótica, Direito e Teatro* (Capítulo 4.3), *Semiótica, Direito e Literatura* (Capítulo 4.4), *Semiótica, Direito e Cultura* (Capítulo 4.5), na Parte II. Ao atravessar toda a proposta do livro, o leitor será guiado por uma digressão que faz da relação *Law & Art* uma *pesquisa simbólica* pautada pela relação entre *Law & Justice*.

O livro é parte de um conjunto de resultados que decorrem de uma pesquisa científica desenvolvida com o apoio do CNPQ (*Conselho Nacional de Pesquisa Científica* – Brasil), com o projeto intitulado *Semiótica, Justiça & Arte*. A escrita do livro é, também, o registro da disciplina intitulada *Semiótica, Justiça & Arte*, que foi criada em 2020 de forma pioneira no âmbito do Programa de Pós-Graduação da *Faculdade de Direito* da *Universidade de São Paulo* (USP/São Paulo/Brasil). Assim, do ponto de vista local, para a literatura brasileira sobre o tema, o livro tem um papel inovador, e, do ponto de vista global, para a literatura mundial sobre o tema, o livro se soma a uma série de estudos e esforços que vêm se multiplicando no sentido do fortalecimento da *Visual Jurisprudence*.

Este livro é o resultado de uma longa trajetória de interesse e pesquisa, acerca da potência contida na relação entre *Law & Language* e, também, na relação entre *Law & Art*. Se existem muitas formas de estabelecer estas relações de contato e intercâmbio, a opção deste livro é por uma abordagem pela via da *Teoria Semiótica*. Do ponto de vista metodológico, a linha teórica adotada segue a linha greimasiana, da *École de Paris*, dentro da qual estabeleci a mais profunda conexão dos meus estudos, desde a minha Tese de Doutorado, defendida em 1999, junto ao *Departamento de Filosofia e Teoria Geral do Direito* da *Faculdade de Direito* da *Universidade de São Paulo*, após um estágio-Doutoral na *Université de Paris* e na *Université de Lyon*. Àquele tempo, o tema era apenas germinativo, e a literatura especializada ainda era muito escassa.

Mas, as contribuições teóricas obtidas no campo da *Semiótica* já apontavam neste sentido, tendo sido formativos e constituintes os estudos empreendidos no campo da *Semiótica greimasiana*, nos seminários e estudos, de *Sémiotique textuelle*, com Louis Panier, de *Sémiologie de l'image*, com Odile Le Guern, e de *Sémiologie du texte et de l'image*, com Jacques Poulet, na *Université de Lyon-II* (*Faculté des Lettres, Sciences du langage et Arts*), e de *Sémantique Générale*, com Bernard Pottier, na *Université de Paris* (Sorbonne-IV). Assim, a *Tese de Doutorado* recebeu o título de *Semiótica do Discurso Jurídico*, tendo sido posteriormente publicada na forma de livro, intitulado *Linguagem Jurídica: semiótica, direito e discurso* (Editora Saraiva). Com o tempo e sua disseminação, esta obra acabou lançando uma conexão

APRESENTAÇÃO

mais estreita entre a semiótica greimasiana e os estudos sobre o discurso jurídico no Brasil. Mas, o empreendimento esgotou a possibilidade de avançar além dos limites do material de pesquisa recolhido à época, e que se verteu para a compreensão das *práticas discursivas* dos *discursos normativo, burocrático, decisório* e *científico*, no campo do Direito.

Agora, ao modo de continuidade daquele empreendimento, se torna possível retomar este *caminho interrompido*, para seguir na aproximação entre *Semiótica do Direito* e *Semiótica da Arte*. Ambos os campos de trabalho, nos anos 90, eram ainda muito incipientes, e agora já reúnem condições de oferecerem subsídios para uma interação dialógica com Autores(as) que trouxeram valiosas contribuições nestas duas dimensões, nas últimas duas décadas. É daí que nasce – em termos de continuidade – esta obra, agora intitulada *Semiótica, Direito & Arte: entre Teoria da Justiça e Teoria do Direito*. Este aspecto representa uma parte destes caminhos truncados, que sempre são os caminhos das investigações e das pesquisas científicas.

Hoje, já passados mais de 20 anos, é ao modo de um *risorgimento* que o tema reaparece, agora por objeto de uma pesquisa mais extensa, de uma dedicação mais sistemática e de um estímulo duplamente institucionalizado, na forma de *projeto de pesquisa* do *CNPq*, e, também, enquanto *linha de pesquisa* do *Departamento de Filosofia e Teoria Geral do Direito* da *Faculdade de Direito* da *Universidade de São Paulo*. Este contexto é, portanto, eminentemente diferente do outro narrado logo acima. Ele *reconfigura* a possibilidade da pesquisa científica que se estabiliza acerca da relação entre *Direito & Arte*. Isso porque, ele permitiu uma *tessitura* lenta e gradativa, construída e sentida, pensada e refletida, desenvolvida e cultivada, à sombra da *fruição* de obras de arte, sem as quais, evidentemente, nada seria possível.

Para esta empreitada, foram determinantes os períodos de pesquisa e estudo junto ao *Centro Interdipartamentale di Ricerca in Storia del Diritto, Filosofia e Sociologia del Diritto e Informática* (CIRSFID, Bologna, Itália), *Alma Mater Studiorum – Universitá di Bologna* (Bologna, Itália), seja em 2014, seja em 2017, com Carla Faralli. Foi a partir daí que tiveram lugar visitas exploratórias para *pesquisa iconográfica* de campo, captação de imagens, produção de banco de imagens, coleta de materiais de pesquisa, que foram tornando palpável a linha-mestra do trabalho.

Igualmente importante foi o convívio, em 2016, através de um *Entrétien* com o sociólogo e antropólogo francês Antoine Garapon, na sede do *Institut des Hautes Études sur la Justice* – IEHJ (Paris, França, 2018), desde quando o trabalho com os estudos provenientes dos resultados de suas pesquisas, investigações, reflexões e publicações, apenas vieram se aprofundando, e colaborando decisivamente para a visão desenvolvida neste livro. Igualmente, importante, foi a recepção como *Visiting Professor* no *Collège de France* (Paris, França, 2019), por Alain Supiot, a partir de onde pude também aprofundar aspectos finais da elaboração do trabalho.

Igualmente, devo especiais agradecimentos a Rafael Mancebo, que me convidou a integrar o evento internacional *Direito e Arte (Recht und Kunst)*, organizado pela *Associação de Juristas Luso-Alemã (Jahrestagung der Deutsch-Lusitanischen Juristenvereinigung)*, na *Humboldt-Universität*, em Berlim (Alemanha), em 12 de novembro de 2016, na qual apresentei meus estudos sobre *Recht und Musik*. Também, é certo que, no Brasil, durante os anos de 2018-2020, o contato com os materiais produzidos pelo *Programa de Estudos Pós-Graduados em Comunicação e Semiótica* da *Pontifícia Universidade Católica de São Paulo* (PUC-SP), e, também, pelos materiais produzidos pela *Faculdade de Filosofia, Letras e Ciências Humanas* da *Universidade de São Paulo* (FFLCH-USP), foram determinantes para a qualificação das etapas internas da pesquisa.

Ademais, foi de definitiva importância a participação, no ano de 2019, no *20th International Roundtable for the Semiotics of Law: the Limits of Law*, com a apresentação do *paper* intitulado "*The concept of Legal System: an approach from Semiotics of Law*", no WorkShop 10, na Universidade de Coimbra, promovido pelo *Instituto Jurídico*, com José Manuel Aroso Linhares.

Não posso esquecer os meus profundos agradecimentos ao meu pai, jurista dedicado ao *Direito de Autor*, fagulha de onde se extraiu a possibilidade da inspiração desta obra.

Não posso deixar de registrar meus agradecimentos ao Sr. Ortiz, pela cuidadosa tarefa de preparação dos materiais de pesquisa, e o apoio recebido de Priscilla, especialmente no trabalho com as imagens.

Meus especiais agradecimentos, também, à Editora Springer, responsável pela publicação da versão em língua inglesa desta obra.

Devo agradecimentos ao CNPq, pela *Bolsa de Produtividade em Pesquisa* N-2, no período de 2017-2020 e pela subsequente, no período de 2020-2023, que tornou possível a execução este projeto.

APRESENTAÇÃO

Meus agradecimentos a Anne Wagner e a Sarah Marusek, que recebe-ram com entusiasmo a primeira versão deste livro, em língua inglesa, agora garantida a sua publicação pela Editora Almedina, em língua portuguesa.

O Autor

SUMÁRIO

APRESENTAÇÃO   9

PARTE I
PARTE GERAL

CAPÍTULO 1 – SEMIÓTICA, DIREITO E ARTE   21
1.1. Introdução: entre Arte e Direito   21
1.2. Semiótica, Direito e Arte   28
1.3. Semiótica, Linguagens e Arte   34
1.4. Simbolização, Modalidades de Signos e Arte   39
1.5. Simbolização, Sociedade e Direito   45
1.6. Simbolização, Direito e Justiça   49

CAPÍTULO 2 – SEMIÓTICA, ARTE E EXPERIÊNCIA   55
2.1. Semiótica, arte e linguagens artísticas   55
2.2. Semiótica, conceito de arte e experiência estética   59
2.3. Semiótica, conceito de arte e experiência humana   69
2.4. Semiótica, arte e permanência   77
2.5. Semiótica, arte e poder   80
2.6. Semiótica, arte e papel simbólico   88
2.7. Semiótica, arte e criação   91
2.8. Semiótica, arte e pluralismo de sentidos   98
2.9. Semiótica, arte e memória   100

CAPÍTULO 3 – SOCIEDADE, DIREITO E ARTE   103
3.1. A sociedade moderna, o Direito e a Justiça   103
3.2. A sociedade moderna, a arte e a reificação do olhar   108
3.3. A sociedade moderna, o capitalismo estético
e a homogeneização da arte   121
3.4. A sociedade moderna, o olhar jurídico e o olhar artístico   126

PARTE II
PARTE ESPECIAL

CAPÍTULO 4 – SEMIÓTICA APLICADA, DIREITO E ARTE   137
4.1. Semiótica, Direito e Pintura: a iconologia da justiça   137
    4.1.1. O símbolo da justiça: espelho histórico e signo-público   142
       4.1.1.1. O símbolo da justiça: a venda   149
       4.1.1.2. O símbolo da justiça: a balança   157
       4.1.1.3. O símbolo da justiça: a espada   160
    4.1.2. Entre *Iconologia* e *Semiótica da Pintura*: o símbolo
da justiça na pintura ocidental   161
       4.1.2.1. Semiótica, imagem e justiça   165
       4.1.2.2. O quadrado semiótico e o texto pictórico   170
    4.1.3. *Affreschi* no *Palazzo della Ragione* de Padova   175
       4.1.3.1. A justiça no centro da cidade e da vida
comunal   177
       4.1.3.2. A justiça, o sistema de leis e a cidade
nos *Affreschi*   181
       4.1.3.3. O quadrado semiótico e o texto pictórico   182
    4.1.4. *Allegoria ed Efetti del Buono e del Cattivo Governo*,
Palazzo Pubblico di Siena   183
       4.1.4.1. Os três estados da justiça na *Allegoria*   187
       4.1.4.2. Os efeitos da *justiça na cidade* na *Allegoria*   190
       4.1.4.3. Os efeitos da *injustiça na cidade* na *Allegoria*   191
       4.1.4.4. O quadrado semiótico e o texto pictórico   192
    4.1.5. *Affreschi* na *Cappella degli Scrovegni* de Pádua   195
       4.1.5.1. A *justiça* e a *injustiça* no centro do ciclo
das virtudes   196
       4.1.5.2. A figura masculina da *injustiça*   201

	4.1.5.3. O quadrado semiótico e o texto pictórico	203
4.1.6.	*Affreschi* na *Stanza della Segnatura* do Vaticano	204
	4.1.6.1. A justiça e a cosmovisão cristã	205
	4.1.6.2. A justiça como ideia e virtude cardeal	207
	4.1.6.3. A justiça como ideia e o Direito Positivo	209
	4.1.6.4. O quadrado semiótico e o texto pictórico	211
4.1.7.	Alegoria na *Grand'Chambre de Justice* no Parlamento de Flandres	212
	4.1.7.1. A centralidade do poder real	213
	4.1.7.2. O Triunfo da Justiça: a justiça e as alegorias acessórias	214
	4.1.7.3. O quadrado semiótico e o texto pictórico	217
4.1.8.	Desenho *Iustitia* de Victor Hugo	218
	4.1.8.1. O horror, a dor e a injustiça	220
	4.1.8.2. O quadrado semiótico e o desenho	222
4.1.9.	Pintura *Guernica* de Pablo Picasso	223
	4.1.9.1. Guerra, violência, horror e injustiça	224
	4.1.9.2. O quadrado semiótico e o texto pictórico	226
	4.1.10. *Street Art* de Banksy	227
	4.1.10.1. Justiça, Injustiça e Violência de Estado	228
	4.1.10.2. O quadrado semiótico e o texto pictórico	230
4.2. Semiótica, Direito e Arquitetura: o ritual de justiça		232
4.2.1. A arquitetura da justiça		235
4.2.2. A arquitetura de justiça e a investidura simbólica		242
4.2.3. A *Corte di Cassazione di Roma*: a arquitetura clássica de justiça		248
4.2.4. O Palácio da Justiça de Lisboa: a arquitetura contemporânea de justiça		255
4.2.5. A Faculdade de Direito do Largo de São Francisco: arquitetura de ensino e arquitetura de justiça		263
4.3. Semiótica, Direito e Teatro: o teatro da justiça		278
4.3.1. O teatro da justiça e o espetáculo de justiça		279
4.3.2. O teatro da justiça e o espaço simbólico da heurística		283
4.3.3. O teatro da justiça, rito do processo e simbolização do conflito		285

4.3.4. O teatro da justiça, processo e papéis dos atores jurídicos — 287
4.3.5. O teatro da justiça, investidura actancial e papéis discursivos — 288
4.3.6. O teatro da justiça, trajes judiciais e papéis discursivos — 292
4.4. Semiótica, Direito e Literatura: o processo e a decisão jurídica — 294
4.4.1. Interações sociais, gramática narrativa e sociedade moderna — 297
4.4.2. Interações jurídicas, processo e discurso jurídico — 301
4.4.3. Interações jurídicas, processo e programa narrativo — 305
4.4.4. Interações jurídicas, processo e decisão jurídica — 307
4.4.5. Interações jurídicas, decisão jurídica e nó semiótico — 309
4.5. Semiótica, Direito e Educação: a educação em direitos humanos — 313
4.5.1. A cultura dos direitos humanos — 313
4.5.2. A pedagogia da sensibilidade na educação em direitos humanos — 316
4.5.3. Arte política e política da arte — 324
4.5.4. Arte, fotografia e imagem — 326
4.5.4.1. Arte, fotografia e direitos humanos — 329
4.5.4.2. Semiótica, fotografia e direitos humanos — 330
4.5.5. Arte, curta-metragem e imagem — 334
4.5.5.1. Arte, curta-metragem e direitos humanos — 336
4.5.5.2. Semiótica, curta-metragem e direitos humanos — 337

CONCLUSÕES — 343

REFERÊNCIAS — 345

PARTE I

PARTE GERAL

Capítulo 1
Semiótica, Direito e Arte

1.1. Introdução: entre Arte e Direito

Um novo horizonte de pesquisa vem se abrindo, nos últimos anos, considerando-se o aporte da relação entre *direito e arte (law & art)*. Há muitas formas de se abordar o tema da *arte (art)* em sua correlação com o *direito (law)*. As várias formas de abordagem desta correlação permitem campos de conexão entre *arte* e *direito* muito diferentes entre si, quais sejam: i.) a *arte* como *objeto de proteção* do direito que trata das criações da cultura, da arte, da literatura e das ciências, e, portanto, como objeto do *Direito de Autor*;[1] ii.) a *arte* como protagonista principal, e como objeto, do *Direito à Cultura*;[2] iii.) a *arte* como objeto de proteção, considerada patrimônio histórico-cultural, e, neste sentido, objeto de investigação do *Direito do patrimônio artístico, histórico e cultural*; iv.) o *Direito* como objeto da *arte*, sendo a *arte* a *forma de representação* das formas históricas do Direito, especialmente através da estatuária da justiça, dos símbolos da justiça, da pintura da justiça, da liturgia da justiça, da arquitetura dos palácios de justiça,[3]

---

[1] Consulte-se Bittar, *Direito de Autor*, 6.ed., 2015.

[2] A respeito da perspectiva da proteção dos bens culturais, consulte-se *Institute of Art & Law* (http://www.ial.uk.com, Acesso em 06.03.2015).

[3] "Estão neste caso, por exemplo, as trágicas antíteses ou contrastes entre o ser e o dever-ser; entre o direito positivo e o natural; entre um direito legítimo e um direito revolucionário; entre a liberdade e a ordem; a justiça e a equidade; o direito e o perdão, etc." (Radbruch, *Filosofia do direito*, 6.ed., 1997, p. 225).

constituindo-se a chamada *Simbólica Jurídica*;[4] v.) a *arte* como *documento cultural*, e, portanto, como memória e instrumento concreto de acesso e conhecimento da história da justiça;[5] vi.) a *arte* como *ferramenta* de difusão e de ensino da cidadania e da justiça, especialmente consideradas as diversas formas de violências, opressão, injustiças e a ausência de reconhecimento.[6]

Existem, portanto, no mínimo seis grandes linhas de trabalho que permitem conectar *arte* e *direito*,[7] sabendo-se que o potencial contido em cada uma destas linhas define muito do que se pode entender e conceber como sendo a delimitação das abordagens concretas possíveis. Deve-se, no entanto, destacar que a relação entre arte (*art*) e direito (*law*), seja como ciência, seja como disciplina de estudo, não é recente.[8] Isso significa que a relação entre arte (*art*) e direito (*law*) não foi estabelecida nos

---

[4] "Enfim, para a 'simbólica jurídica', nem sempre as manifestações jurídicas foram necessariamente manifestações exteriorizadas por palavras, mas por símbolos, gestos, cores, metáforas, rituais, liturgias, pinceladas ou traços" (Franca Filho, *A cegueira da justiça*: diálogo iconográfico entre Arte e Direito, 2011, p. 24).

[5] Neste sentido, a arte situada é experiência documental: "Algo se torna num *quid* artístico com base num critério que se diria etnográfico ou antropológico-cultural: na medida em que seja documento de uma época e de um lugar" (Cunha, Direito, poder e pró-vocação artística, *in Boletim da Faculdade de Direito da Universidade de Coimbra*, 2010, p. 220).

[6] A partir de outra classificação, também é possível identificar a relação entre arte e direito, considerando o *Direito na arte*, o *Direito da arte* e o *Direito como arte*, conforme a seguir exposto: "Por se tratar de linguagem, a discussão versa sobre significado e significações, e o reflexo seja na arte ou no direito da produção de sentidos e de discursos. Sob três óticas é possível construir esta articulação: Direito na Arte (como o direito é representado nas obras de arte); Direito da Arte (responsável por estabelecer as normas sobre direitos autorais entre outros temas) e Direito como Arte (onde o Direito é interpretado como uma narrativa)" (Gorsdorf, Direitos humanos e arte: diálogos possíveis para uma episteme, *in Direitos humanos e políticas públicas* (Faria Silva; Gediel; Trauczynski, orgs.), 2014, p. 60).

[7] "Entre le droit et l'esthétique, ou science du beau, les relations sont minces, bien que le droit protege les arts et les lettres, qu'il ne repugne pas nécessairement à user de l'art poétique pour s'exprimer et que d'aucuns s'efforce de dégager des correspondances entre le système juridique et les formes artistiques d'une même civilization où d'une même société globale..." (Terré, *Introduction générale au droit*, 10.ed., 2015, p. 26).

[8] Isto é demonstrado pelos estudos de Marcílio Toscano Franca Filho, no Capítulo 2 (p. 21 a 29), de sua obra intitulada *A cegueira da justiça*, 2011.

dias atuais, mas, de outro lado, não se pode negar a abertura dos tempos atuais para os estudos estreitos neste campo.[9]

Assim, a título de exemplo – como a Figura 1 mostra – quando se observa o edifício da *Supreme Court of Justice*, em Washington D.C. (EUA), percebe-se que há *representações da justiça* contidas na *arquitetura de justiça*, que oferecem inúmeros desafios à sua decodificação e compreensão. Aqui, a *Arte* e a *Estética* são convocadas a cumprir um papel importante para conferir existência concreta à ideia de Justiça. Assim, dentre as várias profissões existentes e funcionalmente diferenciadas, as profissões do Direito estão profundamente marcadas por *símbolos*. Mas, curiosamente, estes mesmos símbolos são, na maioria das situações, de desconhecimento dos profissionais do Direito.

Autoridade da Lei
James Earle Fraser
Supreme Court of Justice
Right Side
Washington, D. C.,
Estados Unidos
Arquivo pessoal:
Fotografia: © pyo

---

[9] "Embora se constate *risorgimento* do tema Direito & Arte nas últimas décadas – sobretudo em razão das insuficiências e contradições do positivismo e de uma certa reação em prol de uma cultura jurídica mais humanista –, as relações entre o jurídico e o artístico, ou entre o justo e o belo, não são novas" (Franca Filho, Ceschiatti e a Justiça além da Lei: Duas Lições para uma Poética do Espaço-Tempo, *in AntiManual de Direito & Arte* (Franca Filho, Marcílio; Leite, Geilson Salomão; Pamplona Filho, Rodolfo, coords.), 2016, p. 92).

Assim, pelo que se percebe, há profundas e interessantes vias de conexão entre *arte* e *direito*, e cada uma destas vias de intercâmbio entre *arte* e *direito* abre campo para uma fronteira de trabalho diferente, sendo quatro (4) as principais tendências de aproximação,[10] o que vai do *Direito de Autor* ao *Direito à Cultura*, da *História do Direito* à *História da Justiça*, do *Direito do Patrimônio Artístico e Cultural* ao *Direito Ambiental*, da *Metodologia do Ensino dos Direitos Humanos* à *Educação em Direitos Humanos*, e desta aos demais estudos de *Direito e Literatura, Direito e Cinema, Direito e Arquitetura*. Considerados os 'muros epistemológicos', as 'barreiras conceituais', os 'obstáculos teóricos', entre domínios do saber tão 'distantes', e, ao mesmo tempo, tão 'próximos', quer-se *relativizar* o estranhamento causado por vizinhança tão notória, quanto invisível, para se fixar um campo de estudos de *grave sentido* para a *experiência do Direito e da Justiça*.

Aquele campo de trabalho em que se fixa, propriamente, esta pesquisa, procura demarcar a preocupação de criar pontes entre a *Justiça* e a *Estética*,[11] e, nesta exata medida, a relação entre *Arte (art)* e *Direito (law)* escorrega para o campo da relação entre duas grandes áreas do conhecimento filosófico, quais sejam, a *Filosofia do Direito* e a *Filosofia Estética*.[12]

---

[10] "Para fins didáticos, podem se contabilizados atualmente pelo menos quatro planos de interação profunda entre arte e direito: 1) o direito como objeto de arte; 2) a arte como objeto do direito; 3) a arte como um direito, e, finalmente, 4) o direito como uma arte" (Franca Filho, *A cegueira da justiça*: diálogo iconográfico entre arte e direito, 2011, p. 21).

[11] "O termo estético é deriva do grego *aisthesis, aistheton* (sensação, sensível) e significa sensação, sensibilidade, percepção pelos sentidos ou conhecimento sensível-sensorial. A primeira definição de estética, no sentido moderno, foi feita por Alenxader Baumgarten (1714-1762) como 'ciência do conhecimento sensível ou gnoseologia inferior'. Esta definição aparece em 1750, na obra *Aesthetica*, e marca seu surgimento como uma disciplina filosófica, ao lado da lógica, da metafísica e da ética, preocupada inicialmente com a definição de beleza, de caráter intelectualista" (Hermann, *Ética e estética*, 2005, p. 33). Na percepção de John Dewey: "Na língua inglesa não há uma palavra que inclua de forma inequívoca o que é expresso pelas palavras "artístico" e "estético". Visto que "artístico" se refere primordialmente ao ato de produção, e "estético", ao de percepção e prazer, a inexistência de um termo que designe o conjunto dos dois processos é lamentável." (Dewey, *Arte como Experiência*, 2010, p. 125-126).

[12] Ainda que se guarde um campo de tensões, na relação entre Arte e Estética, considera-se a Filosofia Estética como o campo da filosofia dedicado à compreensão da arte e seus problemas. Neste sentido, leia-se, em Paulo Ferreira da Cunha, o que segue: "A história das relações entre a Arte e a Estética é sujeita a oscilações. Aliás, a estética é uma disciplina relativamente nova (e de raiz algo 'jurídica'). Naceu com este nome apenas no século XVIII, com Baumgarten. Embora as reflexões de filosofia da arte sejam, obviamente, muito

Aliás, este mesmo estranhamento causado pela aproximação entre *Direito* (*Law*) e *Arte* (*Art*) é aquele mesmo contido na própria palavra *Estética*, que deve ser estranhada e revisitada, para ser conhecida e compreendida.

A palavra *Estética*, em seu uso etimológico (*aisthésis*, gr.) evoca, como afirma Lucia Santaella, a dimensão das sensações.[13] Mas, o domínio de saber que se constitui em torno do termo *Estético*, evoca algo que pertence ao vocabulário moderno, designando a criação da disciplina que se dedica a conhecer o universo do sensível, remontando a Alexander Baumgarten e a Imanuel Kant.[14] O sentido mais comum do termo *Estético* evoca, portanto, aquilo que comumente se conhece, a partir da modernidade, nos últimos 250 anos, como o conhecimento das artes.

Mas, quando se procura refinar a análise, a partir do conceito de *Estética* contido no pensamento do filósofo francês Jacques Rancière, fica claro que a palavra *Estética*, no entanto, remete não apenas a uma disciplina acerca do 'belo', mas nos leva a compreender por *pensamento*[15] o *modo de ser* dos objetos de arte.[16] Isso significa a compreensão do *regime estético*,[17] ou seja, a compreensão de que a arte é capaz de instaurar um *novo mundo de compreensões*, um *universo à parte*, considerando o transfundo do universo objetivo, sobre o qual a arte opera criativamente, constituindo uma nova

---

anteriores" (Cunha, Direito, poder e pró-vocação artística, *in Boletim da Faculdade de Direitoda Universidade de Coimbra*, 2010, p. 219).

[13] "Derivada do grego *aisthésis*, estética quer dizer, antes de tudo, 'sentir'" (Santaella, *Linguagens líquidas na era da mobilidade*, 2007, p. 254).

[14] "A estética associa-se, desde seu surgimento, com a totalidade da vida sensível, de como o mundo atinge nossas sensações" (Hermann, *Ética e estética*, 2005, p. 34). "Sabemos que o uso da palavra 'estética' para designar o pensamento da arte é recente. Em geral, sua genealogia remete à obra que Baumgartem publica com esse título em 1750 e à Crítica da faculdade do juízo, de Kant" (Rancière, *O inconsciente estético*, 2009, p. 12).

[15] "Para mim, estética não designa a ciência ou a disciplina que se ocupa da arte. Estética designa um modo de pensamento que se desenvolve sobre as coisas da arte e que procura dizer em que elas consistem enquanto coisas do pensamento" (Rancière, *O inconsciente estético*, 2009, ps. 12-13).

[16] Em *A partilha do sensível*, Rancière afirma: "A palavra 'estética' não remete a uma teoria da sensibilidade, do gosto ou do prazer dos amadores de arte. Remete, propriamente, ao modo de ser de seus objetos" (Rancière, *A partilha do sensível: estética e política*, 2009, p. 32).

[17] Em *El malestr em la estética*, Rancière afirma: "'Estética' no es el nombre de una disciplina: es el nombre de un régimen de identificación específica del arte. Los filósofos, a partir de Kant, tienen la tarea de pensar dicho régimen" (Rancière, *El malestar en la estética*, 2011, p. 17).

realidade a partir de suas *linguagens*. É, portanto, no campo da *liberdade* e da *criação* que se encontra a *dimensão estética*, desobrigada das regras e constituída a partir de seu próprio campo de significações.[18] E é a partir de suas próprias linguagens que as artes irão constituir a possibilidade do *fazer diferente*,[19] que atribui às obras de arte o seu caráter de vanguarda e sua capacidade de transformação, ou ainda, às obras de arte o seu caráter inovador, visionário e/ou revolucionário.[20]

Aqui se pretende trabalhar a ideia de que a potência da cidadania pode ser explorada por diversas vias, e que 'as esferas e as práticas das artes', enquanto arsenal de conceitos, categorias e experiências, podem representar um importante caminho (*métodos*) a favor da criação, da expressão, da interpretação e da avaliação de *conceitos, sensibilidades* e *sensações fundamentais* para exprimir questões ligadas à *luta e conquista dos direitos,* às *formas de injustiça,* ao *exercício da cidadania,* e ao protesto ante à *violação de direitos humanos.* Neste sentido, aqui se está a estimular uma fronteira que ainda é recente na área do Direito – inclusive, para o ensino mundial do Direito –[21] e, por isso, traz contribuição original não somente na colocação do *objeto de pesquisa*, mas também na *forma metodológica* de abordagem e execução do mesmo, pois este está tradicionalmente centrado na leitura de textos e nos comentários à legislação e demais fontes do Direito; aqui, quer-se considerar o *universo simbólico e estético* como fonte de irradiação de conteúdos e de expressão de *sentimentos* e *percepções* de alto valor simbólico para a *representação social* da justiça e da injustiça.

---

[18] "O regime estético das artes é aquele que propriamente identifica a arte no singular e desobriga essa arte de toda e qualquer regra específica, de toda hierarquia de temas, gêneros e artes" (Rancière, *A partilha do sensível*: estética e política, 2009, p. 34).

[19] "As práticas artísticas são 'maneiras de fazer' que intervêm na distribuição geral das maneiras de fazer e nas suas relações com maneiras de ser e formas de visibilidade" (Rancière, *A partilha do sensível*: estética e política, 2009, p. 17).

[20] "É, antes, na interface criada entre 'suportes' diferentes, nos laços tecidos entre o poema e sua tipografia ou ilustração, entre o teatro e seus decoradores ou grafistas, entre o objeto decorativo e o poema, que se forma essa 'novidade' que vai ligar o artista, que abole a figuração, ao revolucionário, inventor da vida nova" (Rancière, *A partilha do sensível*: estética e política, 2009, p. 23).

[21] É isto que sinaliza a análise de Nancy Rapoport: "Law schools are already experimenting with incorporating the arts (...)" (Rapoport, Analysis and the Arts, *in The arts and the legal academy*: beyond text in legal education (BANKOWSKI, Zenon; DEL MAR, Maksymilian; MAHARG, Paul, edited by), 2013, p. 104).

Da forma como está concebido, o *objeto de pesquisa* não sendo atribuição típica de nenhuma área tradicional do conhecimento em Direito, somente pode ser objeto privilegiado de especulação no campo aberto e reflexivo da *Filosofia do Direito*,[22] aqui entendida no caminhar do desenvolvimento das preocupações de uma *Filosofia Social e Crítica do Direito*. O semioticista norte-americano Bernard Jackson quer ver a *Semiótica do Direito* descender do grande tronco da *Filosofia do Direito*, em sua perspectiva realista.[23] Na obra *Filosofia do Direito*, o jurista português Paulo Ferreira da Cunha dedica o Capítulo 3 à *Semiótica Jurídica*, apontando-se que seus estudos podem ser muito férteis e promissores.[24] Por meio da *Semiótica Jurídica*, os signos podem ser melhor trabalhados, compreendidos e as significações podem ser melhor desveladas.[25] Contando com esta visão, não se pode, de modo algum, desprezar o potencial analítico-social contido em cada *texto estético*, e a capacidade que cada *obra estética* possui de ancorar diagnósticos do tempo e percepções da realidade – a julgar, por exemplo, pela utilidade que encontram na filosofia de Axel Honneth – permitindo tomar conteúdos de mudança social mesmo antes da sistematização de dados empíricos ou do encerramento de quadros analíticos estritos.[26] Por isso, nesta escolha, já está dada a decisiva con-

---

[22] "Pode-se mesmo falar-se duma Estética do direito, embora até hoje não se tenham tentado neste capítulo mais do que simples aproximações para ela" (Radbruch, *Filosofia do direito*, 6.ed., 1997, p. 222).

[23] "À ces diverses égards, il parâit légitime d'affirmer que la *Sémiotique*, et en particulier la *Sémiotique du Droit*, relève non du courant positiviste mais de la tradition réaliste de la *Philosophie du droit*" (Jackson, Sémiotique et études critiques du droit, *in Droit et Société*, Volume 8, Número 01, 1988, p. 64).

[24] "Uma das mais aventurosas e fascinantes ciências modernas é a semiótica, ciência dos signos, dos sinais, dos símbolos, no fundo, disciplina da relação entre significantes e significados – tanto numa perspectiva linguística como no plano das formas visuais: gráfico, plástico, etc." (Cunha, *Filosofia do direito*: fundamentos, metodologia e teoria geral do direito, 2.ed., 2013, p. 209).

[25] "A semiótica jurídica é ainda um terreno aliciante, muito promissor, na medida em que revela por sinais exteriores realidades intrínsecas e por vezes subtilmente veladas ou não vistas no Direito. Assim se revela profundamente desconstrutora, e por isso, muito útil, dessa verdadeira utilidade que é a de fazer revelar e compreender as coisas... sobretudo *les choses cachées...*" (Cunha, *Filosofia do direito*: fundamentos, metodologia e teoria geral do direito, 2.ed., 2013, p. 209).

[26] Cf. Honneth, *O direito da liberdade*, 2015. Nesta obra, diversas anotações sobre obras estéticas seguem o fluxo hermenêutico da compreensão histórica da justiça e de suas formas.

tribuição que a perspectiva da análise teórico-metodológica da *Teoria Crítica da Sociedade (Frankfurt Schüle)* acaba por aportar ao *modus* de conceber o objeto, sendo necessariamente interdisciplinar.

O recorte metodológico aqui implicado faz desta abordagem um 'território de encontros', um 'campo fértil de cruzamentos', e considera as fronteiras e demarcações científicas como provisoriedades da reflexão especializada, indispensáveis recursos para a precisão científica, mas não limites da tarefa do 'pensar na fronteira', considerando os aportes da *Semiótica*, da *Filosofia*, da *História*, da *Antropologia*, da *Sociologia* para pensar a *arte*, portanto, para o campo da *Estética*. Por isso, o 'pensar na fronteira' ajuda a articular um *ensemble* de abordagens, afastando a relação entre *Direito & Arte* do empobrecimento de sua aproximação, anotando no corpo desta problemática relação mais do que o *pastiche* como forma de trabalho, e mais a *dignidade da arte* como *objeto-rebelde*[27] ao seu apossamento teórico. Isso porque, ao se aproximar da *Arte*, o *Direito* não pode violentá-la, mas deve movimentar-se com toda a sensibilidade que a matéria requer.

1.2. Semiótica, Direito e Arte

O jurista está sempre às voltas com os *signos*, os *símbolos* e as *interpretações*. O universo semiótico das linguagens é-lhe, portanto, de definitiva importância. Nesta medida, uma *Teoria Semiótica* opera uma tarefa importante na capacidade de servir de método, no grande campo de investigações da *Filosofia do Direito*,[28] para a abordagem da relação entre Direito (*Law*) e Arte (*Art*). Desde o estudo anterior, intitulado *Linguagem jurídica*: semiótica, discurso e direito (2015, 6.ed.), decorrente de *Tese de Doutorado* (1999), já se pôde ter presente que, na perspectiva greimasiana, a *Semiótica* se

---

[27] A relação entre rebeldia e obra de arte não é contemporânea, mas vive de diversos momentos históricos e ondas na vida moderna, significando contestação: "La política de la mezcla de los heterogéneos conoció, desde el dadaísmo hasta las diversas formas del arte contestatário de los años sessenta, una forma predominante: la forma polémica" (Rancière, *El malestar en la estética*, 2011, p. 66).

[28] "De fato, o Direito (*toutm juridicum*), problema afeito como objeto à *Filosofia do Direito*, não se encerra em seu discurso e não se restringe à sua forma manifestada. (...) O 'Direito', esse *macro-objeto* de toda a reflexão filosófico-jurídica, passa a figurar como a totalidade na qual se encontra imersa a *juridicidade*" (Bittar, *Linguagem jurídica*: semiótica, discurso e direito, 6.ed., 2015, p. 74).

ocupa dos *sistemas de significação*.[29] Como identifica Jacques Fontanille,[30] os *textos* (verbais; não-verbais) interessam à *Semiótica*, e os *processos de significação* são por ela estudados. E, aqui, como identifica François Rastier, aliás, repetindo uma constatação já realizada por Louis Hjelmslev,[31] a noção de *sistema* é cara à compreensão do papel complexo que o *jogo entre os signos* estabelece ao constituir *processos de significação*.[32] Isso evidencia, na leitura de John Deely, o quanto a *Semiótica* se ocupa da *ação dos signos* na vida social.[33]

Na medida em que as *Artes* se expressam na base de diversas *linguagens artísticas*,[34] fica claro que o empreendimento do estudo sobre a conexão entre as *linguagens artísticas* e a *linguagem jurídica* deve interessar

---

[29] "Na persecução deste estudo, portanto, estar-se-á a reservar o termo *Semiótica* para designar o empreendimento teórico-metodológico que deita raízes no estudo dos sistemas de significação, de acordo com os quadrantes e com as dimensões metodológicas das teorias greimasiana e pós-greimasiana" (Bittar, *Linguagem jurídica*: semiótica, discurso e direito, 6.ed., 2015, p. 32).

[30] "Na grande diversidade de concepções sobre o sentido, ao menos uma constante delineia-se: distingue-se quase sempre a significação como produto, como relação convencional ou já estabelecida, da significação em ato, da significação viva, que parece sempre ser mais difícil de apreender. Entretanto, apesar da dificuldade, é a segunda perspectiva que nós escolheremos, pois o campo de exercício empírico da Semiótica é o discurso, e não o signo: a unidade de análise é um texto, seja ele verbal ou não verbal" (Fontanille, *Semiótica do Discurso*, 2015, p. 29).

[31] "O fato de que uma linguagem é um sistema de signos parece ser uma proposição evidente e fundamental que a teoria deve levar em consideração desde o início" (Hjelmslev, Prolegômenos a uma teoria da linguagem, *in Os pensadores*, vol. XLIX, 1975, p. 201).

[32] Ao analisar a *língua*, François Rastier irá estabelecer que: "Une langue est faite d'un corpus de textes oraux ou écrits et d'un système" (Rastier, De la sémantique structurale à la sémiotique des cultures, *in Actes Sémiotiques*, no. 120, 2017, epublications.unilim.fr, Acesso em 06/06/2017, p. 06).

[33] "Se nos perguntarmos o que é que os estudos semióticos investigam, a resposta deve ser uma única palavra: ação. A ação dos signos" (Deely, *Semiótica básica*, 1990, p. 41).

[34] "O objeto da semiótica é precisamente de estudar os diversos sistemas semióticos como dispositivos que produzem significação e determinar como a significação é produzida" (Agrest, Diana, Gandelsonas, Mario, Semiótica e Arquitetura, *in Uma nova agenda para a arquitetura*: antologia teórica (NESBITT, Kate, org.), ps. 129-141, Tradução Vera Pereira. 2.ed. São Paulo: CosacNaify, 2013, p. 134). Para Eri Landowski: "El objeto de la semiótica, dijimos, es la *significación*" (Landowski, *La sociedade figurada*: ensayos de sociosemiótica, 1993, ps. 76-77).

ao jurista.[35] Isto é algo que até mesmo os estudos de *História do Direito* reconhecem, como o faz Robert Jacob, na investigação intitulada *Images de la Justice*.[36] O que deve ficar claro é que o grande campo de investigações da *Filosofia do Direito* se ocupa do 'Direito' como problema, e da 'Justiça' como questão, procurando-se aqui tratar de forma mais localizada de alguns aspectos que tangenciam estas grandes questões de especulação, não se podendo devotar à *Semiótica do Direito*[37] senão a investigação sobre o campo dos *textos* que são relevantes à análise do 'Direito' e da 'Justiça'.

É curioso notar que, no texto intitulado *Sémiotique et Sciences Sociales* (1976) – de autoria de Algirdas Julien Greimas, e escrito em colaboração com Éric Landowski –[38] e, também, no texto intitulado *La société réfléchie* (1989) – de autoria de Éric Landowski –,[39] no contexto chamado de *Belle Époque* da *Sócio-Semiótica*,[40] o semioticista francês Eric Landowski avalia o quanto a *Semiótica do Direito* é um campo de estudos ainda nascente,

---

[35] Sabendo-se que a *linguagem jurídica* nasce da língua natural: "... a língua natural é um sistema semiótico complexo, pelo fato de permitir no seu interior o desenvolvimento de metassemióticas segundas, como a linguagem jurídica..." (Greimas, Landowski, *Semiótica e ciências sociais*,1981, p. 75).

[36] "Qu'est-ce que l'image de la justice et comment concourt-elle à sa mission? Répondre à cette interrogation, ce serait d'abord l'objet d'une sémiologie. D'une sociologie aussi qui, recomposant les connections entre coutumes, rites, contenu de la filmographie ou de la presse, comportements et psychologies, s'efforcerait de cerner l'efficace propre du monde des signes. C'est enfin l'enjeu d'une histoire" (Jacob, *Images de la Justice*, 1994, p. 10).

[37] "De fato, o 'Direito' figura como sendo esse fenômeno de difícil apreensão, dinâmico *ab origine*, mutante, prenhe de práticas e sistematicamente estruturado. Não incumbe à *Semiótica Jurídica* reivindicá-lo integralmente para si" (Bittar, *Linguagem jurídica*: semiótica, discurso e direito, 6.ed., 2015, p. 76).

[38] *Vide* Greimas, Landowski, *Semiótica e ciências sociais*,1981, p. 74 e seguintes.

[39] "Buscando ubicarse en un nível de generalidade comparable al de la sociologia jurídica, de la fenomenologia jurídica o incluso de la filosofia del derecho, la semiótica jurídica, disciplina naciente, no puede sino mostrar una grand modéstia frente a sus antecesores" (Landowski, *La sociedade figurada*: esanyos de sociosemiótica, 1993, p. 75).

[40] "Ce fut un de ces moments-clefs où la 'socio-sémiotique', du moins sous sa première forme, celle qu'aujourd'hui j'appelle de la 'belle époque', commença à prendre ses contours propres" (Landowski, Interactions (socio) sémiotiques, *in Actes Sémiotiques*, no. 120, 2017, epublications.unilim.fr, Acesso em 06/06/2017, p. 07).

constituído por gramática e dicionário próprios,[41] e o quanto deve se estruturar avançando modestamente diante do campo de estudos que lhe são antecessores, e diante da magnitude e vastidão das questões que estão abrangidas por seus âmbitos de trabalho e investigação. Ademais, para além de uma *Semiótica do Direito,* uma *Semiótica da Arte* fica cada vez mais acentuada, no trabalho de Algirdas Julien Greimas,[42] considerando o papel que *De l'imperfection* (1987)[43] teve no sentido de romper a dicotomia entre *sentir* e *pensar,*[44] ademais de romper a fronteira entre o cotidiano e o sensível.[45] E esse amadurecimento da *Semiótica do Direito,* e, também, de uma *Semiótica da Arte,* é o que torna possível hoje o entrecruzamento

---

[41] "Sendo esse o caso, se o discurso jurídico remete a uma gramática e a um dicionário jurídicos (sendo gramática e dicionário os dois componentes da linguagem), pode-se dizer que ele é a manifestação, sob a forma de mensagens-discursos, de uma *linguagem,* de uma *semiótica jurídica*" (Greimas, Landowski, *Semiótica e ciências sociais,*1981, p. 76).

[42] A extensão dos trabalhos de A. J. Greimas é notada por Winfried Nöth: "A influência das idéias de Greimas é notável em várias áreas do campo semiótico, indo da semiótica do espaço e da arquitetura à pintura, teologia, direito e ciências sociais até à ciência da documentação" (Nöth, *A semiótica no século XX,* 3.ed., 2005, p. 145).

[43] A tensão entre o sensível e o cotidiano se expressa com toda força na constituição de *De l'imperfection,* de Algirdas J. Greimas: "Le domaine du beau ne cesse dès lors de s'étendre à côté du culte de l'artiste et de sa mission, le spectateur afirme ses droits aux sentiments esthétiques, l'art, dont l'essence semblait enfoui dans les objets créés, penètre la vie qui devient le lieu de rencontres et d'événéments" (Greimas, *De l'imperfection,* 1987, p. 71). "O caminho proposto em *Da imperfeição* passa pela mediação do sensível e, portanto, do estético ou, mais fundamentalmente, da *estesia*" (Landowski, Para uma semiótica sensível, *in Educação & Realidade,* Volume 30, n. 02, jul.-dez. 2005, p. 94).

[44] "A reflexão sobre a emergência e o modo de existência do sentido na experiência estética conduz, dessa forma, a visar a ultrapassagem da concepção dualista – sensação *versus* cognição –, que a tradição tende a impor-nos. Nossa hipótese é que tal ultrapassagem é possível. E isso não mediante o desenvolvimento de uma nova semiótica 'do sensível', vista como o par daquela 'do inteligível', mas sim no quadro mantido da semiótica atual, com a condição que ela própria se torne *mais sensível* – e talvez, ao mesmo tempo, mais inteligível" (Landowski, Para uma semiótica sensível, *in Educação & Realidade,* Volume 30, n. 02, jul.-dez. 2005, p. 95).

[45] A arte aqui não é mero adorno, a arte é expressão e constituição de novas realidades: "Ainsi, la figurativité n'est pas une simple ornamentation des choses, elle est cet écran du paraître dont la vertu consiste à entr'ouvrir, à laisser, entrevoir, grâce ou à cause de son imperfection, comme une possibilité d'outre-sens" (Greimas, *De l'imperfection,* 1987, p. 78).

SEMIÓTICA, DIREITO & ARTE

de suas recíprocas fronteiras teóricas, dentro do diversificado campo da *Semiótica* greimasiana.[46]

Seguindo de perto o que afirma a semioticista Lucia Santaella, ao contrário de ser um campo de estudos enfraquecido, a *Semiótica* teve seu *boom* de aparecimento nos anos 1970-80,[47] e agora vem encontrando novos nichos, novas perspectivas novos desdobramentos, permanecendo um campo de estudos, pesquisas e investigações fértil e atual.[48] Nesta linha, igualmente, a teoria semiótica greimasiana e pós-greimasiana veio se pluralizando e fortalecendo, desde sua afirmação, nas décadas de 80 e 90 do século XX, inclinando-se atualmente a renovadas perspectivas, respondendo com dinamismo às dificuldades propostas pelos próprios desafios das novas mídias e meios de comunicação.[49]

Na perspectiva de seu objeto, a *Semiótica do Direito* se ocupa dos *sistemas de significação* que são relevantes para fins dos *discursos jurídicos*,[50] que

---

[46] "Apesar de ramificada, a semiótica dita greimasiana ainda é uma só semiótica. Semiótica das paixões, semiótica semissimbólica, semiótica tensiva, semiótica do contágio, semiótica discursiva e quantas mais ainda estão por vir; desde que definam a significação como objeto de estudo e o façam de acordo com o percurso gerativo do sentido, trata-se do desenvolvimento do ponto de vista proposto por Greimas" (Pietroforte, *Análise do texto visual*: a construção da imagem, 2.ed., 2016, p. 12).

[47] "... no período do *boom* dessa área de pesquisa no mundo e no Brasil, nos anos 1970-80, não tiveram muita dificuldade, por uma ou outra razão, de abandoná-la quando esse *boom* feneceu..." (Santaella, Memória e perspectivas da semiótica no Brasil, *in Intexto*, n. 37, set./dez., 2016, p. 23).

[48] "Embora modesta, a cartografia acima, apenas desenhada em suas linhas mestras, é capaz de revelar que a Semiótica no Brasil continua bastante ativa e, como fruto especialmente dos programas de pós-graduação, em que esses estudos são desenvolvidos, existe hoje um grande número de semioticistas espalhados por todo o Brasil, ministrando aulas em uma série de cursos de graduação como Letras, Literatura, Artes, Arquitetura, Design, Moda, Comunicação em suas várias habilitações e, mais recentemente, Cultura Digital" (Santaella, Memória e perspectivas da semiótica no Brasil, *in Intexto*, n. 37, set./dez., 2016, p. 32).

[49] É suficiente observar de perto, por exemplo, os estudos de Eric Landowski, que aprofunda e complexifica o legado greimasiano. A este respeito, *vide* Landowski, Para uma semiótica sensível, *in Educação & Realidade*, Volume 30, n. 02, Rio Grande do Sul, UFRGS, jul.-dez. 2005, ps. 93 a 106; Interactions (socio) sémiotiques, *in Actes Sémiotiques*, no. 120, 2017, epublications.unilim.fr, Acesso em 06/06/2017, ps. 01/ 20; *Interações arriscadas*. Tradução. São Paulo: Estação das Letras e Cores, 2014.

[50] "A *Semiótica Jurídica* se ocupa não de um, mas de diversos sistemas de significação que possuem efeitos jurídicos ou importância para o campo das discussões jurídicas (gestualidade,

mobilizam o *sistema jurídico* a operar mudanças, adaptações e transformações.[51] Ora, nesta perspectiva, em estudo anterior, já se pôde avançar na pesquisa semiótica que concerne aos universos do discurso normativo, do discurso burocrático, do discurso decisório e do discurso científico. É enquanto empreendimento de *continuidade* e *aprofundamento* da *Semiótica do Direito,* cujo objeto é específico,[52] voltada para a análise de discursos, que se torna possível, agora, através deste trabalho, caminhar para a análise do campo dos *discursos estéticos* sobre a *justiça* e a *injustiça.* Aqui, se estará a dedicar maior atenção às *linguagens não-verbais,* do que às *linguagens verbais,* estas que anteriormente já foram suficientemente tratadas e discutidas.[53]

Esse estudo se estabelece aqui onde a cultura se movimentou no sentido de manifestar o *signo* sobre o *justo* e o *injusto,*[54] entendendo-se que o

---

sinais, indícios criminais)" (Bittar, *Linguagem jurídica*: semiótica, discurso e direito, 6.ed., 2015, p. 62).

[51] Ao modo da relação *língua/fala,* se estabelece o dinamismo do sistema jurídico pelos usos que implica por parte de seus atores: "Se o sistema jurídico, considerado na sua origem – enquanto fala performativa absoluta que instaura uma ordem do mundo convencional e explícita – e na sua organização – chamando, pelo fato de anuncia-los, os seres e as coisas à existência e atribuindo-lhes funções precisas, delimitadas por regras prescritivas e proibitivas –, aparece como uma arquitetura sólida e imutável – sendo a imutabilidade do direito uma de suas principais conotações – nada, impede que esse sistema evolua, complete-se e transforme-se, graças justamente aos discursos jurídicos sempre renovados que fazem suas inovações repercutir no nível do sistema que lhes é subentendido" (Greimas, Landowski, *Semiótica e ciências sociais,*1981, p. 79).

[52] A partir de Greimas/ Landowski se pode afirmar que: "O discurso jurídico, resultado, como já dissemos, da convergência de seus dois componentes, a gramática e o dicionário, produz enunciados jurídicos (no sentido amplo do termo) que se definem ao mesmo tempo por sua forma canônica (resultado da aplicação das regras de construção gramatical – o que constitui sua gramaticalidade – G), e por seu conteúdo jurídico, considerando como pertencente ao universo semântico que a linguagem jurídica considera seu campo de exercício e que constitui a sua semanticidade (S)" (Greimas, Landowski, *Semiótica e ciências sociais,*1981, p. 80).

[53] Cf. Bittar, *Linguagem jurídica*: semiótica, discurso e direito, 6.ed., 2015, p. 83 e ss.

[54] "A compreensão cultural do jurídico é aquela que nos remeterá à sua dimensão semiótica; esta, por sua vez, acaba fundamentando-o e, portanto, percebe-se com facilidade ser a postura cultural a órbita de investigação que nos interessa presentemente nesta investigação, e não outra qualquer, a fim de alcançarmos os fins que nos movem. Destarte, a Semiótica fundamenta o jurídico.

campo de trabalho *Law and Art,* seja na *law's art* seja na *art's law,* a exemplo das reflexões estabelecidas por Costas Douzinas, em *Law and the Image,*[55] são empreendimentos que possuem seus estudos pioneiros, bem como inovações por Autores(as), em correntes teóricas muito distintas, divindindo-se no Brasil principalmente nas linhas peirceana e greimasiana,[56] mas igualmente valiosas quando se trata de agregar alguma contribuição nas especulações concernentes às *linguagens não-verbais,* valorizando-se o estudo da pintura, da arquitetura, da estatuária, do cinema, do teatro e suas conexões com o mundo do sentido, da significação e da narração[57] sobre o *justo* e o *injusto.*

1.3. Semiótica, Linguagens e Arte

Se os estudos semióticos contemporâneos estão divididos entre múltiplas correntes e perspectivas teóricas, também se espraiam para diversos campos teóricos, dentre os quais se constitui como um campo recente, a *Semiótica da Arte.* Essa é uma clara constatação, a de que os campos de estudos da *Semiótica* – como observa Jacques Fontanille –[58] estão se

A cultura, em matéria jurídica, é capaz de originar a compreensão semiótica desta graças a um elemento de base sempre presente ao longo da experiência humana por todo o tempo: o signo jurídico" (Leonardi Filho, *Descrição semiótica do Direito*: o jurídico para além da história e da antropologia, 2006, p. 70).

[55] "The relationship between law and art can be analitically distinguished into two components: law's art, the ways in wich political and legal systems have shaped, used, and regulated images and art, and art's law, the representation of law, justice, and other legal themes in art" (Douzinas, Nead, Introduction, *in Law and the image:* the authority of art and the aesthetics of law (DOUZINAS; NEAD, editors), 1999, p. 11).

[56] "Segundo nos informa Barros (1999), a linha de investigação semiótica de raiz greimasiana tem seus principais e mais antigos núcleos em São Paulo, na Universidade de São Paulo – USP, sobretudo na pós-graduação em Linguística, na Escola de Comunicação e Artes – ECA, e na Universidade Estadual Paulista (UNESP), em Araraquara e em São José do Rio Preto" (Santaella, Memória e perspectivas da semiótica no Brasil, *in Intexto*, n. 37, set./dez., 2016, p. 27).

[57] "A semiótica – tal como ela será aqui considerada – tem por objectivo a exploração do *sentido.* Isto significa, em primeiro lugar, que ela não se reduz somente à descrição da *comunicação* (definida como a transmissão de uma mensagem de um emissor para um receptor): englobando-a, ela deve igualmente dar conta de um processo muito mais geral, o da *significação*" (Courtés, *Introdução à semiótica narrativa e discursiva,* 1979, p. 41).

[58] "Todavia, solidária a seus vizinhos mais próximos, a semiótica encontrou, ao longo dos quinze últimos anos, e ainda encontra hoje em dia novas questões: ela descobre novos

expandindo, gerando conexões e recombinatórias instigantes e fundadoras de novas análises para os diversos âmbitos de estudo. É neste sentido que uma *Semiótica do Direito* deve se interessar pelas aquisições trazidas e desenvolvidas pelo campo de estudos da *Semiótica da Arte*,[59] no sentido da compreensão mais precisa acerca das *linguagens não-verbais* – também chamadas de *linguagens artísticas* –[60] pelas quais se expressam *conteúdos* relevantes para o debate sobre o 'Direito' e a 'Justiça'.

Isso implica uma atitude de *contra esforço epistemológico* de se superar o tradicional *logocentrismo* que se estabeleceu na cultura do Direito, como aponta o semioticista inglês Bernard Jackson.[61] Assim, se pode concluir que dois ramos do conhecimento novos, como constatam os semioticistas Lucia Santaella e Winffried Nöth,[62] estão a imbricar suas fronteiras, a *Semiótica do Direito* e a *Semiótica da Arte*, de forma interdisciplinar –

campos de investigação e desloca progressivamente seus centros de interesse" (Fontanille, *Semiótica do Discurso*, 2015, p.22).

[59] A *Semiótica da Arte* está bem constituída nos estudos de Gian Maria Tore: "C'est dire qu'elle serait plutôt une sémiotique discursive ou textuelle qui a été *appliquée* à l'art; et qu'on manquerait cruellement d'une Sémiotique proprement artistique, impliquée éventuellement dans des discours ou dans des textes, ou dans d'autres choses encore, qu'on définira plus loin ici" (Tore, L'art comme création, ou la règle de nier la règle: contribution à une sémiotique de l'art, in *Actes Sémiotiques*, no. 114, 2011, p. 01).

[60] Sobre a *Semiótica da arte* e seu caráter aplicado: "...parece-nos ser já possível desenhar uma função específica para a semiótica aplicada ao campo da arte e, no caso em estudo, da pintura figurativa. Enquanto disciplinas mais tradicionais como a história da arte nas suas diversas escolas e como a iconologia ou a sociologia da arte, orientam a sua interveção para áreas como a da datação, da inclusão do objeto individual numa série histórica, da lexicalização das suas partes, da relação entre artistas e público empírico, etc., disciplinas mais abstractas como a semiótica têm a possibilidade de analisar os objetos figurativos como objetos teóricos, dotados de meios metalinguísticos próprios e específicos" (Calabrese, *Como se lê uma obra de arte*, 2015, p. 33).

[61] "Que la sémiotique se veuille positive (ou positiviste si l'on prefere) quant à la définition de sa méthode, c'est un fait, mais qui ne contredit en rien le fait que, par ailleurs, la discipline confere à son objet une dimension qui dépasse de très loin les limites du logocentrisme propre au positivisme juridique classique et qui, au contraire, englobe sans doute l'ensemble du champ visé par les études critiques du Droit, peut-être même davantage" (Jackson, Sémiotique et études critiques du droit, in *Droit et Société*, Volume 8, Número 01, 1988, p. 63).

[62] Ao tratar da Semiótica da Pintura, sua constatação não é outra senão a de que: "O estado da arte na semiótica da pintura pode ainda ser caracterizado como estando pouco desenvolvido" (Santaella, Nöth, *Imagem, Cognição, Semiótica, Mídia*, 1998, p. 97).

sabendo-se que ambas as dimensões da *Semiótica* se abrem de forma vasta em direção ao futuro –[63] visando-se com esta tarefa aprimorar a qualidade da abordagem do estudo das *linguagens não-verbais* no âmbito do 'Direito'.

Aqui, a noção de *texto* é central para toda a *Semiótica*,[64] e, portanto, o principal ponto de atenção dos semioticistas, como observa o semioticista Jacques Fontanille.[65] Não poderia ser diferente, quando se trata da *Semiótica da arte*, senão de considerar que o *texto estético* é a *unidade de sentido* que confere a possibilidade de desenvolvimento da análise aqui empreendida. Se a noção de *texto* é central para uma *Semiótica da Arte*, torna-se, na mesma medida de fundamental importância afirmar que as artes trabalham através de *textos sincréticos*[66] (uma ópera, na música; uma peça encenada, no teatro; um filme, no cinema; uma obra de arte, na pintura; um palácio, na arquitetura), onde se destacam *performan-*

---

[63] Sobre a *Semiótica da arte*, é isto que afirma Gian Maria Tore: "Plus qu'une recherche en sémiotique de l'art, les pages qui précèdent n'ont pu qu'indiquer un terrain exceptionnellement vaste, destiné à des études de venir" (Tore, L'art comme création, ou la règle de nier la règle: contribution à une sémiotique de l'art, in *Actes Sémiotiques*, no. 114, 2011, p. 07).

[64] "Si le *morphème est l'unité linguistique élémentaire*, le *texte* est l'unité *minimale* d'analyse, car le global determine le local" (Rastier, De la sémantique structurale à la sémiotique des cultures, *in Actes Sémiotiques*, no. 120, 2017, epublications.unilim.fr, Acesso em 06/06/2017, p. 06).

[65] "Portanto, o *texto* é, para o especialista das linguagens – o semioticista –, aquilo que se dá a apreender, o conjunto dos fatos e dos fenômenos que ele se presta a analisar" (Fontanille, *Semiótica do Discurso*, 2015, p. 85).

[66] No *Dictionnaire*: "Considéré en tant qu'énoncé, le texte s'oppose au discours, d'après la substance de l'expression – graphique ou phonique – utilisée pour la manifestation du procès linguistique. (...) Le terme texte est souvent pris comme synonyme de discours, surtout à la suíte de l'interpénétration terminologique avec les langues naturelles qui ne posèdent pas l'équivalent du mot discours (français et anglais). Dans ce cas la *sémiotique textuelle* ne se distingue pas en principe de la sémiotique discursive. Les deux termes – texte et discours – peuvent être indifféremment appliqués pour designer l'axe syntagmatique des sémiotiques non linguistiques: un rituel, un ballet peuvent être considerés comme texte ou comme discours" (Greimas, Courtés, *Sémiotique*: dictionnaire raisonné de la théorie du langage, 1993, p. 389-390, verbete *Texte*). No mesmo sentido, Lucia Santaella: "A definição comum de 'texto' é aquela que o toma como uma cadeia mais longa ou mais breve de signos linguísticos com suas regras combinatórias. A semiótica expandiu enormemente o sentido da palavra 'texto' para abranger, além da linguagem verbal, a pintura, peças ou fragmentos musicais, sinais de tráfego, cidades, vestimentas, etc." (Santaella, *Linguagens líquidas na era da mobilidade*, 2007, p. 285).

ces complexas,[67] utilizando-se aqui da terminologia extraída da *Semiótica* de Algirdas Julien Greimas.[68] Esta é, aliás, uma das mais importantes e inovativas conquistas da visão semiótica greimasiana.[69] Assim, fica claro que a *obra de arte* se afirma como um *texto sincrético*, objeto de análise da *Semiótica da Arte*, em suas diversas perspectivas, apontando para um campo rico de estudos, ainda nascente, e de grande significação para uma série de outras ciências e saberes, a exemplo da relação de cooperação possível estabelecida entre a *Semiótica da Arte* e a *Semiótica do Direito*.

Seguindo de perto o que afirma François Rastier, o *texto semiótico* se encadeia, completa e *faz-sentido* ali onde se enreda a *práticas sociais*.[70] Também, na compreensão de Julia Kristeva, não há *prática social* que não esteja constituída e enredada a partir de *processos de linguagem*, dos rituais religiosos às práticas artísticas, dos fazeres artesanais aos costumes, das práticas da publicidade de mercadorias aos rituais jurídicos.[71]

---

[67] "L'objet de la sémiotique n'est pas fait des signes, mais des performances complexes, comme l'opéra, les rituels, etc." (Rastier, De la sémantique structurale à la sémiotique des cultures, *in Actes Sémiotiques*, no. 120, 2017, epublications.unilim.fr, Acesso em 06/06/2017, p. 06).

[68] "Tout de suite, cependant, se pose le problème de la transgression de la frontière que nous venons d'établir, et ceci sous la forme des sémiotiques syncrétiques – constitutant leur plan de lá expression. Avec des éléments relevant de plusieurs sémiotiques hétérogènes – dont l'existence est immédiatement evidente si l'opéra ou le film se présentent d'emblée comme des exemples péremptoires de discours syncrétiques, on peut se demander si les langues naturelles – et plus particulièrment les discours oraux – ne constituent pas un élément seulement, essentiel certes, à côté d'autres données paralinguistiques ou proxémiques, d'une communication, elle aussi syncrétique" (Greimas, Courtés, *Sémiotique:* dictionnaire raisonné de la théorie du langage, 1993, p. 344, verbete *sémiotique*).

[69] "O segundo tipo de sincretismo estabelecido por Greimas é o das chamadas semióticas sincréticas – tais como a ópera ou o cinema – que são aquelas que se valem de várias linguagens de manifestação (1979, p. 375)" (Fiorin, Para uma definição das linguagens sincréticas, *in Linguagens na comunicação*: desenvolvimentos de semiótica sincrética (OLIVEIRA, Ana Claudia de; TEIXEIRA, Lucia, orgs.), 2009, p. 33).

[70] "Le texte isolé n'a pas plus d'existence que le mot ou la phrase isolés: pour être produit et compris, il doit être rapporté à un genre et à un discours, et par là à un type de pratique sociale" (Rastier, De la sémantique structurale à la sémiotique des cultures, *in Actes Sémiotiques*, no. 120, 2017, epublications.unilim.fr, Acesso em 06/06/2017, p. 08).

[71] "Dicho de outro modo, ya que la práctica (social: es decir la economia, las costumbres, 'el arte', etc.) es considerada como un sistema significativo 'estructurado como um lenguaje',

Assim, se poderá avançar compreendendo que *textos estéticos* estão relacionados a *práticas sociais* determinadas no tempo e no espaço, ademais de estarem vinculadas a *sentidos* que estão presentes dentro de ambientes *históricos, sociais, culturais, políticos* e *econômicos*. Ora, o que se constata é que existe uma enorme *carga semiótica*, dentro da tradição ocidental, inclusive apontada pela *História do Direito*, e cujo potencial simbólico pode ser aproveitado pela *Semiótica*.

Daí a importância de caminhar adiante, na *Semiótica da Arte*, em conexão com a *História da Arte*,[72] com a *Antropologia da Arte*,[73] com a *Sociologia da Arte*, para que este exercício reflexivo se faça da forma mais apropriada possível. Umberto Eco chega a afirmar que é impossível compreender o papel da *Semiótica* sem associá-la diretamente a uma *Antropologia Cultural*,[74] afirmação esta que pode ser confirmada nos diversos estudos da área de

---

toda prática puede ser científicamente estudiada en tanto que modelo secundário con relación a la lengua natural, modelada sobre esa lengua y modelándola" (Kristeva, *Semiotica*, 1, 1981, p. 35).

[72] O esforço é conjunto com a *História da Arte*: "Historians of art often believe that they deal only with objects. In reality, these objects are organized, given life and meaning, by relations. Even though they are frequently unconscious, these involve choices that both history and criticism should require to be elaborated" (Didi-Huberman, The molding image: genealogy and the truth of resemblance in Pliny's natural history, *in Law and the image*: the authority of art and the aesthetics of law (DOUZINAS; NEAD, editors), 1999, p. 71); também, é da compreensão da própria área da *Semiótica* que surge essa visão da interelação entre arte e história, e não o contrário, e isso porque: "No processo dialético e dialógico da arte não há como escapar à história. A arte se situa na urdidura indissolúvel entre autonomia e submissão. Filha de sua época, a arte, como técnica de materializar sentimentos e qualidades, realiza-se num constante enfrentamento, encontro-desencontro consigo mesma e sua história" (Plaza, *Tradução Intersemiótica*, 2010, p. 05).

[73] A exemplo da *Antropologia visual*: "A diferença é uma condição humana perceptível na cultura. Os hábitos, as crenças, os costumes, as artes de outros povos constituem a imensa pluralidade de formas visuais, plásticas, sonoras, poéticas, da criatividade humana" (Mathias, *Antropologia visual*: diferença, imagem e crítica, 2016, p. 19).

[74] "Nesta perspectiva, toda a cultura é vista como um sistema de sistemas de signos em que o significado de um significante se torna por sua vez significante de um outro significado, ou até o significante do próprio significado – independentemente do facto de estes serem palavras, objectos, mercadorias, ideias, valores, sentimentos, gestos e comportamentos. A semiótica torna-se assim a forma científica da antropologia cultural" (Eco, *O signo*, 4.ed., 1990, p. 169).

Antropologia.[75] E o que se vem observando nesta área de investigação é que o acervo de *linguagens* subsidia todos os povos, as culturas, as nações, as tradições, as sociedades a exprimirem suas ideias e emoções por meio de *signos,* tornando-os audíveis, visíveis e tactíveis, como constata Cliford Geertz.[76] Assim, pode-se dizer:

"A obra de arte é um signo que também comunica o modo como é feita".[77]

1.4. Simbolização, Modalidades de Signos e Arte

O conceito de *signo* expõe com amplitude a dimensão do universo semiótico.[78] O *signo* – e isto Louis Hjelmslev já o apontava –[79] é portador de *significado,* e, por isso, sustenta-se como um conceito central e fundamental para todo o desenvolvimento das pesquisas semióticas, relevando-se o *plano da expressão* e o *plano do conteúdo.*[80] Ademais disso, o conceito de *signo*

[75] A exemplo dos estudos da *Antropologia visual:* "Toda imagem é um olhar reconstruído sobre o mundo, seja ela um desenho, uma pintura, uma fotografia ou um vídeo" (Mathias, *Antropologia visual:* diferença, imagem e crítica, 2016, p. 72).

[76] "Se é que existe algo em comum, é que em qualquer lugar do mundo certas atividades parecem estar destinadas a demonstrar que as ideias são visíveis, audíveis e – será preciso inventar uma palavra – tactíveis; que podem ser contidas em formas que permitem aos sentidos, e, através destes, às emoções, comunicar-se com elas de uma maneira reflexiva. A variedade da expressão artística é resultado da variedade de concepções que os seres humanos têm sobre como são e funcionam as coisas. Na realidade, são uma única variedade" (Geertz, A arte como sistema cultural, *in O saber local:* novos ensaios em antropologia interpretativa, 14.ed., 2014, p. 123).

[77] Eco, *O signo,* 4.ed., 1990, p. 50.

[78] A esta conclusão, já se havia chegado em obra anterior: "Por isso, a adoção de um conceito peirceano de signo tende a conferir à *Semiótica* abrangência maior que aquela restrita ao universo da verbalidade, encontrando e revelando a participação de tantas outras linguagens na composição semiótica da realidade, o que, antes de estreitar, vem a alargar, relativamente aos estudos que possuem acentuada tendência a se deter na verbalidade, os horizontes semióticos perseguidos" (Bittar, *Linguagem jurídica:* semiótica, discurso e direito, 6.ed., 2015, p. 35).

[79] "Um 'signo' funciona, designa, significa. Opondo-se a um não-signo, um 'signo' é portador de uma significação" (Hjelmslev, Prolegômenos a uma teoria da linguagem, *in Os pensadores,* vol. XLIX, 1975, p. 201).

[80] "É o critério de adequação que deve decidir sobre a escolha entre as duas concepções. Para tanto, deixaremos, pelo momento, de falar em signos pois, não sabendo o que são, procuramos defini-los, a fim de falar daquilo cuja existência constatamos, isto é, a *função*

nos faz recordar que *algo está no lugar de outro algo (aliquid stat pro aliquo)*,[81] aliás, como constata Umberto Eco.[82] *Estar no lugar de* indica que o *signo* tem *função abstrativa* nas trocas sociais, sendo capaz de *representar* o que está *ausente*, elevando ao nível das linguagens tudo aquilo que pode ser portado por elas, mas também aponta para a *incompletude* do signo, como bem analisa Lucia Santaella.[83] É por isso que Algirdas Julien Greimas pode afirmar, em *Sémiotique: dicitionnaire raisonné de la thérie du langage*, que o *signo* é "...a unidade do plano da manifestação, constituída por sua função semiótica...", entre o plano da expressão e o plano do conteúdo, o que o faz expressar a nítida influência da concepção teórica do linguista dinamarquês Louis Hjelmslev (expressão e conteúdo; significante e significado).[84]

Neste ponto, não importa a adoção das concepções de Charles Sanders Peirce, de Ferdinand de Saussure ou de Algirdas Julien Greimas, a fundação da *Semiologia*[85] e da *Semiótica* está ligada à compreensão da diversidade

---

semiótica, situada entre duas grandezas: *expressão* e *conteúdo*" (Hjelmslev, Prolegômenos a uma teoria da linguagem, *in Os pensadores*, vol. XLIX, 1975, p. 203-204).

[81] "Insistamos no fato de que o signo, seja qual for a sua natureza, está colocado sempre em substituição do referente, do objeto que representa" (Carontini, Peraya, *O projeto semiótico:* elementos de semiótica geral, 1979, ps. 15-16). "Um signo (ou *representamen*, para Peirce, é aquilo que, sob certo aspecto, representa alguma coisa para alguém" (Netto, *Semiótica, informação e comunicação*, 1980, p. 56).

[82] "Uma coisa é certa: que duma classificação do signo como elemento do processo de significação emerge que sempre o signo é entendido como *alguma coisa que está em lugar de outra*, ou por outra" (Eco, *O signo*, 4.ed., 1990, p. 26).

[83] "Um signo é um signo porque representa algo que não é ele, que é diferente dele. Representa o objeto numa certa medida e dentro de uma certa capacidade, de uma determinada maneira e, portanto, com algumas limitações. Por isso o signo é sempre parcial, por natureza incompleto" (Santaella, *A Assinatura das coisas:* Peirce e a literatura, 1992, p. 189).

[84] Verbete Signe: "Le signe est une unité du plan de la manifestation, constituée par la fonction sémiotique, c'est-à-dire par la relation de présupposition reciproque (ou solidarité) qui s'établit entre deux grandeurs du plan de l'expression (ou signifiant) et du plan du contenu (ou signifié) lors de l'acte de language" (Greimas, Courtés, *Sémiotique:* dictionnaire raisonné de la théorie du langage, 1993, p. 349, verbete Signe).

[85] "O termo *Sémiologie* foi aparentemente cunhado pelo próprio Saussure para designar a ciência geral dos signos que 'ainda não existente' " (Nöth, *A semiótica no século XX*, 3.ed., 2005, p. 17).

das *linguagens*[86] no campo dos processos de significação.[87] É evidente que, posteriormente à sua fundação, estas ciências vieram se distinguindo, ganhando musculatura e constituição muito distintas, seguindo-se mais de perto a visão *linguística* na perspectiva saussuriana, e a visão *pansemiótica* ou *multi-semiótica* nas perspectivas greimasiana e peirceana, a ponto de John Deely afirmar que a *Semiótica* contém a *Semiologia*.[88] Por isso, ao final, para Umberto Eco, a *Semiótica* é entendida como uma *meta--ciência*, na medida em que hoje se espraia por campos muito vastos.[89] Enfim, a *Semiótica* se ocupando dos *processos de significação*, tem na ideia de *signo* um ponto importante ponto de determinação de seu campo de estudos.

Feito este movimento, torna-se importante avançar, para compreender a específica natureza de cada um dos *signos*,[90] na medida em que

---

[86] E é aí que se dá origem à diferenciação entre Língua e linguagem, na análise do *Dictionnaire* de Algirdas J. Greimas e de Joseph Courtés: "Terme de la langue naturelle qu'est le français, langage n'est dégagé définitivément qu'au XIX siècle de sa quase-synonymie avec langue, permettant ainsi d'opposer le langage sémiotique (ou langage au sens general) et la langue naturelle" (Greimas, Courtés, *Sémiotique:* dictionnaire raisonné de la théorie du langage, 1993, p. 203, verbete *langage*).

[87] Isso é o que nos fazem perceber Carontini/ Peraya: "Os projetos semióticos de C. S. Peirce e de F. de Saussure encontram-se entretanto numa intenção comum: tornar possível a apreensão de todo fato de cultura e de toda prática social como uma linguagem. Prospectivamente, a Semiologia tem pois como objeto todo sistema de signos seja qual for a substância: as imagens (móveis ou estáticas), os gestos, os sons melódicos, os objetos e os complexos destas diversas substâncias, os ritos, em suma, todos os sistemas de significação aos quais o desenvolvimento das comunicações de massa propicia hoje uma enorme difusão" (Carontini, Peraya, *O projeto semiótico:* elementos de semiótica geral, 1979, p. 24).

[88] "A semiótica forma um todo do qual a semiologia é uma parte" (Deely, *Semiótica básica*, 1990, p. 23). "Se a língua é um sistema (conjunto de elementos com relação determinada entre si) a fala é um processo (sequência de atos) que atualiza, que dá existência concreta a essa língua, tornando a comunicação um fenômeno e não mais uma simples potencialidade" (Netto, *Semiótica, informação e comunicação*, 1980, p. 18).

[89] Cf. Eco, *O signo*, 4.ed., 1990, p. 31 a 49.

[90] "Em Semiologia, em que vamos tratar de sistemas mistos que envolvem diferentes matérias (som e imagem, objeto e escrita etc.), seria bom reunir todos os signos, enquanto transportados por uma única e mesma matéria, sob o conceito de *signo típico*: o signo verbal, o signo gráfico, o signo icônico, o signo gestual formariam, cada um deles, um signo típico" (Barthes, *Elementos de semiologia*, 10. ed., 1997, p. 50).

permitem o intercâmbio simbólico.[91] São possíveis diversas formas de classificações, todas elas intentadas e desenvolvidas por diversas linhas de pesquisa em *Semiótica*, tal como aquela de Umberto Eco, que diferencia os *signos* em *signos naturais* e *signos artificiais*.[92] Mas, para efeitos desta análise, sabendo-se que são divididos em *modalidades de signos*,[93] serão apresentados e identificados considerando-se o *símbolo*, o *ícone* e o *índice*,[94] como aponta Roland Barthes.[95] Todas estas *modalidades de signos* são mobilizadas por todos os ramos de estudo da *Semiótica*, inclusive pela *Semiótica Jurídica*,[96] e pela *Semiótica da Arte*. Desta forma, aqui se podem identificar:

---

[91] "Todos os signos são, pois, convencionais, no sentido de que os indivíduos estão de acordo para utilizá-los tal como se apresentam" (Buyssens, *Semiologia e comunicação linguística*, 3.ed., s.d., p. 82).

[92] Cf. Eco, *O signo*, 4.ed., 1990, p. 31 a 49.

[93] "Peirce, para quem o signo mantinha ligações precisas com o próprio objeto, distinguia deste ponto de vista *Índices, Ícones* e *Símbolos*.

O *Índice* é um signo que tem uma conexão física com o objeto que indica, como é o caso de um dedo apontado para um objeto, da bandeirola que indica a direção do vento e que se move segundo o soprar do próprio vento, do fumo como sintoma que indica a presença do fogo e até dos pronomes demonstrativos como /este/ e dos nomes próprios e comuns, na medida em que são usados para indicar um objeto.

O *Ícone* é um signo que remete para o seu objeto em virtude de uma semelhança, das suas propriedades intrínsecas que correspondem de qualquer modo à propriedade do objeto. Como dirá mais tarde Morris (1946, p. 362), um signo é icónico na medida em que possui a propriedade do seu denotado. Assim, são ícones uma fotografia, um desenho, um diagrama, mas também uma fórmula lógica e sobretudo uma imagem mental.

O *Símbolo* é finalmente um signo arbitrário, cuja ligação com o objecto é definida por uma lei: o exemplo mais apropriado é o signo linguístico" (Eco, *O signo*, 4.ed., 1990, p. 52).

[94] Sobre a diferenciação entre ícone, índice e símbolo, *vide* Carontini, Peraya, *O projeto semiótico*: elementos de semiótica geral, 1979, ps. 19-22.

[95] "*Signo*, na verdade, insere-se numa série de termos afins e dessemelhantes, ao sabor dos autores: *sinal, índice, ícone, alegoria* são os principais rivais do *signo*" (Barthes, *Elementos de semiologia*, 10. ed., 1997, p. 39).

[96] No âmbito da *Semiótica Jurídica*, um exemplo claro de estudo dos *índices*, é o estudo das *provas jurídicas*, que apontam para *rastros e traços indiciais* de autoria para fins de apuração de responsabilidade civil ou criminal: "A prova jurídica, enquanto signo indicial, preside o embate textual no seio do procedimento, desembocando em reflexos profundos no universo do discurso decisório" (Bittar, *Linguagem jurídica*: semiótica, discurso e direito, 6.ed., 2015, p. 297).

SEMIÓTICA, DIREITO E ARTE

(i) *símbolo*: o *símbolo* é uma modalidade de signo que representa o objeto por uma relação de *uso convencional*, por uma construção arbitrária, uma compreensão ou associação socialmente estabelecida.[97] São exemplos de *símbolos* a cruz para o cristianismo, a foice e o martelo para o socialismo, a suástica para o nazismo, a cruz de Davi para o judaísmo, os brasões para famílias reais, os iconogramas para sociedades secretas, as bandeiras para as nações modernas.[98] O curioso, no entanto, é que Ferdinand de Saussure nota que o *símbolo* nem sempre é arbitrário, e destaca como exemplo exatamente o *símbolo da justiça*.[99] Isso porque a *força do símbolo* não pode permitir que ele seja substituído por outro qualquer, daí sua *persistência*, sua *constância histórica*, seu papel entre diversas *culturas*, *povos* e *tradições*, sua capacidade de atravessar fronteiras, sua perenidade, como ocorre com o *símbolo da justiça*. Além de ter força simbólica, o símbolo tem *apelo estético*[100]

---

[97] "Assim sendo, é por força de uma ideia na mente do usuário que o símbolo se relaciona com seu objeto. Ele não está ligado àquilo que representa através de alguma similaridade (caso do ícone), nem por conexão causal, fatual, física, concreta (caso do índice). A relação entre o símbolo e seu objeto se dá através de uma mediação, normalmente uma associação de ideias que opera de modo a fazer com que o símbolo seja interpretado como se referindo àquele objeto. Essa associação de ideias é um hábito ou lei adquirida que fará com que o símbolo seja tomado como representativo de algo diferente dele" (Santaella, Nöth, *Imagem, Cognição, Semiótica, Mídia, Imagem*, 1998, p. 63).

[98] "Se por símbolos se entendem, ao contrário, certos emblemas universais como a Cruz, o Lótus, Estrela, etc., então trata-se de iconogramas, às vezes com um valor muito codificado e outras – de novo – usados de um modo polissémico, aproveitando-se do entrecruzar-se de códigos diversos" (Eco, *O signo*, 4.ed., 1990, p. 48).

[99] "Já que se está falando de línguas verbais e não-verbais, seria o caso de lembrar que para Saussure a designação *signo* deve ser entendida como *signo linguístico*, especificamente. Este é arbitrário – isto é, não há uma relação necessária entre ele e o objeto representado – e difere do *símbolo* que, segundo Saussure, nunca é completamente arbitrário. Saussure dá o exemplo do símbolo da justiça (uma balança) que não poderia ser substituída por outro (uma luva, uma centa, etc.)" (Netto, *Semiótica, informação e comunicação*, 1980, p. 21).

[100] "O símbolo não se inclina para a razão; é antes da ordem da experiência. Não produz um sentido que nos seja compreensível, age em nós. Para compreender a acção do ritual judiciário, importa relatar os seus efeitos no sujeito destinado a experimentá-lo. Essa experiência não pode ser racional. É de ordem emocional ou estética. Como explicar essa presença do símbolo na justiça? Aquilo que existe no símbolo, e que não pode 'passar' pela

SEMIÓTICA, DIREITO & ARTE

e *uso emocional*[101] e o sentido fortemente apelativo para determinadas comunidades;[102]

(ii) *ícone*: o *ícone* é uma modalidade de signo que *representa* o objeto denotado por uma relação de proximidade e semelhança.[103] São exemplos a planta de uma casa, com relação ao objeto-casa, a pintura, com relação ao objeto representado;

(iii) *índice*: o *índice* é uma modalidade de signo que *representa* o objeto denotado por uma relação de continuidade natural ou de contiguidade do objeto designado dentro de relações existenciais de

---

palavra, é a sua força. A palavra e a linguagem nunca conseguirão atingir a eficácia do símbolo. Aquilo que na experiência emocional do espaço judiciário é intraduzível através das palavras é, na verdade, da ordem do poder" (Garapon, *Bem julgar*: ensaio sobre o ritual judiciário, 1999, p. 43).

[101] Isso é notado por inúmeros teóricos, mas aqui se procura ressaltar a observação de John Dewey a este respeito: "Uma mesma palavra, "símbolo", é usada para designar expressões de pensamento abstrato, como na matemática, e coisas como uma bandeira ou um crucifixo, que incorporam um profundo valor social e o significado da fé histórica e do credo teológico" (Dewey, *Arte como Experiência*, 2010, p. 100).

[102] "Em nossa civilização encontramos alguns casos em que a forma ou a composição da cor possuem um significado simbólico inteiramente separado dos seus valores formais. O exemplo mais óbvio é o das bandeiras nacionais. Elas não são ornamentais, mas possuem um forte apelo emocional. Apelam para sentimentos de lealdade nacional. Seus valores não podem ser compreendidos numa base puramente formal, mas fundam-se na associação da forma a domínios definidos da nossa vida emocional. O mesmo se aplica a certos símbolos. Na Alemanha, atualmente, a suástica como símbolo do antissemitismo e a estrela de Davi como símbolo do judaísmo possuem significados políticos muito definidos e são capazes de despertar as mais violentas paixões quando usadas com objetivos decorativos – não devido à sua forma, mas devido à reação emocional às ideias que representam. As insígnias militares, os emblemas das sociedades secretas, os emblemas dos estudantes e outros distintivos exercem a mesma influência através das suas associações. Em virtude do forte valor emotivo desses desenhos e ao caráter específico das associações, o uso dos ornamentos pode-se restringir a determinada classe de objetos, ou ser reservado para classes de indivíduos privilegiados. Assim, entre nós, o uso da cruz ou da bandeira não é adequado a todos os lugares e todas as ocasiões e as insígnias de determinados postos só são usadas por aqueles que têm esse direito" (Boas, *Arte primitiva*, 2015, ps. 98-99).

[103] "...o ícone apresenta uma ou algumas qualidades do objeto denotado" (Carontini, Peraya, *O projeto semiótico*: elementos de semiótica geral, 1979, p. 19).

significação.[104] São exemplos, dados por Carontini e Peraya,[105] a fumaça que sai de uma chaminé como *índice* de fogo, a aceleração do pulso de um paciente para fins de análise médica como *índice* de um estado de saúde, o dedo que aponta para determinado objeto-do-mundo, ou ainda, a fotografia com relação ao objeto fotografado.[106]

1.5. Simbolização, Sociedade e Direito

Toda sociedade se constitui a partir de processos crescentes de *simbolização*. Das sociedades arcaicas à sociedade moderna, a *simbolização* sempre esteve presente, como algo constitutivo da vida social.[107] A *simbolização* caracteriza a sociedade por seus significados, por seus símbolos, por seus ritos, por suas formas, por suas ideologias e crenças compartilhadas em comum, e que acabam sendo determinantes para a vida do indivíduo nela inserido.[108] Na visão de François Rastier, a atividade da linguagem,

---

[104] Verbete *Iconicité*, no *Dictionnaire*: "On entend par icône, à la suite de Ch. S. Peirce, un signe défini par sa relation de ressemblance en l'opposant à la fois à l'indice (caractérisé par une relation de continuité naturelle) et à symbole (fondé sur la simple convention sociale)" (Greimas, Courtés, *Sémiotique*: dictionnaire raisonné de la théorie du langage, 1993, p. 177, verbete *iconicité*).

[105] Cf. Carontini, Peraya, *O projeto semiótico*: elementos de semiótica geral, 1979, p. 21.

[106] A mesma subdivisão (ícone; símbolo; índice) pode ser encontrada em Plaza. Aqui, se procura destacar a noção de índice: "...operam antes de tudo pela contiguidade de fato vivida. O índice é um signo determinado pelo seu Objeto Dinâmico em virtude de estar para com ele em relação real. O índice, em relação ao seu Objeto Imediato, é um signo de um existente. 'Fotografias instantâneas são muito instrutivas porque sabemos que, sob certos aspectos, são exatamente como os objetos que representam. Esta semelhança é devida ao fato de as fotografias serem produzidas em circunstâncias tais que se viram fisicamente compelidas a corresponder, ponto a ponto, à natureza' " (Plaza, *Tradução intersemiótica*, 2010, p. 22).

[107] Para uma análise da simbolização estética: "Sempre e por toda a parte, mesmo nas sociedades 'primitivas' sem escrita, os homens produziram um grande número de fenômenos estéticos, como testemunham os enfeites, as pinturas do corpo, os códigos culinários, objetos esculpidos, máscaras, enfeites para a cabeça, música, danças, festas, jogos, formas de *habitat*. Não há nenhuma sociedade que não se envolva, de uma maneira ou de outra, num trabalho de estilização ou de 'artialização' do mundo, aquilo que 'singulariza uma época ou uma sociedade', ao efetuar a humanização e a socialização dos sentidos e dos gostos" (Lipovetsky, Serroy, *O capitalismo estético na era da globalização*, 2014, p. 18 e 19).

[108] No Pós-Fácio, intitulado *A semiologia política*, ao livro *O direito e sua linguagem*, Luiz Alberto Warat afirmava: "A partir do ponto de vista sócio-histórico o indivíduo interioriza

a produção do sentido, a simbolização e a comunicação correspondem fundamentalmente a *práticas sociais*, sabendo-se que estas contêm as possibilidades geradoras e os limites dos próprios usos da linguagem.[109]

Aliás, é da *troca simbólica*, como afirma Umberto Eco,[110] que nasce a possibilidade da vida organizada em sociedade, de forma que toda sociedade implica necessariamente em práticas de *linguagens*. A representação das crenças religiosas, a sistematização de um código de comunicação, a produção de níveis mais refinados ou menos refinados de produção de ordens morais, políticas e a formação do Direito[111] são aspectos que estão intrinsecamente relacionados no processo de constituição de uma sociedade. Aliás, no que tange à língua, pode-se ressaltar o que afirmava o linguista Louis Hjelmslev:

> "A linguagem – a fala – é uma inesgotável riqueza de múltiplos valores. A linguagem é inseparável do homem e segue-o em todos os seus atos. A linguagem é o instrumento graças ao qual o homem modela seu pensamento, seus sentimentos, suas emoções, seus esforços, sua vontade e seus atos, o instrumento graças ao qual ele influencia e é influenciado, a base última e mais profunda da sociedade humana".[112]

---

a totalidade das instituições da sociedade; interioriza a onipotência de seus rituais-normas--mitos-representações capturadoras, que organizam (em cada sociedade particular) o mundo humano e não-humano para fornecer seu sentido" (Warat, *O direito e sua linguagem*, 2. ed., 1995, p. 114).

[109] "L'usage d'une langue est par excellence une activité sociale, si bien que toute situation de communication est déterminée par une pratique sociale qui l'instaure et la contraint" (Rastier, *Sens et textualité*, 1989, p. 39).

[110] "O homem, disse-se, é um *animal simbólico*, e neste sentido não só a linguagem verbal mas toda a cultura, os ritos, as instituições, as relações sociais, o costume, etc., mais não são do que formas simbólicas (Cassirer, 1923; Langer, 1953) nas quais ele encerra a sua experiência para a tornar intermutável: instaura-se a humanidade quando se instaura a sociedade, mas instaura-se a sociedade quando há comércio de signos" (Eco, *O signo*, 4.ed., 1990, p. 97).

[111] Daí, poder-se- estudar o Direito como uma *linguagem artificialmente* criada para significar e regular fenômenos socialmente relevantes: "Assumindo tal premissa, vamos esclarecer, inicialmente, que partiremos do Direito como um sistema de linguagem artificial elaborado, procurando demonstrar como os fenômenos jurídicos podem ser estudados na condição de fenômenos semióticos" (Araújo, *Semiótica do Direito*, 2005, p. 17).

[112] Hjelmslev, Prolegômenos a uma teoria da linguagem, *in Os pensadores*, vol. XLIX, 1975, p. 185.

Uma *Sócio-semiótica*[113] há de reconhecer o lugar dos *signos* no seio da sociedade, e os *processos de significação* como processos implicados em *relações sociais*. Percebe-se, aqui, de perto, o quanto o Direito, construído em sociedade, está enredado no universo semântico da Cultura, e o quanto o âmbito da Cultura abarca diversos objetos que lhe são coextensivos.[114] Aliás, este é um ponto curioso de aproximação e de conexão entre as perspectivas teóricas da *Frankfurter Schule* e as perspectivas atuais da *Semiótica* e da *Semiótica do Direito*. É assim que se podem encontrar curiosas conexões entre a *Teoria Crítica* e a *Semiótica*, na medida em que os estudos críticos interessam sobremaneira à compreensão dos *sistemas de significação*.

Tal como o demonstra o semioticista Bernard Jackson, no texto *Sémiotique et études critiques du droit* (1988), fica claro que a *Frankfurter Schule* promove importantes vínculos entre o universo dos *processos de socialização* e o universo das *trocas simbólicas*.[115] Se, em estudo anterior, na Tese intitulada *Justiça e emancipação* (2011), posteriormente publicada com o título *Democracia, justiça e emancipação social* (2013),[116] se pôde estabelecer com clareza a natureza da abordagem crítico-discursiva do Direito, fica também claro que ao se avançar a partir destes pressupostos, se reencontra

---

[113] A definição de *Sociosémiotique*, no *Dictionnaire*: "Dans le domaine qui serait éventuellement recouvert par le terme de sociosémiotique, ce n'est que la sociolinguistique qui peut prétendre au statut d'une discipline plus ou moins institutionalisée. (...) serait réservé le vaste domaine des connotations sociales, dont on indiquera brièvement certaines dimensions" (Greimas, Courtés, *Sémiotique*: dictionnaire raisonné de la théorie du langage, 1993, p. 355-356, verbete *Sociosémiotique*).

[114] No *Dictionnaire*, no verbete *Culture*: "Du point de vue sémiotique, le concept de culture peut être considéré comme coextensif à celui d'univers sémantique, relatif à une communauté sociosémiotique donnée" (Greimas, Courtés, *Sémiotique*: dictionnaire raisonné de la théorie du langage, 1993, p. 77, verbete *Culture*).

[115] "Toujours est-il qu'en raison même de ses sources d'inspiration – ici l'*École de Francfort*, là des travaux de J. Habermas –, la théorie critique engage, par certains côtés, une problématique tout à fait familière aux sémioticiens. Ainsi en est-il lorsque Habermas caractérise l'approche critique par le souci d'aborder la société en tant qu'un system dont les acteurs, disposant du langage, ne peuvent interagir les uns sur les autres que dans le cadre de la communication intersubjetive" (Jackson, Sémiotique et études critiques du droit, in *Droit et Société*, Volume 8, Número 01, 1988, p. 66).

[116] A este respeito, *vide* Bittar, *Democracia, justiça e emancipação social*: reflexões jusfilosóficas a partir do pensamento de Jürgen Habermas, 2013.

a dimensão *simbólica* do Direito, considerada a natureza dos processos de socialização e das trocas simbólicas como algo de profunda atenção para a relação entre *Law & language*.

Nesta linha de raciocínio, foi sem dúvida nenhuma na segunda geração da *Frankfurter Schule* que se estabeleceu, a partir de Jürgen Habermas, uma mais clara conexão entre estas dimensões.[117] Neste sentido, vale apontar tanto que a *Teoria Crítica*, de Jürgen Habermas, se reporta e se apoia na *Semiótica*, de Charles Sanders Peirce,[118] quanto que a *Semiótica do Direito*, de Bernard Jackson,[119] se reporta e se apoia na *Teoria Crítica*, de Jürgen Habermas. Neste intercruzamento teórico, as *linguagens* são o foco, e os processos de *interação social* são observados com toda a importância e centralidade que possuem para constituírem processos de construção comunicativa da convivência e do trânsito intersemiótico.

---

[117] Sobre as afinidades entre a *Semiótica*, a *Lógica Formal* e o *Pragmatismo* na comunicação: "Em seguida à célebre sugestão de C. S. Peirce, L.-O. Apel, H. Putnam e eu defendemos, por momentos, uma ou outra versão de um tal conceito discursivo de verdade" (Habermas, *Verdade e justificação*: ensaios filosóficos, 2004, p. 46). Ainda: "No conjunto, o pragmatismo fez a mesma mudança de orientação categorial que a hermenêutica. Entretanto, visto que Peirce, Mead, James e Dewey tomam como ponto de partida para sua análise, não a compreensão de textos, mas o comportamento solucionador de problemas no lidar prático com uma realidade resistente, eles se tornam invulneráveis à tentação de transfigurar a capacidade de abertura ao mundo, própria da linguagem, em algo extracotidiano de caráter poético, para assim reintroduzir a metafísica pela porá de trás" (Habermas, *Verdade e justificação*: ensaios filosóficos, 2004, ps. 165-166).

[118] Jürgen Habermas chega a afirmar a sua dívida ao pensamento de Ch. S. Peirce: "The transcendentally oriented pragmatismo inaugurated by Ch. S. Peirce attempts to show that there is such a structural connection between experience and instrumental action" (Habermas, *Communication and the evolution society*, 1979, p. 22). "The stimulus that encouraged me to bring normative structures into a developmental-logical problematic came from the *genetic structuralism* of Jean Piaget as well, thus from a conception that has overcome the traditional strcuturalist front against evolutionism and that has motifs of the theory of knowledge from Kant to Peirce" (Habermas, *Communication and the evolution society*, 1979, p. 125).

[119] "En réalité, la *Sémiotique* tire sa valeur critique de sa généralité même en tant que théorie. Analysant les strategies de signification où qu'elles soient à l'oeuvre, elle est à même d'en faire ressortir la spécificité relative en fonction des univers particuliers – c'est-à-dire des genres des discours ou des domaines de pratiques – où elles s'exercent selon le cas" (Jackson, *Sémiotique et études critiques du droit, in Droit et Société*, Volume 8, Número 01, 1988, p. 68).

1.6. Simbolização, Direito e Justiça

O Direito é um fenômeno social de alto nível de implicação *simbólica*.[120] Na medida em que o Direito se institui, se convenciona, é que a *dimensão simbólica* não é irrelevante, mas sim *determinante*, para o Direito;[121] isto torna relevante o papel da *Semiótica*, no sentido de tomar esta dimensão como objeto de pesquisa. No Posfácio, intitulado *A semiologia política*, ao livro *O direito e sua linguagem*, Luiz Alberto Warat constatava exatamente isto.[122] Aliás, é com as palavras do sociólogo francês Antoine Garapon, que se pode dizer que:

> "Sem símbolos não há justiça, pura e simplesmente porque nenhuma justiça pode prescindir de formas".[123]

Assim, de pronto, percebe-se que a *Teoria Estética*, na tarefa que lhe incumbe,[124] tem algo a dizer à *Filosofia e Teoria do Direito*, assim como a *Semiótica da Arte* tem a dizer algo para a *Semiótica Jurídica*. É certo que toda abordagem sobre as implicações das *linguagens* no campo do Direito acaba sendo uma *leitura* das variáveis *semióticas*, *simbólicas* e *estéticas* do Direito.[125] Por isso é que não se pode ocultar que as linguagens participam das práticas do Direito, e, nesta linha de raciocínio, tudo aquilo que

---

[120] No que tange ao direito, pode-se consultar o estudo a respeito do tema: "De resto, é o político que vai pedir ao artístico o empréstimo da sua persuasão, da sua retórica, do seu espectáculo... O religioso fará o mesmo. No Barroco, tal começou a ser muito claro. Tal significa que há uma sacralidade ritualística que ganha autonomia e se afirma, podendo, também, ser instrumentalizada..." (Cunha, Direito, poder e pró-vocação artística, *in Boletim da Faculdade de Direito da Universidade de Coimbra*, 2010, p. 239).

[121] "La tesi che inizierò a sviluppare, sul punto, è che il diritto ha uno spazio simbolico, e che lo spazio del diritto è simbolico" (Conanzi, *Estetica del Diritto: Geologia e Genealogia del Giuridico*, 2016, p. 81).

[122] "É impossível falar do Direito sem a referência à instituição imaginária da sociedade. A instituição do social, como pólo de imputação e de atribuição, é estabelecida segundo normas sem as quais não pode haver sociedade. Assim, grande parte das significações imaginárias instituídas pode ser considerada como mediações jurídicas" (Warat, *O direito e sua linguagem*, 2. ed., 1995, p. 119).

[123] Garapon, *Bem julgar*: ensaio sobre o ritual judiciário, 1999, p. 311.

[124] "A teoria interessa-se por descobrir a natureza da produção das obras de arte e do seu deleite para a percepção" (Dewey, *Arte como Experiência*, 2010, p. 73).

[125] A respeito, *vide* Bittar, *Linguagem jurídica*: semiótica, discurso e direito, 6.ed., 2015.

concerne à *justiça* (definir o 'lugar' da justiça, 'falar' a justiça, 'representar' a justiça, 'interpretar' a justiça, 'consagrar' a justiça, 'julgar' segundo a justiça, 'impor' a justiça, 'aplicar' a justiça, entre outras),[126] e não obstante o tempo histórico, de alguma forma, sempre esteve associado a 'símbolos', 'representações', 'atos', 'fórmulas', 'ritos', 'cerimônias', 'julgamentos', espelhando que a *dimensão simbólica* acompanha a *história da justiça*. Por isso, para o Direito tem sido relevante a *forma* tanto quanto o *conteúdo* dos atos de justiça, desde os romanos até hoje. Do ponto de vista das práticas mais ancestrais do Direito na história, conhece-se bem a proximidade do Direito com a religião e seus rituais sagrados.[127]

Para o mundo moderno, apesar da laicização, no entanto, é curioso identificar o quanto o Direito mantém esta *imbricação simbólica*, e perpetua seu caráter formular. Os *símbolos de Estado* substituem os *símbolos religiosos*, e marcam as formas pelas quais as práticas do Direito se transmitem de geração a geração, de forma a que se abram as seguintes *leituras* da realidade do Direito:

i) o suplício medieval de um réu em praça pública é um ritual de redenção coletiva e reafirmação do poder simbólico da Igreja;

ii.) o corpo do escravo açoitado pelo 'senhor' é um mapa da dor e do sofrimento na opressão da liberdade;

iii.) os números e as estatísticas das violências são índices dos déficits de justiça em sociedade;

iv.) uma sessão do júri revela atores, posturas, lugares de fala, rituais, encenações, teatralização e o uso de uma retórica persuasiva que visa gerar efeitos discursivos sobre os jurados;[128]

---

[126] "O primeiro gesto da justiça consiste em delimitar um lugar, circunscrever um espaço propício à sua realização. Não há conhecimento de uma sociedade que não lhe tenha reservado um local especial" (Garapon, *Bem julgar*: ensaio sobre o ritual judiciário, 1999, p. 25).

[127] De fato, fica clara a correlação entre a religião, e, também, o folclore, com a dimensão do simbólico: "A religião e o folclore são pródigos em simbolismo. As sandálias aladas de mercúrio, Atlas sustentando o mundo nos ombros e a vassoura das bruxas são apenas alguns exemplos" (Dondis, *Sintaxe da linguagem visual*, 2007, p. 94).

[128] "No sólo desde el punto de vista narrativo podemos encontrar similitudes, porque también el Derecho incorpora una faceta escénica que lo aproxima a este tipo de artes, lo que explica la reiterada presencia de la apelación a procedimientos judiciales en el teatro o en el cine. Igualmente, en la formalización escénica de estos procedimientos hay una

v.) um presídio é uma arquitetura do controle que revela a lógica do cárcere;

vi.) o Palácio de Justiça, onde geralmente estão instalados os Tribunais ou Cortes de Justiça (São Paulo; Paris; Washington; Nova York), são arquiteturas cravadas de signos da violência, da tradição[129] e do ritual judiciário;[130]

vii.) um fórum é uma representação da sobriedade serial, repetitiva, burocrática e formular com a qual se julgam os feitos e se executam os ritos processuais;

viii.) o linchamento em praça pública do criminoso é um ato de vingança coletiva que denuncia a debilidade das instituições de justiça e a descrença no sistema de segurança pública;

ix.) o martelo, como forma dos juízes norte-americanos imporem respeito ao silêncio nas sessões de julgamento, é o símbolo da judicatura e da finalização das etapas de busca pela decisão jurídica;[131]

x.) as roupas talares são as vestimentas cujas cores e formas conferem caráter 'solene' ao ato de julgamento e investem pessoas na condição de atores jurídicos na arena judicial;

xi.) as figuras, as representações, as bestas, as espadas, as lanças, as balanças, os bustos, os deuses e deusas, as cenas de violência,

---

actividad procesal comprometida con la determinación de la verdad, sea de los hechos, sea del Derecho aplicable, que se manifiesta a través de la retórica y de la capacidad de convicción de los participantes". (Callejón, Verdad y Certeza en el Derecho y en la Literatura, in *AntiManual de Direito & Arte* (Franca Filho, Marcílio; Leite, Geilson Salomão; Pamplona Filho, Rodolfo, coords.), 2016, p. 336).

[129] "O passado é ininterruptamente recordado nos corredores dos nossos antigos palácios de justiça, sob a forma de bustos ou de estátuas representando os nossos juristas mais prestigiados desde as origens" (Garapon, *Bem julgar*: ensaio sobre o ritual judiciário, 1999, p. 64).

[130] "Quando nos aproximamos do Palácio de Justiça de Paris, ficamos desde logo impressionados com o seu portão de entrada, majestoso, povoado de flores-de-lis douradas, mas sempre fechado, como que a convidar-nos a não entrar! Na entrada sul, dois leões guardam as portas, evocando os templos antigos cuja entrada era protegida por 'guardiões do limiar', que podiam ser homens (estátuas de arqueiros), animais (dragões, leões), semideuses (Esfinge), ou até deuses, como *Janus*, o deus da porta de Roma" (Garapon, *Bem julgar*: ensaio sobre o ritual judiciário, 1999, p. 34).

[131] "Nos Estados Unidos, os magistrados dispõem de um pequeno martelo para impor o respeito pelo silêncio" (Garapon, *Bem julgar*: ensaio sobre o ritual judiciário, 1999, p. 78).

SEMIÓTICA, DIREITO & ARTE

presentes na arquitetura judiciária, são manifestações do poder e da violência contidos no universo da justiça e da injustiça;[132]

xii.) a disposição estrutural das salas de audiências, revelam a relação entre as partes de um processo judicial e o papel de cada um no jogo da representação e no exercício de papéis rituais;[133]

xiii.) as palavras e os momentos de concessão de oportunidades de fala numa assembleia coletiva exprimem o modo mais ou menos democrático de se promover justiça;

xiv.) a mesa redonda de uma mediação de conflitos exprime uma forma circular de promover justiça e interação físico-psíquica entre os envolvidos num conflito, estimulando-se métodos cooperativos e consensuadas de soluções de conflitos;

xv.) os Palácios de Justiça são livros arquitetônicos, prenhes de significados, estruturas físicas abertas espacialmente para o olhar de seus leitores, especialmente considerando o sentido da relação entre violência, justiça e injustiça, a demonstrar os limites do fazer justiça pelos instrumentos de Estado.[134]

Numa abordagem ainda preliminar, percebe-se de pronto o quanto o *simbólico* está presente e marca a definição histórica da *justiça*, tanto pela 'forma' quanto pelo 'conteúdo', nas *práticas cotidianas* da vida em sociedade, afetando de modo decisivo o que se chama de *Direito*. Daí a

---

[132] "Esta violência contida no ritual, cujas imagens penetram com dificuldade na nossa consciência, cumpre talvez um papel compensatório. Essas vinganças terríveis, bocas de leões e lanças cortantes não só nos inspiram respeito como ainda nos liberam da nossa agressividade, restituindo-a sob uma forma simbolizada e eufémica" (Garapon, *Bem julgar*: ensaio sobre o ritual judiciário, 1999, p. 200).

[133] "É de ordem emocional ou estética. Como explicar essa presença do símbolo da justiça? Aquilo que existe no símbolo, e que não pode 'passar' pela palavra, é a sua força. A palavra e a linguagem nunca conseguirão atingir a eficácia do símbolo. Aquilo que na experiência emocional do espaço judiciário é intraduzível através das palavras é, na verdade, da ordem do poder. Juízes, advogados, espectadores, acusados e partes envolvidas estão, graças à presença simbólica, sob a influência do poder do elemento englobante, da ordem ou da natureza, sob a influência do direito" (Garapon, *Bem julgar*: ensaio sobre o ritual judiciário, 1999, p. 43).

[134] "Poder-se-ia pensar que a concórdia seria fomentada pela simbólica judiciária, através de imagens serenas e inspiradoras da paz. Nada disso acontece: essa simbólica exibe sobretudo bocarras de leões impressionantes, objectos de corte e corpos trespassados" (Garapon, *Bem julgar*: ensaio sobre o ritual judiciário, 1999, p. 200).

implicação que se percebe, e que se pretende explorar mais detidamente, sendo possível inclusive até mesmo *fotografar* esta realidade de símbolos, tal como o faz Bernard Edelman, em *O direito captado pela fotografia*,[135] na aproximação da lente de análise sobre o universo das práticas simbólicas que cercam o *Direito*.

---

[135] "Quer dizer que nos contentaremos com fazer proferir ao direito o discurso que é o seu. Melhor: procuraremos surpreendê-lo no seu discurso, surpreendido pela fotografia e pelo cinema. Surpreendê-lo-emos na sua própria formação, na sua decomposição/recomposição, no seu processo de absorção destes novos modos de apreensão do real" (Edelman, *O direito captado pela fotografia*, 1976, p. 41).

Capítulo 2
Semiótica, Arte e Experiência

2.1. Semiótica, arte e linguagens artísticas

Nem mesmo os processos de modernização vieram significando um colapso das *formas artísticas,* pois, pelo contrário, como afirma Jacques Rancière, são múltiplas as *experiências artísticas* contemporâneas.[136] Em *L'incoscient esthétique* (2001), Jacques Rancière pode afirmar que:

> "Não existe episódio, descrição ou frase que não carregue em si a potência da obra. Porque não há coisa alguma que não carregue em si a potência da linguagem".[137]

Aliás, milenarmente, as artes vieram se expressando por diversos canais e de diversas formas: artesanato; música; teatro; escultura; desenho; pintura; fotografia; dança; arquitetura; literatura; cinema; histórias em quadrinhos; ilustração; caligrafia; desenho; artes plásticas; jogos de computador; artes gráficas; artes digitais; *design*; grafitismo; *street art*.[138]

---

[136] "Hoje temos teatro mudo e dança falada; instalações e performances à guisa de obras plásticas; projeções de vídeo transformadas em ciclos de afrescos; fotografias tratadas como quadros vivos ou cenas históricas pintadas; escultura metamorfoseada em *show* multimídia, além de outras combinações" (Rancière, *O espectador emancipado*, 2014, p. 24).

[137] Rancière, *O inconsciente estético*, 2009, p. 37.

[138] Cf. Dondis, *Sintaxe da linguagem visual*, 2007, p. 09.

As artes, atualmente, possuem fronteiras e linguagens cada vez mais ilimitadas e variadas, a exemplo da *body art*. Muitas vezes, a arte se dá em espaços e formas confinados, muitas vezes nos redutos acadêmicos, mas, outras vezes, faz-se livramente e constitui a cidade – ou, o espaço urbano – como o *panneaux* dentro do qual se inscreve a *street art*, a exemplo das linguagens do *graffiti* nos espaços urbanos e sub-urbanos das megalópoles do Brasil.[139]

Das artes mais próximas às *Beaux Arts* àquelas outras mais próximas das artes aplicadas, o esquadro das artes é o do *pluralismo de linguagens*,[140] e seu campo de linguagens se encontra em permanente estado de desenvolvimento, na dependência dos desenvolvimentos da cultura, das fronteiras dos conhecimentos, e da própria técnica. As linguagens das obras de arte são aquelas que expressam o que não pode ser expresso na língua:

> "Na verdade, cada arte fala um idioma que transmite o que não pode ser dito em nenhuma outra língua, mas permanece o mesmo".[141]

Ao contrário do *eclipsamento*, as formas de artes se alternam em predominância na história, não se extinguindo propriamente – podendo, de fato, se marginalizar e cair em esquecimentos provisórios, sendo ou não resgatadas em novos ciclos históricos, a exemplo do artesanato –,[142] se abrindo em novas perspectivas a cada passo da abertura das fronteiras geradas pela própria *experiência estética*, se mesclando complexamente, e se transformando mutuamente.[143] Por exemplo, isso não significa que o *pluralismo das formas* e *modalidades artísticas* contemporâneas traz consigo o abandono do valor da artesania indígena, ou o esquecimento do significado das formas tribais religiosas, ou a significação da ilustração medieval, ou ainda, o soterramento da arquitetura clássica.

---

[139] A respeito do *graffiti* nas grandes cidades brasileiras, consulte-se Malland, *Tropical spray*: viagem ao coração do grafite brasileiro, 2012.

[140] "Por serem expressivos, os objetos de arte constituem uma linguagem. Melhor dizendo, muitas linguagens" (Dewey, *Arte como Experiência*, 2010, p. 215).

[141] Dewey, *Arte como Experiência*, 2010, p. 215.

[142] "Hoje em dia, os artesãos comuns ocupam um lugar especial e esotérico em nossa sociedade" (Dondis, *Sintaxe da linguagem visual*, 2007, p. 210).

[143] "Assim, filme, fotografia, desenho, caligrafia e poema vê misturar seus poderes e intercambiar suas singularidades" (Rancière, *O espectador emancipado*, 2014, p. 119).

As novas fronteiras das artes vêm se remodelando, na arte contemporânea, especialmente, à luz da *arte digital*,[144] das *artes tecnológicas,* da *arte-mídia*,[145] do *desenho industrial,* da *videoarte,* e das diversas manifestações das *artes populares.* Nesse campo, fica claro que a tecnologia contemporânea – que estimula interações intextextuais, intervisuais e intersensoriais –,[146] a exemplo da relação entre artes digitais e artes gráficas tradicionais, vem a remexer profundamente com o que se encontrava estabilizado desde a invenção dos tipos móveis por Gutemberg.[147] E é neste sentido que a compreensão da *arte,* da sensibilidade, dos campos estéticos, do significado estético e da inteligência visual devem se adaptar às novas dinâmicas de compreensão do universo artístico.[148] O que há de curioso nas práticas artísticas é seu enovelamento, na história da arte, bem como a impossibilidade de se falar em superação evolutiva. E isso porque não há propriamente evolução na história da arte, pois o templo de Zeus, em *Paestum* (Itália), continua a indicar – imóvel e impassível – a altivez da beleza clássica grega antiga, sem nenhum pestanejar de dúvida; *Van Gogh* não 'superou' *Van Eyck,* pois 'representaram' o mundo com 'olhares diferentes'.

[144] "A arte digital faz parte inseparável daquilo que vem sendo chamado de arte contemporânea" (Santaella, *Temas e dilemas do pós-digital:* a voz da política, 2016, p. 235).

[145] "A arte tecnológica, a arte-mídia e em especial a arte digital, na sua incorporação das variadas mídias computacionais, podem e devem ou não ser incluídas no conjunto da arte contemporânea?" (Santaella, *Temas e dilemas do pós-digital:* a voz da política, 2016, p. 231).

[146] "O caráter tátil-sensorial, inclusivo e abrangente, das formas eletrônicas permite dialogar em ritmo "intervisual", "intertextual" e "intersensoral" com vários códigos da informação" (Plaza, *Tradução Intersemiótica,* 2010, p. 13).

[147] "Para o *design* gráfico, a industrialização e a produção em série começaram em medados do século XV, com o desenvolvimento do tipo móvel, e seu grande momento foi assinalado pela impressão da Bíblia de Gutenberg" (Dondis, *Sintaxe da linguagem visual,* 2007, p. 205).

[148] "A arte e o significado da arte mudaram profundamente na era tecnológica, mas a estética da arte não deu respostas às modificações. Aconteceu o contrário: enquanto o caráter das artes visuais e sua relação com a sociedade modificaram-se dramaticamente, a estética da arte tornou-se ainda mais estacionária. O resultado é a idéia difusa de que as artes visuais constituem o domínio exclusivo da intuição subjetiva, um juízo tão superficial quanto seria a ênfase excessiva no siginificado literal. Na verdade, a expressão visual é o produto de uma inteligência extremamente complexa, da qual temos, infelizmente, um conhecimento muito reduzido. O que vemos é uma parte fundamental do que sabemos, e o alfabetismo visual pode nos ajudar a ver o que vemos e a saber o que sabemos" (Dondis, *Sintaxe da linguagem visual,* 2007, p. 27).

SEMIÓTICA, DIREITO & ARTE

Assim, a *pluralidade das linguagens* artísticas abre campo para inúmeras fronteiras, aplicações, usos e perspectivas de intervenção.[149] Não por outro motivo, tem sido alvo de atenção da *Semiótica*, ciência que, na definição de Umberto Eco, trata das várias *linguagens* como objeto de estudo.[150] Aqui, portanto, na *pluralidade de linguagens* aparece a *arte-signo*, ou seja, da arte como aquilo que está para outra coisa (*aliquid stat pro aliquo*).[151] É nesta medida que se pode repetir, com Leonardo Da Vinci:

> "La pittura è una poesia che si vede e non si sente, e la poesia è una pittura che si sente e non si vede".
>
> "A pintura é uma poesia que se vê e não se ouve, e a poesia é uma pintura que se ouve e não se vê".

Ademais do *pluralismo das formas de artes*, é importante ressaltar que, para cada modalidade de arte, desenvolve-se uma *sintaxe*, a exemplo das artes visuais, para as quais se pode falar de uma *sintaxe visual*,[152] de acordo com a qual surgem inúmeras combinatórias relevantes para o processo de constituição dos sentidos da obra de arte. E é assim que, seguindo esta gramática, pode-se promover e provocar certos estímulos, a considerar

---

[149] "Cinema, fotografia, vídeo, instalações e todas as formas de *performance* do corpo, da voz e dos sons contribuem para reconstruir o âmbito de nossas percepções e o dinamismo de nossos afetos. Com isso, abrem passagens possíveis para novas formas de subjetivação política. Mas nenhum deles pode evitar a ruptura estética que separa os efeitos das intenções e veda qualquer via larga para uma realidade que estaria do outro lado das palavras e das imagens" (Rancière, *O espectador emancipado*, 2014, p. 81).

[150] "A *Semiótica*, ou Teoria Geral dos Signos, é uma indagação sobre a natureza dos signos e suas relações, entendendo-se por *signo* tudo aquilo que represente ou substitua alguma coisa, em certa medida e para certos efeitos" (Pignatari, *Semiótica e literatura*,1987, p. 19).

[151] "Condição de um signo não é portanto só a da substituição (*aliquid stat pro aliquo*), mas a de que haja uma possível *interpretação*" (Eco, *Semiótica e filosofia da linguagem*, 1991, p. 60).

[152] "A sintaxe visual existe. Há linhas gerais para a criação de composições. Há elementos básicos que podem ser aprendidos e compreendidos por todos os estudiosos dos meios de comunicação visual, sejam eles artistas ou não, e que podem ser usados, em conjunto com técnicas manipulativas, para a criação de mensagens visuais claras. O conhecimento de todos esses fatores pode levar a uma melhor compreensão das mensagens visuais" (Dondis, *Sintaxe da linguagem visual*, 2007, p. 18).

os tipos de elementos, e suas combinatórias entre si,[153] podendo-se destacar, como o faz Umberto Eco, o quanto a arte contemporânea é livre e criativa – rompendo barreiras semióticas –,[154] com relação a outros modelos históricos, no sentido da combinatória e recombinatória de *linguagens possíveis* a serem aplicadas à obra de arte.[155]

2.2. Semiótica, conceito de arte e experiência estética

Quando se esbarra no debate sobre o *conceito de arte* – uma questão central neste campo de definições –, se tropeça numa questão muito complexa, polêmica e sempre em aberto.[156] Não por outro motivo, Umberto Eco, em *A definição da arte,* desde logo, reconhece os limites deste exercício.[157]

---

[153] "O contraste é aguçador de todo significado; é o definidor básico das idéias. Entendemos muito mais a felicidade quando a contrapomos à tristeza, e o mesmo se pode dizer com relação aos opostos amor e ódio, afeição e hostilidade, motivação e passividade, participação e solidão. Cada polaridade puramente conceitual pode ser expressa e associada através de elementos e técnicas visuais, os quais, por sua vez, podem associar-se a seu significado. O amor, por exemplo, pode ser sugerido por curvas, formas circulares, cores quentes, texturas macias e proporções semelhantes. O ódio, como seu oposto, poderia ser intensificado pro ângulos, formas retas, cores agressivas, texturas ásperas e proporções dessemelhantes. Os elementos não são absolutamente opostos, mas pouco falta para que o sejam" (Dondis, *Sintaxe da linguagem visual,* 2007, p. 122). "Ao quadrado se associam enfado, honestidade, retidão, esmero; ao triângulo, ação, conflito, tensão; ao círculo, infinitude, calidez, proteção" (Dondis, *Sintaxe da linguagem visual,* 2007, p. 58).

[154] "Ed eliminato l'apparente scoglio della pittura astratta, è chiaro che tutte le altre opere d'arte passano agevolmente sotto la categoria del segno" (Brandi, *Segno e immagine,* 1986, p. 09).

[155] "Ora, se existe uma característica macroscópica da arte contemporânea, e não nos referimos apenas à música, é precisamente esta: no momento em que entra em ação, o artista contemporâneo questiona todas as noções recebidas acerca do modo de fazer arte e estabelece seu modo de operar como se o mundo começasse com ele ou pelo menos como se todos aqueles que o precederam fossem mistificadores que é preciso denunciar e colocar em crise" (Eco, *A definição da arte,* 2016, p. 226).

[156] "O grande problema, de base, reside na dificuldade em definir arte, e em saber se pode haver arte de qualidade e arte sem qualidade, e arte sem artista e artista sem arte" (Cunha, Direito, poder e pró-vocação artística, *in Boletim da Faculdade de Direito da Universidade de Coimbra,* 2010, p. 229).

[157] "Uma definição geral da arte sabe, portanto, que tem limites. E são os limites de uma definição marcada pela historicidade e, portanto, suscetível de modificação em outro contexto histórico; os limites de uma definição que, por comodidade de discurso comum, generaliza uma série de fenômenos concretos que possuem uma vivacidade de determinações que se perdem necessariamente na definição" (Eco, *A definição da arte,* 2016, p. 144).

O constante movimento das fronteiras da arte torna todo o *conceito de arte* algo fugidio. Não por outro motivo, toda arte sempre se reporta ao universo da cultura, como afirma o antropólogo norte-americano Cliford Geertz,[158] e a cultura não é algo estático, mas algo que está sempre em transformação. A *arte* está em constante movimento de questionamento de suas próprias fronteiras, brincando com a dicotomia entre *forma artística* e *conteúdo artístico*. Portanto, o debate sobre o conceito de *arte* parece ser a *vexata quaestio* para inúmeras ciências, da *Filosofia Estética* à *Semiótica da Arte*, assim como da *Sociologia da Arte* à *Antropologia da Arte*, aliás como denunciam os estudos do antropólogo norte-americano Cliford Geertz.[159]

Isso faz com que se deva ter presente o quanto a *experiência da arte* é *rebelde* à *Teoria Estética*, na medida em que o 'conceito' nem sempre – e com tanta precisão – consegue conter todo o potencial da 'experiência' estética,[160] de onde decorre a tensão permanente entre a *experiência estética* e o *conceito de arte*.[161] Essa tensão pode muito bem ser expressa nas palavras do filósofo alemão G.E. Lessing (*Laocoonte*), que afirma:

> "O verdadeiro objetivo da ciência é a verdade; em contrapartida, o verdadeiro objetivo das artes é o prazer".

---

[158] "Uma teoria da arte, portanto, é ao mesmo tempo, uma teoria da cultura e não um empreendimento autônomo" (Geertz, A arte como sistema cultural, *in O saber local:* novos ensaios em antropologia interpretativa, 14.ed., 2014, p. 113).

[159] "Como é notório, é difícil falar de arte. Pois a arte parece existir em um mundo próprio, que o discurso não pode alcançar. (...) Poderíamos dizer que a arte fala por si mesma: um poema não deve significar e sim ser, e ninguém poderá nos dar uma resposta exata se quisermos saber o que é o *jazz*" (Geertz, A arte como sistema cultural, *in O saber local:* novos ensaios em antropologia interpretativa, 14.ed., 2014, p. 98).

[160] "A experiência artística possibilita o conhecimento daquilo que é excluído pela lógica do conceito" (Hermann, *Ética e estética*, 2005, p. 31).

[161] "É, em primeiro lugar, uma grande lição de humildade para a filosofia, a qual, se é 'busca da verdade', é também obra da linguagem, como o romance ou a poesia. Mas esse parentesco novo entre a pintura e a filosofia salva também o empreendimento filosófico, devolvendo-lhe um sentido. A linguagem da palavra tem, com efeito, sobre a linguagem muda da pintura um privilégio que esconde também um grande perigo. A palavra é essencialmente memória, pretende reconstituir e recapitular o passado, restituí-lo em sua verdade" (Lacoste, *A filosofia da arte*, 1986, p. 108).

Ou ainda, pode-se senti-la ainda mais viva na afirmação do pintor espanhol Pablo Picasso:

"El arte es la mentira que nos permite conocer la verdad".

Nesse sentido, fica claro que a exclusiva abordagem da estética pela via do 'conceito' empobrece a *arte*, e isto, pois a *arte* consegue dizer mais que o seu 'conceito'. As *artes* permitem inúmeras *experiências estéticas* que nos fazem entrar em contato com a nossa própria humanidade, e visitar dimensões interiores que nos são muitas vezes desconhecidas, como revela Gabriel Perissé,[162] agindo de forma a despertar o entusiasmo, a visão crítica, o amor, o espanto, a compaixão, o choque, a revolta, a emoção, a alegria, a solidariedade, a inveja, o deslumbramento, oferecendo fartas 'possibilidades experimentais' de acesso ao mundo, gerando mutações interiores que tocam a dimensão do *ser*.

Ora, e isso na medida em que a *arte* solicita a *sensibilidade*.[163] A arte solicita a *sensibilidade*, assim como solicita a *emoção*.[164] A *arte* solicita a *emo-*

---

[162] "Quando nos entregamos ao poder configurador de uma sinfonia (ouvindo-a ou participando de sua execução); quando nos entregamos ao poder configurador de uma peça teatral (assistindo-a ou atuando no palco); quando nos entregamos ao poder configurador de um texto literário (lendo-o ou escrevendo-o), sentimo-nos dominados e, ao mesmo tempo, senhores de nós mesmos; sentimo-nos envolvidos e, ao mesmo tempo, livres; sentimo-nos atingidos pungentemente pela grandeza, pela beleza, pela inteligência, pela sutileza e, ao mesmo tempo, preenchidos, valorizados, porque algo que há de melhor em nós vem à tona e nos faz transbordar de alegria, gozo e entusiasmo" (Perissé, *Filosofia, ética e literatura*: uma proposta pedagógica, 2004, p. 77).

[163] A esta conclusão nos leva o antropólogo Cliford Geertz: "A compreensão desta realidade, ou seja, de que estudar arte é explorar uma sensibilidade; de que esta sensibilidade é essencialmente uma formação coletiva; e de que as bases de tal formação são tão amplas e tão profundas como a própria vida social, nos afasta daquela visão que considera a força estética como uma expressão grandiloquente dos prazeres do artesanato" (Geertz, A arte como sistema cultural, *in O saber local:* novos ensaios em antropologia interpretativa, 14.ed., 2014, p. 103).

[164] "A experiência estética possui natureza emotiva e cognitiva. Trata-se de experiência *emotiva*, no sentido de que a contemplação da obra de arte é capaz de produzir nos indivíduos uma variada gama de emoções, que incluem a alegria, a tranquilidade, a tristeza, o horror e a repulsa. "O poder da arte é o poder da surpresa perturbadora" (Xerez, *A norma jurídica como obra de arte*, in *AntiManual de Direito & Arte*, (Franca Filho, Marcílio; Leite, Geilson Salomão; Pamplona Filho, Rodolfo, coords.), 2016, ps. 456-457).

ção, assim como solicita a *razão*. A *arte* solicita o *consciente*, assim como solicita o *inconsciente*. Mais ainda, a *arte* não pode ser reduzida à *dimensão do conceito racional*, porque também implica a evasão da *pulsão de vida*, liberando o *inconsciente*,[165] e, neste sentido, sua redução a algo muito fixo e estático está longe de ser capaz de *significar* a completude da *experiência humana* – sublimada na *obra-de-arte* –, enquanto *experiência consciente* e *experiência inconsciente* nos processos de expressão artística.[166] O depoimento pessoal do músico jazzista e baterista *Art Blackey*, inventor do *Bebop*, é, neste ponto, de suficiente sentido para exprimir a importância desta *experiência da arte*:

> "Tragédias de todo tipo podem ter acontecido comigo, mas quando estou tocando tudo passa. Quando eu sair, vou levar comigo de novo, mas o palco é o meu santuário. Eu costumo chamá-lo meu casulo".[167]

Aliás, é próprio e singular da *experiência estética* o fato de que a *arte* permite o aprimoramento de nossa *experiência de mundo*,[168] e, por isso, nos ajuda a compreender, a interagir, a transformar, a produzir o "entorno" (objetivo; social; cultural). Outra das singularidades da *experiência estética* decorre do fato de toda obra conter em si grande força, seja para quem a faz, seja para quem a frui. Disto decorre que toda *obra de arte* vive a duplicidade entre *matéria* e *forma*,[169] além de ser o registro de uma ou mais

---

[165] "Essas considerações revelam os deslocamentos e as condensações que, por sua vez, fazem da arte, também, um atalho privilegiado ao insconsciente" (Pastore, A arte do inconsciente, *in Ciência e Cultura*, 2009, p. 20).

[166] "A sublimação, um dos possíveis destinos da pulsão, é, sobretudo, um modo de satisfazer as pulsões sexuais polimorfas através do desvio do alvo e do objeto sexual em direção a novos alvos, ligados, principalmente, às atividades artísticas, conforme Freud nos informa em *Os instintos e suas vicissitudes*" (Pastore, A arte do inconsciente, *in Ciência e Cultura*, 2009, p. 22).

[167] Art Blakey (texto Carlos Calado), *in Coleção Folha*: clássicos do jazz, Rio de Janeiro, MEDIAfashion, 2007, p. 47.

[168] "...não se quer percorrer os caminhos do que é arte, mas interessa a experiência estética, pois o que ela provoca em nossos sentidos e nossa imaginação tem uma força irresistível na ampliação da relações com o mundo, inclusive com a ética. Essa força tem mais efetividade para ampliar nossa sensibilidade noral, que a justificação raciaonal de regras" (Hermann, *Ética e estética*, 2005, p. 42).

[169] "De este modo, como referencia al médio, la obra es parte del mundo físico y material, como referencia al objeto es parte del mundo objetivo de los objetos o acontecimentos, y

SEMIÓTICA, ARTE E EXPERIÊNCIA

personalidades humanas,[170] contendo em si aquilo que se pode chamar de *ritmo da obra*,[171] sendo este único, original e irrepetível, destacando-se que o *ritmo* de seu autor, ou de seus autores, pode ser novamente sentido e experimentado, ainda que com novas percepções, pelos fruidores.

Deve-se enfatizar que um dos movimentos mais sutis, sensíveis e bem mobilizados pela *experiência estética* é exatamente o de fugir ao domínio do consciente, do controle, da razão e do analítico. Ao contrário do compromisso com a verdade, a razão, a certeza, a solução, as artes relutam a toda tentativa de serem reduzidas ao domínio do 'conceito', sendo mais adequado que sejam apresentadas como *verdades* ou *ilusões*, como *razões* ou *emoções*, como *certezas imprecisas* ou *dúvidas assumidas*, como *soluções* ou *questionamentos*, possibilitando-se, com isso, a criação de espaços simbólicos para o exercício de outras dimensões de nossa humanidade, tais como, a *percepção*, a *intuição*, a *sensação*, o *gosto*, o *repentino*, o *incalculado*, o *inconsciente*, a *vontade*, a *crítica*, o *erro*, a *falsidade*, o *descompromisso*, a *fantasia*, a *ilusão*. A arte ajuda imensamente na transformação do 'conceito' (abstrato; racional; geral; universal; distante; etéreo) em 'experiência' (concreta; sensível; lúdica; específica; real; sensorial; material). Por isso, a *arte* tem sempre significado *local*,[172] apesar de ser uma prática uni-

como referencia al interpretante es parte de las formas y relaciones del pensamento del mundo espiritual" (Rendon, Hacia uma semiótica del arte: implicaciones del pensamento peirceano en el estúdio del arte contemporâneo, *in Cuadernos de Filosfía Latinoamericana*, Vol. 35, no. 11, 2014, pp. 135).

[170] "A arte não é pois individual ou colectiva, mas sim individual e coletiva. Em cada obra de arte estão representados sempre os elementos individual e colectivo: a proporção em que nela se manifestam estes dois elementos contribui para definir em parte, sob certos pontos de vista, uma obra de arte. Assim é muito mais fácil de descobrir o elemento indivíduo em Rafael ou Vinci, do que nas estátuas de uma catedral gótica; no entanto os dois elementos coexistem em qualquer destas obras" (Salazar, *Que é arte?*, 1961, p. 183).

[171] "O ritmo contém já em si uma fracção importante da individualidade estética e da personalidade do artista. Nobre, simples, torturado, convulso, febril, espasmódico, grave, sereno, eloquente, enfático, pobre, dramático, mole, insípido, precioso, desarticulado, elevado, baixo, elegante; variando sem cessar, com mil subtilezas, com cem nuances, em modalidades sem número, com expressões sem fim, o ritmo é a alma vivificante, a seiva, o fogo latente da expressão do conceito, a chama viva da composição, a sua febre, ou o seu gelo" (Salazar, *Que é arte?*, 1961, p. 48).

[172] Na *Antropologia da Arte* isto está claramente delimitado: "E esta incorporação, este processo de atribuir aos objetos de arte um significado cultural, é sempre um processo local; o que é arte na China ou no Islã em seus períodos clássicos, ou o que é arte no sudeste

versalmente reconhecida. Por isso, também, a *arte* não fala somente à cabeça, mas fala ao corpo, ao tato, aos olhos, ao coração, ao inconsciente. A poesia de Manoel de Barros bem afirma isto, como se pode ler no poema *Despalavra* (*Ensaios fotográficos*):

"Hoje eu atingi o reino das imagens, o reino da despalavra.
(...)
Daqui vem que os poetas devem aumentar o mundo com suas metáforas.
Que os poetas podem ser pré-coisas, pré-vermes, podem ser pré-musgos.
Daqui vem que os poetas podem compreender o mundo sem conceitos.
Que os poetas podem refazer o mundo por imagens, por eflúvios, por afeto".[173]

Tudo leva a crer que seja possível afirmar que o artista não precisa do '*conceito de arte*' para mergulhar na '*experiência da arte*' e para trabalhar com o *universo simbólico*; ele não depende do *conceito de belo* para produzir um *chef d'oeuvre*. Aliás, alguns ícones da história da música cultivaram a sua arte musical sem dominar a '*cultura letrada*', ou mesmo, os 'conceitos' eruditos da arte musical.

A rouquidão de *Louis Armstrong*.
A melancolia tonal de *Billie Holiday*.
A leveza vocal de *Ella Fitzgerald*.
O alcance da arte de *Miles Davis*.
O êxtase sonoro do saxofone de *John Coltrane*.

No campo do *jazz*, são muitos os artistas, as vocações e a virtuosidade musical. A incontestável simpatia artística, em contextos de racismo e antipatia étnica nos EUA, na permanente e profunda significação da criatividade de Louis Armstrong.[174] A difícil vida, mas admirável *sensi-*

Pueblo ou nas montanhas da Nova Guiné, não é certamente a mesma coisa, mesmo que as qualidades intrínsecas que transformam a força emocional em coisas concretas (e não tenho a menor intenção de negar a existência destas qualidades) possa ser universal" (Geertz, A arte como sistema cultural, *in O saber local*: novos ensaios em antropologia interpretativa, 14.ed., 2014, p. 100-101).

[173] Barros, *Poesia completa*, 2010, p. 383.

[174] Cf. Calado, Carlos, Louis Armstrong (texto Carlos Calado), *in Coleção Folha*: clássicos do jazz, Rio de Janeiro, MEDIAfashion, 2007, ps. 07-09.

bilidade musical – o *feeling* musical, o timbre vocal, a capacidade de volitar sobre a letra musical, a sensualidade melódica e a dramatização – que notabilizam *Billie Holiday*, entre as muitas vozes femininas do *jazz*.[175] E o que mais se pode dizer, sobre a contribuição musical de *Ella Fitzgerald* – a partir da extensão e do timbre vocais, da afinação e da perfeição de dicção – que fazem singular sua contribuição à história da música contemporânea.[176] Ademais, o êxtase sonoro e a espiritualidade à frente do saxofone é que fizeram de *John Coltrane* um músico que chegou aos limites entre a expulsão da raiva, da expressão da dor, da destilação da angústia e da elevação da beleza, no só gesto de tocar o saxofone e fazer girar as notas musicais de forma frenética, exaustiva e quase anestésica.[177]

Nestes exemplos, da história da música, fica patente o quanto a *arte* exige *sensibilidade* do artista, sem exigir um compromisso com a *verdade*. Por isso, a *arte* perturba por seu descompromisso com a *verdade*, mas ao mesmo tempo significa muito para a preservação da memória. Os poucos vestígios da história, que nos fazem acessar traços de outras civilizações, povos e culturas, se dá pelas artes. A *arte* é preservadora do passado e anunciadora do futuro, e ainda, a *arte* é dessas coisas que se faz com o *corpo*, que se experimenta com os *sentidos*, mas que brota na *mente* e na *matéria*,[178] e que trabalha o sentido na existência com o mundo e com os outros, que reage a estímulos e cria estímulos. A própria *arte pós-moderna*[179] abusa dessa perspectiva, ao levar às últimas conseqüências a arte como

---

[175] Cf. Calado, Carlos, Billie Holiday (texto Carlos Calado), *in Coleção Folha:* clássicos do jazz, Rio de Janeiro, MEDIAfashion, 2007, ps. 07-10.

[176] Cf. Calado, Carlos, Ella Fitzgerald (texto Carlos Calado), *in Coleção Folha:* clássicos do jazz, Rio de Janeiro, MEDIAfashion, 2007, p. 08.

[177] Cf. Calado, Carlos, John Coltrane (texto Carlos Calado), *in Coleção Folha:* clássicos do jazz, Rio de Janeiro, MEDIAfashion, 2007, p. 07.

[178] "Uma vez que toda experiência é constituída pela interação entre 'sujeito' e 'objeto', entre um eu e seu mundo, ela própria não é meramente física nem meramente mental, por mais que um ou outro desses fatores predomine." (Dewey, *Arte como Experiência*, 2010, p. 431).

[179] Na visão de Jacques Rancière, pode-se destacar que: "A reviravolta pós-moderna teve como base teórica a análise feita por Lyotard do sublime kantiano, reinterpretado como cena de uma distância fundadora entre a ideia e toda representação sensível. A partir daí, o pós-modernismo entrou no grande concerto do luto e do arrependimento do pensamento modernitário" (Rancière, *A partilha do sensível*: estética e política, 2009, p. 42).

aesthetica, ou seja, como *experiência, sentir* e *viver* a obra de arte sinestesicamente pelo corpo.[180]

A arte não se "dobra" aos 'conceitos', comportando-os vários à maneira de receptáculo. Por isso, toda *tentativa filosófica* e *racional* de 'tomar as artes nas mãos', para engarrafá-las através do "conceito unificador e universal", pode novamente voltar a ser questionada e posta em discussão, na medida em que a *infinita* criatividade da arte confere-lhe a impossibilidade de ser apreendida e descrita pelo plano abstrato do 'conceito', levando-se ao caminho das vanguardas e das lutas políticas[181] pelo estabelecimento do disputado *conceito de arte.*[182]

Aliás, o que se assiste, progressivamente, ao longo do século XX, é a uma dissociação entre a *arte* e o *belo* – ou, um *ideal de beleza* –, de modo que os termos caminham separados, atualmente. Ainda mais, quando se procura o *objeto da arte,* pretensamente o *belo,* a questão se torna ainda mais problemática no campo da *arte contemporânea,* na medida em que o *belo,* o *abjeto,* o *crítico,* o *feio,* a *doença,*[183] a *miséria,* o *humorístico,* o *fantástico,* o *onírico,* o *inacabado,* o *sem-sentido* também são objeto da arte, como aponta o filósofo e crítico de arte norte-americano Arthur C. Danto, em *O abuso da beleza.*[184]

---

[180] Na dimensão das emoções, Umberto Eco ressalta: "L'impiego estetico del linguaggio (il linguaggio poetico) implica dunque un uso emotivo delle referenze ed un uso referenziale delle emozioni, perché la reazione sentimentale si manifesta come realizzazione di un campo di significati connotati" (Eco, *Opera aperta*: forma e indeterminazione nelle poetiche contemporanee,1993, p. 84).

[181] "Atacada em várias frentes – pela ciência, pela tecnologia, pelos meios de reprodução de massa, pelo logocentrismo em geral e pela filosofia logocêntrica em particular – a arte teve de defender-se ferrenhamente; enquanto lutava e luta, sofria e sofre mutações e metamorfoses, no sentido darwiniano, inclusive" (Pignatari, *Semiótica da arte e da arquitetura,* 1995, p. 52).

[182] "No fundo, uma mensagem possível seria: apenas a decisão de quem tem o poder de dizer o que é arte faz algo arte, transmite algo à sagração como arte. Terrível conclusão, mas que deve ser realisticamente ponderada" (Cunha, Direito, poder e pró-vocação artística, *in Boletim da Faculdade de Direito da Universidade de Coimbra,* 2010, p. 233).

[183] "O fascínio pela doença afirma-se igualmente nas artes figurativas, seja quando o artista representa, idealizando-o, o exausto abandono de uma beleza às portas da morte ou o lento decurso de uma enfermidade, seja quando representa de maneira realista os excluídos da sociedade, fragilizados por aqueles males denominados velhice ou pobreza" (Eco, *História da feiúra,* 2007, p. 302).

[184] "Ao contrário, isso foi feito com a clareza de que a beleza não pertence nem à essência nem à definição de arte" (Danto, *O abuso da beleza,* 2015, p. 65). Também: "O que o repulsivo

Nesta toada, a síntese elaborada por Lucia Santaella é virtuosamente capaz de demonstrar este caráter *transfronteiriço* das artes:

"Há arte dos artefatos, dos objetos, da matéria, dos sítios específicos, da terra e do pó. Há arte do céu e do espaço. Há arte dos não objetos, dos imateriais, da luz e da brisa. Há arte da construção e da desconstrução, da representação e da antirrepresentação, da antiarte, do aquém e do além da arte. Há arte do espetacular e do escondido, do barulho e da discrição. Há arte do gesto que fica e do gesto que desvanece, da ação e do silêncio. Há arte do objeto único, do distribuível, do reprodutível, do transmissível e da ubiquidade. Há arte pré-mídia, miditática, e pós-mídia. Pré-fotográfica, fotográfica e pós-fotográfica. Há arte contemplativa, reativa, performativa, participativa, interativa, colaborativa. A arte hoje transborda todos os limites, do que decorre até mesmo a dissipação de antigas fronteiras manifesta mas expressões atuais como pós-cinema e pós-vídeo".[185]

As fronteiras da arte são tão abertas e instigantes, que tornam o *conceito de arte* um *filtro* (cultural, étnico, técnico, ideológico),[186] que muitas vezes pode significar um *injusto* processo de *exclusão* das vanguardas. Por isso, é preferível considerar que as fronteiras da arte estão sempre em movimento, e que as fronteiras da arte abusam da possibilidade de afirmação e solidificação de um *conceito de arte*.[187]

---

e o abjeto – e o tolo, nesse caso – nos ajudam a entender é a pesada sombra que o conceito de beleza lançou sobre a filosofia da arte" (Danto, *O abuso da beleza*, 2015, p. 65).

[185] Santaella, *Temas e dilemas do pós-digital*: a voz da política, 2016, ps. 232-233.

[186] Como aponta Umberto Eco, em *História da Feiúra*: "Para um ocidental, uma máscara ritual africana poderia parecer horripilante – enquanto para o nativo poderia representar uma divindade benévola. Em compensação, para alguém pertencente a alguma religião não-europeia, poderia parecer desagradável a imagem de um Cristo flagelado, ensanguentado e humilhado, cuja aparente feiura corpórea inspira simpatia e comoção a um cristão" (Eco, *História da feiura*, 2007, p. 10).

[187] E isso porque a *arte contemporânea* pode ser considerada *disruptiva*, diante da mais tradicional história da arte: "A arte desaparece para dar lugar à *pop art, body art, land art, minimal art, op art,* arte processual, arte cibernética, arte conceitual, arte povera, *bad painting,* videoarte, *happenings, performances,* instalações, transvanguardas, que refletem um universo místico e desencantado, risonho e desumanizado, pornográfico e moralista, totalmente ressecado de ideias. Em comum, as diversas formas de pseudo-arte que ocupam o vazio deixado pela arte possuem o apelo à interatividade, na tentativa de fazer da obra uma experiência sensorial;

SEMIÓTICA, DIREITO & ARTE

Isto fica ainda mais notório, na medida em que a arte pode ser tão extravagante e tão disruptiva que, a exemplo do contexto do *ready made*, a obra iconoclasta em porcelana assinada com o nome do fabricante (R. Mutt, 1917), intitulada *Fonte* (*Fountain*, 1917), de autoria do artista francês Marcel Duchamp,[188] e, também, a exemplo do contexto da *pop art*, a obra em serigrafia intitulada *Latas de Sopa Campbell* (*Campbell's Soup Can*, 1962), ou ainda, a obra em polímero sintético intitulada *Caixa Brillo* (*Brillo Box, Soap Pads*, 1964),[189] ambas do artista norte-americano Andy Warhol, ressoam forte tanto no sentido da aceitação como ato de *genialidade*,[190] quanto no sentido da rejeição de temas artísticos e concei-tos vulgarizadores,[191] onde se encontra em discussão se a *repetição serial*,

o antiesteticismo, na negação do belo e da forma estética; o subjetivismo extremo, na impotência em exteriorizar sentidos; o anti-humanismo, na renúncia aos valores morais; a superficialidade, na sugestão de que nada deve ser levado a sério; e a efemeridade, no emprego de materiais não-estéticos, como restos de lixo, cacos de vidro, banha, ossos, sangue e vís-ceras de animais e até de seres humanos" (Nazario, Quadro histórico do pós-modernismo, *in O pós-modernismo* (GUINSBURG, J; BARBOSA, Ana Mae, orgs.), 2005, p. 51).

[188] A este respeito: "Provocativamente, Duchamp põe bigodes na *Mona Lisa* e dá início à poética do *ready made* expondo um urinol como obra de arte. Poderia ter exposto um objeto qualquer, mas queria uma coisa inconveniente" (Eco, *História da feiúra*, 2007, p. 369); "Considere-se, para fins ilustrativos, o notório exemplo da obra *Fountain* (Fonte), de Marcel Duchamp, talvez discutida em demasia e obsessivamente, e que, como todo mundo sabe hoje em dia, era nada mais que um urinol comum, produzido industrialmente" (Danto, *O abuso da beleza*, 2015, p. 10).

[189] Neste momento, se fala até mesmo de *morte da arte*: "Se alguns críticos situam a morte da arte em 1964, quando Andy Warhol expõe sua recriação plástica da *Caixa de Sabão brillo*, é porque se esquecem do assassinato cometido décadas antes por Marcel Duchamp ao apresentar ao apresentar um urinol como 'obra de arte' " (Nazario, Quadro histórico do pós-modernismo, *in O pós-modernismo* (GUINSBURG, J; BARBOSA, Ana Mae, orgs.), 2005, p. 24).

[190] "Evidentemente, Warhol teve a genialidade de fazer arte a partir do que parecia ser o mais banal dos objetos cotidianos na cultura de consumo" (Danto, *O abuso da beleza*, 2015, p. 05).

[191] A exemplo da crítica elaborada por Jean Baudrillard: "Nous lisons ainsi chez Warhol: «La toile est un objet absolument quotidien, au même titre que cette chaise ou cette affiche.» Applaudissons à cette conception démocratique, mais reconnaissons qu'elle est bien naïve ou de bien mauvaise foi. Si l'art veut signifier le quotidien, il ne l'est pas : c'est confondre la chose et le sens. Or, l'art est contraint de signifier, il ne peut même pas se suicider dans le quotidien" (Baudrillard, *Pour une critique de l'économie politique du signe*, 1972, p. 123).

objetos industriais e a *publicidade* podem ser vistos e aceitos como objetos artísticos. O vanguardismo destas posturas artísticas não somente alterou a *história da arte,* mas fecundou uma *nova filosofia da arte,* muito mais propensa a *compreender a arte,* do que a *definir a arte.*[192]

Mas, ainda assim, se o conceito de arte for mantido próximo da dimensão da *experiência estética,* a tentativa de *tracejar-lhe* as características centrais, mantendo-se abertas as fronteiras, parece ser o menos agressivo modo de se aproximar da complexa questão que implica. Assim é que se pode afirmar que a *arte* corresponde à reelaboração da experiência ao nível da sensibilidade inteligente, operando no nível *simbólico* e no nível *material,* produzindo o encontro entre *forma* e *matéria.* É deste exercício que toda arte é constituída. E é assim que a arte tem a ver com o encontro entre *forma* e *matéria,*[193] mediado pela criatividade humana.

2.3. Semiótica, conceito de arte e experiência humana

Dentro da concepção filosófica do pragmatismo de John Dewey, fica evidente que as artes não foram feitas para serem 'entificadas'. Da arte como cópia, da arte como imitação, da arte como representação, da arte como contemplação, da arte como genialidade, adota-se aqui a ideia do pragmatismo de John Dewey, ou seja, da *arte como experiência.* A arte é aqui inserida na experiência como forma de se evitar a cisão – provocada pelo mundo moderno – entre o útil e o inútil, entre o trabalho e o lazer, entre a beleza e a feiura. Afinal, somente o materialismo vulgar da brutalização da vida em trabalho pode construir a dissociação entre arte e vida. Nesta visão, não se pode separar os *objetos artísticos* desse transfundo regular da

---

[192] "É uma marca do período atual da história da arte o fato de o conceito de arte não implicar nenhuma restrição interna a respeito do que as obras de arte são, de modo que não se pode mais dizer se uma coisa é ou não uma obra de arte" (Danto, *O abuso da beleza,* 2015, p. 17). "Vejo a descoberta de que algo pode ser boa arte sem ser belo como um dos grandes esclarecimentos conceituais proporcionados pela filosofia da arte do século XX, embora essa descoberta tenha sido feita exclusivamente por artistas" (Danto, *O abuso da beleza,* 2015, p. 64).

[193] Nisto, encontra-se equivalência na reflexão de John Dewey: "O fato de a forma e a matéria estarem ligadas em uma obra de arte não significa que elas sejam idênticas. Significa que, na obra de arte, não se oferecem como duas coisas distintas: a obra é a matéria transmudada em forma" (Dewey, *Arte como Experiência,* 2010, p. 227).

experiência humana.[194] Aliás, esta é uma constatação importante do ponto de vista, também dos estudos da *Antropologia da Arte.*[195]

Em sua grande maioria, os *objetos artísticos* surgiram não dentro de *museus* e de *coleções de arte,*[196] mas surgiram dentro de contextos sociais, momentos históricos, práticas religiosas, necessidades regulares da vida,[197] suprindo algum sentido para um determinado grupo social. Ao serem separados da vida regular, e situados em *museus,* se tornam alvo de uma adoração estética que desmente o seu sentido originário. Daí, a importância de devolvê-los à experiência, à sua gênese, ali onde representaram algo de enredado numa malha maior de sentido.[198] Por isso, os escudos

---

[194] "Quando os objetos artísticos são separados das condições de origem e funcionamento na experiência, constrói-se em torno deles um muro que quase o pacifíca sua significação geral, com a qual lida a teoria estética. A arte é remetida a um campo separado, onde é isolada da associação com os materiais e objetivos de todas as outras formas de esforço, sujeição e realização humanos. Assim, impõe-se uma tarefa primordial a quem toma a iniciativa de escrever sobre a filosofia das belas-artes. Essa tarefa é restabelecer a continuidade entre, de um lado, as formas refinadas e intensificadas de experiência que são as obras de arte e, de outro, os eventos, atos e sofrimentos do cotidiano universalmente reconhecidos como constitutivos da experiência. Os picos das montanhas não flutuam no ar sem sustentação, tão pouco apenas se apoiam na terra. Eles *são* a terra, em uma de suas operações manifestas. Cabe aos que se interessam pela teoria da terra – geógrafos e geólogos – evidenciar esse fato em suas várias implicações. O teórico que deseja lidar filosoficamente com as belas-artes tem uma tarefa semelhante a realizar." (Dewey, *Arte como Experiência*, 2010, ps. 59 e 60).

[195] "Até as tribos mais pobres têm produzido obras que proporcionam prazer estético, e aquelas a quem uma natureza pródiga ou uma inventividade mais rica permitem viver sem ansiedades, dedicam grande parte de suas energias à criação de obra de arte" (Boas, *Arte primitiva*, 2015, p. 15).

[196] "É que, quando aquilo que conhecemos como arte fica relegado aos museus e galerias, o impulso incontrolável de buscar experiências prazerosas em si encontra as válvulas de escape que o meio cotidiano proporciona" (Dewey, *Arte como Experiência*, 2010, p. 63).

[197] "Utensílios domésticos, móveis de tendas e de casas, tapetes, capachos, jarros, potes, arcos ou lanças eram feitos com um primor tão encantado que hoje os caçamos e lhes damos lugares de honra em nossos museus de arte. No entanto, em sua época e lugar, essas coisas eram melhorias dos processos da vida cotidiana. Em vez de serem elevadas a um nicho distinto, elas faziam parte da exibição de perícia, da manifestação da pertença a grupos e clãs, do culto aos deuses, dos banquetes e do jejum, das lutas, da caça e de todas as crises rítmicas que pontuam o fluxo da vida." (Dewey, *Arte como Experiência*, 2010, ps. 64 e 65).

[198] "O Partenon é, por consenso, uma grande obra de arte. Mas só tem estatura estética na medida em que se torna uma experiência para um ser humano." (Dewey, *Arte como Experiência*, 2010, p. 61).

reais, as igrejas românicas,[199] as catedrais góticas, os palácios reais, os simbolismos e rituais religiosos, os objetos religiosos, os trabalhos de pedra dos neozelandeses,[200] e as relíquias cristãs são testemunhos da vida e morte das eras históricas, onde as coisas possuem seu *sentido social*, no âmbito mais amplo da *vida comum*.

Assim, a *museologização* da obra de arte, e sua retirada da *vida comum*, é uma construção moderna que é fruto seja da segregação da obra de arte de sua origem, seja da definição da obra de arte como um objeto-extra-ordinário constituído em separado da vida comum, seja como resultado de um processo de destruição, conquista e guerra.[201] Aí está a *visão* de mundo construída pela sociedade capitalista, no sentido de *entronizar* a obra de arte em separado da *vida mundana*.[202] E isto se deve, na explicação

---

[199] É o que constata Argan, ao interpretar o sentido da *arte românica*: "O monumento românico por excelência é a igreja catedral, imagem viva do sistema. É viva porque, além do lugar do culto, é também basílica no sentido romano, lugar onde a comunidade se reúne em conselho e onde, algumas vezes, se tratam os negócios. Há catedrais fortificadas, onde os cidadãos se recolhem sob a proteção do bispo, quando há ameaça de invasão e saque. É monumento cívico, por excelência, porque aí se recolhem as memórias históricas dos empreendimentos gloriosos, dos despojos dos homens ilustres. E é, finalmente, a grande riqueza comum, porque nas suas naves e altares, nos seus tesouros, conserva o que de mais preciosos produz o artesanato citadino e o que os mercadores trazem de países longínquos" (Argan, *História da arte italiana*, Vol. 1, 2013, p. 285).

[200] "De uma forma ou outra o prazer estético é sentido por todos os membros da humanidade. Não importa quão diversos seja o ideal que se tenha de beleza; o caráter geral do prazer que esta produz é em toda parte da mesma ordem; as rudes canções dos siberianos, a dança dos negros da África, a pantomima dos índios da Califórnia, os trabalhos de pedra dos neozelandeses, os talhados dos melanésios, ou as esculturas do Alasca têm para eles um atrativo que não difere do que sentimos quando escutamos uma canção, vemos uma dança artística ou admiramos uma obra ornamental, seja pintura ou escultura" (Boas, *Arte primitiva*, 2015, p. 15).

[201] "Toda capital tem de ter seu museu de pintura, escultura etc., em parte dedicado a exibir a grandeza de seu passado artístico, em parte dedicado a exibir a pilhagem reco-lhida por seus monarcas na conquista de outras nações, a exemplo da acumulação de espólios de Napoleão que se encontra no Louvre" (Dewey, *Arte como Experiência*, 2010, p. 67).

[202] "O crescimento do capitalismo foi uma influência poderosa no desenvolvimento do museu como o lar adequado para as obras de arte, assim, como na promoção da idéia de que elas são separadas da vida comum" (Dewey, *Arte como Experiência*, 2010, p. 67).

SEMIÓTICA, DIREITO & ARTE

do sociólogo francês Gilles Lipovetsky, exatamente porque o capitalismo opõe radicalmente *arte* e *experiência comum*.[203]

Isto isola não somente a *obra de arte*, no espaço da coleção e do museu, como também isto isola o *artista*, que passa a ser visto como um *criador isolado* da vida social, dedicado e empenhado à sua *tarefa de criação isolada*.[204] Ao se deslocarem de seus locais de origem, o sentido da *obra de arte* também se altera, daí a dificuldade de compreensão das obras de arte, uma vez que se encontram descontextualizadas de seu uso, de sua origem e, portanto, de seu sentido mais profundo, completo e genuíno.[205] O resultado disto não é nada diferente de:

> "Juntando a ação de todas essas forças, as condições que criam o abismo que costuma existir entre o produtor e o consumidor, na sociedade moderna, agem no sentido de também criar um abismo entre a experiência comum e a experiência estética".[206]

A *Teoria Estética*, regularmente, comete o equívoco de 'entificar' as obras de arte, e assim acaba por contribuir para construir uma visão

---

[203] A este respeito, a explicação é convergente com a de John Dewey: "Sacralização da arte que se ilustra tão bem na invenção e desenvolvimento da instituição dos museus. Ao extrair as obras do seu contexto cultural de origem, ao cortar o seu uso tradicional e religioso, ao não limitá-las ao uso privado e à coleção pessoal, mas oferecendo-as ao olhar de todos, o museu encena o seu valor especificamente estético, universal e intemporal; transforma objetos práticos ou cultuais em objetos estéticos para serem admirados, contemplados por si próprios, pela sua beleza que desafia o tempo" (Lipovetsky, Serroy, *O capitalismo estético na era da globalização*, 2014, p. 26).

[204] "Fica menos integrado do que antes no fluxo normal dos serviços sociais. Resulta daí um "individualismo" estético peculiar. Os artistas acham que lhes compete empenharem-se em seu trabalho como um meio isolado de "expressão pessoal" (Dewey, *Arte como Experiência*, 2010, p. 69).

[205] "Quando os objetos são transportados de um meio cultural para outro, a qualidade decorativa assume um novo valor. Os tapetes e vasos orientais têm motivos cujo valor original costumava ser religioso ou político – como emblemas tribais –, expressos em figuras decorativas semi geométricas. O observador ocidental não capta os primeiros, assim como não apreende a expressividade religiosa, na pintura chinesa, das ligações budistas e taoístas originais. Os elementos plásticos permanecem e, vez por outra, dão uma falsa idéia de separação entre o decorativo e o expressivo. Os elementos locais foram uma espécie de meio com que pagar o bilhete de ingresso." (Dewey, *Arte como Experiência*, 2010, p. 251).

[206] Dewey, *Arte como Experiência*, 2010, p. 69.

SEMIÓTICA, ARTE E EXPERIÊNCIA

equivocada sobre as mesmas. Inúmeras divisões conceituais artificiais são carregadas por certas concepções filosóficas acerca das obras de arte, das quais John Dewey quer se distanciar, entre elas: sujeito e objeto; objetos artísticos e objetos de uso; autoria artística e coletividade; natureza e cultura; trabalho e arte.[207] O pragmatismo estético de John Dewey procura evitar este tipo de postura, ao valorizar a origem e o processo normal de produção da arte em seu sentido regular dentro da vida de comunidades organizadas, produtoras do teatro, da música, da pintura, da arquitetura.[208] Daí, a tarefa filosófica de:

> "...recuperar a continuidade da experiência estética com os processos normais do viver".[209]

Esta tarefa, no campo da Filosofia, fará da concepção de John Dewey algo distante da concepção de Immanuel Kant, e de seu *racionalismo*,[210] ou, por outro lado, de Arthur Schopenhauer, do império da *vontade* que ali se encontra.[211] Nem a *experiência artística* se reduz a um mero exercício

---

[207] "Grande parte da oposição atual entre objetos de beleza e de uso – para empregar a antítese utilizada com mais frequência – deve-se a deslocamentos que tiveram origem no sistema econômico. Os templos têm utilidade; os quadros dentro deles têm utilidade; as belas prefeituras encontradas em muitas cidades europeias são usadas para a condução de assuntos públicos; e nem é preciso lembrar a profusão de coisas, produzidas por povos que chamamos de selvagens e camponeses, que encantam os olhos e o ato, além de servirem de utilidades para compartilhar o alimento e a proteção. O prato e a tigela mais comuns e baratos que um oleiro mexicano faz para uso doméstico têm um encanto próprio e não estereotipado" (Dewey, *Arte como Experiência*, 2010, p. 452).

[208] "Mas as artes do drama, da música, da pintura e da arquitetura, assim exemplificadas, não tinham nenhuma ligação peculiar com teatros, galerias ou museus. Faziam parte da vida significativa de comunidades organizadas" (Dewey, *Arte como Experiência*, 2010, p. 65).

[209] Dewey, *Arte como Experiência*, 2010, p. 70.

[210] "Embora Kant não dê mostras, em seus escritos, de nenhuma sensibilidade estética especial, é possível que sua ênfase teórica tenha refletido as tendências artísticas do século XVIII. Isso porque, falando em linhas gerais, esse século foi, até o seu final, um período mais da "razão" que da "paixão", e, portanto, um século em que a ordem e a regularidade objetivas, o elemento invariante, eram a fonte quase exclusiva da satisfação estética – uma situação que se prestou à idéia de que o juízo contemplativo e o sentimento ligado a ele eram os diferenciais peculiares da experiência estética" (Dewey, *Arte como Experiência*, 2010, p. 441).

[211] "Para Schopenhauer, um princípio ativo, que ele denominou de "Vontade", é a fonte criativa de todos os fenômenos da natureza e da vida moral, embora a vontade seja uma

da *razão*, nem se coloca apenas em termos de *vontade*. A *experiência artística* é algo mais amplo, mais complexo, mais integral, e, ao mesmo tempo, mais completo do que a segmentação destas partes.[212] Daí, a importante tarefa empreendida por Dewey, no sentido de recolocar os termos da abordagem da *arte* numa perspectiva diversa destas concepções. Por fim, ainda, a *arte* não se confunde com a mera *representação e/ou imitação* do mundo natural,[213] e aqui vai mais um distanciamento que a concepção de Dewey impõe as tradições filosóficas ocidentais, aqui propriamente a visão de Platão.[214] Com estes distanciamentos, fica mais claro o campo de definições que noticia a afirmação do que John Dewey pretende, no campo da *Teoria Estética*.

O filósofo está muito acostumado ao *conceito*, e o artista está muito acostumado à *experiência artística*, e estes mundos dificilmente se cruzam. Para formular a sua concepção filosófica, John Dewey terá de rejeitar o legado de René Descartes, de onde provém a separação radical entre o *eu* e o *mundo*, entre *sujeito* e *objeto*.[215] Mas, propriamente, na concepção deweyana, a *Teoria Estética* somente pode compreender o sentido da obra de arte se recorrer ao *fazer-artístico*, pois é neste que se encontra a gênese da obra de arte. Daí, a importância de recuperar a *originalidade*, a

forma de busca irrequieta e insaciável que está fadada à eterna frustração. A única via para a paz e a satisfação duradoura é fugir da vontade e de todas as suas operações" (Dewey, *Arte como Experiência*, 2010, p. 504).

[212] "L'arte è il frutto dell'ingegno e dello spirito più nobile dell'uomo" (Mazzucco, *Il crimine e l'arte*, 2017, p. 11).

[213] "O defeito fatal da teoria representativa é que ela identifica o material da obra de arte exclusivamente com o que é objetivo" (Dewey, *Arte como Experiência*, 2010, p. 492).

[214] "A origem histórica desse terceiro tipo, no pensamento ocidental, remonta a Platão. Ele parte da concepção da imitação, mas, para ele, há um componente de embuste e falsidade em toda imitação, e a verdadeira função da beleza de todo objeto, natural ou artístico, é nos transportar dos sentidos e dos fenômenos para algo mais além" (Dewey, *Arte como Experiência*, 2010, p. 497).

[215] "O pensador profissional (e, naturalmente, é ele quem escreve tratados sobre teoria estética) é o mais perpetuamente acossado pela diferença entre o eu e o mundo. Ele aborda a discussão da arte com um preconceito reforçado, e um preconceito que, lamentavelmente, é justamente o mais fatal para a compreensão estética. Isso porque o traço singularmente distintivo da experiência estética é exatamente o fato de que nela não existe essa distinção entre o eu e o objeto, uma vez que ela é estética na medida em que o organismo e o meio cooperam na instituição de uma experiência na qual ambos ficam tão plenamente integrados que desaparecem" (Dewey, *Arte como Experiência*, 2010, p. 434-435).

singularidade e a *unicidade* da experiência estética, como foco de reflexão filosófica.[216] Nas palavras de Dewey:

> "É à experiência estética, portanto, que o filósofo precisa recorrer para compreender o que é a experiência".[217]

Dentre as várias separações radicais e artificiais produzidas pela sociedade moderna, está a separação entre *vida* e *arte*. A arte, no mundo moderno, passa a ser vista como *algo fantástico*, como *algo mágico*, como *algo extraordinário*, como algo que está para além da *vida regular*. E isso, fundamentalmente, porque a *arte* se separou da *vida*, e a *vida* perdeu sentido pela redução moderna da *experiência*, em seu sentido original e plenamente sensorial. E isso porque, para John Dewey, a própria *experiência* tem algo de *artístico*, de modo que a *arte* não é algo em *separado*, mas a revelação da própria *forma de ser* de nossa humanidade. É este o sentido da afirmação segundo a qual:

> "Por ser a realização de um organismo em suas lutas e conquistas em um mundo de coisas, a experiência é a arte em estado germinal".[218]

Aqui vai, implicitamente, a concepção segundo a qual o *mundo moderno* empobrece o sentido genuíno da *experiência*, ao reduzir a *experiência* a *labor*. Ali onde a velocidade, a aceleração, a rítmica produtiva, a lógica da rapidez dominam todos os cantos e todos os espaços da *vida*, dela desaparece a possibilidade de *fruir* da *experiência*, em sentido genuíno e pleno, original e integral, algo que a filosofia pragmática de John Dewey apenas pretende recuperar. O embotamento dos sentidos,[219] a supremacia

---

[216] "Esse fato constitui a singularidade da experiência estética, e essa singularidade, por sua vez, é um desafio ao pensamento. Em especial, é um desafio ao pensamento sistemático chamado filosofia, porque a experiência estética é a experiência em sua íntegra" (Dewey, *Arte como Experiência*, 2010, p. 472).

[217] Dewey, *Arte como Experiência*, 2010, p. 472.

[218] Dewey, *Arte como Experiência*, 2010, p. 84.

[219] "Visto que os órgãos sensoriais, com o aparelho motor que lhes está ligado, são os meios dessa participação, toda e qualquer invalidação deles, seja de ordem prática ou teórica, é, ao mesmo tempo, efeito e causa de um estreitamento e um embotamento da experiência de vida. As posições entre mente e corpo, alma e matéria, espírito e carne originam-se todas,

SEMIÓTICA, DIREITO & ARTE

do trabalho, a centralização do dinheiro nos processos de organização social, a destituição de sentido da experiência são alguns fatores que tornam o arranjo de vida moderno tão densamente problemático para a *separação artificial* entre *vida e arte*. E isto se constata pela própria análise sociológica elaborada por Hartmut Rosa, para quem a *experiência moderna* é a própria *experiência da aceleração*.[220] A sociedade moderna, aqui compreendida como a sociedade da aceleração[221] é aquela que irá produzir avarias significativas no plano da *experiência de mundo*.

Mas, para que a experiência valha como *experiência integral,*[222] na visão de John Dewey, deve ser restabelecida ao seu ponto ótimo, e não *dividida, segmentada, fatiada* e *recortada*, como normalmente se produzem as *experiências* no mundo moderno. Assim, deve ser vista com olhos observadores, e, neste sentido, a *arte* já está na *vida*, e a *vida* já é *arte*, numa fusão de horizontes conceituais que torna possível afirmar:

"A arte, portanto, prefigura-se nos próprios processos do viver".[223]

Ou ainda, nesta definição ainda mais simples e direta:

"A arte é uma qualidade do fazer e daquilo que é feito".[224]

Os processos do viver têm a ver com a configuração de *formas de vida*, em condições de vida, ambientadas e contextualizadas, que, em grande parte, formam a trama de inserção do sentido da obra de arte. Essa, aliás, é uma importante constatação, quando se quer grifar no âmbito

---

fundamentalmente, no medo do que a vida pode trazer" (Dewey, *Arte como Experiência*, 2010, p. 89).

[220] "The initial hypothesis of this work runs as follows: *the experience of modernization is an experience of acceleration*" (Rosa, *Social Acceleration*, 2015 p. 21).

[221] "Thus the guiding hypothesis of this work runs as follows: *modern society can be understood as an "acceleration society" in the sense that it displays a highly conditioned* (voraussetzungsreich) *structural and cultural linkage of both forms of acceleration* –technical acceleration and an increase in the pace of life due to chronic shortage of time resources – and therefore also a strong linkage of acceleration and growth" (Rosa, *Social Acceleration*, 2015, p. 68).

[222] "Em toda experiência integral existe forma, porque existe organização dinâmica" (Dewey, *Arte como Experiência*, 2010, p. 139).

[223] Dewey, *Arte como Experiência*, 2010, p. 92.

[224] Dewey, *Arte como Experiência*, 2010, p. 381.

da *Antropologia da Cultura* que a *obra de arte* é parte significativa da vida de um povo[225] ou de uma civilização.[226] Fica claro, portanto, que a *arte* é um *modo de fazer as coisas*, que exprime *vida, história* e *criação*, de modo a se imprimir como marca sobre o mundo, se traduzindo nas formas da indumentária, da arquitetura, da pintura, da iluminura de textos, da escrita, da estatuária, da arte digital, e assim por diante.

2.4. Semiótica, arte e permanência

A arte reforça a vida do espírito, e isso porque a arte, como amor pela vida (*amor fati*),[227] é vontade de perpetuar e persistir à demolidora *história do desaparecimento*, que colhe a humanidade desde o seu desabrochar cultural, exprimindo a vontade humana de transcendência histórica, ou seja, reveladora da vontade humana de integração entre o '*eu imagético*', a '*sociedade-cultura*' e a '*objetualidade*' do mundo objetivo. Em *Odes* (III, 30, 1-7), o poeta latino Horácio, afirma algo revelador, neste sentido:

"Exegi monumentum aere perennius
Terminei uma obra mais duradoura do que o bronze
Regalique situ pyramidum altius,
E mais alta do que as pirâmides reais,
Quod non imber edax, non Aquilo impotens
Que nem a chuva corrosiva nem o vento impetuoso
Possit diruere aut innumerabilis
Poderão destruir, nem a inumerável

---

[225] "Na verdade, toda a cultura é permeada de símbolos, de imagens expressivas, e entre as estruturas simbólicas mais comuns encontram-se justamente a linguagem, a arte, as instituições e as regras. Com todas essas estruturas o direito mantém relações muito estreitas e não se pode obnubilar o relevante valor simbólico, por exemplo, da lei e da linguagem jurídica" (Franca Filho, *A cegueira da justiça*: diálogo iconográfico entre arte e direito, 2011, p. 25).

[226] "Na arte de muitas tribos do mundo, é extraordinária a forma pela qual a ornamentação, que para nós é meramente formal, está associada a significados, isto é, é interpretada. Karl von den Steinen descobriu que os motivos geométricos dos índios brasileiros representavam peixes, morcegos, abelhas e outros animais, malgrado os triângulos e losangos de que são feitos não terem qualquer relação com estes animais" (Boas, *Arte primitiva*, 2015, p. 87).

[227] "Para definir Arte seria preciso definir vida; o mesmo é dizer que é impossível definir Arte" (Salazar, *Que é arte?*, 1961, p. 09). Para Nietzsche: "Para ele, a arte é a afirmação da vida que pode limitar o instinto desenfreado do conhecimento" (Hermann, *Ética e estética*, 2005, p. 30).

Annorum series et fuga temporum.
Série dos anos e o passar veloz do tempo.
Non omnis moriar;multaque pars mei
Não morrerei completamente, e grande parte de mim
Vitabilit Libitinam.
Escapará ao túmulo".

E isso porque a *arte* mobiliza a matéria, para transformá-la, na passagem da argamassa, do mármore, da madeira, da cena, da imagem, da tinta, em obra de arte. A natureza imaterial do símbolo e do que ele representa abstratamente precisa ser estabilizada na matéria. A *arte* é, assim, curiosamente, *cultura* que também incorpora *natureza*, e que não é capaz de rivalizar com a *natureza*;[228] ademais, é matéria (*natureza*) que incorpora *cultura*, e isso porque normalmente os leões, falcões, águias, lagartos, serpentes, bestas infernais, anjos alados, gárgulas, monstros, seres híbridos são assustadoramente convocados a participar do símbolo, atraindo para o seu interior a força do 'reino animal', ou 'vegetal' ou 'natural', ou até mesmo 'imaginário'. Em específico, é John Dewey que valoriza esta percepção, quando afirma:

"A arte denota um processo de fazer e criar. Isso tanto se aplica às belas--artes quanto às artes tecnológicas. A arte envolve moldar a argila, entalhar o mármore, fundir bronze, aplicar pigmentos, construir edifícios, cantar canções, tocar instrumentos, desempenhar papéis no palco, fazer movimentos rítmicos na dança. Toda arte faz algo com algum material físico, o corpo ou alguma coisa externa a ele, com ou sem o uso de instrumentos intervenientes, e com vistas à produção de algo visível, audível, ou tangível".[229]

A *arte* se materializa em *coisa*, em *objeto-do-mundo*, mas é preservada a sua *dimensão-do-espírito*, por isso, incorpora à matéria aquilo que nela não se encontra, conferindo-lhe novo sentido e, agora, valor humano, simbólico, semiótico, social, cultural, e, por isso, *valor estético*.[230] Por isso, dialogar

---

[228] "Em nenhum caso uma obra de arte pode rivalizar com a concretude infinita da natureza" (Dewey, *Arte como Experiência*, 2010, p. 198).

[229] Dewey, *Arte como Experiência*, 2010, p. 126.

[230] Esta é a visão de John Dewey: "O *material* de que se compõe uma obra de arte pertence ao mundo comum, não ao eu, mas há expressão pessoal na arte porque o eu assimila esse

SEMIÓTICA, ARTE E EXPERIÊNCIA

com a *arte* é dialogar com a imprecisão do sentido, com o subconsciente ativo, com a energia vital em estado original e criativo,[231] com o traçado obscuro do real, com a força criativa humana, com a memória histórica, com a busca heróica humana pela descoberta, com a forma, mas também com a capacidade humana de converter a *matéria bruta* em *obra de arte.*

Assim, por exemplo, um grande conjunto de metais de ferro torna-se a *Tour Eiffel* (1889), conversão esta que pereniza a presença das estruturas na Paris do século XIX, mas também do XX e do XXI.[232] E isso, ela o faz, através da técnica, de onde entre os gregos *techné* ser um termo tão invocado.[233] Mas, ao contrário de se conceber a *idéia da obra de arte* que apenas transforma a *matéria,* deve-se perceber também o quanto a *matéria* 'faz-aprender' ao artista, na medida em que:

material de um modo singular, repondo-o no mundo público em uma forma que constrói um novo objeto." (Dewey, *Arte como Experiência,* 2010, p. 217).

[231] "Ora, este conteúdo estético – insistimos – não é algo preexistente ou preconstituído ao ato da criação, pois, representa ou simboliza o próprio impulso criador que acompanha o processo formativo artístico do início até o seu fim, imprimindo-se inevitavelmente na forma na qual a própria obra se resolve" (Galeffi, *Novos ensaios de estética,* 1979, p. 27).

[232] "As novas técnicas do ferro e suas estruturas, depois de provadas em grandes vãos nas pontes inglesas, aliam-se às novas técnicas do vidro para produzir o primeiro grande prodígio monumental da era industrial, que foi o Palácio de Cristal, de Paxton, em 1851, onde se acolheram a primeira feira industrial e os primeiros objetos de consumo produzidos não-artesanalmente (mas como todo o 'conteúdo' do artesanato). Em 1889, conclui-se em Paris a torre projetada por Gustave Eiffel, um monumento ao ferro e uma amostragem das possibilidades das estruturas metálicas, ponte e obelisco ao mesmo tempo – mas também arranha-céu" (Pignatari, *Semiótica da arte e da arquitetura,* 1995, p. 34).

[233] "É evidente que a obra de arte é criada (*geschaffen*). Criar (*Schaffen*) significa produzir (*Hervorbringen*). Mas a fabricação (*Anfertigung*) de uma ferramenta é também uma produção. Será preciso, pois, reverter à antiga indistinção das 'artes mecânicas' e confundir o artesão que fabrica e o artista que cria? 'primeiro, artesão', dizia Alain do artista, e os gregos não empregavam uma única palavra (*tékhné*) para designar a habilidade manual e a arte? O escultor, tal como o oleiro, não é um *tekhnites*? Mas *tekhné* não designa entre os gregos um modo de produção, uma técnica, um *savoir faire* prático. *Tekhné* designa, de fato, um saber, a experiência fundamental da *phýsis,* do ente em geral, no seio do qual o homem se encontra exposto e procurar instalar-se. A *tekhné* é o saber que comporta e conduz toda irrupção do homem no seio da *phýsis*" (Lacoste, *A filosofia da arte,* 1986, p. 87).

"O escultor concebe sua estátua não só em termos mentais, mas também nos do barro, do mármore ou do bronze."[234]

O primeiro passo nesse sentido passa a ser o de reconhecer que a *arte é trabalho*, algo que se reconhece no seu *fazer*, no cinzel, no pincel, na batuta, no lápis, no corpo, no *mouse*, no *spray*, na lente, na câmera, na técnica fotográfica.[235] Ela se constitui numa forma de trabalho, que, inclusive, profissionaliza. Neste sentido, nela se reconhece trabalho tanto quanto na foice, na enxada, na caneta, no computador, no caminhão. É, sem dúvida, uma forma de trabalho criativo:

"Uma dose incrível de observação e do tipo de inteligência exercido na percepção de relações qualitativas caracteriza o trabalho criativo da arte".[236]

Se é *trabalho criativo*, tem muito a ver com a artesania comum a tudo o que se tece, ou seja, a todo *texto* (*textus*, lat.; *tecere*, lat.). Do ponto de vista semiótico, então, se percebe que o *texto artístico* é aquela conformação que a cultura humana consegue imprimir à matéria e à objetualidade das coisas do mundo. O *texto estético* aparece assim como o *locus* de convergências de inúmeras forças artísticas, culturais, sociais, políticas e econômicas. É acompanhando o raciocínio de Walter Benjamin, em *A imagem de Proust*, que se chega a esta conclusão:

"Se *texto* significava, para os romanos, aquilo que se tece, nenhum texto é mais tecido que o de Proust, e de forma mais densa".[237]

2.5. Semiótica, arte e poder

A *arte*, como qualquer campo simbólico, é um lugar de *disputas sociais*, especialmente tendo em vista o seu *poder-de-significação*. As 'obras de arte' dão matéria, corpo, voz, lugar, evidência, espaço, meio de se exprimir,

---

[234] Dewey, *Arte como Experiência*, 2010, p. 169.

[235] "Sempre que alguma coisa é projetada e feita, esboçada e pintada, desenhada, rabiscada, construída, esculpida ou gesticulada, a substância visual da obra é composta a partir de uma lista básica de elementos" (Dondis, *Sintaxe da linguagem visual*, 2007, p. 51).

[236] Dewey, *Arte como Experiência*, 2010, p. 132.

[237] Benjamin, A imagem de Proust, *in Magia e técnica, arte e política: ensaios de literatura e história da cultura*, Obras Escolhidas, Volume 1, 7.ed., 1996, p. 37.

a questões do momento histórico, e, por isso, desempenham um papel decisivo no campo das disputas, lutas e embates de ideologias, concepções, projetos, identidades, culturas, sistemas, visões de mundo. É neste sentido que o filósofo francês Jacques Rancière, em *Le spectateur émancipé* (2008), fala de uma *estética da política* e, também, de uma *política da estética*.[238] Não é de outra forma que toda 'obra de arte', especialmente quando de ampla visibilidade e reconhecimento, fama e significação histórica, originalidade e destaque, traz para si um campo de significação que se torna atraente e de amplo alcance. Mas, a arte não é política por *politizar temas*, por questionar *aspectos da vida*, ou ainda, por dinamitar a *legitimidade do poder*, pois, se considerada a visão de Jacques Rancière, em *Malaise dans l'esthétique* (2004), a *arte é política* por se constituir em *outra realidade*, o que implica instaurar uma linguagem própria, um tempo e um significados próprios.[239] Neste domínio, a *experiência sensível* é por si mesma emancipadora,[240] e isto na medida em que nos liberta das *heteronomias do real*.

---

[238] "Arte e política têm a ver uma com a outra como forma de dissenso, operações de reconfiguração da experiência comum do sensível. Há uma estética da política no sentido de que os atos de subjetivação política redefinem o que é visível, o que se pode dizer dele e que sujeitos são capazes de fazê-lo. Há uma política da estética no sentido de que as novas formas de circulação da palavra, de exposição do visível e de produção dos afetos determinam capacidades novas, em ruptura com a antiga configuração do possível" (Rancière, *O espectador emancipado*, 2014, p. 63). Na leitura de Eugênio Bucci, evocando Jacques Rancière: "Já vimos que a estética – entendida como um campo autônomo que se prolonga da filosofia – se autonomiza em relação ao conceito de arte e ao ideal de beleza. A estética pode desaguar na política, sem que isso signifique estetizar a política. Ela deságua na política nos termos de Jacques Rancière, com base na idéia de partilha do sensível" (Bucci, *A forma bruta dos protestos*: das manifestações de junho de 2013 à queda de Dilma Roussef em 2016, 2016, p. 125).

[239] "El arte no es político, tampoco, por la manera en que representa las estructuras de la sociedad, los conflitos o las identidades de los grupos sociales. Es político por la misma distancia que toma con respecto a sus funciones, por la clase de tempo y de espacio que instituye, por la manera en que recorta este tempo y puebla este espacio" (Rancière, *El malestar en la estética*, 2011, p. 33).

[240] "Porque la autonomia estética no es la autonomia del 'hacer' artístico que el modernismo há celebrado. Es la autonomia de uma forma de experiência sensible. Y es esta experiencia la que aparece como el germen de una nueva humanidade, de una nueva forma individual y colectiva de vida" (Rancière, *El malestar en la estética*, 2011, p. 44).

Por isso, a *arte* revela *poder*, exerce *poder*, nem que esteja vinculado ao *poder-de-atração* que decorre do *fascínio* exercido sobre as pessoas, tendo em vista o *alfabetismo sensível* que implica.[241] Não por outro motivo, a *arte* e a *Estética* se tornam objeto de disputa social. Não por outro motivo, tanto a 'beleza' é disputada, quanto o 'conceito de beleza' é disputado, na medida em que, afinal, a 'beleza' é valorizada como 'riqueza social'. É assim que a 'beleza' acumula fatores que instigam o *poder social* e, por isso, também passa a ser desejada pelos detentores de poder, que, a seu turno, procuram dela se cercar, fazendo com que a 'beleza' se torne um *acessório-simbólico-do-poder*, ou seja, um 'ornamento do poder', um 'dístico do poder', de modo que o *fascínio gerado pela obra de arte* seja colado a serviço do *fascínio pelo detentor-do-poder*. É este o sentido e o peso que possuem os retratos de corte, especialmente entre os séculos XVI e XVIII.[242]

A *quase-transferência* da 'aura' da obra de arte para a *pessoa-do-detentor--do-poder* é um estratagema de quem detém o poder (econômico, político, social, cultural, comunicativo, burocrático).[243] As elites de todos os

[241] "Há muitas razões para levar em consideração o potencial do alfabetismo visual. Algumas são provocadas pelas limitações do alfabetismo visual. A leitura e a escrita, e sua relação com a educação, constituem ainda um luxo das nações mais ricas e tecnologicamente mais desenvolvidas do mundo. Para os analfabetos, a linguagem falada, a imagem e o símbolo continuam sendo os principais meios de comunicação e, dentre eles, só o visual pode ser mantido em qualquer circunstância prática. Isto é tão verdadeiro hoje quanto tem sido ao longo da história. Na Idade Média e no Renascimento, o artista servia à Igreja como propagandista. Nos vitrais, nas estátuas, nos entalhes e afrescos, nas pinturas e ilustrações de manuscritos, era ele quem transmitia visualmente 'a Palavra' a um público que, graças a seus esforços, podia ver as histórias bíblicas de forma palpável. O comunicador visual tem, de fato, servido ao imperador e à comissão do povo. O 'realismo social' da Revolução Russa punha alguns fatos da comunicação visual diante de um público analfabeto e provavelmente destituído de qualquer sofisticação" (Dondis, *Sintaxe da linguagem visual*, 2007, p. 185).

[242] A inumerável produção artística deste período, em toda a Europa, tem este sentido, especialmente registrado no estudo sobre a arte italiana por Castelnuovo: "O retrato tem uma função importantíssima nas cortes: ele se desenvolve a fim de celebrar o senhor, para mostrar seu poder, sua riqueza, seu luxo (Sua Senhoria come em pratos de ouro!), para exaltar-lhe a virtude, as redes familiares, os empreendimentos, a vida, os hábitos (que se pense nos afrescos de Schifanoia ou na Camera degli Sposi, em Mântua)" (Castelnuovo, *Retrato e sociedade na arte italiana*: ensaios de história social da arte, 2006, p. 17).

[243] "Todo mundo sabe o que é um retrato de corte e como, através do tempo e do espaço, certos traços são comuns aos retratos dos soberanos representados com os signos e símbolos

períodos históricos se cercaram de *obras de arte,* ou, se fizeram representar na *forma da arte,* e isto não será diferente no mundo moderno e sob a lógica do capitalismo moderno, como constata John Dewey.[244] No entanto, a arte tem uma autonomia garantida por sua própria condição de *linguagem artística.* Apesar do poder desejar o *deslumbre,* a *magia,* a *aura,* o *inebriante,* o *futurista,* o *êxtase,* o *sublime* trazidos pela obra de arte, ela somente pode conceder ao mundo do poder – e, mesmo, ao seu contrário, ao mundo da emancipação – o seu lugar de obra de arte, e suas linguagens artísticas, corporais, verbais e não-verbais. Esta é a visão de Jacques Rancière, acerca da relação entre arte e poder.[245] Isso quer dizer que a emancipação nunca é plena, pela obra de arte, e o controle total, também, nunca é pleno, pela obra de arte.

Então, a *arte* mantém uma relação ambígüa com o poder, pois, de fato, a arte pode figurar como aliada do poder, contestadora do poder – a exemplo da evocação das artes nos protestos de rua – ,[246] ou até mesmo vítima do poder, a cada arranjo contextual e histórico, de conformidade com suas tarefas, propósitos e objetivos. No complexo jogo com os poderes sociais, e seus contextos,[247] a *arte* enquanto *exercício de sensibilidade,*

---

de seu poder, em pose e *mise en page* que pretendem transmitir ao espectador uma mensagem particular" (Castelnuovo, *Retrato e sociedade na arte italiana*: ensaios de história social da arte, 2006, p. 103).

[244] "Em linhas gerais, o colecionador típico é o capitalista típico. Para comprovar sua boa posição no campo da cultura superior, ele acumula quadros, estátuas e jóias artísticos do mesmo modo que suas ações e seus títulos atestam sua posição no mundo econômico" (Dewey, *Arte como Experiência*, 2010, p. 67).

[245] "As artes nunca emprestam às manobras de dominação ou de emancipação mais do que podem lhes emprestar, ou seja, muito simplesmente, o que têm em comum com elas: posições e movimentos dos corpos, funções da palavra, repartições do visível e do invisível. E a autonomia de que podem gozar ou a subversão que podem se atribuir repousam sobre a mesma base" (Rancière, *A partilha do sensível*: estética e política, 2009, p. 26).

[246] "Assim, o discurso político, embora não se ocupe da arte ou do belo, vale-se mais e mais de signos estéticos. Atento a isso, o filósofo francês Jacques Rancière afirma que vem mais da estética do que da política o caldo da identificação aos agrupamentos que vão às ruas protestar" (Bucci, *A forma bruta dos protestos*: das manifestações de junho de 2013 à queda de Dilma Roussef em 2016, 2016, p. 107).

[247] Sobre a relação entre arte e contexto de guerra: "Em épocas de enorme tensão política – como as guerras –, a arte, sem dúvida, adquire um caráter de engajamento à causa nacional, não apenas se tornando medíocre e empobrecida esteticamente, como também perigosa e

pode até confirmar o poder, ou ainda, ignorar o poder, ou mais, articular-se com o poder, contestar o poder, diluir o poder,[248] e nisto está uma longa história de *encontros* e *desencontros*, seja na *Teoria Estética*, seja na *experiência estética*.

A inocência ou a decência dos *signos/símbolos* parece ser algo que afeta diretamente as paixões, os fervores e a história, pois não foram poucos os episódios em que um *signo/símbolo* esteve no centro de processos *iconoclásticos*.[249] Como explica John Dewey, muitas vezes, isso se deve ao fato de que:

> "A recusa a reconhecer as fronteiras estabelecidas pela convenção é fonte de freqüentes acusações de imoralidade contra os objetos de arte".[250]

Igualmente, a caricatura política encontrou diversas vezes a forma para se consagrar, enquanto método de construção do *símbolo* do outro como o *inimigo social*, o *inimigo político* ou o *inimigo religioso*.[251] Muitas vezes, é a potência dos *signos/símbolos* o *start* de processos de intolerância, e, às vezes, é a intolerância que alcança a centralidade do *signo/símbolo*. Assim,

---

sinistra. Ainda assim, vale perguntar: é possível que um povo não reflita, em suas expressões artísticas, sua forma de pensar, seus valores e seus ideais? Não, não é possível, pois, mesmo uma obra de arte crítica desses ideais é, de alguma maneira, legatária deles e, conhecendo-os na intimidade, tem a condição de rejeitá-los" (Barros, A Civilização chutou as portas do Saloon: Mito, Política e Direito em "O Homem que matou o facínora", in *AntiManual de Direito & Arte* (Franca Filho, Marcílio; Leite, Geilson Salomão; Pamplona Filho, Rodolfo, coords.), 2016, p. 209).

[248] "Se a experiência estética toca a política, é porque também se define como experiência de dissenso, oposta à adaptação mimética ou ética das produções artísticas com fins sociais" (Rancière, *O espectador emancipado*, 2014, p. 60).

[249] Na *História da arte*, é tradicional a referência à guerra entre Ocidente e Oriente sobre a *iconoclastia cristã*: "Fra il 726 e l'842 d.C. l'Oriente e l'Occidente sono scossi dalla crisi iconoclasta. Cioè dalla grave lotta sulla legitimità del culto delle immagini e sulla legitimità del potere che intende disciplinare tale culto" (Tuzet, Contro le immagini: Semiotica giuridica e demenza collettiva, *in Il Diritto tra testo e immagine* (FARALLI, Carla; GIGLIOTTI, V.; HERITIER, P.; MITTICA, M.P.), 2014, p. 175).

[250] Dewey, *Arte como Experiência*, 2010, p. 343.

[251] "No mundo moderno, que sempre representou o inimigo religioso ou nacional com feições grotescas ou malignas, nasce a caricatura política" (Eco, *História da feiúra*, 2007, p. 190).

com o *Talmude*,[252] com o *Budismo*,[253] com o *luteranismo*,[254] em contextos os mais variados da história e, em momentos e países os mais diversos, no Ocidente e no Oriente, sendo de destaque a situação do bibliocausto provocado pelo *III Reich*, na Alemanha.[255]

Na mesma toada, os eventos ocorridos em Charlottesville, Virginia, nos EUA, ao longo de 2017, quando da discussão sobre a remoção das estátuas dos Confederados em face da decisão do Conselho da Cidade, especialmente da estátua equestre em bronze do confederado *Robert Edward Lee*, de 1924. Os protestos em torno do tema reacenderam o debate sobre a questão racial nos EUA, bem como provocou confrontos entre grupos negros e grupos da supremacia branca (*white supremacist*). Aliás, nesta medida, vale recordar, na canção *Strange Fruit*, a repulsa ao racismo norte-americano e aos linchamentos de afro-americanos no início do século XX, nos EUA, na versão musicada por *Billie Holiday* do poema de Abel Meeropol, cantada pela primeira vez em 1939, no *Café Society*, em *Greenwich Village*:

---

[252] "O Talmude, compilação hebraica de comentários e interpretações da Bíblia, foi um dos livros mais perserguidos da história. No Egito, em 1190, alguém ordenou a eliminação de vários exemplares para cumprir as nobres verdades do Evangelho. Gregório IX, em 1239, nomeou vários censores e mandou-os procurar exemplares do Talmude. Quando soube que foram armazenados, os fez queimar. Em Paris, dezenas de sacerdotes eliminaram centenas de exemplares em 1244. Luís IX, na França, mandou buscar cópias, de 1247 e 1248, e as destruiu. Também Filipe III, em 1284, e Filipe IV, entre 1290 e 1299, converteram a obra em cinzas" (Báez, *História universal da destruição dos livros*: das tábuas suméricas à guerra do Iraque, 2006, p. 132).

[253] "Durante esse processo, não foram poucas as vezes em que os textos budistas sofreram confisco e destruição. As perseguições a monges e livros ocorreram quase desde o princípio e se acirraram de 446 a 452, em 574 e ainda Wuzong, em 845, mandou arrasar 4.600 templos e dezenas de escritos" (Báez, *História universal da destruição dos livros*: das tábuas suméricas à guerra do Iraque, 2006, p. 96).

[254] "Em 1520, uma bula do papa Leão X excomungou Martim Lutero e publicamente proibiu a difusão, leitura ou citação de qualquer de seus escritos. Nas ruas, a população queimava livros e efígies de Lutero, que por sua vez mandou destruir a bula numa fogueira" (Báez, *História universal da destruição dos livros*: das tábuas suméricas à guerra do Iraque, 2006, p. 159).

[255] "O Holocausto foi o nome dado à aniquilação sistemática de milhões de judeus em mãos dos nazistas durante a Segunda Guerra Mundial. Mas esse acontecimento foi precedido pelo Bibliocausto, em que milhões de livros foram destruídos pelo mesmo regime" (Báez, *História universal da destruição dos livros*: das tábuas suméricas à guerra do Iraque, 2006, p. 241).

Strange Fruit
Southern trees bear strange fruit,
Blood on the leaves and blood at the root,
Black bodies swinging in the southern breeze,
Strange fruit hanging from the poplar trees.

Pastoral scene of the gallant south,
The bulging eyes and the twisted mouth,
Scent of magnolias, sweet and fresh,
Then the sudden smell of burning flesh.

Here is fruit for the crows to pluck,
For the rain to gather, for the wind to suck,
For the sun to rot, for the trees to drop,
Here is a strange and bitter crop.

Fruta Estranha
Árvores do sul produzem uma fruta estranha,
Sangue nas folhas e sangue nas raízes,
Corpos negros balançando na brisa do sul,
Frutas estranhas penduradas nos álamos.

Cena pastoril do valente sul,
Os olhos esbugalhados e a boca torcida,
Perfume de magnólias, doce e fresca,
Então o repentino cheiro de carne queimada!

Aqui está o fruto para os corvos arrancarem,
Para a chuva recolher, para o vento sugar,
Para o sol apodrecer, para as árvores derrubarem,
Aqui está uma estranha e amarga colheita.

A arte fala dos *horrores* da história, bem como da *desumanidade* dos atos humanos. Ademais, a arte não deve ser colonizada pela política, pois sua *autonomia* é sua sobrevivência. Não por outro motivo, são inúmeras as vezes em que a *arte* se mostra *arredia* à sua possessão pela política e assim torna possível que a redefinição da experiência estética continue escorregando pela borda e transformando as fronteiras do conhecido a partir da *rebeldia estética*. Na visão de Herbert Marcuse, em face dos poderes da religião, da moral, da política, a *arte autônoma* pode ser alvo de todo tipo de ataques e rechaços.[256] Em *Minima moralia*, Theodor Adorno irá afirmar:

"A missão da arte é, hoje, introduzir o caos na ordem.
A produtividade artística é a capacidade do arbitrário dentro do involuntário.
A arte é magia, liberta da mentira de ser verdade".[257]

Mas, esta é uma forma muito específica de enxergar o papel e a missão da *Teoria Estética*, e o que ela mobiliza como instigação no campo das artes, em função de fatores sócio-econômicos geradores de injustiças e opressões. Por sua vez, o fotógrafo Sebastião Salgado afirma,[258] sobre a sua missão diante das lentes da máquina fotográfica e dos produtos de seu trabalho:

"Nenhuma foto, sozinha, pode mudar o que quer que seja na pobreza do mundo. No entanto, somadas a textos, a filmes e a toda a ação das organizações humanitárias e ambientais, minhas imagens fazem parte de um movimento mais amplo de denúncia da violência, da exclusão ou da problemática

---

[256] "A substância sensível do Belo é preservada na sublimação estética. A autonomia da arte e o seu potencial político manifestam-se no poder cognitivo e emancipatório desta sensibilidade. Não é, portanto, surpreendente que, historicamente, o ataque à arte autónoma se una à denúncia da sensibilidade em nome da moralidade e da religião" (Marcuse, *A dimensão estética*, 2007, p. 62).

[257] Adorno, *Minima moralia*, III Parte, 143, *In nuce*, 2001, p. 231. "O poder subsersivo da arte é também afirmado por Adorno, pois a arte 'é a antítese social da sociedade', especialmente pela sua capacidade de crítica à razão administrada" (Hermann, *Ética e estética*, 2005, p. 31).

[258] A respeito de Sebastião Salgado: "A exposição de Sebastião Salgado era na verdade um panorama sobre a beleza da condição humana nas situações de adversidade extrema: um terremoto, a desorganização social, as migrações, a miséria, a intolerância política, as guerras étnicas, a ambição, a alienação e o desespero como se expressam como sede de capitalismo, o capitalismo como refúgio. A fotografia de Salgado transforma o enorme sofrimento, que essas condições causam, num belíssimo manifesto visual sobre a esperança. A obstinação pela vida, a dignidade, a fé, estão ali, em cenas e retratos tomados nas circunstâncias duras da luta pela vida e pela sobrevivência" (Martins, *Sociologia da fotografia e da imagem*, 2.ed., 2017, p. 98).

ecológica. Esses meios de informação contribuem para sensibilizar aqueles que as contemplam a respeito da capacidade que temos de mudar o destino da humanidade".[259]

De fato, as *artes* têm posturas diversas, diante dos vários fatores que condicionam a vida em sociedade. Já houve *artes-oficiais* de regimes políticos,[260] como já houve a arte do Estado Ideal, como do Estado Ideal já fora também banida, a exemplo de seu expurgo da *República*, de Platão, como muito precisamente anota Erwin Panofsky.[261] No plano da arquitetura, a Cidade Espelhada, prenhe de arranha-céus, ou seja, de edifícios modernos de elevada estatura fálica (altura; longilíneo; fartura; força; lineraridade; segurança; certeza; importância; imperatividade) forma, na visão de Décio Pignatari, um '*urbograma*' do poder da vida urbana.[262]

2.6. Semiótica, arte e papel simbólico
Mas, é fato incontestável que a riqueza das artes faz com que sejam capazes de portar com grande habilidade fartos potenciais de *produção de sentido*, de *representação de coisas* e de *afetação sensível*, e é nisto que desempenham elevado *papel simbólico* em meio à circulação dos *signos* linguísticos e

---

[259] Salgado, *Da minha terra à Terra*, 2014, p. 56.

[260] Na leitura de Eugênio Bucci, a questão da estetização do Estado aparece como um traço fundamental de sua dinâmica: "A partir do século XX, praticamente todos os regimes de governo, fossem eles de viés autoritário, totalitário ou democrático, assimilaram a máxima de que governar tinha virado sinônimo de fazer propaganda. Governar passou a ser sinônimo de gerar uma estética que emulasse as virtudes do próprio governo. Sabidamente, o desvio da estetização do Estado não foi inventado anteontem; ele parece acompanhar, desde sempre, a própria invenção do aparelho estatal ou ainda das instituições rudimentares que só mais tarde deram origem ao Estado" (Bucci, *O Estado de narciso*, 2015, p. 27).

[261] "...não deixa de ser legítimo designar a filosofia de Platão, se não como inimiga declarada da arte, ao menos como uma filosofia estranha à arte" (Panofsky, *Idea*: a evolução do conceito de Belo, 2000, p. 08).

[262] "O *skyline* de São Paulo, por exemplo, é um verdadeiro *urbograma* do poder. No espigão da Avenida Paulista, elevam-se os arranha-céus do sistema bancário, de onde partem as linhas quebradas descendentes que vão até à periferia, onde escasseia o verde e se comprimem os barracos das favelas. A acrópole megalopolitana paulista trava o diálogo do poder com suas co-irmãs espalhadas pelo mundo inteiro" (Pignatari, *Semiótica da arte e da arquitetura*, 1995, p. 133).

composição sofisticada de *Cantaloup Island* (5:29), de 1964, do pianista Herbie Hancock, com Herbie Hancock ao piano, Freddie Hubbard ao trompete, Ron Carter no baixo e Tony Willians na bateria;[289] à frente da banda *Jazz Messengers*, o *Funky jazz*, subestilo do *Hard Bop*, do baterista *Art Blakey*, em *Moanin'* (9:36), a obra-prima do pianista *Bobby Timmons* e de *John Hendricks*, chega a redefinir o sentido do *jazz* ao seu tempo;[290] o caráter inventivo e improvisado do estilo do *Bebop* de *Charlie Parker* – algo perceptível na música *Cool Blues*, do próprio *Charlie Parker* –[291] que veio a mudar a história do *jazz* no século XX.[292]

O semioticista italiano Umberto Eco nos chama a atenção para a presença do traço *inconsciente* e *insondável* do(a) artista, quando se manifesta no caráter *singular, único* e *improvisado* da *obra de arte*, esta que aparece como sendo o resultado materializado de sua ação artística.[293] É nesta medida que o *objeto físico* formado pela *obra de arte* (quadro; xilogravura; encenação; letra de música; execução musical) é um registro *único* da(s) personalidade(s) do(a)(s) artista(s).[294]

É também neste sentido que, por exemplo, a *criação* pode ser fruto de uma *intuição*, de um furtivo ato criativo, de um *insight*, de um *estado-de--alma*, da *conjunção* entre certos músicos, ou, o resultado da *improvisação* coletiva afinada de vários músicos, como ocorre na improvisação musical

---

[289] Herbie Hancock (texto Carlos Calado), *in Coleção Folha:* clássicos do jazz, Rio de Janeiro, MEDIAfashion, 2007, faixa 5.

[290] Art Blakey (texto Carlos Calado), *in Coleção Folha:* clássicos do jazz, Rio de Janeiro, MEDIAfashion, 2007, faixa 1.

[291] Charlie Parker (texto Carlos Calado), *in Coleção Folha:* clássicos do jazz, Rio de Janeiro, MEDIAfashion, 2007, faixa 8.

[292] Charlie Parker (texto Carlos Calado), *in Coleção Folha:* clássicos do jazz, Rio de Janeiro, MEDIAfashion, 2007, 07.

[293] "Com isso, não se deve entender que a pessoa do artista entra na obra como objeto de *narração*; a pessoa que forma é declarada pela obra formante como *estilo, modo de formar*; a obra nos conta, exprime a personalidade de seu criador na própria trama de seu consistir, o artista vive a obra como traço concreto e personalíssimo da ação" (Eco, *A definição da arte*, 2016, p. 15).

[294] "O processo de formação e a personalidade do formador só coincidem no tecido objetivo da obra como *estilo*. O estilo é o 'modo de formar' pessoal, irrepetível, característico; o rastro reconhecível que a pessoa deixa na obra e coincide com o modo como a obra é formada. Portanto, a pessoa *se forma* na obra: compreender a obra é possuir a pessoa do criador feita *objeto físico*" (Eco, *A definição da arte*, 2016, p. 29).

promovida pelo *jazz*.[295] A conexão improvisada e harmônica entre notas musicais e o diálogo entre instrumentos e singularidades musicais que *cria* e *re-cria* o universo de possibilidades rítmicas, melódicas e musicais faz do *jazz* aquilo que o *jazz* é. Aqui, é curioso que não é a execução da *regra rígida* que gera a *boa música*, pois enquanto boa música, o *jazz* também se faz da conexão espontânea entre instrumentistas unidos e enquanto indivíduos criadores, numa relação curiosa entre *identidade coletiva* e *singularidade subjetiva*. Nenhum outro estilo musical demonstra com tanta força e intensidade a contribuição do indivíduo no grupo e o suporte do grupo para o *solo* do indivíduo, além de uma *mixagem* tão virtuosa do *indivíduo* e do *coletivo*.[296] A este respeito, João Francisco Franco Junqueira afirma:

> "O improviso é como uma impressão digital. Bem mais: uma característica definidora da grandeza no jazz".[297]

Omar Calabrese, em *Como se lê uma obra de arte*, chama a atenção para o fato de que é aí que se funda, na obra individual, o *idioletto*, e na obra coletiva, o *socioletto* da obra de arte.[298] E, por sua parte, o filósofo

---

[295] "A relação entre os músicos de um grupo de jazz é, de certo modo, similar à de um bate-papo entre amigos. Na hora de improvisar, o jazzista pode – por meio das notas musicais, dos acentos rítmicos e inflexões sonoras ao tocar o instrumento – contar um caso, trocar idéias ou até discutir com os parceiros. Essa linguagem é praticada por todos, mas a personalidade de cada instrumentista, suas emoções no momento, seu sotaque e vocabulário pessoal, assim como as respostas e intervenções dos parceiros contribuem diretamente para que cada improviso seja único, diferente dos outros" (Calado, Carlos, Nat King Cole (texto Carlos Calado), *in Coleção Folha*: clássicos do jazz, Rio de Janeiro, MEDIAfashion, 2007, p. 11).

[296] "Desse modo, pode-se definir a categoria formal *identidade vs. alteridade* para descrever esse processo de composição. No *jazz* há uma complexificação entre os termos da categoria: a afirmação da *identidade* realiza o tema, que garante a coerência da composição, estabelece o elo entre os improvisadores e fornece o norte das criações individuais em meio à coletividade do grupo, e a afirmação da *alteridade* realiza a contribuição de cada músico que, com seu improviso, em cada solo reconfigura uma leitura particular do mesmo tema" (Pietroforte, *Análise do texto visual*: a construção da imagem, 2.ed., 2016, ps. 21-22).

[297] Junqueira, *Jazz*: através dos tempos, 2014, p. 42. Ademais, afirma: "No improviso mora a essência do jazz. Improvisar é quase compor. É se apoiar numa linha melódica, como se ela fosse um esqueleto – e acrescentar órgãos e vísceras, quase sempre transformando a estrutura óssea num ser vivo" (Junqueira, *Jazz*: através dos tempos, 2014, p. 42).

[298] Omar Calabrese afirma: "Como se sabe, a noção de 'estilo' não pertence à tradição semiótica. No seu sentido moderno, trata-se de um conceito utilizado pela crítica artística

SEMIÓTICA, ARTE E EXPERIÊNCIA

francês Jean Baudrillard chama a atenção para o fato de que é aí que a *matéria* (tela; papel; madeira; mármore; tinta; corpo) se converte em *objeto cultural*, ao afirmar:

> "Ainsi *l'œuvre* peinte devient par la signature un *objet culturel* : elle n'est plus seulement lue, mais perçue dans sa valeur différentielle – une même émotion 'esthétique' confondant souvent la lecture critique et la perception signalétique".[299]

Mas, é importante deixar claro que a criação não é *pura atitude unilateral* do(a) artista.[300] Nem mesmo a *intentio auctoris* será o único fator predominante nos futuros e posteriores atos de intelecção e compreensão, fruição e uso da obra de arte, pois a *intenção* do(a) artista não controla a obra de arte.[301] Há concerto e acerto, há erros que se tornam padrões, há

(literária, musical, pictórica, etc.). Em princípio, poderíamos descrever o 'estilo' como o conjunto indefinido das figuras que constituem a 'forma típica em que se expressa' um indivíduo, um grupo ou uma época. Por outras palavras, o 'estilo' é um conjunto de motivos que se convertem em atributos de um actor social, quer seja individual (um 'autor') ou colectivo (um grupo, uma época). Este conjunto recebeu também o nome de 'idioleto', no primeiro caso, e 'socioleto', no segundo. Com estes dois termos chega-se a explicar como é que um actor, no plano superficial, se pode encarregar de um determinado universo semiótico e variar alguns dos seus elementos (plano da expressão), para obter certas conotações sociais (plano do conteúdo)" (Calabrese, *Como se lê uma obra de arte*, 2015, ps. 17-18).

[299] Baudrillard, *Pour une critique de l'économie politique du signe*, 1972, p. 114.

[300] Pode-se acompanhar Winfried Nöth, quando afirma: "Os traços de singularidade da obra de arte não estão restritos aos gestos expressivos da mão do pintor, mas podem, também, consistir num demonstrativo gesto invisível de escolha e apresentação. Tais gestos caracterizam a singularidade do *objet trouvé* dos artistas Dada. A *Fountain*, de Marcel Duchamp, é um exemplo. É um objeto selecionado do contexto da vida cotidiana e colocado no novo contexto, radicalmente diferente, de uma galeria de arte. Aí o objeto perde seu valor de uso ordinário e, em vez disso, transforma-se num genuíno signo icônico autorreferencial. É autorreferencial desde que nega sua referência ao seu valor de uso original" (Nöth, *Fundamentos semióticos do estudo das imagens*, in *Tabuleiro das Letras*: Revista do Program de Pós-Graduação em Estudo de Linguagens, Universidade do Estado da Bahia, no. 05, dez. 2012, p. 16).

[301] "A arte, enquanto ato expressivo, muitas vezes, transcende a intenção do artista, podendo ganhar novos sentidos, os quais variam no tempo e no espaço, bem como de acordo com a compreensão subjetiva de cada espectador. Este, portanto, não vivencia a experiência estética como receptor passivo da mensagem transmitida pelo artista, mas, antes, ao

SEMIÓTICA, DIREITO & ARTE

linhas que se tornam curvas, e há moldes que se convertem em obras, no processo da criação. Assim, a *obra determina* o(a) artista, tanto quanto o artista se *personifica* na obra de arte. O processo é de duas vias, na medida em que a *forma* não simplesmente se *impõe* à *matéria*, pois a *matéria* também se impõe à *forma artística*.

2.8. Semiótica, arte e pluralismo de sentidos

Nenhuma obra de arte é unívoca, sendo a multiplicidade de leituras uma característica do modo de compreensão do(s) sentido(s) de que toda obra é portadora. A obra de arte é um campo em aberto,[302] ou ainda, na definição de Umberto Eco, toda obra de arte é uma *opera aperta*.[303] A obra aberta não pode ser encerrada, encapsulada ou impedida de ser *re-lida*, agora com outro olhar, mesmo que assim seu autor o queira.[304] O olhar do artista se completa com o olhar do fruidor, e o olhar da arte é mais rico na medida em que se alimenta de *interpretação* e *re-interpretação*, de *criação* e de *re-criação*.[305] Daí, o pluralismo, a riqueza, a profundidade e

interpretar a obra de arte, participa de forma ativa na construção de seu sentido" (Xerez, *A Norma Jurídica como Obra de Arte*, in *AntiManual de Direito & Arte* (Franca Filho, Marcílio; Leite, Geilson Salomão; Pamplona Filho, Rodolfo, coords.), 2016, p. 462).

[302] Neste caso, a *imagem estética* é ainda mais acentuadamente marcada por esta característica: "Em comparação com a língua, a semântica da imagem é particularmente polissêmica (Barthes 1964c: 39; Sullerot 1964: 280; Bardin 1975: 99; Moles 1978: 25). Imagens têm o caráter de uma mensagem *aberta* (Marin 1971a: 26; Brög 1978; Sauerbier 1978: 43)" (Santaella, Nöth, *Imagem, Cognição, Semiótica, Mídia*, 1998, p. 53).

[303] "In estetica infatti si è discusso sulla 'definitezza' e sulla 'apertura' di un'opera d'arte: e questi due termini si riferiscono ad una situazione fruitiva che tutti esperiamo e che sovente siamo portati a definire: un'opera d'arte, cioè, è un oggetto prodotto da un autore che organizza una trama di effetti comunicativi in modo che ogni possibile fruitore possa ricomprendere (attraverso il gioco di risposte alla configurazione di effetti sentita come stimolo dalla sensibilità e dall'intelligenza) l'opera stessa, la forma originaria immaginata dall'autore" (Eco, *Opera aperta*: forma e indeterminazione nelle poetiche contemporanee,1993, p. 34).

[304] "L'apertura quindi è, sotto questo aspetto, la condizone di ogni fruizione estetica e ogni forma fruibile in quanto dotata di valore estetico è aperta. Lo è, come se è visto, anche quando l'artista mira a una comunicazione univoca e non ambigua" (Eco, *Opera aperta*: forma e indeterminazione nelle poetiche contemporanee,1993, p. 89).

[305] "Todas essas questões revelam justamente que o momento preciso em que arte e direito se entrecruzam é o complexo momento da compreensão/ interpretação: como objetos culturais que são, arte e direito reinventam, recriam, revêem e reinterpetam o mundo constantemente

a infinitude do *olhar artístico*. Aliás, as dimensões infinitas dos sentidos, leituras e interpretações conferidas às obras de arte enquanto *textos semióticos*[306] são um convite à *relativização* de tudo que se diz absoluto, e uma oportunidade ímpar para *outrar-se* na dimensão do lugar do artista- -criador.[307] Esta visão alimenta a compreensão que Umberto Eco tem da obra de arte, tanto no campo da *Semiótica teórica*, nas obras *O signo* e *Semiótica e filosofia da linguagem*, como no campo da *Teoria da Arte*, na obra *A definição da arte*.[308]

Daí decorre a mágica das linguagens das artes, capazes de encantar, gerar deslumbre, e é deste 'feitiço' que se move o *poder-sedutor* das obras de arte. Neste aspecto, a reflexão de Walter Benjamin, em *A doutrina das semelhanças*, traz à tona exatamente esta dimensão da obra de arte: "Essa dimensão – mágica, se se quiser – da linguagem e da escrita não se desenvolve isoladamente da outra dimensão, a semiótica. Todos os elementos miméticos da linguagem constituem uma intenção fundada, isto é, eles só podem vir à luz sobre um fundamento que lhes é estranho, e sse fundamento não é outro que a dimensão semiótica e comunicativa

---

e só fazem algum sentido se são interpretados/ compreendidos pelos seus destinatários" (Franca Filho, *A cegueira da justiça*: diálogo iconográfico entre Arte e Direito, 2011, p. 83).

[306] "Um signo é a correlação de uma forma significante com uma (ou com uma hierarquia de) unidade que definimos como significado. Nesse sentido, o signo é sempre semioticamente autônomo em relação aos objectos a que pode ser referido" (Eco, *O signo*, 1990, p. 150). E, em outra obra, o mesmo autor afirma: "O modo simbólico é, portanto, um procedimento não necessariamente de produção mas, em cada caso e sempre, de *uso* do texto, que pode ser aplicado a todo texto e a todo tipo de signo, mediante uma decisão pragmática ('quero interpretar simbolicamente') que produz no nível semântico uma nova função sígnica, asso-ciando a expressões já dotadas de conteúdo codificado novas porções de conteúdo, o mais possível indeterminadas e decididas pelo destinatário. Característica do modo simbólico é que, caso desistamos de realizá-lo, o texto permanece dotado de um sentido independente no nível literal e figurativo (retórico)" (Eco, *Semiótica e filosofia da linguagem*, 1991, p. 246).

[307] "É certo, porém, que a chamada cadeia significante produz *textos* que trazem consigo a memória da *intertextualidade* que os alimenta. Textos que geram, ou podem gerar, variadas leituras e interpretações; no máximo, infinitas" (Eco, *Semiótica e filosofia da linguagem*, 1991, p. 31).

[308] "Dando vida a uma forma, o artista a entrega, acessível às infinitas interpretações pos-síveis. *Possíveis,* é importante notar, porque a 'obra vive apenas nas interpretações que lhe são dadas'; e *infinitas* não somente pela característica de fecundidade própria da forma, mas porque diante dela coloca-se a infinidade das personalidades interpretantes, cada qual com seu modo de ver, de pensar, de ser" (Eco, *A definição da arte*, 2016, p. 30).

da linguagem".[309] Assim, a obra de arte não significa porque representa a natureza ou a realidade, simplesmente, pois a *obra de arte*, em verdade, *cria* uma *nova realidade*.[310]

2.9. Semiótica, arte e memória

A *arte-memória* é uma forma de acesso e compreensão da história, figurando como reveladora da história, intencional ou não intencionalmente. As obras de arte, pelo seu caráter de *corpus* material, são registros do tempo, documentando a história e congelando quadros circunstanciais únicos e irrepetíveis; exatamente por isso, elas fazem a humanidade conhecer mais de si mesma. A exemplo dos desenhos *Gestação de Monstros* e *Brasil 68*, de Antonio Benetazzo, o lugar do horror, no interior da obra de arte, enquanto retrato de um *contexto político*, indica que o *texto artístico* é registro, e, também, memória,[311] e que a supressão da memória é artifício próprio do autoritarismo.[312] Por isso, a este respeito, Herbert Marcuse irá afirmar, em *A dimensão estética*, algo de relevante interesse a esta reflexão:

---

[309] Benjamin, A doutrina das semelhanças, *in Magia e técnica, arte e política: ensaios de literatura e história da cultura*, Obras Escolhidas, Volume 1, 7.ed., 1996, p. 112.

[310] "Podemos tentar definir provisoriamente a 'formação estética' como o resultado da transformação de um dado conteúdo (facto actual ou histórico, pessoa ou social) num todo independente: um poema, peça, romance, etc. A obra é assim do processo constante da realidade e assume um significado e verdade próprios. A transformação estética é conseguida através de uma remodelação da linguagem, da percepção e da compreensão, de modo a revelarem a essência da realidade na sua aparência: as potencialidades reprimidas do homem e da sua aparência: as potencialidades reprimidas do homem e da natureza. A obra de arte representa portanto a realidade, ao mesmo tempo que a denuncia" (Marcuse, *A dimensão estética*, 2007, p. 18).

[311] Na recuperação da leitura de Sigmund Freud, reaparece o sentido da imagem como *memória da violência*, na leitura de Márcio Seligman-Silva: "Essa imagem da violência, o assassinato de um pai seguido pela sua devoração, seria parte do patrimônio mnemônico de todos os humanos" (Seligman-Silva, Imagens do trauma e sobrevivência das imagens: sobre as hiperimagens, *in Imagem e memória* (CORNELSEN, Elcio Loureiro; VIEIRA, Elisa Amorim; SELIGMAN-SILVA, Márcio, orgs.), 2012, p.72).

[312] "O corpo grotesco que nasce da série de desenhos, cuja deformidade explode sobre o papel, provoca aversões e carrega consigo um horror que parece sugerir comentários a uma contemporaneidade marcada pela violência e pela supressão das liberdades democráticas. Ali, a presença de uma entidade estranha, de um ser alegórico prestes a rasgar o papel e devorar o espectador, talvez evoque a condição militarizada de um país onde os grupos de esquerda estavam sendo perseguidos e desmantelados pelos agentes policiais a serviço da ditadura"

"No meio da sensibilidade constitui-se a relação paradoxal da arte com o tempo – paradoxal porque o que é experimentado através da sensibilidade é presente, embora a arte não possa mostrar o presente sem o mostrar como passado. O que se tornou forma na obra de arte já aconteceu: é recordado, *re-apresentado*. A mimese traduz a realidade para a memória. Nesta recordação, a arte reconheceu o que é e o que podia ser, dentro e fora das condições sociais. A arte retirou este conhecimento da esfera do conceito abstracto e implantou-o no domínio da sensualidade".[313]

Por isso, um registro fotográfico é uma obra de arte, singularmente considerada, ou mero registro familiar; mas, ainda pode ser um *documento de história*, seja da macro-história dos acontecimentos sociais, tanto quanto da micro-história de um determinado indivíduo. Ao comparar a arte do fotógrafo à arte do arquiteto, ambas artes altamente documentais e constitutivas de memória, Sebastião Salgado afirma que as imagens da fotografia:

"São frações de segundos que contam histórias completas".[314]

(Cardenuto, Reinaldo, *Antonio Benetazzo, permanências do sensível, in Antonio* Benetazzo: permanências do sensível (CARDENUTO, Reinaldo, coord.), 2016, ps. 09 a 30, p. 21).

[313] Marcuse, *A dimensão estética*, 2007, p. 63.

[314] "Os primos mais próximos dos fotógrafos são os arquitetos (...). Como nós, eles navegam entre volumes e vazios; nas questões de luz, linhas e movimentos; na busca de coerência entre seu próprio modo de vida, sua ideologia e sua história. E tudo isso acaba formando uma mesma coisa. Esta é a magia da arquitetura e da fotografia. Ao contrário do cinema e da televisão, a fotografia tem o poder de produzir imagens que não são planos contínuos, mas cortes de planos. São frações de segundos que contam histórias completas. Em minhas imagens, a vida de cada pessoa com quem cruzei é contada por seus olhos, suas expressões e por aquilo que ela está fazendo" (Salgado, *Da minha terra à Terra*, 2014, p. 48 e 49).

Capítulo 3
Sociedade, Direito e Arte

3.1. A sociedade moderna, o Direito e a Justiça

A paulatina *derrisão do humano*, na sociedade moderna, é a grande ameaça que paira, enquanto possibilidade, como ponto de aproximação da *barbárie*, ou seja, da *injustiça extrema*. O *humano* tornou-se, paradoxalmente, *estranho ao homem*. Fomos desabitados de nós mesmos, e nos diluímos naquilo que 'somos feitos', pelas condicionantes sociais, com fraco poder de reação autônoma. Este tipo de constatação traz consigo forte consternação, e, por isso, abre espaço à reflexão filosófica. E o primeiro passo é reconhecer que a sociedade moderna trouxe inúmeros benefícios, tecnológicos, científicos, econômicos, culturais, sociais e políticos, mas é curioso perceber que não foi sem apoio da *razão*, enquanto manifestação da *Instrumentellen Vernunft*, que *Auschwitz*, enquanto fenômeno moderno, passou de 'possibilidade do mal absoluto' para 'realidade efetiva' na civilização. Em *Educação após Auschwitz*, Theodor Adorno deixa clara que esta *admoestação* é constitutiva de uma concepção de educação, enquanto educação emancipada.[315] Por isso, na perspectiva da *Teoria Crítica da Sociedade*, a *leitura do racional* segue acompanhada da *leitura do irracional*, e a *crítica da barbárie* tem de acompanhar a *análise* da sociedade moderna, e de suas

---

[315] "Qualquer debate acerca de metas educacionais carece de significado e importância frente a essa meta: que Auschwitz não se repita. Ela foi a barbárie contra a qual se dirige toda a educação" (Adorno, *Educação após Auschwitz, in Educação e emancipação*, 3.ed., 1995, p. 119).

SEMIÓTICA, DIREITO & ARTE

categorias e instituições, caso se queira defender a sociedade moderna dela mesma, ou seja, de seu caráter *antropofágico*.

É também Theodor Adorno, no fragmento *Palácio de Hanus*, em *Minima Moralia*,[316] quem indica que a *universalização* da mercadoria acompanha a *desumanização* das relações humanas. É assim que, em grande proporção, o paradoxo da vida moderna se coloca em evidência, exatamente para destacar a necessidade de revisão do '*projeto da modernidade*', considerando--se especialmente o esgotamento e os desvios do projeto do *Aufklärung*. Aliás, foi na *Dialektik der Aufklärung* (1944) que Max Horkheimer e Theodor Adorno deram os contornos mais críticos possíveis à aurora da modernidade, não deixando rastro de dúvidas de que o diagnóstico da dialética entre sombras e luzes tornou possível a aparição da *barbárie* em sua forma moderna.[317] À parte todas as promessas do '*projeto da modernidade*', identificadas com os ideais de *liberté*, *égalité* e *fraternité*, o desvio *instrumentalizador* na curva histórica, nos levou a uma sociedade cujas características são tais que o *iluminismo* se perdeu enquanto possibilidade.

Não por outro caminho, se pode chegar ao conjunto das patologias das sociedades contemporâneas, para as quais vale a regra de que a *aparência* se tornou a *essência*, e o *ter* dominou o *ser*;[318] sob o imperativo do *individualismo*, a capacidade de *alterização* se esfumaçou; a acentuação das *desigualdades sociais* somente leva a que os temas da *justiça social* e da *redistribuição* sejam colocados de escanteio; sob a pressão das inúmeras

---

[316] "O humano, o mais imediato, o que representa o fito próprio frente ao mundo, tornou-se na cultura estranho aos homens. Estes fazem com o mundo causa comum contra si mesmos, e o mais alienado, a omnipresença das mercadorias, a sua própria disposição como apêndices da maquinaria, convertem-se em imagem enganadora da imediatidade. As grandes obras de arte e as grandes construções filosóficas não permaneceram incompreendidas pela sua excessiva distância do núcleo da experiência humana, mas justamente pelo contrário, e a própria incompreensão poderia, com facilidade, reduzir-se a uma bem manifesta compreensão: a vergonha pela participação na injustiça universal, que se intensificaria se se permitisse o compreender" (Adorno, *Minima moralia*, I Parte, 96, *Palácio de Janus*, 2001, p. 150-151).

[317] "No sentido mais amplo do progresso do pensamento, o esclarecimento tem perseguido sempre o objetivo de livrar os homens do medo e investi-los na posição de senhores. Mas a terra totalmente esclarecida resplandece sob o signo de uma calamidade triunfal" (Adorno, Horkheimer, *Dialética do esclarecimento*: fragmentos filosóficos, 1985, p. 20).

[318] A respeito, consulte-se Fromm, *Ter ou ser?*, 4.ed., 1987.

formas de *violências*, o *convívio* e a *solidariedade* se esmaecem; na cultura de mercado, torna-se pouco provável o espaço para as práticas que valorizam a *humanização*; sob a insígnia do culto à *tecnificação*, o cultivo da *autonomia* se desmancha no espaço do *sem-lugar*; sob pressões do *materialismo* cego e consumista, a capacidade humana de dar atenção ao *desenvolvimento moral* da personalidade se desfoca; diante do império do *consumismo* imediatista e egolátrico,[319] as coisas são entificadas, e no lugar de servirem apenas como coisas, desnatura-se a relação entre os *homens* e o uso dos *bens*;[320] enquanto sociedade devoradora dos recursos naturais, a vida se torna paradoxalmente *devastadora*, e, neste sentido, pouco capaz de respeito à *vida planetária*;[321] na *indiferença* da vida urbanizada, espelhada em computadores e televisores, *tablets* e aparatos tecnológicos modernos, a *desigualdade planetária* apenas se acentua, e populações inteiras do planeta se encontram alijadas do mínimo para a *sobrevivência*;[322] a sociedade avançada tecnologicamente, mas ao mesmo tempo patologicamente desviada de sua auto-consciência, produz *pandêmicas* condições de reprodução de *indivíduos-standards*, para os quais a realidade da doença, e do esgotamento no plano da *depressão*, da *angústia*, do *desnorte* e do *desrumo*, são desfiladeiros esperados.

A partir destes breves delineamentos, percebe-se, com clareza, o quanto o *diagnóstico do presente* é crítico,[323] em especial, se considerado o cenário de uma sociedade enlutada pela já rastreada *crise econômica*[324]

---

[319] "O que se pretende sublinhar, aqui, como o caráter produtivo do estético não se confunde com uma certa estetização da ética das sociedades contemporâneas, em que o cotidiano está impregnado pela preocupação com o glamour, a satisfação e a aparência pessoal. Nesse âmbito, o reconhecimento do outro e a preocupação com os danos que nossas ações podem causar são deixados de lado em favor de um individualismo exacerbado" (Hermann, *Ética e estética*, 2005, p. 49).

[320] Consulte-se Costa, *A crise do supereu*: o caráter criminógeno da sociedade de consumo, 2009.

[321] Leia-se Boff, *Sustentabilidade:* o que é – o que não é, 2012.

[322] Leia-se Davis, *Cidades mortas*, 2007.

[323] Sobre este diagnóstico, operado em diversas perspectivas e questões, *vide* Bittar, *Democracia, justiça e direitos humanos*: estudos de Teoria Crítica e Filosofia do Direito, 2011.

[324] Bittar, Crise econômica, desglobalização e direitos humanos: os desafios da cidadania cosmopolita na perspectiva da teoria do discurso, *in Revista Mestrado em Direito*, Direitos Humanos Fundamentais, Ano 12, no. 01, Jan.-Jul. 2012, ps. 259-294.

e pelo *regresso social*,[325] favorável às atitudes mais *repressoras* e às soluções mais *autoritárias*, que se revela fragilmente democrática, na medida em que se torna *amedrontada* e *assustadora*, na cotidiana forma de lidar com o *desespero* e a *desesperança* coletivas, na medida da *carência das utopias* e *formas alternativas* de construção de horizontes históricos. É assim que a cultura do presente permite identificar, por isso, uma *sociedade 'des-orientada'*, na incapacidade de pensar seus próprios rumos, tornando-se, por isso, ineficiente, na incapacidade de mobilizar novas energias sociais produtivas e criativas para o enfrentamento das necessidades e desafios urgentes, ao mesmo tempo em que enfraquecida, diante da *grita anti-democrática*.

Na mesma medida, identifica-se na sociedade contemporânea o *'re--ascender'* da *intolerância* em face do outro e em face das diferenças, em tempos de forte intolerância política, ideológica, religiosa, partidária e intelectual, coibindo o exercício das formas de ser e de agir livremente, convertendo-se, por isso, em sociedade *policialesca* e *criminalizadora*, tendo em vista o crescimento dos poderes de exceção e o afastamento das regras, fazendo-se vigorar a *lógica da perseguição* e das *instituições-polícia*. A pretexto de ser a sociedade da informação, se tornou a *sociedade da vigilância*, e, por isso, informada no excesso ruidoso do 'superficial', o que acaba por significar 'desinformada' e 'desnorteada' pelo 'bombardeio' informacional que leva à *acriticidade* e à *impossibilidade* de leitura autônoma e crítica da realidade; na era digital e da comunicação veloz, produz ritmos alucinantes de circulação de dados e informações, se tornando uma sociedade ruidosa, atormentada e veloz, gerando-se a incapacidade de auto-conhecimento, favorecendo o *alheamento* e a *alienação* na imediatez dos fluxos de comunicação virtuais.

Nestas condições de socialização, *Direito* e *Justiça* se esfumaçam, se liquefazem diante da política de ocasião, se perdendo num *caos entrópico* de poderosas questões contextuais, ameaçando-se a própria sobrevivência de conquistas históricas no plano dos *direitos humanos*, além de outros tantos desafios que tem direta relação com o crescimento das *intolerâncias* e das *formas de violências*. Todo contexto de crise é um contexto de aparição das formas mais fantasmagóricas de opressão, *simbólicas* e *reais*, não havendo nada mais correto do que a atitude vigilante da sociedade civil

---

[325] A respeito, consulte-se Ferry, *Diante da crise*: materiais para uma política da civilização, 2010.

SOCIEDADE, DIREITO E ARTE

organizada e da esfera pública política (*Öffentlichkeit*), atenta à dimensão da *cidadania*.[326]

Mas, a anestesia da *cultura dos direitos*, do *respeito à dignidade humana* e da *vocação social* para a busca de Justiça, apenas podem promover a tendência à *dessocialização*, do retorno à *barbárie*, bem como da possibilidade de instalar-se na *economia da discórdia* e do *cinismo*, a cultura de 'vale--tudo', que é tão própria aos tempos contemporâneos. Assim, a perda de gosto de nossos tempos pela *cultura da integridade*, do *respeito* e da definição dos contornos de *valores mínimos* para a vida em comum, quando se curvam diante das *irracionalidades* e *patologias* de nossos tempos, torna possível que o turvamento do espírito ofereça campo aberto para a *banalização da existência*, com riscos de retrocessos sociais, políticos, culturais que somente podem danificar conquistas fundamentais nos campos do Direito e da Justiça.

Não por outro motivo, a *Filosofia Crítica e Social do Direito* deve dar o 'sinal de alarme', trazendo à consciência a categoria dos riscos sociais nos quais estamos imersos, para averiguar a partir disso, quais as afinidades e correlações existentes, na troca entre *Filosofia do Direito* e *Teoria Estética*, para a colaboração no sentido da reafirmação da cultura social dos direitos, ainda que isto implique a própria mudança interna da cultura interna do próprio Direito. A hipótese de impossibilitação do progresso da cultura social dos direitos, na sociedade contemporânea, nos coloca diante da *opção histórica sem retorno*, qual seja, aquela que tropeça nos *desvãos do abismo*, da *ruína de qualquer projeto* e do *tropeço* no plano da civilização.

É neste ponto, e diante deste cenário, que a *arte* pode ser uma alternativa de vida, na aposta libidinal pela civilização.[327] E isso porque, na sociedade moderna, a *arte* representa uma dimensão de grande sentido e importância. Em *A dimensão estética*, Herbert Marcuse irá apontar para o fato de que, exatamente por discrepar do *princípio de realidade* que marca a organização da sociedade moderna, com as venturas e desventuras que

---

[326] Sobre o tema, Habermas, *Direito e democracia*: entre facticidade e validade. vs. I e II, 2.ed., 2003. Também, a respeito do conceito e sua correlação com a vitalidade da democracia, consulte-se Bittar, *Democracia, justiça e emancipação social*: reflexões jusfilosóficas a partir do pensamento de Jürgen Habermas, 2013.

[327] Esta preocupação pode ser colhida no capítulo 'Estética, democracia pluralista e direitos humanos', *in* Bittar, *Democracia, justiça e direitos humanos*: estudos de Teoria Crítica e Filosofia do Direito, 2011, ps. 125-147.

SEMIÓTICA, DIREITO & ARTE

decorrem daí, se torna possível fixar no campo da *arte* uma perspectiva concreta de atuação, no *front* em favor da *liberdade*.[328] Afinal, a dimensão aberta pela *arte* é, neste sentido – diante do reino da *não-liberdade* –, capaz de se constrastar com franca clareza, para fazer prosperar a *liberdade artística*,[329] de onde se extraem práticas e experiências interessantes para o despertar do *olhar sensível*, o que torna a experiência da *arte* valiosa, especialmente se considerado o seu enquadramento epocal.

3.2. A sociedade moderna, a arte e a reificação do olhar

A história da cultura humana remonta a largo espectro de tempo, sendo que a *experiência visual* humana guarda registros primitivos que evocam um longo processo de amadurecimento da capacidade de expressão humana, ao longo dos séculos.[330] O arco da história da arte indica os momentos frutuosos atravessados pelo desenvolvimento das técnicas artísticas, da capacidade de expressão humana, bem como de transformação dialética dos paradigmas de *arte*, tanto na forma, quanto no conteúdo. A história da arte registra o importante espectro de visões abertas ao *universo simbólico* enquanto constitutivas de nossa visão de mundo, de nossas organizações sociais, de nossas instituições, de nossa forma de representação da realidade. Assim, não há dúvida de que a história humana está eivada de traços e características na periodização das concepções de arte. Ainda menos, se pode deixar de lado a ideia de que a *arte*, também desabrochando enquanto teoria, diante da história da arte e de suas periodizações, como aponta Erwin Panofsky, brota seja

---

[328] "A denúncia não se esgota a si mesmo no reconhecimento do mal; a arte é também a promessa da libertação. Esta promessa é, também, uma qualidade da forma estética ou, mais precisamente, do belo como uma qualidade da forma estética" (Marcuse, *A dimensão estética*, 2007, p. 47).

[329] "A autonomia da arte reflecte a ausência de liberdade dos indivíduos na sociedade sem liberdade. Se as pessoas fossem livres, então a arte seria a forma e a expressão da sua liberdade. A arte continua presa da ausência de liberdade; ao contradizê-la, adquire a sua autonomia" (Marcuse, *A dimensão estética*, 2007, p. 66).

[330] "A experiência visual humana é fundamental no aprendizado para que possamos compreender o meio ambiente e reagir a ele; a informação visual é o mais antigo registro da história humana. As pinturas das cavernas representam o relato mais antigo que se preservou sobre o mundo tal como ele podia ser visto há cerca de trinta mil anos" (Dondis, *Sintaxe da linguagem visual*, 2007, p. 07).

SOCIEDADE, DIREITO E ARTE

como *arte-imitação,* com os antigos,[331] seja como *arte-interiorização,* com os medievais,[332] seja como *arte-genialidade,* com os modernos.[333]

Mas, será importante notar, na filosofia de Walter Benjamin, e, em especial no ensaio de 1934/35, *A obra de arte na era de sua reprodutibilidade técnica,* o processo de reconstituição da história da arte, agora considerando a possibilidade de avaliá-la na perspectiva de dois pólos, quais sejam, o pólo do *valor de culto* da obra de arte e o pólo do *valor de exposição.*[334] Este ponto de vista teórico sobre o desenrolar da história da arte é esclarecedor, na medida em que aponta a reversão sobre ela produzida, no contexto da modernidade.[335] E sua análise pretende fazer entender que o caráter de *texto* num *contexto* era o que marcava a obra de arte,

[331] "O pensamento da Antiguidade, na medida em que fazia da arte um objeto de sua reflexão, havia desde o início (exatamente como o faria mais tarde o do Renascimento) justaposto ingenuamente dois temas não obstante contraditórios: de um lado concebia-se que a obra de arte era inferior à natureza, uma vez que não fazia mais do que imitá-la, chegando, na melhor das hipóteses, a produzir sua ilusão; concebia-se, por outro lado, que a obra de arte era superior à natureza, uma vez que, corrigindo as falhas nas produções naturais tomadas individualmente, ela lhe opunha, com plena independência, uma imagem renovada da beleza" (Panofsky, *Idea*: a evolução do conceito de Belo, 2000, p. 18).

[332] "Podemos portanto concluir que, para a Idade Média, a obra de arte não resulta de uma explicação entre o homem e a natureza, conforme a expressão cara ao século XIX, mas da projeção na matéria de uma imagem interior" (Panofsky, *Idea*: a evolução do conceito de Belo, 2000, p. 43).

[333] "A teoria da arte no Renascimento, vinculando asssim a produção da Idéia à visão da natureza, e situando-a doravante numa região que, sem ser ainda a da psicologia individualista, já não era a da metafísica, dava o primeiro passo em direção do reconhecimento daquilo que nos habituamos chamar de 'Gênio' " (Panofsky, *Idea*: a evolução do conceito de Belo, 2000, p. 67).

[334] "Seria possível reconstituir a história da arte a partir do confronto de dois pólos, no interior da própria obra de arte, e ver o conteúdo dessa história na variação do peso conferido seja a um pólo, seja a outro. Os dois pólos são o valor de culto da obra e seu valor de exposição" (Benjamin, A obra de arte na era de sua reprodutibilidade técnica, *in Magia e técnica, arte e política: ensaios de literatura e história da cultura,* Obras Escolhidas, Volume 1, 7.ed., 1996, p. 173).

[335] Na era do capitalismo artístico, em seu início, como aponta Gilles Lipovetsky: "A primeira fase, que cobre o primeiro século do capitalismo de consumo até à Segunda Guerra Mundial, vê nascer os princípios, mas também algumas das importantes estruturas do capitalismo artístico: os grandes armazéns, *industrial design,* alta costura, publicidade, cinema, indústria musical. Este ciclo é marcado por um capitalismo artístico *restrito*" (Lipovetsky, Serroy, *O capitalismo estético na era da globalização,* 2014, p. 155).

SEMIÓTICA, DIREITO & ARTE

antes da modernidade, e o uso ritual tinha a ver – a exemplo da Vênus de Milo, para os antigos gregos, e, também, a exemplo de uma imagem do Cristo Cruficicado para os Padres medievais –[336] com o *sentido da obra de arte* imersa na sua relação arquitetônica, política, social, cultural, no 'ambiente ritual' onde servia a seus propósitos: o Templo, no meio da *ágora* grega, a Catedral gótica, no centro da cidade medieval, a Estátua, no meio da *piazza* do burgo italiano.

Na modernidade, o que os processos de *tecnificação, industrialização, fabricação, repetição* e *economicização* irão produzir – e, juntamente com isto, o de *museologização moderna* da obra de arte[337] – sabendo-se que esta 'virada' se dá no âmbito da passagem das próprias técnicas e artes modernas (era do ferro e do vidro),[338] no auge do capitalismo estético da publicidade,[339] do cinema e da fotografia –[340] será um processo de *ênfase*

---

[336] "Uma antiga estátua de Vênus, por exemplo, estava inscrita numa certa tradição entre os gregos, que faziam dela um objeto de culto, e em outra tradição na Idade Média, quando os doutores da Igreja viam nela um ídolo malfazejo. O que era comum às duas tradições, contudo, era a unicidade da obra ou, em outras palavras, sua aura" (Benjamin, A obra de arte na era de sua reprodutibilidade técnica, *in Magia e técnica, arte e política: ensaios de literatura e história da cultura*, Obras Escolhidas, Volume 1, 7.ed., 1996, p. 171).

[337] A postura crítica de John Dewey a este tipo de processo, leva-o a este tipo de consideração: "Seria possível escrever uma história instrutiva da arte moderna em termos da formação dessas instituições nitidamente modernas que são o museu e a galeria de exposições" (Dewey, *Arte como Experiência*, 2010, ps. 66-67).

[338] Os símbolos da modernidade deste período são dados pelo aço e pelo vidro: "Vê-se ali – com os dois materiais principais que simbolizam o triunfo do progresso técnico e industrial, o ferro e o vidro – a ilustração dos próprios sonhos estéticos que, com outros materiais, na forma de rendilhados de pedra inspiraram os construtores de cúpulas da Itália barroca, o Guarani de San Lorenzo ou o Borromini de Saint-Charles-des-quatre-Fontaines" (Lipovetsky, Serroy, *O capitalismo estético na era da globalização*, 2014, ps. 158 e 159).

[339] A leitura do contexto é dada por Gilles Lipovestky: "A publicidade, na fase I do capitalismo, impõe-se como uma nova forma estética da paisagem urbana, um espetáculo de choque, um dos elementos de decoração e de animação da cidade moderna" (Lipovetsky, Serroy, *O capitalismo estético na era da globalização*, 2014, p. 251).

[340] Sobre a crítica contemporânea ao cinema norte-americano: "Nesse aspecto, a crítica feita ao cinema americano, que o vê como alienante e difusor de valores que são disseminados, intrusivamente, para outras culturas, termina por ser injusta, uma vez que propagandear grandes feitos nacionais é uma constante na histórica cultural e política da humanidade. Acontece – e este é o problema – que, desde o final da última Grande Guerra, os Estados Unidos emergem como a maior superpotência do planeta, configurando-se como uma nação militarmente agressiva, mas detentora de uma cultura com forte poder de atração,

pendular em favor do *valor de exposição* em detrimento do *valor de culto* da obra de arte, a isto se podendo agregar a dimensão do *valor econômico* no mercado da arte.[341]

Essa percepção é importante, pois situa a *obra de arte* na história e no tempo. Assim, será diante das pressões da economia de mercado, que a modernidade haverá de trazer consigo avanços no plano da técnica e da massificação da cultura, o que, no início do século XX, permitirá a aparição do fenômeno da *indústria cultural,* que impactou decisivamente, e em várias dimensões, a *realidade* e o *significado das obras de arte.*[342] Essa percepção, decorrente das diversas análises *Frankfurter Schülle* – que irá representar este movimento teórico de contra-modernidade, na visão de Jacques Rancière –[343] empreendidas por Theodor Adorno, Herbert Marcuse, Max Horkheimer e Walter Benjamin, fará notar que a *esfera dos objetos culturais* foi afetada pela *tecnificação,*[344] pela *dessublimação*[345] e pela

---

arregimentando, assim, ódios contra si. Em muitos casos justos". (Barros, A Civilização chutou as portas do Saloon: Mito, Política e Direito em "O Homem que matou o facínora", in *AntiManual de Direito & Arte* (Franca Filho, Marcílio; Leite, Geilson Salomão; Pamplona Filho, Rodolfo, coords.), 2016, p. 209).

[341] "À medida que as obras de arte se emancipam do seu uso ritual, aumentam as ocasiões para que elas sejam expostas" (Benjamin, A obra de arte na era de sua reprodutibilidade técnica, *in Magia e técnica, arte e política: ensaios de literatura e história da cultura,* Obras Escolhidas, Volume 1, 7.ed., 1996, p. 173).

[342] "A Revolução Industrial, como não podia deixar de ser, abateu-se também sobre a arte e a arquitetura; do impacto, nasceram a arte e a arquitetura chamadas 'modernas', com seu chuveiro de *ismos* e movimentos diversos, uns propondo uma metaarte (neoplasticismo, desenho industrial), outros uma antiarte (Dada, Duchamp), até atingirmos a descaracterização da arte atual (depois das artes *pop,* conceitual, pobre, mínima, etc.) e a chamada arquitetura 'pós-moderna', de Charles Jencks, quando o crítico Peter Blake julga que já é hora de parodiar Louis Sullivan e seu famoso *a forma segue a função,* ao declarar que a *forma segue o fiasco*" (Pignatari, *Semiótica da arte e da arquitetura,* 1995, p. 08).

[343] "O surrealismo e a Escola de Frankfurt foram os principais vetores dessa contramodernidade" (Rancière, *A partilha do sensível:* estética e política, 2009, p. 40).

[344] "A exponibilidade de uma obra de arte cresceu em tal escala, com os vários métodos de sua reprodutibilidade técnica, que a mudança de ênfase de um pólo para outro corresponde a uma mudança qualitativa comparável à que ocorreu na pré-história" (Benjamin, A obra de arte na era de sua reprodutibilidade técnica, *in Magia e técnica, arte e política: ensaios de literatura e história da cultura,* Obras Escolhidas, Volume 1, 7.ed., 1996, p. 173).

[345] É Gilles Lipovetsky quem chama a atenção para a dessublimação em Herbert Marcuse: "Com a multiplicação da oferta musical e com sua democratização, desenvolveu-se uma

objetualização que se consagraram no mundo da mercadoria, e que, agora, será responsável também por converter a *obra de arte* em *mercadoria*, ao sabor da dimensão de gosto como exercício do ato de consumo, um consumo que inclusive passa a ser exercido como forma de distinção de classes.[346]

Exatamente por isso, a *mercadurização* da cultura e da arte torna possível que o lugar do *pensar* seja abolido, substituído pelo *divertir-se*.[347] Assim é que a *razão sensível* perde sua força de *reflexão*, para diluir-se na dimensão do *lazer* e da *distração* descompromissada, desvinculada e separada. A arte, agora qualificada como forma de *diversão*, de *distração*, de *divertimento*, é o que torna possível sua imensa *expansão*, para atingir as massas,[348] e, ao mesmo tempo, sua imensa *insignificância*.[349] Em especial, em *A indústria cultural*, Adorno e Horkheimer irão afirmar que a diversão aparece como forma de expressão do próprio mecanismo de alienação no

experiência de tipo distraído, ligeiro, indiferente: a música gravada tende a provocar o que Walter Benjamin chama 'a recepção na distração', no divertimento e na audição flutuante. Como no cinema, a experiência de aura da autenticidade dá lugar a um novo regime de experiência estética destradicionalizada, móvel e passageira, na linha do consumo comum. Mais tarde, Marcuse falará de '*dessublimação*' das obras de arte" (Lipovetsky, Serroy, *O capitalismo estético na era da globalização*, 2014, p. 244 e 245).

[346] "A indústria cultural pretende hipocritamente acomodar-se aos consumidores e subministrar-lhes o que desejam. Mas enquanto diligentemente evita toda a ideia relativa à sua autonomia e proclama juízes as suas vítimas, a sua dissimulada soberania ultrapassa todos os excessos da arte autónoma. A indústria cultural não se adapta tanto às reações dos clientes quanto os inventa. Exercita-se neles, comportando-se como se ela própria fosse um cliente" (Adorno, *Minima moralia*, II Parte, 129, *Serviço ao cliente*, 2001, p. 207).

[347] "Divertir-se significa que não devemos pensar, que devemos esquecer a dor, mesmo onde ela se mostra. Na base do divertimento planta-se a impotência. É, de fato, fuga, mas não, como pretende, fuga da realidade perversa, mas sim do último grão de resistência que a realidade ainda pode haver deixado. A libertação prometida pelo entretenimento é a do pensamento como negação" (Adorno, Horkheimer, A indústria cultural: o iluminismo como mistificação das massas, in *Indústria cultural e sociedade*, 2006, p. 41).

[348] "Os juízos estéticos não são desinteressados, como queria Kant, e cada vez mais a arte atende a interesses múltiplos, desde espetacularização, diversão, autocelebração e busca desenfreada de lucro" (Hermann, *Ética e estética*, 2005, p. 39).

[349] "Não obstante, a indústria cultural permanece a indústria do divertimento. O seu poder sobre os consumidores é mediado pela diversão que, afinal, é eliminada não por um mero *diktat*, mas sim pela hostilidade, inerente ao próprio princípio do divertimento, diante de tudo que poderia ser mais do que divertimento" (Adorno, Horkheimer, A indústria cultural: o iluminismo como mistificação das massas, in *Indústria cultural e sociedade*, 2006, p. 30).

SOCIEDADE, DIREITO E ARTE

trabalho,[350] na medida em que a experiência do *sem-sentido* do mundo do trabalho agora atinge a necessidade da constituição do campo do lazer como lugar da obrigação do desfrute existencial, que opera na mesma *lógica do excesso*, do *descartável*, dos *fins de sucesso* e da *utilidade*, imperativos que advêm do mundo do trabalho.[351]

Por isso, a *beleza*, a *estética* e as *artes* – enquanto experiências da liberdade – entram em paradoxo, na medida em que a *reificação* contradiz e lhes nega este *lugar emancipador.*[352] Assim é que o *belo-reificado* é *pseudo--arte*, pois se revela como *belo-encarcerado* na *técnica da reprodução* mais do que no *olhar criativo*,[353] envolvido pela roupa da mercadoria e, por isso, reduzido de sentido, pois agora não é mais "obra única", "criação espontânea", "erupção criativa", "belo singular e raro", mas sim "repetição", "mesmidade", "objeto reproduzido", "mímese serial" com relação ao seu original. No ensaio de 1934/35, *A obra de arte na era de sua reprodutibilidade técnica*, Walter Benjamin identifica este movimento de transformação da obra de arte, onde a *originalidade* se perde, em favor da *reprodutibilidade.*[354]

---

[350] "A diversão é o prolongamento do trabalho sob o capitalismo tardio. Ela é procurada pelos que querem se subtrair aos processos de trabalho mecanizado, para que estejam de novo em condições de enfrentá-lo" (Adorno, Horkheimer, A indústria cultural: o iluminismo como mistificação das massas, in *Indústria cultural e sociedade*, 2006, p. 30-31).

[351] "O útil que os homens se prometem na sociedade de conflito, por meio da obra de arte, é exatamente, em larga medida, a existência do inútil: que, entretanto, é liquidado no ato de ser subjugado por inteiro ao princípio da utilidade. Adequando-se por completo a necessidade, a obra de arte priva por antecipação os homens daquilo que ela deveria procurar: liberá-los do princípio da utilidade" (Adorno, Horkheimer, A indústria cultural: o iluminismo como mistificação das massas, in *Indústria cultural e sociedade*, 2006, p. 61).

[352] A constatação é de Gilles Lipovetsky: "A idade moderna organiza-se na oposição radical entre arte e comercial, cultura e indústria, arte e divertimento, puro e impuro, autêntico e *kitsch*, arte de elite e cultura de massas, vanguardas e instituições" (Lipovetsky, Serroy, *O capitalismo estético na era da globalização*, 2014, p. 25).

[353] "A indústria cultural se desenvolveu com a primazia dos efeitos, da performance tangível, do particular técnico sobre a obra, que outrora trazia a idéia e com essa foi liquidada" (Adorno, Horkheimer, *A indústria cultural:* o iluminismo como mistificação das massas, in *Indústria cultural e sociedade*, 2006, p. 14).

[354] "A arte contemporânea será tanto mais eficaz quanto mais se orientar em função da reprodutibilidade e, portanto, quanto menos colocar em seu centro a obra original" (Walter Benjamin, A obra de arte na era de sua reprodutibilidade técnica, *in Magia e técnica, arte e política: ensaios de literatura e história da cultura*, Obras Escolhidas, Volume 1, 7.ed., 1996, p. 180).

SEMIÓTICA, DIREITO & ARTE

Então, aquilo que ainda havia na constituição da obra de *arte* de distinto de tudo o que acompanha o processo de modernização, acaba por se perder em definitivo, a saber, a *'aura'*. Toda obra de arte, enquanto obra original, estava encoberta por uma 'aura', fruto da originalidade, da criatividade, da personalidade, da historicidade, que faziam com que sua linguagem se confundisse com algo da dimensão do incompreensível, do inconsciente, do onírico, do mágico, do mítico, do único. Aliás, para alguns autores, o próprio conceito de *arte* implica o conceito de *magia*.[355] E isso porque a arte flerta com o mistério, na medida em que elabora a *experiência*. Da dimensão da existência única e singular, histórica e inconfundível, a obra ao entrar em circulação no mercado das coisas assume uma nova vida, qual seja, sua existência *serial, repetida, copiada, fabricada, industrializada, empacotada*. Este trecho de *A obra de arte na era de sua reprodutibilidade técnica*, de Walter Benjamin, é elucidativo a respeito: "O conceito de aura permite resumir essas características: o que se atrofia na era da reprodutibilidade técnica da obra de arte é sua aura. Esse processo é sintomático, e sua significação vai muito além da esfera da arte. Generalizando, podemos dizer que a técnica da reprodução destaca do domínio da tradição o objeto reproduzido. Na medida em que ela multiplica a reprodução, substitui a existência única da obra por uma existência serial".[356] No entanto, a advertência de Walter Benjamin deve ser bem grafada, para significar que isto atinge não somente a obra de *arte*, mas a própria forma de vida, no mundo moderno, no qual tudo perde a sua *aura perceptiva* própria da *atitude de contemplação* e *respeito com as coisas do mundo*.[357]

---

[355] "Esta diferenciação afigura-se-nos capital, e isto pela razão seguinte: – o *Desconhecido* é o campo próprio da Ciência; o *Mistério* é o campo próprio da Arte, da Religião e da Metafísica" (Salazar, *Que é arte?*, 1961, p. 192).

[356] Benjamin, A obra de arte na era de sua reprodutibilidade técnica, *in Magia e técnica, arte e política: ensaios de literatura e história da cultura*, Obras Escolhidas, Volume 1, 7.ed., 1996, p. 168.

[357] Este trecho é elucidativo de como a atitude contemplativa diante da realidade tem a ver com a dimensão de compreensão da aura das coisas: "Em suma, o que é a aura? É uma figura singular, composto de elementos espaciais e temporais: a aparição única de uma coisa distante, por mais próxima que ela esteja. Observar em repouso numa tarde de verão, uma cadeia de montanhas no horizonte, ou um galho, que projeta sua sombra sobre nós, até que o instante ou a hora participem de sua manifestação, significa respirar a aura dessa montanha, desse galho" (Benjamin, Pequena história da fotografia, *in Magia e técnica, arte e política: ensaios de literatura e história da cultura*, Obras Escolhidas, Volume 1, 7.ed., 1996, p. 101).

SOCIEDADE, DIREITO E ARTE

O empobrecimento do sentido da experiência,[358] a redução de toda experiência a processos repetitivos, o enfraquecimento da reflexão, o desestímulo ao aguçamento da percepção, o estímulo à posse da *arte-objeto*, a disseminação do fetiche das coisas, a diminuição da singularidade das coisas, e o efeito de distração conferido a tudo, são traços característicos da *cultura reificada* predominante, derivada da extração moderna da *aura* das coisas.[359] Do *'belo-original'* ao *'belo-padrão'*, segue-se larga distância, e a análise da *Frankfurter Schüle* toma esta questão como ponto-base para a reflexão sobre a forma de socialização no mundo moderno. Nesta medida é que o campo da publicidade é farto de exemplos, na medida em que a *imagem publicitária* é responsável por criar a *imagem-padrão*, esta que gera *ilusões* e *exclusões*, na medida em que cria a *regra-padrão* do 'belo', 'estandardizado' e 'imposto pela repetição', como 'belo obrigatório', como 'belo regulado' pelo mercado, que acaba se convertendo em 'belo-injusto'. Igualmente, no tocante ao poder da *imagem-televisiva* e os seus estereótipos de gênero.[360]

Nada mais claro para identificar, na era do hedonismo individualista,[361] como a fixação de um *'padrão-de-beleza-midiático'* agride as fronteiras móveis

---

[358] "O gosto pelo fazer, a ânsia de ação, deixa muitas pessoas, sobretudo no meio humano apressado e impaciente em que vivemos, com experiências de uma pobreza quase inacreditável, todas superficiais. Nenhuma experiência isolada tem a oportunidade de se concluir, porque o indivíduo entra em outra coisa com muita precipitação. O que é chamado de experiência fica tão disperso e misturado que mal chega a merecer esse nome" (Dewey, *Arte como Experiência*, 2010, p. 123).

[359] Walter Benjamin afirma: "Retirar o objeto de seu invólucro, destruir sua aura, é a característica de uma forma de percepção cuja capacidade de captar 'o semelhante no mundo' é tão aguda, que graças à reprodução ela consegue captá-lo até no fenômeno único" (Benjamin, A obra de arte na era de sua reprodutibilidade técnica, *in Magia e técnica, arte e política: ensaios de literatura e história da cultura*, Obras Escolhidas, Volume 1, 7.ed., 1996, p. 170).

[360] No estudo elaborado por Mônica Sette Lopes e Ariane Marques Alves: "De objetos sem voz. São programas de auditório, comerciais de cerveja, novelas, programas de humor, e em todos vislumbra-se a violência de gênero, seja por meio da exploração da nudez (a mulher vista como mercadoria), do discurso da futilidade, da noção de tutela da mulher pela figura masculina, da banalização do estupro e outras formas de perpetuação dos papeis de gênero e violência à mulher" (Lopes, Marques, *O Direito na Televisão: Construção e Perpetuação de Estereótipos Femininos no Programa "Casos de Família"*, in *AntiManual de Direito & Arte* (Franca Filho, Marcílio; Leite, Geilson Salomão; Pamplona Filho, Rodolfo, coords.), 2016, p. 250).

[361] A respeito da ditadura da beleza: "Será, portanto, o sinal do declínio das normas estéticas coletivas e da tradicional 'ditadura' da beleza? Estamos longe disso. Na verdade,

SEMIÓTICA, DIREITO & ARTE

da estética, na medida em que gera exclusões, e apaga a diversidade;[362] a fixação de uma *ditadura da beleza*, no mundo contemporâneo, induz massas de indivíduos à alteração corporal, e ao recurso à cirurgia estética, à auto-agressão consentida e industrialmente guiada, como forma de se adequar a *forma-do-corpo* à estandardização do *padrão-de-corpo-belo* da *indústria da beleza*.[363] A consequência não é outra senão a da *reificação do olhar*. Por isso, o filósofo norte-coreano Byung-Chul Han, em *A salvação do belo*, a este respeito afirma:

> "A sexualização do corpo não segue univocamente a lógica da emancipação, uma vez que acompanha uma comercialização do corpo. A indústria da beleza explora o corpo sexualizando-o e tornando-o consumível".[364]

Ademais, para além da *perda da aura*, e da *reificação do olhar*, pode-se verificar que a sociedade moderna vem produzindo a *saturação dos sentidos* pelo lixo tóxico que afeta estados de alma, produzindo no *frenesi* hipostasiado dos novos fluxos de informação, também, a *hiperinformação*

quanto mais se reivindica a autonomia dos indivíduos, mais se intensificam as servidões da aparência corporal, as 'tiranias' da beleza em qualquer idade, a exigência de conformidade com o modelo social do corpo jovem, esbelto e firme. Quanto mais as exigências hedonistas são legítimas, mais se afirma o mesmo ideal de beleza e mais os indivíduos procuram intervenções tecnológicas e performativas em matéria de aparência" (Lipovetsky, Serroy, *O capitalismo estético na era da globalização*, 2014, p. 405).

[362] Na análise sociológica de Gilles Lipovetsky: "Tudo leva a pensar que a pressão dos estereótipos e a norma de uma beleza ideal não desaparecerão, mesmo se nas sondagens da vida quotidiana as mulheres critiquem as imagens inacessíveis de beleza. Não se conhece sociedade sem modelo ideal de beleza, sem valorização e desejo do belo" (Lipovetsky, Serroy, *O capitalismo estético na era da globalização*, 2014, p. 409). E, no mesmo sentido, com Byung-Chul Han: "Nesta perspectiva, a tarefa da arte consiste na *salvação do outro*. A *salvação do belo é a salvação do diferente*" (Han, *A salvação do belo*, 2015, p. 84).

[363] Os padrões de beleza são construções históricas e sociais, e, acima de tudo, estão condicionados por exigências da indústria da beleza. "Existe, enfim, uma razão técnica e científica inegável para a atual banalização das cirurgias plásticas: houve um imenso progresso nessa área, principalmente na segunda metade do século XX" (Sant'Anna, *História da beleza no Brasil*, 2014, p. 167). Ainda: "Se cada época cria ideais de beleza que expressam seus mais profundos receios e desejos..." (Sant'Anna, *História da beleza no Brasil*, 2014, p. 178). Também, na visão de Byung-Chul Han: "A calocracia neoliberal gera imperativos. O botox, a bulimia e as cirurgias estéticas refletem o seu terror" (Han, *A salvação do belo*, 2015, p. 61).

[364] Han, *A salvação do belo*, 2015, p. 61.

que leva à *desinformação*, gerando com isso a *anestesia da sensibilidade*, da *compreensão* e da *reflexão*. E isso porque a sociedade moderna é uma sociedade do ruído, da poluição, da sucata e do excesso. Numa sociedade da poluição sonora, da poluição visual e da poluição informacional torna-se tumultuada a possibilidade do conhecimento sonoro, do conhecimento visual, do conhecimento informativo, pois a depuração seletiva e cuidadosa é necessária.

Mas, como afirmam Adorno e Horkheimer, em *A indústria cultural*, a cultura contemporânea, enquanto permanece associada ao excesso de apelos visuais, de apelos sonoros, de apelos sensoriais, de apelos informativos apenas *turba* a possibilidade da *consciência* fixar qualquer coisa, pois tudo se torna indiferente diante da *massa homogeneizada* dos múltiplos apelos,[365] para a qual vale a regra de que a *quantidade* substitui a *qualidade*.[366] Para *refletir* é necessário, em verdade, silenciar o excesso de ruídos exteriores para entregar-se, por exemplo, à experiência de 'ouvir a música interior', a saber, a 'sinfonia' que rege a singularidade da personalidade no interior de cada um.

Assim é que a *perda da aura*, a *reificação do olhar*, e a *saturação dos sentidos* se estabelecem onde se encontra dado o império da *razão instrumental* sobre a *razão sensível*, e nisto o desequilíbrio pelo interesse nas coisas em detrimento das pessoas se converte em puro *vazio existencial* e *co-existencial*. A doença do indivíduo moderno se conecta às patologias da sociedade moderna, desviada de seus propósitos. Quando toda arte foi convertida em mero *entretenimento*,[367] e o consumidor cultural se vê perplexo diante

---

[365] "A cultura contemporânea a tudo confere um ar de semelhança. Filmes, rádio e semanários constituem um sistema. Cada setor se harmoniza em si e todos entre si" (Adorno, Horkheimer, A indústria cultural: o iluminismo como mistificação das massas, in *Indústria cultural e sociedade*, 2006, p. 07).

[366] "A massa é a matriz da qual emana, no momento atual, toda uma atitude nova com relação à obra de arte. A quantidade converteu-se em qualidade" (Walter Benjamin, A obra de arte na era de sua reprodutibilidade técnica, *in Magia e técnica, arte e política: ensaios de literatura e história da cultura*, Obras Escolhidas, Volume 1, 7.ed., 1996, p. 192).

[367] Na definição apresentada por Eugênio Bucci, cara aos estudos da comunicação, onde 'entretenimento' se apresenta como 'passa-tempo', destaca-se o fato de encontrar-se refugiada nesta questão o legado histórico e econômico de uma nova estrutura do século XX, com inúmeras consequências: "De modo geral, o termo 'entretenimento' se aplica ao passa-tempo que ocupa as horas vagas, o tempo do lazer, o intervalo entre duas atividades ditas sérias, como o trabalho, o estudo, as práticas religiosas. O entretenimento acontece

SEMIÓTICA, DIREITO & ARTE

da *anestesia*, da *sedação* e da *paralisia* dos sentidos,[368] além do esgotamento da *razão sensível*,[369] deve-se caminhar em direção ao deslocamento provocado pela *reflexão estética*, pois este caminho é o do *auto-encontro* e do *encontro-do-outro*.[370]

Nestes limites, a sociedade moderna é aquela cujos traços marcantes, especialmente no campo da *experiência sensível*, irá conduzir a três efeitos centrais: a.) o *despreparo* para digerir a experiência sensível; b.) a *sobrecarga* da experiência sensível, impossibilitando a reflexão e/ou decodificação consciente de mensagens; c.) freneticamente tomada por uma *práxis* repetitiva e anti-libidinal, *atormentada* e hiper-excitada, é exatamente por isso incapaz de produzir eventos significativos para a dimensão do espírito além do mero labor.[371] A *reificação do olhar* é uma conseqüência lógica, e quase orgânica, deste processo social.

naquele período dito 'livre'. No entanto, desde a segunda metade do século XX, a palavra deixou de designar apenas o que o sujeito faz – ou não – nas horas vagas; virou o nome de uma indústria específica e poderosa. É um negócio global. Assim como a própria palavra 'indústria'- que antes nomeava apenas uma habilidade humana – mudou inteiramente de sentido com a Revolução Industrial, a palavra 'entretenimento'ganhou novo significado com os chamados meios de comunicação de massa" (Bucci, *O Estado de narciso*: a comunicação pública a serviço da vaidade particular, 2015, p. 118).

[368] "A atrofia da imaginação e da espontaneidade do consumidor cultural de hoje não tem necessidade de ser explicada em termos psicológicos. Os próprios produtos, desde o mais típico, o filme sonoro, paralisam aquelas capacidades pela sua própria constituição objetiva" (Adorno, Horkheimer, A indústria cultural: o iluminismo como mistificação das massas, in *Indústria cultural e sociedade*, 2006, p. 16).

[369] Seguindo a concepção aproximativa entre *racionalidade* e *sensibilidade* que decorrem de *A dimensão estética* de Herbert Marcuse: "A lógica interna da obra de arte termina na emergência de outra razão, outra sensibilidade, que desafiam a racionalidade e a sensibilidade incorporadas nas instituições dominantes" (Marcuse, *A dimensão estética*, 2007, p. 17).

[370] "A experiência estética abre a porta para uma compreensão radical da realidade e do ser humano. Uma obra de arte com a qual se possa relacionar de maneira a iluminar a concepção de mundo é uma via privilegiada de acesso também a si mesmo, um convite instigante para se repensar a própria conduta, para se reavaliar a hierarquia de valores, uma provocação para se questionar possíveis conivências pessoais com a mediocridade, com a falta de criatividade que se nota em comportamentos intolerantes, autoritários, rígidos, pragmáticos, egocêntricos, materialistas, niilistas, reducionista etc." (Perissé, *Filosófia, ética e literatura*: uma proposta pedagógica, 2004, ps. 75-76).

[371] Na advertência de Gabriel Perissé, o olhar estético exige a *contra-atitude* frente à *atitude* típica da vida moderna, urbana e frenética: "A obra de arte não é um objeto do qual se possa dispor ao bel-prazer. O primeiro apelo que uma obra artística faz é na linha do desinteresse

SOCIEDADE, DIREITO E ARTE

Por isso, as *patologias do tempo* nos colocam diante da necessidade de *repensar, retomar* e *reconsiderar* aspectos fundamentais da sociedade moderna e do 'projeto da modernidade', para ter presente a importância de algumas categorias e de certos aspectos do *Aufklärung*. Isso significa, do ponto de vista político, o aprofundamento de valores republicanos, do diálogo, da participação social, da democracia deliberativa. Isso significa, em outra dimensão, e em outra escala, a retomada do papel histórico que as artes, as humanidades,[372] as expressões do conhecimento investigativo e das ciências possuem para o fortalecimento do espírito humano na capacidade de auto-superação de suas mazelas e ciclos históricos de definhamento civilizatório.

A estratégia, portanto, de localizar o processo de afirmação da retomada do espírito do *Aufklärung*, através do campo das artes, é agora a força de *contra-marcha* ao processo de fracasso dos tempos presentes, de suas angústias, tormentas e desassossegos. Essa retomada guarda o mesmo sentido de trazer para fora aquilo que foi eclipsado pela *razão instrumental* ao longo da história da modernidade, e, que, para Jürgen Habermas, significou a retomada da esfera pública (*Öffentlichkeit*),[373] e, aqui, se procede de forma a destrinchar a *efervescência cultural e artística* dos albores da modernidade. É nesta medida que a parada para a *reflexão crítica e distanciada*, enquanto exercício filosófico, nestas condições de socialização, deve nos provocar a distanciarmo-nos do simples processo de 'embotamento' e de 'embrutecimento',[374] que está a meio-caminho do uso da força e

---

estético. Ela pede o desapegamento às preocupações e ansiedades cotidianas. Para entrar em diálogo com a obra de arte, precisa-se 'entrar no jogo', livrar-se da correria sem destino, da ânsia descontrolada de tudo controlar, adiar os mil e um interesses inadiáveis, distanciar-se daquilo que não nos aproxima das realidades significatvas" (Perissé, *Filosófia, ética e literatura*: uma proposta pedagógica, 2004, p. 82).

[372] A respeito, consulte-se Ribeiro (org.), *Humanidades*, 2001.

[373] A respeito, Habermas, *Mudança estrutural da esfera pública*: investigações quanto a uma categoria da sociedade burguesa, 1984.

[374] Uma clara expressão dessa preocupação vem apresentada em *Beethoven e o direito: provocações estéticas e epistemológicas para uma sinfonia jurídica*, Sérgio Aquino afirma: "Enquanto escrevo essas palavras, estou ouvindo a nona sinfonia de Beethoven, na sua parte final – o quarto movimento. (...). Não deixemos que a alma humana ensurdeça e deixe de apreciar a única possibilidade que a ergue e permite chegar à morada humana promovida pela Razão e as Sensações" (Aquino, *O direito em busca de sua humanidade*: diálogos errantes, 2014, p. 90).

SEMIÓTICA, DIREITO & ARTE

das manifestações das formas de opressão do outro, para nos aproximar-mos do processo de *sutilização do espírito, esclarecimento intelectual, cultural e moral*, bem como do *refinamento dos sentidos*, na medida em que se vê na porta aberta pela *obra de arte* um importante lugar de escape para a *sensibilização*, para a *contemplação* e para a *reflexão*.[375]

E isso pode ser feito pelo caminho das artes, na medida em que a realidade instalada por uma *obra de arte* é diferente e superior à realidade das demais coisas, e inicia uma 'nova história', a *história imagética* da relação do homem com a *dimensão estética*.[376] Assim é que a *Teoria Estética*, neste momento, abre campo para o desenvolvimento da capacidade de leitura das múltiplas 'camadas da realidade', encontrando-se nos variados repertórios das linguagens das obras artísticas 'campos imaginários', 'formas de expressão e compreensão', 'representações', 'horizontes criativos', para com isso, poder-se enfrentar o *princípio de realidade*[377] – este que esgota as energias utópicas e os espaços de criatividade sócio-estética – a partir da liberdade das linguagens da obra de arte, capaz de realizar por suas vias o *princípio de prazer*.[378] É nela que jaz um dos faixos de luz e *sobre-vida* a toda possibilidade de *vida* que *protesta*, ante a *falta de vida*, de *liberdade*, de *alteridade*, de *crítica*, de *autonomia*, de *dignidade*.

---

[375] "Afirma-se que as massas procuram na obra de arte distração, enquanto o conhecedor a aborda com recolhimento. Para as massas, a obra de arte seria objeto de diversão, e para o conhecedor, objeto de devoção" (Benjamin, A obra de arte na era de sua reprodutibilidade técnica, *in Magia e técnica, arte e política: ensaios de literatura e história da cultura*, Obras Escolhidas, Volume 1, 7.ed., 1996, p. 192).

[376] "No entanto, o mundo de uma obra de arte é 'irreal', no sentido vulgar da palavra: é uma realidade fictícia. Mas é irreal não porque seja inferior em relação à realidade existente, mas porque lhe é superior e qualitativamente 'diferente' " (Marcuse, *A dimensão estética*, 2007, p. 53).

[377] "Primeiro que tudo na qualidade erótica do Belo, que persiste ao longo de todas as mudanças no 'juízo de gosto'. Como pertencente ao domínio do Eros, o Belo representa o princípio do prazer. Assim, revolta-se contra o predominante princípio de realidade" (Marcuse, *A dimensão estética*, 2007, p. 59).

[378] "A arte empenha-se na percepção do mundo que aliena os indivíduos da sua existência e actuação funcionais na sociedade – está comprometida numa emancipação da sensibilidade, da imaginação e da razão em todas as esferas da subjectividade e da objectividade" (Marcuse, *A dimensão estética*, 2007, p. 19).

3.3. A sociedade moderna, o capitalismo estético e a homogeneização da arte

A sociedade moderna, enquanto sociedade da mercadoria, é produtora de *homogeneização estética*. Isto estará ainda mais claro, quando a arte se converter num instrumento importante de *qualificação* das mercadorias do início do século XXI, na era do capitalismo estético. A *universalização de padrões*, a *repetição do mesmo*, bem como a *projeção do local como global* são responsáveis por um processo de *identificação de tudo, no mesmo*. No início do século XX, a *Teoria Crítica* foi capaz de descrever este processo e de criticar esta capacidade do capitalismo de *reprodução* do mesmo. Não por outro motivo, encontravam-se nos muros (*les murs*) da cidade de Paris, durante maio de 1968, as mensagens e os protestos dos jovens. Ali se podia ler:

"La culture est l'inversion de la vie".[379]

Atualmente, no início do século XXI, a sociologia francesa de Gilles Lipovestky tem tido o mesmo importante papel de analisar a ascensão – na sequência dos estudos sobre a *era do vazio*[380] e sobre o *hiper-moderno* – [381] do *capitalismo estético na era do hiperconsumo*.[382] Daí, a percepção de que a *arte* (livre, autônoma, significativa e plural) desaparece em tempos em que, paradoxalmente, a arte recebe um tratamento generalizado e extensivo, aliás, sem precedentes históricos, tornando-se: a *arte-para-o--mercado*. Neste ponto, Gilles Lipovetsky afirma:

---

[379] Cf. Lauthère-Vigneau, *Maio 68*, 2008, p. 174.

[380] Lipovetsky, *L'ère du vide*: essais sur l'individualisme contemporain, 2003.

[381] Lipovetsky, *Os tempos hipermodernos*, 2004.

[382] "O capitalismo aparece, assim, como um sistema incompatível com uma vida estética digna deste nome, com a harmonia, com a beleza, com uma vida boa. A economia liberal arruína os elementos poéticos da vida social; ela traça, em todo o planeta, as mesmas paisagens urbanas frias, monótonas e sem alma, instala por todo o lado as mesmas explorações comerciais, homogeneizando os modelos dos centros comerciais, os loteamentos, as cadeias hoteleiras, as redes de autoestradas, os bairros residenciais, as áreas balneares, os aeroportos: de leste a oeste, de norte a sul, temos a sensação de que tudo é igual em todo o lado" (Lipovetsky, Serroy, *O capitalismo estético na era da globalização*, 2014, p. 14).

"Depois da arte-para-os-deuses, da arte-para-os-príncipes, e da arte-pela-arte, estamos agora na arte-para-o-mercado que triunfa".[383]

É no 'destempo' da experiência acelerada do quotidiano na vida contemporânea que a genuína experiência desaparece; enquanto o tempo se torna fugaz, a experiência genuína e o sentido que ela carrega derretem. Então, a arte é deslocada do cotidiano, e situada 'fora da experiência'. Seu retorno contemporâneo, associado às mercadorias, apenas 'embota' os sentidos, 'desnorteia' a mente, 'exaure' a experiência e 'banaliza' o fazer artístico, querendo-se com isso apontar para o 'retorno' da arte, quando a 'liberdade' continua sendo algo estranho à experiência cotidiana, por estarem dissociadas 'experiência' e 'tempo'. Aqui, o movimento acelerado de produção de mercado é capitaneado pelo *design*, pela *moda*, pela *publicidade*, pela *decoração*, pela indústria cultural do *cinema*, do *entretenimento* e da *música*, de forma que o caráter serial dos produtos invade de forma contínua a vida das pessoas, gerando uma exaustão na exploração de seus sentidos.[384]

A *sociedade do hiperconsumo* procura associar a *força simbólica*, a *sedução*, o *estilo*, o *padrão* a todos os tipos de objetos, constituindo-os num outro nível, com relação ao capitalismo industrial do século XIX, ou ainda, do início do século XX; agora, vale para os produtos a mesma lógica segundo a qual, a *forma* se impõe ao *conteúdo*, bem como o *valor estético* – pelo valor indicial social de riqueza econômica, padrão de classe social, distinção social e/ou de identidade social –[385] se impõe ao *valor de uso*, ou mesmo ao *valor de troca*.[386] É certo que em todo momento histórico, a *arte*

---

[383] Lipovetsky, Serroy, *O capitalismo estético na era da globalização*, 2014, p. 32.

[384] "O estilo, a beleza, a mobilização dos gostos e das sensibilidades impõem-se cada vez mais como imperativos estratégicos das marcas: é um modo de produção estética que define o capitalismo do hiperconsumo. Nas indústrias do consumo, o *design*, a moda, a publicidade, a decoração, o cinema, o *show business* criam em massa produtos plenos de sedução, veiculam afetos e sensibilidade, construindo um universo estético prolífico e heterogéneo pelo ecletismo dos estilos que se desenvolvem" (Lipovetsky, Serroy, *O capitalismo estético na era da globalização*, 2014, p. 16).

[385] "O consumo de componente estética ganhou um tal relevo que constitui um vetor importante de afirmação identitária dos indivíduos" (Lipovetsky, Serroy, *O capitalismo estético na era da globalização*, 2014, p. 35).

[386] "É o que nós chamamos o *capitalismo artístico* ou *criativo transestético*, que se caracteriza pelo peso crescente dos mercados da sensibilidade e do *design process*, por um trabalho

SOCIEDADE, DIREITO E ARTE

participou de alguma forma do *modelo de sociedade*, mas no *capitalismo esté-tico da era do hiperconsumo*, a associação entre mercadoria e arte se torna ainda mais explícita, imbricada e profunda.[387] Não é à toa que – como aponta Jean Baudrillard – a obra de arte é reduzida a seu *valor de troca*, no mercado da arte.[388] Não por outros caminhos, o filósofo sul-coreano, radicado na Alemanha, Byung-Chul Han, em *A salvação do belo*, vai afir-mar algo muito parecido, no sentido de conferir tratamento ao tema da arte nos dias de hoje.[389] Este estágio de desenvolvimento do capitalismo – um quarto estágio – corresponde a um período de extremo *individua-lismo, consumismo, estetismo* e *hedonismo*.[390]

Nesta fase, a *arte* não é abandonada, não é escanteada, não é despre-zada, mas, pelo contrário, ascende ao nível de '*hiperarte*', e se esparrama por todos os lados, invadindo todos os espaços e se miscigenando com todos os objetos, não importa a dimensão e a natureza.[391] O artista, antes considerado um marginal, um excêntrico, um estranho, um *dandy*, um não-integrado, ou ainda, um deslocado dos processos de modernização,

---

sistemático de estilização dos bens e dos lugares comerciais, de integração generalizada da arte, do *look* e do afeto no universo consumista" (Lipovetsky, Serroy, *O capitalismo estético na era da globalização*, 2014, p. 16).

[387] "Com o capitalismo artístico combina-se uma forma inédita de economia, de sociedade e de arte na História" (Lipovetsky, Serroy, *O capitalismo estético na era da globalização*, 2014, p. 18).

[388] Destaque-se a análise de Jean Baudrillard, e sua preocupação com a relação entre arte e poder econômico: "En ce qui concerne plus précisément le marché de la peinture, on peut dire : c'est l'appropriation des tableaux comme signes qui joue comme facteur de légitimation du pouvoir économique et social" (Baudrillard, *Pour une critique de l'économie politique du signe*, 1972, p. 131). Neste outro trecho: "L'acte décisif est celui d'une double réduction simultanée, celle de la valeur d'échange (argent) et de la valeur symbolique (le tableau comme œuvre), et de leur transmutation en valeur / signe (le tableau signé, coté, valeur somptuaire et objet rare) par la *dépense et la compétition agonistique*" (Baudrillard, *Pour une critique de l'économie politique du signe*, 1972, p. 128).

[389] "Hoje entramos em contato com as obras de arte sobretudo pela *via mercantil* e pela *via bursátil*" (Han, *A salvação do belo*, 2015, p. 87).

[390] "Na presente obra avança-se a ideia de que uma quarta fase de estetização do mundo é estabelecida, remodelada no essencial, por lógicas de comercialização e de individualiza-ção extremas" (Lipovetsky, Serroy, *O capitalismo estético na era da globalização*, 2014, p. 31).

[391] "É um universo de superabundância ou de inflação estética que se combina aos nossos olhos: um mundo *transestético*, uma espécie de hiperarte em que a arte se infiltra nas indús-trias em todos os interstícios do comércio e da vida vulgar" (Lipovetsky, Serroy, *O capitalismo estético na era da globalização*, 2014, p. 32).

SEMIÓTICA, DIREITO & ARTE

agora é integrado ao processo de produção de mercadorias, pelo seu sentido estético-criativo.[392] Não somente os objetos são convertidos pelo talho do *design* e da indústria do entretenimento, mas também espaços inteiros,[393] sendo que as cidades e os espaços urbanos vão sendo *disneyficados*.[394]

As promessas do *capitalismo estético* são muitas, e a invasão dos sentidos pela sedução do mercado apenas obnubila a possibilidade de se chegar mais próximo do caminho da *justiça*. Por isso, a sociologia de Gilles Lipovetsky apenas irá analisar e identificar o quanto o *capitalismo estético da era do hiperconsumo* produz '*beleza*', e, simultaneamente, com isso, produz *estandardização, homogeneização, aceleração, competição*,[395] *individualismo experiencial*,[396] *desigualdades, miséria*,[397] *degradação do meio ambiente*,[398] *mediocridade e anestesia crítica*.[399] Por isso, pode-se estar no *mundo da beleza*

---

[392] "O artista já não é o outro, o profeta, o marginal o excêntrico: pode ser também cada um de nós. No capitalismo artístico tardio 'todos nós somos artistas' " (Lipovetsky, Serroy, *O capitalismo estético na era da globalização*, 2014, p. 129).

[393] "Contra a cidade uniformizada e desumanizada dominada pela ideologia maquinal, começa a afirmar-se a exigência de uma 'arquitetura sensual' e de um 'urbanismo sensorial' que, ao potenciar as sensações, as cores, as sinuosidades, a natureza, as surpresas, dão-se ao 'diapasão dos cinco sentidos humanos' " (Lipovetsky, Serroy, *O capitalismo estético na era da globalização*, 2014, p. 368 e 392).

[394] "Os centros urbanos são retocados, encenados, 'disneyficados' com o intuito do consumo turístico" (Lipovetsky, Serroy, *O capitalismo estético na era da globalização*, 2014, p. 33).

[395] "A ética estética hipermoderna mostra-se impotente para criar uma existência reconciliada e harmoniosa: sonhamo-la voltada para a beleza, mas ela está virada para a competição" (Lipovetsky, Serroy, *O capitalismo estético na era da globalização*, 2014, p. 37).

[396] "É assim que o individualismo possessivo deu lugar a um individualismo consumista experiencial e transestético" (Lipovetsky, Serroy, *O capitalismo estético na era da globalização*, 2014, p. 70).

[397] "A indiferença e a ligeireza de viver são prejudicadas pela miséria social e pelo destino trágico de todos aqueles que continuam à beira da estrada. Claramente, a vida na sociedade estética não corresponde às imagens de felicidade e de beleza que difunde em abundância no quotidiano" (Lipovetsky, Serroy, *O capitalismo estético na era da globalização*, 2014, p. 38).

[398] "No mundo fabricado pelo capitalismo transestético coabitam hedonismo dos costumes e miséria quotidiana, singularidade e banalidade, sedução e monotonia, qualidade de vida sem sabor, estetização e degradação do nosso ambiente: quanto mais exerce a astúcia da razão comercial, mais os seus limites se impõem cruelmente às nossas sensibilidades" (Lipovetsky, Serroy, *O capitalismo estético na era da globalização*, 2014, p. 40).

[399] "Se este sistema produz beleza, produz igualmente mediocridade, vulgaridade e 'poluição visual' " (Lipovetsky, Serroy, *O capitalismo estético na era da globalização*, 2014, p. 45).

objetualizada, mas não se está com isso mais próximo de um mundo de *virtudes,* de *cidadania,* e de *justiça,* como afirma Gilles Lipovestky:

> "As belezas são muitas, mas nós não nos aproximamos, de maneira nenhuma, de um mundo com maiores virtudes, com mais justiça ou mesmo com mais felicidade".[400]

A ordem de produtos repetidos, reproduzidos, massivos e descartáveis cria uma *fungibilidade* onde antes se encontrava exatamente o seu contrário, a *originalidade.*[401] Daí, estar correta a análise de Walter Benjamin de que a obra de arte perde a 'aura', para se dessacralizar como um *penduricalho* da própria *mercadoria.* A *arte* não pode ser apenas uma *serva passiva* da precificação, da estratégia comercial, do *markerting,* da valorização das marcas, da produtificação e da reificação.[402] Sob o capitalismo estético, algo acontece com a *arte* que *não é artístico,* mas comercial, e que degenera a sua função, o seu sentido e a sua singularidade. O destino da obra de arte na era do capitalismo estético é, paradoxalmente, não a consagração da obra de arte, mas propriamente a *reificação-da-obra-de-arte.*

Em resumo, a promessa do capitalismo estético é a de '*beleza*', mas, no fundo, o que se realiza no plano da *arte* é a *redução* de seus sentidos, a *perda* de sua função emancipatória, bem como *dessublimação* de suas altas missões simbólicas,[403] sabendo-se que de modo geral, o que efetivamente se

---

[400] Lipovetsky, Serroy, *O capitalismo estético na era da globalização,* 2014, p. 38.

[401] "Há que reconhecer: o capitalismo levou não tanto a um processo de empobrecimento ou de deliquescência da existência estética, mas à democratização de massas de um *homo aestheticus* de um gênero inédito. O indivíduo transestético é reflexivo, eclético e nómada: menos conformista e mais exigente do que no passado, aparece ao mesmo tempo como um 'drogado' do consumo, obcecado com o descartável, a celeridade, os divertimentos fáceis" (Lipovetsky, Serroy, *O capitalismo estético na era da globalização,* 2014, p. 36).

[402] "Uma vida estética digna deste nome não pode estar aprisionada nos limites das normas do mercado e cumprir-se num universo tomado pela precipitação e urgência". (Lipovetsky, Serroy, *O capitalismo estético na era da globalização,* 2014, p. 41).

[403] Em dois trechos diferentes, Gilles Lipovetsky afirma que: "A sociedade contemporânea da profusão estética já não é veículo de um culto da arte, investida das mais altas missões emancipadoras, pedagógicas e políticas: ela deixou de ser considerada uma educação à liberdade, à verdade e à moralidade". (Lipovetsky, Serroy, *O capitalismo estético na era da globalização,* 2014, p. 39); "O objetivo não é de maneira nenhuma a elevação espiritual do homem ou a realização da essência da arte, mas um consumo sempre novo de produtos

objetiva é apenas *ilusão*.[404] Isso, evidentemente, vai no *sentido contrário* ao sentido emancipatório que a *obra de arte* potencialmente pode instaurar, quando pensada a partir do sentido a ela atribuído pelo filósofo francês Jacques Rancière.[405]

3.4. A sociedade moderna, o olhar jurídico e o olhar artístico

O *olhar artístico* tem muito a dizer ao *olhar jurídico*. E isso porque a arte é *refinamento da experiência de mundo*, e corresponde ao *refinamento ativo da percepção de mundo*, para quem a produz (artista),[406] e ao *refinamento passivo da percepção de mundo*, para quem dela usufrui (fruidor).[407] Assim, não importa se a perspectiva de quem se coloca diante da arte está dada pela visão de artista ou pela visão de fruidor – na medida em que estas fronteiras são indeterminadas –, especialmente porque ambos são afetados pelo *processo transformador* que está implicado no universo das artes. Desde já, começa-se a perceber a importância do *olhar para a arte*, do *olhar com a arte*, do *olhar através da arte*, como forma de *ação, criação e reação* sensíveis aos estímulos reais ou imagéticos instigados pelo simbólico.[408]

culturais suscetíveis de oferecer prazer, criar sonhos, proporcionar uma satisfação imensa para todos". (Lipovetsky, Serroy, *O capitalismo estético na era da globalização*, 2014, p. 80).

[404] "Consumimos sempre mais beleza, mas a nossa vida já não é bela: é aí que se encontra o sucesso e o fracasso profundo do capitalismo artístico. E é assim que temos de fazer o luto de uma bela utopia, agora que sabemos que é uma ilusão acreditar que 'a beleza salvará o mundo' " (Lipovetsky, Serroy, *O capitalismo estético na era da globalização*, 2014, p. 38).

[405] Em Jacques Rancière: "Pero el cumplimiento de la promesa implica la supresión del arte como realidad separada, su transformación en una forma de vida" (Rancière, *El malestar en la estética*, 2011, p. 49).

[406] "A palavra 'artista' designa primeiramente um homem hábil numa arte mecânica difícil (o relojeiro, por exemplo); depois, 'aquele que trabalha numa arte em que o gênio e a mão devem conjugar-se'. As belas-artes, por outro lado, são 'filhas do gênio; tem a natureza por modelo, o gosto por mestre, o prazo por objetivo' (*Dictionnaire des beaux-artes de* La Combe, 1752)" (Lacoste, *A filosofia da arte*, 1986, p. 08).

[407] Daí a correlação entre o artista-criador e o espectador-fruidor: "Por isso, costumamos dizer, há muito tempo, que se o artista cria contemplando, por sua vez, o espectador-fruidor, também cria, no momento em que contempla, pois, sua fantasia criadora começa a funcionar entrando, por assim dizer, em sintonia com a do criador-artista" (Galeffi, *Novos ensaios de estética*, 1979, p. 29).

[408] "A emancipação, por sua vez, começa quando se questiona a oposição entre olhar e agir, quando se compreende que as evidências que assim estruturam as relações do dizer, do ver e do fazer pertencem à estrutura da dominação e da sujeição. Começa quando se compreende

Em *O espectador emancipado,* Jacques Rancière irá enxergar no espectador uma visão tão ativa quanto a do artista, porque compreender, saber, apreender são atitudes que estão integradas ao processo contínuo de construção e reconstrução permanentes do *campo do simbólico.*[409]

A atividade de *olhar* apesar de integrada ao corpo humano pelo órgão da visão – o olho, este símbolo da alma –, e apesar de sua aparente simplicidade e inocência, implica inúmeros outros processos, que valem ser registrados, quando se quer indicar a *complexidade das operações do olhar,* que se podem identificar como: perceber, compreender, contemplar, observar, descobrir, reconhecer, visualizar, distinguir, acompanhar, examinar, ler, olhar.[410] Em *Rua de mão única,* é Walter Benjamin quem irá identificar, no fragmento intitulado *Oculista,* que:

"O olhar é o fundo do copo do ser humano".[411]

Se a riqueza do universo do olhar está ligada a uma variada gama de atividades do espírito, deve-se perceber o quanto a *inteligência artística* pode agregar à *inteligência humana,*[412] e, daí para frente, o quanto pode

que olhar é também uma ação que confirma ou transforma essa distribuição das posições. O espectador também age, tal como o aluno ou o intelectual. Ele observa, seleciona, compara, interpreta" (Rancière, *O espectador emancipado,* 2014, p. 17).

[409] "É nesse poder de associar e dissociar que reside a emancipação do espectador, ou seja, a emancipação de cada um de nós como espectador. Ser espectador não é condição passiva que deveríamos converter em atividade. É nossa situação normal. Aprendemos e ensinamos, agimos e conhecemos também como espectadores que relacionam a todo instante o que veem ao que viram e disseram, fizeram e sonharam. Não há forma privilegiada como não há ponto de partida privilegiado" (Rancière, *O espectador emancipado,* 2014, p. 21).

[410] A extensa lista de verbos é apresentada por Donis A. Dondis: "Que amplo espectro de processos, atividades, funções, atitudes, essa simples pergunta abrange! A lista é longa: perceber, compreender, contemplar, observar, descobrir, reconhecer, visualizar, examinar, ler, olhar. As conotações são multilaterais: da identificação de objetos simples ao uso de símbolos e da linguagem para conceituar, do pensamento indutivo ao dedutivo. O número de questões levantadas por esta única pergunta: "Quantos de nós vêem?", nos dá a chave da complexidade do caráter e do conteúdo da inteligência visual" (Dondis, *Sintaxe da linguagem visual,* 2007, p. 05).

[411] Benjamin, Rua de mão única, *in Obras Escolhidas,* Volume 2, 2000, p. 49.

[412] "A inteligência visual aumenta o efeito da inteligência humana, amplia o espírito criativo. Não se trata apenas de uma necessidade, mas, felizmente, de uma promessa de enriquecimento humano para o futuro" (Dondis, *Sintaxe da linguagem visual,* 2007, p. 231).

se aplicar ao refinamento da *inteligência* para o exercício dos direitos. Vale ressaltar que a autonomia da linguagem artística é de fundamental importância para este exercício de mudança qualitativa do *olhar* e, neste sentido, todo ser humano como participante do universo simbólico pode ser impactado pelo *sentido,* ou pelo *sem-sentido,* pelo *concerto,* ou pelo *desconcerto,* de obras de arte. Nisto está o papel, decisivo e sensivelmente diferenciado, da obra de arte, em meio dos demais artefatos sociais.[413] Este lugar distante e deslocado a partir do qual se fala, através da linguagem artística, é já uma forma de resistência ante à corrente, à tendência e à conjuntura que imperam, aniquilando o espírito do que há de sutil na humana condição.

A mudança do olhar é, por isso, um processo de transformação, caro à *subjetividade* e à *intersubjetividade.* Da mera percepção *unidimensional* da realidade, mergulhada nas determinações do mundo do trabalho e da especialização técnica e profissional – geralmente, racional, instrumental, calculista, técnica e unifocal –, à percepção *multifacetada* e *sutil* das múltiplas dimensões da realidade e das *múltiplas camadas* de nossa *humanidade,*[414] vai larga distância, que tem menos de acidental e mais de induzida, aí considerados os imperativos da sociedade moderna.

Entende-se mesmo que este é um caminho para romper barreiras entre o *universo da estética* e o *universo do direito,* favorecendo-se com isso a dimensão da compreensão colaborativa dos conhecimentos. Trata-se de superar uma fronteira previamente estabelecida pela anestesia especializada do método positivista em direção ao exercício prático de

---

[413] "Atribuir as qualidades críticas, autónomas da arte à forma estética é colocá-las fora da literatura de tendência, fora do domínio da práxis e da produção. A arte tem a sua própria linguagem e ilumina a realidade através desta outra linguagem. Além disso, a arte tem a sua própria dimensão de afirmação e negação, uma dimensão que não se pode ordenar relativamente ao processo social de produção" (Marcuse, *A dimensão estética,* 2007, p. 29).

[414] "A arte é uma alternativa a esta racionalidade, porque revela amor, sofrimento, inquietude, desejos, ilusões, afirmando integralmente a vida, porque 'o homem não é sempre, nem necessariamente, racional nesse sentido, mas que busca também satisfações simbólicas porque adere a 'significações imaginárias instituintes' (Ost, 2005, p. 45)" (Gorsdorf, *Direitos humanos e arte: diálogos possíveis para uma episteme, in Direitos humanos e políticas públicas* (Faria Silva; Gediel; Trauczynski, orgs.), 2014, p. 63).

humanismo,[415] recriando o espaço da *formação humana, sensível, criativa e ativa*, em direção à *requalificação do papel ativo do direito* na promoção de valores que lhe são centrais, tais como a *justiça*, a *liberdade*, a *igualdade*, a *solidariedade* e a *diversidade*.[416] Por isso, os juristas deveriam dar mais atenção às obras estéticas, pelo *estoque simbólico* de significações e pelo *poder sinestésico* de que são portadoras. Essa é uma constatação que a área do Direito – como um todo – vem tendo, já nos últimos anos.[417] E isso indica que a *sensibilidade* é mais do que uma opção para o jurista; a *sensibilidade* é uma obrigação, pois é pela dor do Outro[418] que me humanizo e faço da justiça uma profissão de fé.

Assim, como se lida na área do Direito com os sofrimentos, as dores, as injustiças e os padecimentos do Eu e do Outro, não deixa de ser um exercício de *sensibilidade, solidariedade* e *responsabilidade*, se exercido em conexão com sua finalidade. E isso porque a *arte* é um dos caminhos para as profundezas da alma.[419] A arte permite à *humanidade* contradizer os

---

[415] Em *Direito e Cinema: o espaço do reencontro*, Sérgio Aquino afirma: "O cinema é o local no qual, silenciosamente, a Utopia se manifesta no cotidiano. A caminhada precisa persistir e a inspiração surge a paciência e a indignação contra tudo que nos desumaniza" (Aquino, *O direito em busca de sua humanidade*: diálogos errantes, 2014, p. 37).

[416] "E todos eles sempre enfatizam a necessidade de uma visão ética e estética do mundo capaz de substituir, na vida pessoal e social, os antivalores do egocentrismo, da competitividade, do consumismo, do materialismo, do domínio sobre o outro, pelos valores da solidariedade, do serviço, do encontro e da vida" (Perissé, *Filosofia, ética e literatura*: uma proposta pedagógica, 2004, p. 113).

[417] A exemplo do Boletim do IBDFAM, Direito e Arte: "Teria a arte, portanto, o poder de ampliar a percepção sobre os diversos fenômenos e institutos jurídicos? De acordo com Barreto, sim. "Ambos são discurso, são narrativas. A arte é uma linguagem poderosa, sinestésica, que nos toca e afeta nossa sensibilidade de uma forma muito peculiar", garante. Para ratificar seu comentário, a advogada cita a escritoa Camille Paglia, que afirma: "As leis governam o nosso comportamento exterior, ao passo que a arte exprime a nossa alma". Fernanda salienta que a maioria dos regimes totalitaristas tenta sufocar a voz dos artistas. Em sua opinião, há muito medo de como a arte pode provocar a população a olhar de forma mais profunda e mais crítica para sua própria realidade, para seus sistemas político, econômico e jurídico" (IBDFAM, Direito e arte. E vice-versa, *in Revista do IBDFAM*, edição 34, Agosto/ Setembro, 2017, p. 7).

[418] "Desde a Antiguidade, o inimigo sempre foi antes de tudo o Outro, o estrangeiro" (Eco, *História da feiúra*, 2007, p. 185).

[419] "Nesse contexto, a arte tem papel muito importante. Como quer que se a conceitue, é inevitável pensar no seu impacto sobre a integridade da alma: razão, desejo e paixão

males que ela própria cria. Ali onde se esconde o ódio, a arte penetra. Ali onde se esconde a sombra, a arte lança luz. Ali onde está o preconceito, a arte mostra a igualdade. A arte me permite desmanchar na alteridade do universo do Outro. Por isso, a arte pode fazer face às injustiças, às violências, às intolerâncias, às desigualdades, à perda de direitos, às graves violações de direitos humanos, à fome, à miséria, à guerra, à opressão, às discriminações, ao ódio social, ao abandono.

Enquanto exercício de *humanismo social, democrático* e *republicano*, atitude urgente e necessária no mundo contemporâneo,[420] a passagem do *olhar* regelado do técnico treinado ao *olhar sensível* de quem refinou sua capacidade de entendimento e reflexão sobre o mundo e a sociedade, o *ganho humano* é significativo, e, nesse sentido, transformador da *qualidade* da abordagem da realidade. Conforme aponta Costas Douzinas, em *Law and the image*,[421] o ponto de vista da cultura do Direito, trata-se de superar a falta de preparação artística do *olhar* que o profissional do Direito tem para a *realidade das coisas*, especialmente considerada a cultura de *leitura legislativa* da realidade, dada pelas condicionantes do *código*, da *lei válida*, do *ordenamento*, dos *procedimentos* e dos *formulários*. É evidente o empobrecimento de *leitura de mundo* provocado por esta abordagem estrita do *Direito moderno* por estas vias arquetípicas, abstratas e formalizantes, da sociedade moderna.[422]

---

são mobilizados pela experiência artística, possibilitando vivências de um modo muito singular" (Coelho, Direito, arte e formação do jurista, *in* Direito, Filosofia e Arte: ensaios de fenomenologia do conflito (TROGO, Sebastião; COELHO, Nuno Manuel Morgadinho dos Santos, orgs.), 2012, p. XIII).

[420] "Este novo humanismo (um humanismo a favor do humano) tornou-se hoje mais do que necessário, urgente" (Perissé, *Filosófia, ética e literatura*: uma proposta pedagógica, 2004, p. 113).

[421] "Lawyers live by the text and love the past, they hate novelty and misunderstand new languages. The law is able to appreciate new art only after it becomes a matter of convention, use, and habit, in other words, when art becomes like law. Great art, on the other hand, precisely because it breaks away from coventions and rules and expresses creative freedom and imagination, is the antithesis of law. The law of art is the opposite of the rule of law" (Douzinas, Nead, Introduction, *in Law and the image*: the authority of art and the aesthetics of law (DOUZINAS; NEAD, editors), 1999, p. 01).

[422] "Enquanto o direito se rege pelo seu objeto, lei, abstrata e genérica, a arte se relaciona com o concreto e particular" (Gorsdorf, Direitos humanos e arte: diálogos possíveis para

SOCIEDADE, DIREITO E ARTE

Em sentido contrário, e, exatamente por isso, desafiador, a apreensão meticulosa, detalhada, sutil da realidade é uma tarefa do *olhar artístico*,[423] pois é capaz de promover, estimular e provocar, na dimensão sensível, a percepção das coisas do mundo por meio do desenvolvimento do 'senso artístico'. O 'senso artístico', integrante da *razão sensível*, corresponde ao desenvolvimento de uma potencialidade humana, e se revela pela capacidade de refinamento da *paleta multicromática* de apreensão dos diversos campos de expressão das *'realidades multidimensionadas'* do real.

O 'senso artístico' envolve a capacidade de apurar os sentidos, de aguçar a percepção, de captar as diferenças, e de chegar perto do que se manifesta, em cada coisa, com as qualidades (entre outras) dos detalhes, horizontes, concepções, formas, modelos, visões, conceitos, papéis, técnicas, funções, sentidos, interpretações, formas de vida. A potência do 'senso artístico' está nos descobrimentos criativos que promove, rompendo os horizontes conhecidos, estimulando a *visão de mundo*, conferindo assim ao seu portador a capacidade de ampliar o repertório combinatório de relações criativas. Assim, aquilo que se chama de 'realidade', em sua complexa trama empírica e simbólica, vai além do *black and white*, se projetando em seu caráter *multicromático*, que apenas o olhar sensível é capaz de conhecer, detectar, captar, decifrar, decodificar.

Nesse sentido, é que decorre a importância e o valor do *'senso artístico'* para o *'olhar sobre as coisas da justiça'*. A *arte*, assim como a justiça, é uma atividade do espírito, integrada ao meio social, mas pertencente ao *mundo simbólico*. Ao manifestar uma elevada capacidade humana, a *arte nos humaniza*. Da mesma forma, a *justiça humaniza* o trato social, enquanto estabelece critérios e formas de paridade, troca, intercâmbio, prevenção e reparação. É exatamente nisto que o(a) *artista como humanista*[424] fornece um *método* para o acesso ao *mundo simbólico* que não pode ser ignorado pelo *jurista*, daí a conexão entre o *olhar artístico* e o *olhar jurídico*, tal como

---

uma episteme, *in Direitos humanos e políticas públicas* (Faria Silva; Gediel; Trauczynski, orgs.), 2014, p. 60).

[423] "A visão envolve algo mais do que o mero fato de ver ou de que algo nos seja mostrado" (Dondis, *Sintaxe da linguagem visual*, 2007, p. 13).

[424] "O artista profundamente comprometido com sua arte não pensa em divorciar-se dela, uma vez que sua arte é o ar que respira, é condição para continuar apaixonado pela vida, é o Centro para o qual convergem todas as suas energias" (Perissé, *Filosofia, ética e literatura*: uma proposta pedagógica, 2004, p. 192).

já conhecido e bem elaborado pelos estudos de Luís Alberto Warat.[425] E isso porque a experiência da justiça é algo deste tipo, ela se faz *obra* na *sentença*,[426] na *legislação*, na *decisão administrativa*, e, para isso, importa quem é que exerce a atividade, pois a *interpretação* de cada *ator jurídico* é e sempre será *única* e *singular*, na subjetividade criativa de sua formulação, apesar da generalidade dos preceitos normativos, na objetividade das regras estabelecidas pelo sistema jurídico.

O(a) artista se movimenta no seio da *floresta de signos*,[427] mobilizando *recursos simbólicos* para a afetação dos sentidos do expectador e, neste sentido, é um hábil instrutor no *mundo simbólico*. Sua forma de *ver o mundo* parte de *outro lugar*, e desconstrói a forma pela qual nos acostumamos a *ver as coisas*, e, nessa exata medida, *seu lugar* importa como *um outro lugar*. Não por outro motivo, as obras de arte enquanto expressões dos artistas geram *estranhamento* frente à realidade, com reações as mais diversas, na medida em que, exatamente, *portam* algum elemento que as distancia da 'realidade das coisas', das convenções, e do que está estabelecido, seja na forma, seja no conteúdo.[428]

---

[425] "Falo da estética como olhar teórico, da pintura, da literatura, do cinema, como formas do fazer teórico que a epistemologia não possa excluir como sem-sentidos por sua falta de denotação, por sua falta de verdade, por esse vôo de sentidos que nos permite escapar das referências imediatas e previsíveis do objetivo e do consumo rápido e fugaz (do *prêt-à-porter* dos sentidos)" (Warat, Literasofia, *in Territórios desconhecidos* (Mezzaroba, Orides; Rover, Aires José; Junior, Arno Dal Ri; Monteiro, Cláudia Servilha, orgs.), Volume I, 2004, p. 24).

[426] A respeito da jurisprudência, como arte da decisão: "Quer seja pela harmonia, ritmo e equilíbrio dos textos e das decisões; quer seja pelas proporções entre conteúdo, método e resultados formais; ou quer seja pelo virtuosismo idiossincrático das inovações pretorianas, não se pode negar a presença do belo em muitos atos da justiça; (...)" (Carneiro, *Estética do direito e do conhecimento*, 2002, p. 18).

[427] Aqui, se utiliza a expressão 'floresta de signos'. Mas, autores como Plaza, se utilizam de expressões aproximadas, como 'floresta de símbolos', neste trecho: "Ao povoar o mundo de signos, dá-se um sentido ao mundo, o homem educa o mundo e é educado por ele, o homem pensa com os signos e é pensado pelos signos, a natureza se faz paisagem e o mundo uma 'floresta de símbolos' " (Plaza, *Tradução Intersemiótica*, 2010, p. 19).

[428] "A arte garante um estranhamento frente ao mundo, capaz de indagar sobre o estado das suas convenções e dos lugares comuns. E por isso a força criativa dos questionamentos dados pela arte, do poder estabelecidos e das normas impostas, seja pelo Estado ou pela sociedade civil" (Gorsdorf, Direitos humanos e arte: diálogos possíveis para uma episteme, *in Direitos humanos e políticas públicas* (Faria silva; Gediel; Trauczynski, orgs.), 2014, p. 56).

Assim é que se pode dizer que a estética guarda sua relevância na construção da *percepção estética*, e, por isso, educa os sentidos, e desenvolve habilidades que são de fundamental importância para a construção do *senso estético*, de cujo equilíbrio se retira o *senso de justiça*, enquanto *senso de proporção e equilíbrio*,[429] *medida, retidão* e *mensuração*,[430] muitas vezes requeridos nos *juízos jurídicos*.[431] E é exatamente esta percepção que permite ao filósofo sul-coreano Byung-Chul Han afirmar:

"A simetria, na qual se funda também a ideia de justiça, é igualmente bela. A relação justa implica de maneira necessária uma proporção simétrica. Uma assimetria total provoca uma sensação de fealdade. A própria injustiça expressa-se como uma proporção extremamente assimétrica".[432]

[429] "Assim é que quantas vezes, não apenas no contexto da arte, mas também no texto da ciência e mais especificamente nas composições do direito percebemos, além da mera racionalidade, a presença de certos tipos de simetria e proporcionalidade refletindo, muitas vezes, uma possível beleza na formulação da justiça" (Carneiro, *Estética do direito e do conhecimento*, 2002, p. 18).

[430] Para destacar a arte do Direito: "Em Ulpiano, o direito era, em si, exigência de simetria; em outros jurisconsultos, porém, no conceito de direito evidenciam-se também elementos como prudência, sabedoria, intuição e criação sendo que em todos, não se pode negar, desde logo, a índole estetizante de um direito ao qual não falta uma certa idéia de elegância, justaposição e retidão (*directum, di-rectum,* reto, retidão)" (Carneiro, *Estética do direito e do conhecimento*, 2002, p. 29).

[431] Assim como estabelece Daniele M. Conanzi: "L'ordinamento è il tentativo di individuare la giusta misura, l'ordine. Questo significa che è interpretazione (di quest'ordine). Questo significa che è formatività (di quest'ordine)" (Conanzi, *Formatività e Norma: Elementi di Teoria Estetica Dell'interpretazione Giuridica*, 2013, ps. 50-51).

[432] Han, *A salvação do belo*, 2015, p. 76.

PARTE II

PARTE ESPECIAL

Capítulo 4
Semiótica Aplicada, Direito e Arte

4.1. Semiótica, Direito e Pintura: a iconologia da justiça

A *justiça* é um valor de alto significado enquanto *regulador social*. Por isso, a *justiça* recebe elevado tratamento simbólico. É assim que o *símbolo da justiça* aparece como sendo o arquétipo,[433] ou ainda, a *síntese semiótica*, que movimenta a compreensão do justo e do injusto, da forma como lemos a questão, ao menos do ponto de vista da tradição ocidental. A *representação simbólica*[434] é uma 'síntese estética' a traduzir, por meio de símbolos, valores socialmente relevantes, como aponta Daniele M. Conanzi, em seu estudo *Estetica del Diritto* (2016).[435] Como todo *símbolo* possui sua histó-

---

[433] Estão disponíveis várias representações simbólicas da justiça na tradição ocidental no site do Supremo Tribunal Federal (http://www.stf.jus.br).

[434] "Etimologicamente, o símbolo designa um objecto dividido em dois, cuja posse de uma das partes permite o reconhecimento. O símbolo mostra: torna sensível aquilo que, por natureza, não o é: um valor moral, um poder, uma comunidade. Objecto amputado, tem a faculdade de representar o conjunto. O símbolo reúne: inclui aqueles que se reconhecem no seu interior e exclui os outros, delimita uma comunidade. Por fim, o símbolo prescreve: as insígnias do poder não se limitam a assinalar a presença da autoridade, exigem respeito por si mesmas" (Garapon, *Bem julgar*: ensaio sobre o ritual judiciário, 1999, p. 42).

[435] "Il simbolo è quello che manifesta la verità, l'originario, ed è anche quello attorno al quale si ritrova e costruisce la società. Questa infatti non è un semplice insieme di individui casualmente avvicinati, né occasionalmente riuniti. La società è un gruppo che si riconosce

ria interna,[436] em toda a sua complexidade e força, enquanto sintetiza e simplifica para fazer compreender, também esconde sentidos que lhe são menos ostensivos.

O *Dicionário de símbolos* aponta que o *símbolo da justiça*, tal como o tomamos na modernidade, costuma ter as seguintes características: a justiça está vendada, tem uma espada na mão e porta uma balança.[437] No estudo minucioso e detalhado do *símbolo da justiça*, os aspectos parciais podem ser destacados para análise, extraindo-se que: a.) a balança indica: eqüidade; equilíbrio; ponderação; medida; sopesamento; b.) a espada indica: força; ordem; impositividade; coerção; c.) a venda nos olhos indica: decisão; imparcialidade; neutralidade, eqüidistância; d.) mais raramente, o martelo indica: ordem; respeito; obediência. Mas, em todos os casos, quando se invoca a 'noção de justiça', parece que, atualmente se quer invocar um conjunto de verbos, tais quais, sopesar, ponderar, balancear, distribuir, corrigir, atribuir, penalizar, observar, equilibrar, que dentro do *símbolo* se encontrariam inteiramente encriptados.

Assim, na tradição cultural ocidental, está bem clara a presença do *símbolo da justiça*, representado de inúmeras formas, seja pela escultura, seja pela pintura, seja na iluminura, seja pela arquitetura.[438] É nesse sen-

---

in quanto tale; un gruppo che negli emblemi, nella musica, nei simboli, nei dispositivi cerimoniali (per dirla con Legendre), riconosce la sua identità e dunque se stessa.

La simbolicità sociale è data e si dà in termini che non sono né casuali né meramente funzionale ma articola una "scenografia della significazione" in base alla quale il sociale altro non è che il *rapporto fiduciario* che lega, in modo *ancestrale* (*ontologico*, secondo altro lessico), l'essere umano a tutti gli altri". (Conanzi, *Estetica del Diritto: Geologia e Genealogia del Giuridico*, 2016, p. 84).

[436] "O símbolo da balança ainda é bem mais velho: remonta à pesgame das almas no antigo Egipto. Cruzamo-nos também frequentemente nos tribunais com a efígie dos nossos grandes legisladores: Justiniano, Carlos Magno ou Napoleão. Ou dos reis-juízes, como São Luís pregando a justiça debaixo do seu carvalho, que se encontra em Paris na galeria do Supremo Tribunal. A revolução forneceu também o seu lote, com os bustos dos legisladores revolucionários ou dos redactores do Código Civil" (Garapon, *O guardador de promessas: justiça e democracia*, 1998, p. 204).

[437] "A espada e a balança são os atributos tradicionais da Justiça: a balança, semelhante àquela que a simples pena de Maat bastava para equilibrar no Tribunal de Osíris, está aqui perfeitamente imóvel. A espada, direita e implacável, como o fiel da balança, servirá para punir os maus" (Chevalier, Gheerbrant, *Dicionário de símbolos*, 19. ed., 2005, *verbete Justiça*, p. 527).

[438] "Não se pode deixar de reconhecer, afinal, que não são poucos os temas jurídicos apreendidos pelas artes visuais. Embora este escrito concentre-se tão-somente nas representações

SEMIÓTICA APLICADA, DIREITO E ARTE

tido que é espantosa a *força* destes símbolos nos Palácios de Justiça, nas Assembléias e espaços parlamentares, nos Palácios Reais, como constata e analisa Antoine Garapon.[439] A *força* do *símbolo* está associada ao caráter meticuloso de como é imaginado, desenhado e pensado, a cada geração, além de ser transmitido e copiado, de tempos em tempos, num universo simbólico em que nada é gratuito.[440] O curioso é que a representação tradicional da justiça, na cultura ocidental, é de *origem mítica*. Aqui, a arte e a arquitetura, a religião e a sabedoria dos egípcios, influenciaram decididamente a civilização ocidental.[441] Seja para os egípcios, para os romanos, seja para os gregos, a representação da justiça é encarnada na figura de uma deusa, e, ancestralmente, o arquétipo do feminino indica o caminho da justiça.[442] As representações de *Justitia* (representação romana) e de *Thémis* (representação grega) são clássicas, e se multiplicam em formas as mais diferentes, numa continuidade de longos séculos na tradição oci-

---

plásticas da justiça – ou, com maior precisão, em apenas um elemento (a venda) dessas mesmas representações –, temas jurídicos como a lei, os julgamentos, as penas, os tribunais, os magistrados, os advogados, os tratados, as instituições jurídicas ou os legisladores sempre foram encontrados em grande profusão nas artes em geral e nas artes plásticas em particular" (Franca Filho, *A cegueira da justiça*: diálogo iconográfico entre Arte e Direito, 2011, p. 18).

[439] "Quem entra pela primeira vez num tribunal fica imediatamente impressionado pelo seu aspecto de templo grego. A maior parte dos tribunais construídos desde a Revolução adoptaram este estilo arquitectónico. Uma vez no interior, ficará surpreendido pela profusão de símbolos como o gládio e a balança, claro, mas também as tábuas da lei, as inscrições latinas, as alegorias pintadas nos tectos. Como explicar uma tal densidade simbólica? Todos estes símbolos são outras tnatas referências aos *tempos fundadores* da nossa civilização" (Garapon, *O guardador de promessas:* justiça e democracia, 1998, p. 203).

[440] "Elle se donne à voir à travers des forêts de symboles savamment agencés, où rien, ni le geste ni l'ornement, ne fut jamais gratuit" (Jacob, *Images de la Justice*, 1994, p. 10).

[441] "O alto nível de sua cultura artística, documentada pelas ruínas de Babilônia e pelos monumentos da arquitetura, da escultura e da pintura egípcias, exerce sem dúvida uma forte influência sobre a formação da civilização artística mediterrânea, que, todavia, apresenta desde o começo características próprias" (Argan, *História da arte italiana*, Vol. 1, 2013, p. 26).

[442] "Com o templo e o aparecimento da justiça enquanto alegoria, cujo exemplo mais popular é a sua representação sob a forma de uma mulher com os olhos vendados, transportado numa mão um gládio e na outra uma balança, a simbólica judiciária não só se laiciza como se emancipa dos seus tutores sucessivos. Os seus olhos tapados com uma venda manifestam-no claramente: ao obstar a qualquer jogo de imagens, encontra a sua virtude apenas em si mesma; doravante, a sua legitimidade é completamente interior" (Garapon, *Bem julgar*: ensaio sobre o ritual judiciário, 1999, p. 31).

SEMIÓTICA, DIREITO & ARTE

dental. Essa representação tradicional da ideia de justiça evoca as *origens*, as *fundações*, o *paradigma original* para a cultura ocidental.[443]

O mais curioso ainda é que a representação tradicional da justiça se manteve clássica, mesmo com todas as mudanças técnicas, estéticas e sociais introduzidas pelo processo de modernização.[444] Apesar da sociedade moderna se ter tornado técnica, laica, racional, a representação da justiça continua mantendo os traços constantes acima identificados, sabendo-se que a representação mítica continua a conferir os traços fundamentais do que se busca simbolizar do justo. A estabilidade e a sobrevivência do *símbolo da justiça* indica o alto valor simbólico que acumula em nossa cultura.

Do ponto de vista histórico, toda esta *carga simbólica* pode ser, aos poucos desvendada, ao se acompanhar os estudos existentes sobre o tema, para que se perceba, por exemplo, que a *venda nos olhos* é um elemento recente, do ponto de vista histórico, na identificação visual da justiça. A partir deste tipo de apontamento, tem-se a controvérsia necessária para o melhor entendimento do tema, pois a representação da justiça envolvia, para os antigos e para os medievais, e, ainda no início da modernidade, a *visão clara e aguçada*.[445] É do século XVI, apenas, a primeira aparição da justiça vendada, registro este de importância para a identificação de que

---

[443] "Os nossos edifícios parlamentares e judiciais são abudantes em bustos de grandes legisladores, em imagens aterrorisadoras, em emblemas nacionais, em frescos históricos lembrando o longo caminho das liberdades democráticas como a rotunda do Supremo Tribunal dos Estados Unidos. A estátua de Lincoln permite aos seus sucessores invocarem a sua autoridade. Nenhum espaço colectivo é conceptível sem uma cultura que lhe proporcione uma expressão simbólica própria, que imprima os seus valores numa linguagem de pedra" (Garapon, *O guardador de promessas: justiça e democracia*, 1998, p. 205).

[444] "Estes símbolos aparentemente fora de uso são a chave da modernidade: lembrando as nossas tradições incessantemente ultrapassadas pela aventura democrática, eles permitem avançar. O quadro é então o que mantém o lugar de tradição para os modernos. A cultura comum torna-se fugidia à medida que as nossas sociedades se diversificam. O recurso ao momento da fundação, por definição indisponível, é tanto mais necessário e vital quanto o pluralismo é grande" (Garapon, *O guardador de promessas: justiça e democracia*, 1998, p. 205).

[445] "Enfim, desde a tradição clássica, passando por toda a Idade Média até chegar ao Renascimento europeu (e até a Revolução Francesa, em algumas localidades), a imagem da justiça sempre esteve associada a uma vista clara, aguçada e desimpedida, a inspirar reverência e receio" (Franca Filho, *A cegueira da justiça*: diálogo iconográfico entre Arte e Direito, 2011, p. 36).

SEMIÓTICA APLICADA, DIREITO E ARTE

é moderna a concepção predominante de que a justiça deve ser *imparcial*.[446] Ao se disseminar esta representação pela Europa, ela é agora o símbolo da era burguesa, da civilização ocidental, e da ruptura com o passado medieval, sendo exposta, geralmente, no meio das praças públicas, aos olhos de todos, como *ícone civilizatório*.[447] Então, é na modernidade que as características da *equidistância* e da *laicidade* irão se colar à figura da justiça.[448]

Assim, a evocação artística do símbolo da justiça, seja pela pintura, seja pela escultura, seja pela iluminura, seja pela arquitetura apenas reforça o conjunto de valores que devem impregnar as práticas de determinada instituição, daí sua presença recorrente em espaços de justiça e deliberação pública, reforçando a importância dos rituais, do papel do juiz/legislador, a autoridade das decisões tomadas.[449]

A função do *símbolo da justiça* é múltipla e, nesse sentido, cumpre vários papéis: representação do sentido; beleza e decoração; memória e

---

[446] "Uma justiça vendada, em que a venda é um sinal positivo da sua independência, incorruptibilidade, distância crítica, proporcionalidade, moderação e imparcialidade diante das partes, aparece pela primeira vez por volta de 1531, em uma reedição da *Wromer Reformation*, uma popular consolidação de direitos municipais imperiais germânicos, originalmente redigida na cidade livre imperial de Worms, em 1498" (Franca Filho, *A cegueira da justiça*: diálogo iconográfico entre Arte e Direito, 2011, p. 40).

[447] "A justiça vendada, com o tempo, deixa de ser uma crítica, uma piada ou um deboche e passa a demarcar uma ruptura topográfica e institucional do homem urbano, protestante, iconoclasta, burguês e pioneiro em matéria de organização cívica da Europa central com aquela justiça medieval, personalíssima, subjetiva, consuetudinária, agrária, religiosa e preocupada com as aparências. Novos tempos exigem novas musas, de modo que a justiça vendada é agora símbolo do poder temporal e coletivo do burgo. E para sinalizar e celebrar essa ruptura, justiças vendadas passam a ser vistas em muitos locais públicos, abertos ou cobertos, como mercados, prefeituras, salões oficiais, praças e fontes, mas sempre distantes das igrejas e dos conventos, em uma região que ia de Siena, no norte da Itália, ao Flandres belga" (Franca Filho, *A cegueira da justiça*: diálogo iconográfico entre Arte e Direito, 2011, p. 42).

[448] "A justiça vendada, plantada nos lugares mais visíveis dos burgos, sinaliza, evoca e adverte a existência de uma nova ordem pública européia, cuja jurisdição é laica, implacável e imune a compromissos pessoais." (Franca Filho, *A cegueira da justiça*: diálogo iconográfico entre Arte e Direito, 2011, p. 42).

[449] "O edifício de justiça contribui para instituir a autoridade do juiz, entendida como capacidade de construir – materialmente, simbolicamente e intelectualmente – a deliberação pública. A autoridade é a força da construção. A autoridade compensa o carácter evasivo do poder" (Garapon, *O guardador de promessas*: justiça e democracia, 1998, p. 205).

SEMIÓTICA, DIREITO & ARTE

recordação; valores e autoridade; sensibilização estética; ritual; investidura simbólica; educação; evocação.[450] E a evocação do *símbolo da justiça* quase nunca está dissociada da evocação de imagens de *injustiças, guerras, opressão* e *violências*, daí seu caráter compensatório, no nível simbólico, das irracionalidades humanas, históricas, políticas, religiosas, econômicas, culturais e sociais.[451]

4.1.1. O símbolo da justiça: espelho histórico e signo-público

O *símbolo da justiça* é, normalmente, considerado um *símbolo estável, constante, comum* e *universal*.[452] Apesar das enormes mudanças históricas, trata-se de um *símbolo* que persiste e que resiste, ainda que o desgaste do tempo represente a força que normalmente soterra as mais belas e profundas construções humanas, na medida da importância e do caráter ritual da simbólica da justiça: a repetição lhe é uma afirmação.[453] Do ponto de vista histórico, talvez a constância e a sobrevivência de sua

[450] "Eis a função do ritual judicial: mobilizar, tantas vezes quantas forem necessárias, os símbolos da justiça" (Garapon, *O guardador de promessas: justiça* e democracia, 1998, p. 205).

[451] Num primeiro trecho, lê-se em Antoine Garapon: "Ficamos igualmente surpreendidos por encontrar num tribunal tantas representações violentas, como bocas de leão impressionantes, objectos cortantes e corpos trespassados. Este simbolismo cruel surpreende: poderíamos pensar que um lugar como este procura, pelo contrário, apaziguar, encorajar a reconciliação através de imagens suaves, inspirar a concórdia" (Garapon, *O guardador de promessas: justiça* e democracia, 1998, p. 206). Em outro trecho: "É que a violência não é aí repelida mas, pelo contrário, mostrada e sublimada. Estas imagens que dificilmente chegam à nosssa consciência preenchem sem dúvida um papel de compensação. Estas vinganças terríveis, estas bocas de leão, estas lanças cortantes não somente inspiram o respeito, mas libertam-nos da nossa agressividade, e devolvem-no-la sob uma forma simbólica, eufemizada" (Garapon, *O guardador de promessas: justiça* e democracia, 1998, p. 206).

[452] E, especialmente, no Mundo Ocidental, como identifica Curtis Resnik: "The image of a large imposing woman, draped in Grecian robes, blindfolded, and holding scales and sword is still commonplace in Western Europe and United States; advertisements and cartoons upon our familiarity with this image to make their points" (Resnik, *Images of Justice*, Faculty Scholarship Series, Paper 917, in http://digitalcommons.law.yale.edu/fss_papers/917, Acesso em 07/04/2017, 1987, p. 1743); a exemplo da justiça na Suprema Corte do Japão: "Moving west across the Pacific Ocean, one can see the entrance to the 1974 building for the Supreme Court of Japan" (Resnik, Curtis, *Representing Justice*, 2011, p. 1).

[453] Sobre o caráter secular e repetitivo do símbolo da justiça: "Le même geste peut être accompli pendant des siècles, se voir attribuer successivement plusieurs significations différentes, il n'en poursuit pas moins de génération en génération le cycle inlassable de ses

evocação esteja associada à necessidade de legitimação dos poderes, a cada novo ciclo histórico, o que inclusive explica a relativa variação de seus usos e atributos.[454]

Nesta linha de raciocínio é que Judith Resnik e Dennis Curtis deixam muito claro, em seu grande estudo iconográfico, contido na obra intitulada *Representing Justice,* que a persistência do símbolo da justiça se deve à sua função, para legitimar a violência do Estado.[455] Além desse importante ponto, deve-se dizer que nesta história colhem variações, e estas variações denotam a própria dificuldade de *afirmar* um *conceito unívoco e constante* de *justiça,* o que impõe que o *símbolo da justiça* acabe por exprimir as *tensões* e as *variações* que decorrem do caráter *contextual, histórico, complexo* e *instável* do *conceito de justiça,* e as variações do *uso do poder.*[456]

De forma geral, se pode dizer que o *texto estético* é um *signo-público,* por várias razões. Em primeiro lugar, porque se dá no *espaço público.*[457] Em segundo lugar, porque é feito para ser visto, observado, imitado, admirado, criticado, discutido. E terceiro lugar, porque o seu campo de trabalho é a produção de significações e interpretações. Ora, na medida em que o *símbolo da justiça* se inscreve no mundo por meio de *linguagens estéticas,* adquire esta vocação de *signo-público.* Aliás, toda a história da *simbologia*

répétitions. Il n'en va pas autrement des rites et des symboles de la justice" (Jacob, *Images de la Justice,* 1994, p. 10).

[454] "We assume that the survival of her image is related, at least in part, to the conscious use of justice imagery by governments seeking to legitimate their exercices of power by associating themselves with the concept of justice implicit in the imagery" (Resnik, Curtis, *Images of Justice,* Faculty Scholarship Series, Paper 917, in http://digitalcommons.law.yale.edu/fss_papers/917, Acesso em 07/04/2017, 1987, p. 1743).

[455] "Instead we argue that Justice's remarkable longevity stems from her political utility, deployed because of a never-ending need to legitimate state violence" (Resnik, Curtis, *Representing Justice,* 2011, p. 12).

[456] "The imagery of justice reflects the tensions inherent in defining what is just and what stance judges should take a vis-à-vis their sovereigns" (Resnik, Curtis, *Images of Justice,* Faculty Scholarship Series, Paper 917, in http://digitalcommons.law.yale.edu/fss_papers/917, Acesso em 07/04/2017, 1987, p. 1764).

[457] Esta é a concepção da historiadora da arte, Valérie Hayaert, ao lado do juiz, Antoine Garapon, ao interpretarem as alegorias de justiça do Parlément de Flandre: "L'allégorie de Justice doit unir ses spectateurs sur la place publique : parce qu'elle se trouve sur l'agora, l'incarnation de la Vertu du bien juger a une autre fin que strictement artistique ; elle est volontariste. L'allégorie nous parle par l'art : c'est une image agissante et fédératrice" (Hayaert, Garapon, *Allégories de Justice,* 2014, p. 10).

Justice, Detalhe frontal do Edifício da Prefeitura
Praça Burg, Bruges, Bélgica
Arquivo Pessoal: Fotografia: © pyo

da justiça é uma história da justiça como *signo-público*.[458]

Na figura abaixo, pode-se perceber com muita clareza a *natureza pública* do *símbolo da justiça*, pois na *Burg Square* (Bruges, Bélgica), é possível identificar o quão ostensiva a exibição e a presença de uma estátua da justiça, encimando o frontispício de um edifício público. O símbolo da justiça é colocado à vista de toda a cidade, e ali se posta para enviar mensagens permanentes aos cidadãos, colocando-se no centro da vida social.

Um *signo-público* designa os elos entre os *indivíduos* e a *comunidade*.[459] A imagem da justiça condensa, como *imagem simbólica*, as aspirações, as buscas, as lutas, as crenças, as projeções e as representações do *desejo comum* de coordenação da

---

[458] Na leitura de Luiz Alberto Warat: "Por outro lado, para maior compreensão do conceito de signo linguístico em Saussure, é importante confrontá-lo com a noção de símbolo. Designa-se, habitualmente, por símbolo um significante (imagem, figura ou emblema), que apresenta traços de similitude com o objeto que representa, distinguindo-se, assim, do signo, que, segundo Saussure, é sempre arbitrário. Contudo, surge uma dificuldade, pois, as semelhanças encontram-se estabelecidas por regras arbitrárias. É o caso, por exemplo, da nossa velha e conhecida 'balança', que na cultura juridicista é símbolo das justas decisões. Quem desconhece, no entanto, a complexa problemática que os juristas elaboram em torno da segurança e da equidade de suas decisões, a figura da balança nada significa. Uma vez conhecidas as necessidades dos juristas em tornar equilibradas as suas decisões, pode-se estabelecer um vínculo psicológico de semelhança entre as referidas expectativas jurídicas e o equilíbrio evocado pela figura da balança. Delimita-se, assim, um símbolo" (Warat, O direito e sua linguagem, 2. ed., 1995, ps. 28-29).
[459] "O signo é, portanto, mediação como ser social noológico que se supõe enraizado numa comunidade" (Plaza, *Tradução Intersemiótica*, 2010, p. 19).

esfera pública. Ela, também, serve de advertência e admoestação ao exercício prático da justiça, impregnando de força legitimatória o exercício do poder.[460] Por isso, a história do *símbolo da justiça* irá dialogar com uma história da *esfera pública*, de modo a se *trans-figurar* e a se *re-figurar* inúmeras vezes, ao longo da história ocidental.

É na *esfera pública* que ela faz sentido, seja no *templo* egípcio (*Mâat*), seja na *ágora* grega (*Thémis; Diké*),[461] seja na *urbis* romana (*Justitia*), seja no interior da catedral gótica medieval (*Christus*), seja na *città* moderna, na *piazza* burguesa. No mundo antigo, *diké*, como deusa pagã da mitologia grega; no mundo medieval, a justiça é divina, e faz parte de uma ordenação maior da vida, funcionando como virtude cardeal, diretora da boa-ação e do bom governo; no início da modernidade, a justiça é figurativizada como apêndice do soberano; no mundo moderno, a justiça é parte do espaço urbano, citadino, repleto de feiras e de passantes, onde a nova cultura da moeda circula com liberdade, e a arte da estatuária predomina em sua ascensão como personagem laico da vida burguesa, mas agora cega.[462]

---

[460] Esta a leitura de Lacerda: "Posta na mão direita, a espada é empunhada com mais vigor, funcionando como uma mensagem de advertência: quem descumpre as regras jurídicas está sujeito a ser punido pela coerção estatal. Isso explica o fato das imagens da justiça situarem-se em *locais públicos*, como praças, fontes e prédios de acesso comum" (Lacerda, *Balança, espada e venda*: a justiça e a imparcialidade do juiz, *in* Direito, Filosofia e Arte: ensaios de fenomenologia do conflito (TROGO, Sebastião; COELHO, Nuno Manuel Morgadinho dos Santos, orgs.), 2012, p. 43).

[461] "La Grèce avait pu donner à *Thémis* ou à *Diké* des silhouettes féminines. Elle avait aussi connu l'emploi de la balance dans certains rituels judiciaires. Mais jamais la balance à deux plateaux n'y était devenue l'attribut emblématique d'une représentation stéréotypée de la justice" (Jacob, *Images de la Justice*, 1994, ps. 220-221).

[462] "Of course, Justice is not a solitary icon in the Western tradition. Rather, she is one of a series of images, most in the female form, associated with powerful concepts of virtues and vices. Justice, like many of these images, traces her ancestry to goddesses. Her forerunners seem to have been Maát in Egyptian culture, Themis and Dike in ancient Greece, and then Justitia under Roman rule. When goddesses lost currency as the Church grew in power, Justice appeared in Christian imagery – used not as goddess but as a personification of the ancient virtue. In medieval traditions, Justice achieves a place as one of the four cardinal virtues; the others are Prudence, Temperance, and Fortitude" (Resnik, Curtis, *Images of Justice*, Faculty Scholarship Series, Paper 917, in http://digitalcommons.law.yale.edu/fss_papers/917, Acesso em 07/04/2017, 1987, p. 1729-1730).

Ela irá se exceder, ainda mais, a partir das Revoluções modernas, seja na *Declaração* moderna, seja no Código racional e objetivo, seja na *monumentalidade* dos Palácios de Justiça, nos séculos XVIII e XIX, seja na *modernidade abstrata* dos edifícios funcionais de justiça do século XX, seja na *transparência* e *digitalidade informática* da arquitetura de justiça do século XXI, nos grandes centros urbanos contemporâneos, seja na *street art* nas periferias das cidades cosmopolitas. Destas, à imagem da justiça nos ambientes virtuais, na nova configuração do espaço público como *espaço digital*, na era da *hiper informação*, a imagem de justiça se presta a muitos usos, sentidos e perspectivas. Assim é que se torna passível de ser atualmente lida e compreendida globalmente.[463]

Por isso, uma aproximação cuidadosa da *história do símbolo da justiça* permite apreender que este atravessa os tempos, mas não de forma inalterada. Todo símbolo é composto por certos *atributos figurativos*, na medida em que o *símbolo* é uma encriptação, uma *reductio* semiótica, uma convenção, e que guarda forte apelo a uma comunidade de significação. Como *símbolo*, incorpora todo o conjunto de expectativas públicas e coletivas em torno do que é *comum*; daí, por vezes, seu caráter solene, divino, sério, entusiástico, dramático, ritual, celebrativo, admoestatório, gutural, equidistante, a depender das *linguagens* adotadas na 'representação' da justiça, do momento histórico e dos sentidos do Direito e da Justiça naquele contexto. Ademais, é importante afirmar, muitas vezes as representações do *símbolo da justiça* estão dadas através de técnicas artísticas, de estratégias contidas no *idioletto* de um(a) autor(a), de simbologias e linguagens encriptadas, de forma a dificultar o acesso – sem distorções – ao sentido da *obra-de-arte*, seja um manuscrito, uma xilogravura, uma pintura, uma escultura, um grafismo.

Mas, a *relação semiótica* produzida pelo *símbolo da justiça* não é de mera *representação* (simbólico/realidade), mas de graus de *simbolização* e *iconização*, dentro de um procedimento mais amplo de *persuasão veridictória* que apela aos *sentidos humanos*. O *símbolo da justiça* é um *lugar-do-comum*, um *significante* enquanto *poder-fazer-saber* (*pouvoir-faire-savoir*) colocado no *espaço público*, como estímulo de uma concepção de justiça que se abre à

---

[463] "These various deployments all rely on the fact that we (people living in Europe, North and South America, Africa, Australia, and Asia) can "read" them" (Resnik, Curtis, *Representing Justice*, 2011, p. 8).

interpretação pública e diversa de seus leitores. Por isso, é o *conjunto histórico* e *intertextual* das representações simbólicas da justiça que nos dá uma *mensagem* mais ampla, e não a análise de uma *figuração isolada*. Ademais, sua manutenção, sua constante invocação nos palácios modernos de justiça, sua constante representação nas pinturas de grandes artistas, ou ainda, nos afrescos em catedrais e igrejas, dá conta de apontar para o *peso simbólico* exercido pela *tradição visual* de representação do *símbolo da justiça*.

Ainda, é fato que o *símbolo da justiça* costuma estar emparelhado a outras *virtudes* e *vícios*, ou ainda, costuma ser representado de forma escudada pelas melhores forças da natureza (ou da alma humana), de modo que o *símbolo da justiça* é *signo-público* (i), de constante presença na história (ii), e, também, de enorme força simbólica (iii). Enquanto *signo-público*, constituído na *forma histórica* de possíveis representações, ao contrário do que se costuma afirmar, *não* é estável na história, e serve apenas como um *catalisador* de sentidos *semioticamente instituídos* e *convencionalmente determinados* dentro de arranjos de *relações de poder* e *formas históricas da justiça*, a partir de um contexto sócio-histórico-cultural. Isso demonstra que, ainda que haja uma certa estabilidade de elementos e haja transmissão universal do *símbolo da justiça*, *o símbolo da justiça é relativo* em suas representações no tempo e no espaço, e joga muito claramente com os elementos conjunturais.

Assim é que podem ser localizados alguns atributos que o compõem, podendo ser subdivididos em duas classes, a saber: i.) atributos constantes; ii) atributos circunstanciais. Em sua generalidade de representações históricas, o símbolo da justiça aparece na forma de uma figura feminina,[464] sendo que a cada contexto, ou ainda, a cada investimento narrativo e figurativo, o *símbolo da justiça* se reveste de elementos específicos que são variáveis e circunstanciais. Então, os *atributos do símbolo da justiça*, normalmente, são a espada, a visão (ou, a venda), a balança, o

---

[464] São raras as aparições do *símbolo da justiça* na forma masculina, como indica Martin Jay: "And yet it must be acknowledged that blindfolded Justitia, with all of her warlike attributes, was primarily a female figure, as had been the Egyptian Maat (goddess not only of justice but of truth and order) and the Greek Dike, a daughter of Zeus. Male images of divine justice, such as that of God at the Last Judgment or that of Saint Michel, had not been prevented from exercising the power of vision" (Jay, Martin, Must justice be blind?: the challenge of images to the law, *in Law and the image*: the authority of art and the aesthetics of law (DOUZINAS; NEAD, editors), 1999, p. 27).

SEMIÓTICA, DIREITO & ARTE

trono, a coroa, o cetro, o código, o martelo, com variações detectáveis a cada contexto histórico, sendo certo que determinados elementos vêm se mantendo estáveis nas *representações ocidentais*, tais como a espada e a balança, com maior predominância. Hoje em dia, muitas vezes, se costuma evocar apenas a balança, que é um *sub-símbolo*, dentro do *símbolo completo*, que representa a justiça, como aponta a análise do jurista português Paulo Ferreira da Cunha.[465]

A grande consagração e disseminação do *símbolo da justiça* trará alguma criatividade à arte ocidental, especialmente a partir do fim da Idade Média, quando se verá este *símbolo* associado a tantos outros *símbolos*.[466] Assim, à figura de uma *deusa* com *símbolos-tradicionais* a eles aderidos (espada, balança), ela também pode estar cercada de *atributos* (constantes; circunstanciais),[467] *objetos* e/ou *associada* a outros *símbolos-força* inovadores e contextualmente significativos (para o edifício, para o momento histórico, para o encomendante da obra, para o(a) autor(a) da obra de arte), tais quais: i) coroa (rainha, atributo do poder real); ii) trono (lugar da decisão); iii) pomba (símbolo da paz); iv) serpente (apontando

---

[465] "O principal símbolo do Direito é, nos nossos dias, como se sabe, a Balança. Com ela se pesa simbolicamente o bem e o mal jurídicos (não os éticos ou religiosos ou outros...), se procura o equilíbrio entre infração e pena, lesão e indemnização. Trata-se, porém, de uma estilização ou simplificação do símbolo completo do Direito que é uma deusa, a deusa Justiça" (Cunha, *Filosofia do direito*: fundamentos, metodologia e teoria geral do direito, 2.ed., 2013, p. 210).

[466] "Le buissonnement de l'iconographie est tel qu'on ne peut guère qu'en évoquer les variantes principales. Depuis la fin du Moyen Âge. Le répertoire des symboles qui lui sont associés s'est considérablement enrichi. Elle garde comme attributs dominants la balance, le glaive et le bandeau. Mais de nouveaux venus font leur apparition. Voici par exemple le faisceau des licteurs: il remplace l'épée dans un certains nombre de compositions où il dénote avec plus de précision qu'elle la puissance publique. Voici aussi le miroir et le serpent, emblèmes de la science qui l'éclaire. Voici les diverses figures de la force: lions, sujets herculéens, boucliers de Persée aux têtes de Méduse. Et celles de la prospérité: la corne d'abondance, déjà présente sur les monnaies romaines et qui lui revient avec le goût de l'antique, les gerbes d'épis, les couronnes de fleurs, les urnes remplis de trésors. Elle attire à elle le thème de la régénération de l'arbre de justice" (Jacob, *Images de la Justice*, 1994, p. 238).

[467] "Este símbolo completo ainda surge nos palácios de justiça (nos tribunais), e até nos parlamentos. Frequentemente, como sabemos, através de representações menos fiéis aos originais. As 'Justiças' que vemos normalmente aparecem com venda, balança, espada. Todos pareciam possíveis atributos. Mas, desde logo, não todos simultaneamente" (Cunha, *Filosofia do direito*: fundamentos, metodologia e teoria geral do direito, 2.ed., 2013, p. 210).

para vícios, veneno, astúcia ou prudência); v) povo (soberania popular); vi) pena (poder da escrita); vii) rolos de leis (*códex* romano; leis divinas); viii) anjos (celestial, pureza, ingenuidade); ix) dizeres, tais quais, *Lex Duodecim Tabularum* (tradição do Direito Romano); x) dizeres, tais quais *Lex* (corpo legislativo do Direito Positivo); xi) cavalos e leões (força da natureza); xii) livro (sabedoria; cultura erudita; estudo); xiii) virtudes (Verdade, Prudência, Coragem, Estudo, Força, Temperança); xiv) crânio (mortalidade; finitude das coisas humanas); xv) o olho da lei (tudo vê; tudo controla). Assim é que, vista esta enorme variedade de *atributos* (constantes; circunstanciais), aqui se procurará deter a análise para se dedicar à compreensão de alguns mais estáveis, tais como a venda, a balança e a espada.

4.1.1.1. O símbolo da justiça: a venda

A justiça com a venda não é uma representação constante na história da *simbologia da justiça.* Seu surgimento é tardio, na tradição da *simbologia da justiça,* e data do século XVI.[468] E isso porque a *cegueira* nem sempre acompanhou a *representação* da justiça nas representações tradicionais e ancestrais da cultura ocidental (escultura; pintura; manuscritos; numismática). Pelo contrário, a visão é um atributo muito explícito da deusa *Diké.* E, com enorme constância, entre os mundos grego, romano e medieval, o *símbolo da justiça* estará sempre aliado ao atributo da *super-visão,* ou seja,

---

[468] "Consider also the many meanings possible for blindfold. The blindfold is a relatively late addition to the imagery of Justice. Although Plutarch wrote about the Chief Judge of Thebes whose eyes were closed, most images of Justice before the sixteenth century did not include blindfolds. Hundreds of images – statues, illustrated manuscripts, paintings – depicted Justice with eyes open" (Resnik, Curtis, *Images of Justice*, Faculty Scholarship Series, Paper 917, in http://digitalcommons.law.yale.edu/fss_papers/917, Acesso em 07/04/2017, 1987, p. 1755). Também: "Le passage illustré de Sébastien Brant stigmatisait l'abus des procès, la folie qui pousse les plaideurs à dépenser leur bien, à égarer la justice en sottes querelles. Le graveur choisit, sans que le texte l'imposât, de figurer un fou en d'attacher un bandeau aux yeux de la Justice. Déboussolée, la Justice devenait comme empêtrée de sa balance, désormais illisible, et de sa grande épée brandie à l'aveugle. Comment ce bandeau espiègle de bouffonnerie pouvait-il devenir un attribut noble ? On ne sait, mais vers 1530, la transformation était déjà achevée. À ce moment, les traités s'emblèmes, celui du juriste Alciat notamment, reproduisent l'allégorie aux yeux bandés et s'ingénient à lui trouver un sens. Sans hésitation, ils y reconnaissent le symbole de l'impartialité" (Jacob, *Images de la Justice*, 1994, p. 233).

do *olho da justiça*.[469] É um bom exemplo da importância da visão para a justiça, a representação de Albrecht Dürer, intitulada *Sol Justititae*, de 1498. Isso permite afirmar que a *visão* sempre foi um atributo forte a qualificar a capacidade de análise, ação, observação e atuação da justiça, do mundo antigo ao mundo moderno.[470]

No imaginário medieval e renascentista, a *iconografia* que possui como característica a *cegueira* está atrelada a aspectos ruins, quais sejam, a Morte, a Cupidez, a Ignorância, o Erro, a Cólera, como indica Robert Jacob.[471] E, de fato, os estudos empreendidos por Judith Resnik e Dennis Curtis chegam à mesma conclusão, avaliando que a *cegueira* até então é um atributo negativo, em sentido amplo.[472] A *cegueira* da deusa da justiça, enquanto atributo ruim, ou seja, ligado a uma deficiência e à loucura, na representação contida na xilogravura de Albrecht Dürer do poema de Sebastian Brant (1494),[473] na *Nave dos Insensatos* (*Das*

---

[469] "Registre-se que esse 'olho da lei' não foi uma invenção da modernidade ou tampouco da Revolução de 1789, mas sim é uma longeva invariante cultural no mundo heleno-romano--cristão. Muito antes da Revolução Francesa, o 'olho da lei' ou o 'olho da justiça' – atento e controlador – já era uma imagem de grande vigor simbólico na Europa quer na numismática e na estatuária greco-latinas quer nas iluminuras medievais" (Franca Filho, *A cegueira da justiça*: diálogo iconográfico entre arte e direito, 2011, p. 33).

[470] "Enfim, desde a tradição clássica, passando por toda a Idade Média até chegar ao Renascimento europeu (e até a Revolução Francesa, em algumas localidades), a imagem da justiça sempre esteve associada a uma vista clara, aguçada e desimpedida, a inspirar reverência e receio. Uma visão límpida era, então, o grande atributo da justiça" (Franca Filho, *A cegueira da justiça*: diálogo iconográfico entre arte e direito, 2011, p. 36).

[471] "Mais celle-là ? Peut-on vraiment rêver d'une justice privée de vue, réglant ses mesures et distribuant ses coups à l'aveuglette? Avouons-nous que la cécité judiciaire demeure un symbole profondément dérangeant. Dans l'imaginaire du Moyen Âge et de la Renaissance, toutes les autres allégories aux yeux bandés, la Mort, l'Ambition, la Cupidité, l'Ignorance, l'Erreur, la Colère, sont néfastes. Et si l'Amour est aveugle, le bandeau qui couvre les yeux de Cupidon en dénonce les dangers plus qu'il n'en célèbre les charmes. La cécité est partout prise en mauvaise part. D'ailleurs, avant le XVIe siècle, personne ne s'était avisé qu'il fallait être aveugle pour être impartial. Au contraire, le discernement et la vision aiguë passent pour les qualités nécessaires d'une bonne justice" (Jacob, *Images de la Justice*, 1994, p. 233).

[472] "Rather, for Medieval and Renaissance audiences, the blindfold was laden with negative connotations" (Resnik, Curtis, *Representing Justice*, 2011, p. 62).

[473] "The first appears in a late fifteenth century woodcut by Dürer to illustrate a book by Sebatian Brant. Justice is shown being blindfolded by a fool..." (Resnik, Curtis, *Images of Justice*, Faculty Scholarship Series, Paper 917, in http://digitalcommons.law.yale.edu/

Narrenschiff),[474] é rapidamente transformada no _paradigma_ da justiça moderna,[475] ou seja, convertida de algo negativo a algo positivo na configuração da justiça,[476] a saber, a cegueira como a qualidade de imparcialidade e não-acepção de pessoas que envolve a atitude de quem julga, passando a predominar como _figurativização_ a partir de 1530.[477] A partir daí, a primeira aparição da justiça vendada, em sentido positivo, como sinal de imparcialidade, virá dada em 1531, na Wormser Reformation, Worms.

---

fss_papers/917, Acesso em 07/04/2017, 1987, p. 1756-1757). Em outra parte: "Brant, who was a noted lawyer and law professor, trained (as he said at the front of the book) in both civil and canon law, saw blindness as a fault" (Resnik, Curtis, _Representing Justice_, 2011, p. 67).

[474] "Voltemos ao problema da venda: a própria dúvida sobre se a justiça romana a teria é meio caminho para compreender a grande lição simbólica desse aparente pormenor: é que a justiça tem e não tem venda, é cega e vê. Isso foi plasticamente representado, no século XVII, em gravuras holandesas e alemãs, sob a forma da Justiça de cabeça de Jano, com uma das cabeças vendada e outra de olhos bem abertos. Lembremo-nos que a venda tanto significa reta não acepção de pessoas, como a ignorância, a incapacidade de discernir, a própria loucura. Na _Nave dos Loucos_, o Imperador é vendado – para exprimir a nesciência do poder" (Cunha, _Filosofia do direito_: fundamentos, metodologia e teoria geral do direito, 2.ed., 2013, p. 211). "Aliás, foi exatamente essa a tônica – a da crítica ácida – a da xilogravura atribuída a Albrecht Dürer para o poema satírico _Das Narrenschiff_ (_A Nau dos Insensatos_), de Sebastian Brant, publicado em 1494, em que, pela primeira vez, se vê a figura de uma justiça vendada" (Franca Filho, _A cegueira da justiça_: diálogo iconográfico entre arte e direito, 2011, p. 36).

[475] "But suddenly at the end of the fifteenth century, a blindfold began to be placed over the goddess's eyes, producing what has rightly been called 'the most enigmatic of the attributes of Justice". Perhaps the earliest image showing the change is a 1494 wood engraving of a Fool covering the eyes of Justice, illustrating Sebastian Brant's _Narrenschiff_ ('Ship of Fools') wich was rapidly reproduced in translations throughout Europe" (Jay, Must justice be blind?: the challenge of images to the law, _in Law and the image_: the authority of art and the aesthetics of law (DOUZINAS; NEAD, editors), 1999, ps. 19-20).

[476] Esta é também a conclusão à qual chega Paulo Ferreira da Cunha: "Ao cabo de mais de uma dúzia de anos e estudo, pensamos que a venda é um elemento espúrio, típico de alegorias da fortuna, funerárias, ou burlescas, e que teria tido origem numa paródia a sua aposição às representações da justiça, como sucede numa significativa estampa d'_A Nave dos Loucos_ de Sebastião Brandt. Deu-se então a "recuperação" sábia do adereço, que, de crítica a uma justiça tonta e não sabendo para onde vai, passou a ser considerado como símbolo da não acepção de pessoas" (Cunha, _O Tímpano das Virtudes_: arte, ética e direito, 2004, p. 87).

[477] "By 1530, however, this image seems to have lost its satirical implication and the blindfold was transformed into a positive emblem of impartiality and equality before the law" (Jay, Must justice be blind?: the challenge of images to the law, _in Law and the image_: the authority of art and the aesthetics of law (DOUZINAS; NEAD, editors), 1999, p. 20).

SEMIÓTICA, DIREITO & ARTE

Segundo algumas análises, talvez a imagem de Sebastian Brant tenha se imposto de tal forma, e se disseminado na mentalidade geral, que os juristas tiveram que se render à sua *figuratividade,* de modo a converter o seu sentido em algo positivo, no processo de julgamento.[478] Aliás, ali já estava contida a preocupação de denunciar, de forma aberrante, o problema do *erro judiciário* como algo perigoso, e que despertava a atenção de estudiosos, advogados e juristas.[479]

O *símbolo da justiça,* que precisava de novas características para novos tempos, haveria de irromper, no meio da cidade medieval, na transição para o mundo moderno, sedento por representar a força e o poderio da burguesia, e, por isso, como *símbolo,* a síntese de um *novo tempo,* disruptivo com relação aos tempos das representações e do poderio da Igreja Católica.[480] E isto se dará principalmente a partir do Norte da Europa, de modo que se revela aí um processo histórico ligado à *laicização* e à ascensão a Reforma Protestante.[481] Ademais, se trata de uma exigência de recurso não mais às mesmas formas de justiça sujeitas ao erro judiciário, mas, por

[478] Esta é a interpretação de Lacerda: "Só algumas décadas mais tarde (1530 a 1540) é que a venda terá seu sentido original, de deboche, convertido em imagem positiva. Os juristas começam a mostrá-la como algo que *dignifica* a justiça: como um sinal de sua imparcialidade. Não se podendo ver livres da imagem da justiça vendada, que deve ter-se imposto a todos naqueles anos (em razão da influência da obra de Brant), sabiamente inverteram seu sentido: a venda deixava de ser, então, símbolo da loucura dos juízes e passava a ser exatamente o contrário: símbolo da razão, sua melhor visão, que é aquela que, ao não ver (quem está julgando), vê melhor (pois encontra o que é devido a cada um dos envolvidos no conflito)" (Lacerda, *Balança, espada e venda:* a justiça e a imparcialidade do juiz, *in* Direito, Filosofia e Arte: ensaios de fenomenologia do conflito (TROGO, Sebastião; COELHO, Nuno Manuel Morgadinho dos Santos, orgs.), 2012, p. 48).

[479] "The artist who created *The Fool Blindfolding Justice* was Constitutio not the only one of his era to deploy a blindfold as a warning against judicial error" (Resnik, Curtis, *Representing Justice,* 2011, p. 67).

[480] Aqui, segue-se de perto a leitura de Franca Filho: "Uma imagem que, ao romper com a tradição católica, bradava *urbi et orbi* a sua natureza laica. A justiça – agora, sempre vendada – passa a ser a alma da cidade livre" (Franca Filho, *A cegueira da justiça*: diálogo iconográfico entre arte e direito, 2011, p. 82).

[481] Neste trecho, fica claro como a leitura de Curtis Resnik reforça a leitura de Franca Filho: "Harbison suggests that in Northern Europe, the Reformation and secularization gave impetus to a need for propaganda to reassure members of society that early decisions paralleled heavenly ones" (Resnik, *Images of Justice,* Faculty Scholarship Series, Paper 917, in http://digitalcommons.law.yale.edu/fss_papers/917, Acesso em 07/04/2017, 1987, p. 1746).

SEMIÓTICA APLICADA, DIREITO E ARTE

força das exigências da comunidade jurídica, o recurso cada vez menor ao *arbítrio judiciário* e cada vez maior à *legislação* e à *codificação romana*.[482]

Ela se difunde como *imagem-da-cidade* – e se situa, geralmente, no meio da praça pública –,[483] igualmente distanciada do poder da Igreja e do poder do soberano, e, neste sentido, começa a afirmar a *publicidade* da justiça.[484] Se esta imagem se difunde, se afirma e se consolida entre os séculos XVI e XVII,[485] isto coincide com a profissionalização de magistrados independentes, que seriam imparciais, e não estariam vinculados ao poder real, conferindo-se maior autonomia e imparcialidade, equidistância e seriedade ao ato de julgar.[486] Ademais, a *cegueira* parece demarcar

[482] Esta afirmação é de suma importância para desvendar essa passagem, e está fundada nas pesquisas de Judith Resnik e Dennis Curtis: "These materials were part of a larger effort to professionalize law, to dispossess lay jurists of their authority, and to promote law's codification. The negativity of the blindfold was part of a message about the superiority of Roman statutory law over the customary law used by German lay judges" (Resnik, Curtis, *Representing Justice*, 2011, p. 69).

[483] Na Almenha e na Suíça: "Le trait est particulièrement apparent dans la statuaire qui s'est développée à partir du XVIᵉ siècle dans les villes du sud de l'Allemagne et en Suisse. La Justice est en général installée sur une colonne qui domine la place publique la plus importante de la ville" (Jacob, *Images de la Justice*, 1994, p. 240).

[484] "Robert has argued that it was relatively secular, democratic forms of government (the city-states of central Europe) that typically propagated visual allegories of justice, while the absolutist monarchy continued to rely mainly on the effigy of the king. He relates the allegory of Justice to the city-state's need for an emblem that abstracted power and dissociated it from the individual men at his helm of government. The emblem of Justice not only represented justice but allegorized and legitimated the state and its executive power" (Taylor, The Festival of Justice, Paris, 1849, *in Law and the image*: the authority of art and the aesthetics of law (DOUZINAS; NEAD, editors), 1999, p. 169).

[485] A constatação histórica é a mesma no estudo de Robert Jacob: "Ce système, cependant, ne put traverser sans altération la grave crise de conscience qui ébranla l'Europe du XVIᵉ siècle. L'unité religieuse du continent se trouva soudain brisée. Aucune image des sources divines de la justice humaine ne lui assurait plus de fondements incontestés. Survinrent alors des formes nouvelles de sacralité, épurées, abstraites, prenant distance avec l'évocation trop précise de conceptions religieuses. Des formes qui semblaient tout exprès taillées pour la justice. L'allégorie de la déesse au glaive et à la balance connut à ce moment un succès sans précédent. Elle exigea d'être aimée pour elle-même et confondit avec l'activité judiciaire son culte" (Jacob, *Images de la Justice*, 1994, p. 13).

[486] Esta é a hipótese de interpretação desenvolvida por Curtis Resnik, baseado no juiz Otto Kissel: "A political explanation is offered by Judge Otto Kissel, who notes that the blindfold became a popular attribute of Justice during the sixteenth and seventeenth centuries. Kissel

SEMIÓTICA, DIREITO & ARTE

uma ruptura clara com o mundo medieval e seu imaginário, de uma *justiça* que era *representada* como superior aos homens, e, portanto *divina*, em direção a uma *justiça laica*, que não precisa mais das vias teológicas para ser acessada, pois agora as *leis* indicam tudo que precisa ser *interpretado, meditado, interiorizado,* apontando-se para o período em que o *império da lei escrita* estará acima dos discursos teológicos acerca da *justiça divina*.[487]

A cegueira, então, passa a significar: i) interioridade e intimidade com a verdade;[488] ii) imparcialidade[489] perante os argumentos e comprometimento das partes envolvidas;[490] iii) equidistância perante as

argues that inclusion of the blindfold in Justice imagery coincided with the establishing of professional, independent judges, who stood apart from the sovereign and were not simply acting at its behest" (Resnik, Curtis, *Images of Justice*, Faculty Scholarship Series, Paper 917, in http://digitalcommons.law.yale.edu/fss_papers/917, Acesso em 07/04/2017, 1987, p. 1757).

[487] Esta leitura de Robert Jacob aponta nesta sensível mudança no nível do *símbolo* o prenúncio de uma mudança epocal em direção ao que se conhecerá como *positivismo jurídico*, e isto apenas no século XIX: "À l'évidence, la symbolique que déploiera l'architecture judiciaire de l'âge classique se rapproche de ce modèle-là. Le bandeau de la Justice annonce ainsi le « Dieu caché » et la «loi intérieure» des magistrats jansénistes. Il amorce le processus qui conduit à subsumer la justice dans la loi et prépare l'avènement de ce culte de la norme que l'on appelle, à tort ou à raison, le positivisme juridique" (Jacob, *Images de la Justice*, 1994, p. 237).

[488] "A blind-folded justice could thus avoid the seductions of images and achieve the dispassionate distance necessary to render verdicts impartially, an argument advanced as early as the jurist Andre Alciati's influential compendium of emblems, the *Emblemata* of 1531" (Jay, Martin, Must justice be blind?: the challenge of images to the law, *in Law and the image: the authority of art and the aesthetics of law* (DOUZINAS; NEAD, editors), 1999, p. 21-24).

[489] "La benda fa segno dell'imparzialità di un giudice deputato a bocca della legge, a mero dichiaratore di una norma generale e astratta. La bilancia esprime la ricerca del punto in cui le forze si annullano, nell'assunto che in giudizio si esprimano pretese più o meno impari; infine, la spada allude al fondamento coercitivo del giudizio, coerzione che (al fine di legittimarsi) risiede nel monopolio dell Stato" (Ziccardi, Una giustizia senza benda e senza spada? Simbologia del giuridico e funzione giudiziale fra Simone Weil e Martha Nussbaum, *in Il Diritto tra testo e immagine* (FARALLI, Carla; GIGLIOTTI, V.; HERITIER, P.; MITTICA, M.P.), 2014, p. 168).

[490] Conforme aponta Lacerda: "Assim, tanto a pesagem quanto o equilíbrio final são impossíveis sem imparcialidade. Se quem julga e, portanto, decide, está previamente comprometido com as pessoas (ou com suas qualidades pessoais), cujos interesses estão em apreciação, então a pesagem não poderá ser feita de forma equânime, e o reequilíbrio da relação rompida não ocorrerá. O processo judicial, com sua ritualização argumentativa (sequência de atos que afirmama a validade de visões e razões sobre o fato, traduzidas na *parcialidade* dos advogados), espelha essa busca imparcial do equilíbrio que restaura socialmente a justiça,

partes;[491] iv) cautela ao caminhar, não desabalando em tomar atitudes, sabendo que o terreno do futuro é desconhecido;[492] v) descompromisso com o poder real, e, portanto, autonomia judiciária.

Desde então, a justiça vendada se dissemina como *modelo* da ideia de justiça. A título de exemplo, na figura abaixo, constante do *Museum of the Supreme Court of Justice* (Washington D.C., EUA), há esta invocação da justiça vendada, que registra com precisão essa mais disseminada concepção, segundo a qual a justiça deve estar vendada.

Há muitas críticas contemporâneas a respeito do papel da *venda* no símbolo da justiça, ademais dos significados que possa portar. Por isso, atualmente, na esteira de

Símbolos da Justiça – Symbols of Justice
Museum of the Supreme Court of Justice
Washington, D. C.
Estados Unidos da América
Arquivo Pessoal: Fotografia © pyo

e cuja melhor imagem é a alegoria da balança..." (Lacerda, *Balança, espada e venda*: a justiça e a imparcialidade do juiz, *in* Direito, Filosofia e Arte: ensaios de fenomenologia do conflito (TROGO, Sebastião; COELHO, Nuno Manuel Morgadinho dos Santos, orgs.), 2012, p. 38).
[491] "A venda que, nas representações artísticas, cobre os olhos da justiça é um atributo enigmático, considerado por François Ost como 'sem dúvida o mais importante e, portanto, o menos bem compreendido (símbolo) da justiça'. Qual é a razão desta incompreensão? Por que a justiça é com frequência representada como 'cega'? A explicação mais comum é a de que a venda indica a imparcialidade que o aplicador do direito não pode dispensar" (Lacerda, *Balança, espada e venda*: a justiça e a imparcialidade do juiz, *in* Direito, Filosofia e Arte: ensaios de fenomenologia do conflito (TROGO, Sebastião; COELHO, Nuno Manuel Morgadinho dos Santos, orgs.), 2012, p. 45).
[492] "There is another powerful justification for the allegorical image of the blindfold. Because her eyes are covered, Justitia must walk cautiously into the future, not rushing headlong to judgment" (Jay, Must justice be blind?: the challenge of images to the law, *in Law and the image*: the authority of art and the aesthetics of law (DOUZINAS; NEAD, editors), 1999, p. 32).

SEMIÓTICA, DIREITO & ARTE

Martin Jay,[493] talvez seja preferível não ter de divisar no *símbolo da justiça* nem uma justiça de olhos abertos e nem uma justiça cega, mas preferir aquele símbolo em que ela aparece de forma bifacial – a exemplo da figura intitulada *Mundanae iustitiae effigies,* que aparece no frontispício do livro do século XVI intitulado *Praxis rerum civilium* –,[494] seja com os olhos abertos, seja com os olhos fechados, a dizer que ambas as qualidades são imprescindíveis para o bem julgar, a saber, tanto a imparcialidade da face vendada (que olha para a balança), quanto a visão da face de olhos abertos (que olha para a espada), a fim de não se enganar com o que observa.[495] Ou ainda, na esteira de Martha Nussbaum e Simone Weil,[496] é possível representar a justiça, retirando-lhe a venda,[497] para que a amplitude

---

[493] "Perhaps it is best, therefore, to imagine the goddess Justitia neither as fully sighted nor as blindfolded, but rather as she was depicted in the mid-sixteenth century, at the threshold of the modern world, in the frontispiece to J. de Damhoudere's *Peraxis rerum civilium*: as a goddess with not one face, but two. The first has eyes that are wide open, able to discerne difference, alterity, and non identity, looking in the direction of the hand that wiels her sword, while the second, facing the hand holding the calculating scales of rul-egoverned impartiality, has eyes that are veiled. For only the image of a two-faced deity, a hybrid, monstrous creature that we can in fact see, and allegory that resists subsumption under a general concept, only such an image can do, as it were, justice to the negative, even perhaps aporeic, dialectic that entangles law and justice itself" (Jay, Must justice be blind?: the challenge of images to the law, *in Law and the image:* the authority of art and the aesthetics of law (DOUZINAS; NEAD, editors), 1999, p. 35).

[494] "*Mundanae iustitiae effigies (A Portrait of Worldy Justice)* is the title placed above an intriguing Janus-faced Justice from a sixteenth-century book, *Praxis rerum civilium (Legal Practice in Civil Matters)*" (Resnik, Curtis, *Representing Justice*, 2011, p. 72).

[495] "The face of the sighted Justice looks toward her large sword, held upright in her right hand, while the face of the blindfolded Justice turns toward her left side, where her left hand holds tipped scales" (Resnik, Curtis, *Representing Justice*, 2011, p. 72).

[496] Esse estudo é levado adiante por Ziccardi, Una giustizia senza benda e senza spada? Simbologia del giuridico e funzione giudiziale fra Simone Weil e Martha Nussbaum, *in Il Diritto tra testo e immagine* (FARALLI, Carla; GIGLIOTTI, V.; HERITIER, P.; MITTICA, M.P.), 2014.

[497] "In sorprendente sintonia l'una con l'altra, a settant'anni di distanza, Simone Weil e Martha Nussbaum difendono la stessa risposta: togliere la benda alla giustizia significa riconsiderare il giudizio alla luce di una metodologia cognitiva più ampia, comprensiva del sentimento ma non per questo meno razionale, non per questo destinata a ricadere in un solipsistico soggettivismo o nell'arbitrio celato dietro la maschera dell'autorità" (Ziccardi, Una giustizia senza benda e senza spada? Simbologia del giuridico e funzione giudiziale

SEMIÓTICA APLICADA, DIREITO E ARTE

cognitiva lhe confira ainda melhores condições de exercício de sua tarefa socialmente relevante.

4.1.1.2. O símbolo da justiça: a balança

O *sub-símbolo da balança,* internalizado como parte do *símbolo da justiça,* uma parte certamente central – e que, historicamente, se consolida cada vez mais como a *síntese da ideia de justiça* –, tem origem egípcia,[498] e não grega ou romana. Os usos gregos e romanos já são muito mais contemporâneos, pois o uso da *balança,* entre os egípcios, apontava para a atividade de *pesagem das ações humanas,* e, portanto, como parte da atividade divina de julgamento na passagem ao reino dos mortos.[499] Os egípcios vão se valer desta *simbologia,* através do rito religioso e das crenças religiosas, e, talvez, por aí, tenham influenciado outros povos, culturas e tradições antigos. Fato é que não somente a religião egípcia se vale deste símbolo, mas também o judaísmo e o islamismo.[500] Os romanos irão se utilizar, a

---

fra Simone Weil e Martha Nussbaum, *in Il Diritto tra testo e immagine* (FARALLI, Carla; GIGLIOTTI, V.; HERITIER, P.; MITTICA, M.P.), 2014, p. 173).

[498] Isto está claro em Robert Jacob: "C'est pourquoi les historiens privilégient d'ordinaire la piste égyptienne. On sait qu'en Égypte, la pesée de l'âme du défunt lors du jugement des morts a donné matière à de très nombreuses représentations. La balance y est l'instrument du jugement. La déesse de la Justice, Maât, ne préside pas à la cérémonie, mais elle y participe de manière décisive en posant sur des plateaux la plume d'autruche qui est son attribut principal. La plume de Maât constitue à la fois l'accusation et la mesure exacte de la justice. Si le cœur du mort est aussi léger qu'elles, les plateaux en équilibre et le défunt se trouve justifié. S'il est plus lourd, la balance s'incline de son côté et le condamne. Le jugement des âmes se présente ainsi comme une épreuve ordalique dans laquelle la balance est l'instrument de la confrontation entre le sujet éprouvé et la valeur de référence. La justice et la balance sont de la sorte associées, définitivement" (Jacob, *Images de la Justice,* 1994, p. 221).

[499] "A balança, obviamente, foi inventada para realizar a sua função primária, de pesar objetos, e não para ser símbolo. O mais antigo exemplar de balança conservado data de 7.000 a.C., tendo sido descoberto nas escavações de Nagadah, no Egito. O seu uso simbólico, com referência à justiça e à pesagem das ações humanas, também parece ter sido criação egípcia. A balança aparece, cerca de 2.500 a.C., como o principal instrumento do julgamento dos mortos que, segundo a religião egípcia, era presidido pelo deus Osíris" (Lacerda, *Balança, espada e venda:* a justiça e a imparcialidade do juiz, *in* Direito, Filosofia e Arte: ensaios de fenomenologia do conflito (TROGO, Sebastião; COELHO, Nuno Manuel Morgadinho dos Santos, orgs.), 2012, p. 35).

[500] "A balança aparece como símbolo do julgamento e da justiça também nos livros sagrados das religiões monoteístas, como o judaísmo e o islamismo" (Lacerda, *Balança, espada e venda:*

SEMIÓTICA, DIREITO & ARTE

princípio, de *moedas* com o símbolo da justiça, e, em suas primeiras aparições, já se trata de uma mulher com o escrito *Iustitia* (moeda do Imperador
Tibério), mas em suas aparições mais consolidadas e constantes, será uma
mulher com uma balança, afirmando-se assim desde o final do século I
d.C (moeda dos Imperadores Vespasiano e Tito).[501]

Será, no entanto, a partir da Idade Média que o *símbolo da balança* irá
se esteriotipar como o *padrão* mais constante, usual, invocado nas diversas
alegorias, pinturas, esculturas e iluminuras do período, demarcando de
uma vez por todas, no imaginário ocidental, a sua presença como carac-
terizadora da ideia de justiça.[502] Na figura abaixo, é possível verificar,
numa pintura constante do *Vatican Museum* (Roma, Itália), a presença
da balança como um elemento decisivo para a configuração da idéia de
justiça. A *balança* não está apenas presente, mas ela *confere equilíbrio geo-
métrico* à própria composição artística desta pintura. Aqui, a *deusa da
justiça* tem aos seus pés um escrito em signos verbais (*Jurisprudentia*),
está cercada por livros e rolos, e a espada descansa, pois é um elemento
necessário, mas não tão importante, por não manter conexão física com

---

a justiça e a imparcialidade do juiz, *in* Direito, Filosofia e Arte: ensaios de fenomenologia
do conflito (TROGO, Sebastião; COELHO, Nuno Manuel Morgadinho dos Santos, orgs.),
2012, p. 36).

[501] "Son histoire commence avec l'empire romain, plus précisément avec la numismatique
romaine. C'est sous Tibère, en l'an 22 ou 23 de notre ère, que fut frappée, pour la première
fois, une pièce de deux as à l'effigie de la Justice. La dame, à qui Livie, veuve d'Auguste et
mère de l'empereur, avait prêté ses traits, était représentée en tête, de profil et sans attribut
particulier. Seule la légende *Justitia* la faisait identifier. Mais à partir des règnes de Vespasien
et Titus, aux environs de 80, les empereurs entreprirent de frapper, au revers de monnaies
à leur effigie, l'image de *l'Aequitas* sous la forme d'une femme tenant une balance, parfois
appuyée sur un bâton long et portant une corne d'abondance" (Jacob, *Images de la Justice*,
1994, ps. 219-220).

[502] Os estudos do medievalista e historiador Robert Jacob apontam neste sentido: "Avec
l'image médiévale enluminure, peinture, et sculpture, le nombre des représentations de la
Justice devient considérable. La figure est stéréotypée. Son attribut le plus constant est la
balance. Sans doute certaines Justices s'en sont-elles passées comme elles ont toujours pu se
passer ici et là du bandeau, du glaive, du miroir, etc., aucun de ces signes n'étant strictement
obligatoire. Mais elles sont rares. De toutes les marques qui la font reconnaître, la balance
est la plus ancienne et la plus fréquente. Les autres sont venues plus tard. Beaucoup, comme
le bandeau, ne sont pas antérieures au tournant des XVe et XVIe siècles" (Jacob, *Images de
la Justice*, 1994, p. 224).

Jurisprudentia
Musei Vaticani
Vaticano
Roma, Itália
Arquivo Pessoal: Fotografia:
© pyo

a *deusa da justiça*. Aqui, ela prefere o contato de suas mãos na tarefa de *equilibrar* e *manejar livros*.

Assim é que a balança aponta para: i) decisão balanceada entre dois pratos, implicando o julgamento; ii) a indicação de que toda disputa sempre tem dois lados, e é necessário ouvir e dar oportunidades de fala a ambas as versões; iii) o equilíbrio e a harmonia dos pratos da balança;[503] iv) a capacidade de dosar, pesar, sopesar, ponderar, de forma a alcançar o veridicto não por um processo solitário e unilateral, mas a partir do que as partes da disputa apresentam aos pratos da balança; v) sutileza e destreza sensível, no equilíbrio dinâmico e sensível de uma balança, que é capaz de captar a menor variação de medida, na identificação das pequenas diferenças entre os fatos e os fenômenos, indicando que a atividade da justiça implica a capacidade de perceber aquilo que as olhos comuns não se diferencia.

---

[503] "Creio que, além da pesagem, a balança simboliza a *consequência* da justiça. Com seus pratos em equilíbrio, o símbolo nos remete à ideia de que uma relação social justa é aquela saudável e harmônica, em que cada uma das partes possui o que lhe é devido. A balança de dois pratos, neste sentido, possui dupla significação simbólica, pois indica tanto o processo de decidir (a pesagem das ações dos que estão sendo julgados) quanto o resultado de um bom julgamento (o equilíbrio, a harmonia da relação social)" (Lacerda, *Balança, espada e venda*: a justiça e a imparcialidade do juiz, *in* Direito, Filosofia e Arte: ensaios de fenomenologia do conflito (TROGO, Sebastião; COELHO, Nuno Manuel Morgadinho dos Santos, orgs.), 2012, p. 37).

Justice
Detalhe frontal de Edifício Público
Praça Burg
Bruges, Bélgica
Arquivo Pessoal: Fotografia: © pyo

4.1.1.3. O símbolo da justiça: a espada

O *sub-símbolo da espada*, dentro do *símbolo da justiça*, aponta para a dimensão da força, da coertividade das decisões de justiça.[504] O símbolo da justiça conta com a balança e a espada, que parecem ser *sub-símbolos* dos mais constantes na evocação da *noção de justiça*. A título de exemplo, como se pode verificar na figura abaixo, na *Burg Square* (Bruges, Bélgica), a *estátua da justiça* não somente é um *signo-público* que consta da principal praça da cima, como ela está posicionada na parte mais alta do edifício público. Ali, aos olhos de todos, ela segura com a mão esquerda uma balança, e com a mão direita uma espada. Esta, se encontra bem à frente de seu corpo, e mantém posição ativa, comunicando à cidade que o uso da *força* está à disposição dos poderes públicos, para o cumprimento dos proclamos de justiça.

O *sub-símbolo* da espada, associado ao *símbolo da justiça*, parece ter-se vulgarizado a partir de uma representação do século XIV, de autoria de André Pisano, no *Batistério de San Giovanni*, em Firenze, Itália (1334-1336).[505]

---

[504] "A simbologia reflete a ligação entre força e direito por meio do atributo da *espada*, empunhada ou amparada pela personificação feminina da justiça" (Lacerda, *Balança, espada e venda*: a justiça e a imparcialidade do juiz, in Direito, Filosofia e Arte: ensaios de fenomenologia do conflito (TROGO, Sebastião; COELHO, Nuno Manuel Morgadinho dos Santos, orgs.), 2012, p. 42).

[505] "De acordo com as informações de Mario Sbriccoli, as primeiras imagens públicas da espada-atributo datam de 1334 e 1336, quando Andrea Pisano esculpiu duas *Justiças* com balança e espada no *Batistério de San Giovanni*, em Florença (Itália). Como comparação, a famosa justiça pintada por Giotto, na *Capella degli Scrovegni*, três décadas antes, não trazia ainda a espada. Segurava apenas os pratos de uma balança que a circundava. Interessante

E isto porque a espada parece evocar a ideia de que: i) a justiça estaria desaparelhada de condições de sua aplicação, se não pudesse impor as decisões de justiça; ii) a força, por sua vez, é um substituto da força dos particulares; iii) a força indica que o *poder* favorece a aplicação da justiça, e lhe confere condições de executividade; iv) uma forma de ameaça e prevenção, enquanto espada empunhada e dirigida a todo aquele que intenta cometer atos injustos;[506] v) o equilíbrio da balança sem a força da espada estaria fadado à negação por parte dos afetados pelas decisões de justiça; vi) sua posição vertical ou em repouso, indica o grau de recurso à força e a atividade requerida, mais passiva ou mais ativa; vii) o poder de divisão e partilha, na medida em que *atribuir a cada um* é uma tarefa da justiça.[507]

4.1.2. Entre *Iconologia* e *Semiótica da Pintura*: o símbolo da justiça na pintura ocidental

A *Semiótica da Arte* comporta uma *Semiótica da Pintura*,[508] sabendo-se que a *Semiótica da Pintura* é apenas uma parte da *Semiótica da Imagem*. A *Semiótica*

---

notar que, na parede oposta, Giotto pintou a *Injustiça* com feições masculinas e severas (talvez representando um juiz corrupto, ou um tirano), segurando uma lança e uma espada" (Lacerda, *Balança, espada e venda*: a justiça e a imparcialidade do juiz, *in* Direito, Filosofia e Arte: ensaios de fenomenologia do conflito (TROGO, Sebastião; COELHO, Nuno Manuel Morgadinho dos Santos, orgs.), 2012, p. 43).

[506] "Posta na mão direita, a espada é empunhada com mais vigor, funcionando como uma mensagem de advertência: quem descumpre as regras jurídicas está sujeito a ser punido pela coerção estatal. Isso explica o fato das imagens da justiça situarem-se em *locais públicos,* como praças, fontes e prédios de acesso comum" (Lacerda, *Balança, espada e venda*: a justiça e a imparcialidade do juiz, *in* Direito, Filosofia e Arte: ensaios de fenomenologia do conflito (TROGO, Sebastião; COELHO, Nuno Manuel Morgadinho dos Santos, orgs.), 2012, p. 43).

[507] "Podemos também lembrar a justiça pintada por Rafael Sanzio na *Stanza della Segnatura*, no Vaticano (no começo do século XVI). Ela brande uma espada que parece estar prestes a golpear: é a expressão aparente da força, da coerção. Seu semblante, porém, não é ameaçador, mas sereno. Sua face apresenta uma doçura e uma tranquilidade que remetem ao outro sentido da espada, o de 'cortar ao meio', atribuindo a 'cada um o seu'." (Lacerda, *Balança, espada e venda*: a justiça e a imparcialidade do juiz, *in* Direito, Filosofia e Arte: ensaios de fenomenologia do conflito (TROGO, Sebastião; COELHO, Nuno Manuel Morgadinho dos Santos, orgs.), 2012, p. 45).

[508] "Toda esta parafernália interpretativa da Iconologia, entendida num sentido lato, pode aproximar o estilo de algum tipo de preocupações semióticas. Aliás, a solidariedade entre todas estas disciplinas é cada vez maior, e cada vez mais menos interessa a sua etiqueta

SEMIÓTICA, DIREITO & ARTE

da Pintura é uma fração do campo de estudos aplicados da *Semiótica Geral,* ainda em estado recente de desenvolvimento,[509] sabendo-se que, aqui, de fato, é o *signo-ícone*[510] que será destacado em sua importância e centralidade. Neste ponto, vale ressaltar, incialmente, que a *Semiótica,* a *Imagem* e a *Pintura* são estudadas pela *Semiótica da Imagem,* de forma a que a *Iconologia* lhe seja a parte específica de uma *Semiótica* aplicada e especializada nos estudos dos *discursos em imagens,*[511] ou seja, dos *textos imagéticos,*[512] e, para uma *Semiótica da Pintura,* dos *textos pictóricos.*[513] Para a análise da *Semiótica Visual,* ou *Semiótica da Imagem,* mais especificamente, vale a afirmação de Algirdas Julien Greimas e Joseph Courtés de que a *imagem* é considerada a *unidade de manifestação,*[514] capaz de ser submetida à análise semiótica.

epistemológica. Semiótica? Porque não?!..." (Cunha, *O Tímpano das Virtudes*: arte, técnica e direito, 2004, p. 23).

[509] "O estado da arte na semiótica da pintura pode ainda ser caracterizado como estando pouco desenvolvido" (Santaella, Nöth, *Imagem:* cognição, semiótica, mídia, 1998, p. 97).

[510] "As imagens como semelhança de signos retratados pertencem à classe dos ícones" (Santaella, Nöth, *Imagem, Cognição, Semiótica, Mídia,* 1998, p. 37). Isso também é analisado e discutido por Julio Plaza: "Assim, como ponto de partida, pode-se afirmar que o signo estético erige-se sob a dominância do ícone, isto é, como um signo cujo poder representativo apresenta-se no mais alto grau de degeneração porque tende a se negar como processo de semiose" (Plaza, *Tradução Intersemiótica,* 2010, p. 24).

[511] E, nesta visão, fica claro que: "...todas as imagens, incluindo as abstratas, são signos" (Nöth, Fundamentos semióticos do estudo das imagens, *in Tabuleiro das Letras*: Revista do Program de Pós-Graduação em Estudo de Linguagens, Universidade do Estado da Bahia, no. 05, dez. 2012, ps. 02).

[512] "Mitchell (1986: 1) introduziu o conceito iconologia como designação para a ciência do discurso em imagens e sobre imagens, sem observar que esse conceito é usado em um sentido totalmente diferente na ciência da arte" (Santaella, Nöth, *Imagem, Cognição, Semiótica, Mídia,* 1998, p. 33).

[513] Aqui a observação muito clara e direta desse deslocamento do estudo do *signo* ao estudo do *texto,* em Ugo Volli: "As dificuldades apresentadas pelas características da linguagem pictórica são assim superadas não tanto graças a uma teoria semiótica dos *signos* da pintura, e sim graças a uma mudança de perspectiva centralizada no *texto pictórico,* portanto na análise dos instrumentos a partir de uma análise textual não mais voltada para a pesquisa das unidades mínimas, mas centralizada nos elementos macroestruturais que regem a significação de uma obra" (Volli, *Manual de semiótica,* 2007, p. 277).

[514] "En sémiotique visuelle, l'image est considérée comme une unité de manifestation autosuffisante, comme un tout de signification, susceptible d'être soumis à l'analyse" (A.J.Greimas, J. Courtés, *Sémiotique*: ditionnarire raisonné de la théorie du langage, Paris, Hachette, 1993, verbete Analogie, p. 181).

SEMIÓTICA APLICADA, DIREITO E ARTE

Ademais, todo o debate sobre a *visualidade* perpassa a discussão sobre a *iconocidade* da imagem.[515]

Mas, é importante afirmar que a *Iconologia* sempre foi uma parte da *história da arte* preocupada com a interpretação do sentido das obras de arte, possibilitando a análise das obras de arte.[516] Neste ponto, o historiador e crítico de arte alemão Erwin Panofsky foi, sem dúvida alguma, a principal referência neste domínio.[517] Foi somente mais recentemente, com o desenvolvimento dos estudos semióticos da imagem, a *Iconologia* – por alguns também chamada de *Iconomia* – que se tornou possível torná-la – simultaneamente – uma parte da *Semiótica da Imagem,* como apontam os estudos da semioticista Lucia Santaella, ao lado de Winfried Nöth.[518]

O empreendimento da *Semiótica* é aqui, como em outras partes, a compreensão e o destrinchamento do(s) sentido(s), considerando-se a riqueza e a diversidade, a dinâmica e a pluralidade das imagens o grande campo para a decifração de enigmas da vida social, da simbologia e da cultura

---

[515] "À l'opposé de la conception de la représentation que nous venons de dégager, et qui peut être formulée comme une relation arbitraire entre le représentant et le représenté (peu importe qu la correspondance s'établisse de système à système ou de terme à terme), se situe une interprétation tout autre de la représentation, que nous pourrions appeler esthétique si nous n'avions pas perdu l'usage de ce mot. L'héritage culturel dans ce domaine est particulièrment lourd, et tout se passe comme si, malgré le camouflage de certains termes et la modernisation de certains autres, nous n'avions réussi ni à déplacer le lieu de nos interrogations ni à en changer la problématique. Il est ainsi de l'icône, signe 'naturellement motivé' représentant le 'referent', et de l'iconicité, concept situé au coeur des débats de la sémiologie de l'image, et qui renvoient tout aussi naturellement à l'ancienne 'imitation de la nature' " (Greimas, Sémiotique figurative et sémiotique plastique, *in Actes Sémiotiques – Documents,* vol. 60, 1984, p. 07).

[516] "*L'analise iconografica,* occupandosi di *immagini,* storie ed *allegorie* anziché di *motivi,* presuppone, ovviamente, molto di piú che quella familiarità con gli oggetti e gli eventi che acquisiamo per esperienza pratica. Presuppone una familiarità con *temi* o *concetti* especifi quali sono trasmessi dalle letterarie, siano acquiste mediante pertinenti letture, o per tradizione orale" (Panofsky, *Studi di iconologia,* 2009, p. 13).

[517] "L'iconografia è quel ramo della storia dell'arte che si occupa del soggetto o significato delle opere d'arte, in quanto contrapposto alla forma di esse" (Panofsky, *Studi di iconologia,* 2009, p. 3).

[518] "A iconologia é tanto uma precursora de uma semiótica explícita da pintura (cf. Calabrese 1980: 11-12) quanto um campo de pesquisa dentro da semiótica (cf. Damisch 1975; Calabrese (1986)" (Santaella, Nöth, *Imagem, Cognição, Semiótica, Mídia,* 1998, p. 98).

humanas,[519] tendo-se presente o patrimônio simbólico da humanidade.[520] É certo que esta campo da *Semiótica* impõe dificuldades muito específicas ao trabalho de leitura e decodificação do sentido, sabendo-se que as categorias não são simétricas às mesmas dimensões da semiótica que trata das questões linguísticas.[521]

De toda forma, Algirdas Julien Greimas, em seu texto intitulado *Sémiotique figurative et sémiotique plastique* (1984), já reconhecia à *Semiótica Visual* como sendo uma parte inovadora e em construção dos estudos semióticos, cujo esforço consiste em fazer com que o que é tridimensional seja captado e justaposto ao que é plano (pintura; fotografia; artes gráficas).[522] Segundo Ugo Volli, este texto de 1984 de Algirdas Julien Greimas foi decisivo para a constituição do campo de estudos da *Semiótica da Pintura*.[523]

---

[519] Consulte-se: "A pesquisa semiótica explorou muito as diferentes artes: literatura, teatro, música, pintura etc. A razão desse interesse repousa na ideia de que sob o esplendor e a riqueza da manifestação artística existam mecanismos gerativos de caráter linguístico. É uma ideia potente e sugestiva, capaz de explicar a grande capacidade da arte de produzir sentido e de transmitir significados políticos, religiosos, ideológicos, além daqueles especificamente artísticos" (Volli, *Manual de semiótica*, 2007, p. 275).

[520] Como bem anotam Santaella e Nöth: "Imagens são uma das mais antigas formas de expressão da cultura humana. Em oposição aos artefatos, que servem para fins práticos, elas se manifestam com função puramente sígnica. A semiótica tem, como ciência geral dos signos, a tarefa de desenvolver instrumentos de análise desses produtos prototípicos do comportamento sígnico humano" (Santaella, Nöth, *Imagem:* cognição, semiótica, mídia, 1998, p. 141).

[521] "La sémiotique générale met à la disposition du sémioticien préoccupé des problèmes de la visualité un outillage conceptuel et procédurier nombreux et diversifié, sans pour autant lui fournir des recettes toutes faites, sans le forcer, surtout, à transposer des procédures linguistiques reconnues, mais probablement mal adaptées à des domaines dont les articulations significantes apparaissent intuitivement fort diferentes de celles des langues naturelles" (Greimas, Sémiotique figurative et sémiotique plastique, *in Actes Sémiotiques – Documents,* vol. 60, 1984, p. 14).

[522] "On pense pouvoir en restreindre l'objet d'investigation en définissant la *Sémiotique visuelle* par son *support planaire*, en chargeant ainsi la surfasse de parler de l'espace tri-dimensionnel: les manifestations picturale, graphique, photographique se trouvent alors réunies au nom d'un mode de 'présence au monde' commun" (Greimas, Sémiotique figurative et sémiotique plastique, *in Actes Sémiotiques – Documents,* vol. 60, 1984, p. 01).

[523] "Mas a contribuição fundamental nesta virada textual foi dada por Greimas (cf. Greimas 1984, Corrain e Valenti 1991 e Corrain 1996 sobre uma discussão das relações entre semiótica e teorias da representação visual) e, em geral, pelos trabalhos da escola de

4.1.2.1. Semiótica, imagem e justiça

A ideia de *imagem* é complexamente trabalhada pela *Semiótica*, considerando-se o caráter artificial com o qual o *signo estético visual* se instala em nosso imaginário,[524] constituindo a *realidade das imagens* que habitam o nosso *universo simbólico*. E isso porque a imagem tem dupla dimensão, pois ela é *imagem-coisa* e *imagem-imaginação*, como bem apontam Lucia Santaella e Winfried Nöth.[525] Além disso, como nos chama a atenção o semioticista italiano Omar Calabrese, a *imagem* tem algo que o *signo-verbal* não tem, pois pode operar de forma sincrética, além de poder colocar no mesmo plano – sem aguardar a sucessão dos signos –, ampliando a percepção complexa e aberta do *texto estético*.[526]

E, ainda que a pesquisa sobre a *imagem* seja complexa, rica e extensiva,[527] no âmbito da *Semiótica da Pintura*, é certo que a *imagem* aparece como algo que gera estranhamento à cultura do Direito. Daí, a importância recíproca

---

Paris, que substituem uma semiologia da imagem pelo projeto de uma semiótica visual ou *semiótica plástica*, reunindo a herança da linguística hjelmsleviana e do formalismo russo. Esta semiótica resolve o problema do iconismo tratando-o uma entre as formas possíveis da figuratividade própria, por exemplo de objetos planos como as pinturas" (Volli, *Manual de semiótica*, 2007, p. 278).

[524] A advertência é de Algirdas Julien Greimas: "Il est communément admis de définir d'abord la sémiotique visuelle par son caractere *construit*, artificiel, en l'opposant ainsi aux langues 'naturelles' et aux mondes 'naturels', ces deux macro-sémiotiques à l'intérieur desquelles nous insère, bien malgré nous, notre codition d'hommes" (Greimas, Sémiotique figurative et sémiotique plastique, *in* Actes Sémiotiques – Documents, vol. 60, 1984, p. 01).

[525] "O conceito de imagem se divide num campo semântico determinado por dois pólos opostos. Um descreve a imagem direta perceptível ou até mesmo existente. O outro contém a imagem mental simples, que, na ausência de estímulos visuais, pode ser evocada. Essa dualidade semântica das imagens como percepção e imaginação se encontra profundamente arraigada no pensamento ocidental" (Santaella, Nöth, *Imagem:* cognição, semiótica, mídia, 1998, p. 36).

[526] "No entanto, a verdade é que a pintura, por sua própria natureza, comporta-se de forma muito diferente da palavra. *Primeiro*: pode produzir *sincreticamente* momentos diferentes que, no texto verbal, são sucessivos. *Segundo:* pode, sobretudo, descrever o tempo de um modo completamente diferente, mais complicado e profundo, próprio da polissemia da sua forma visual" (Calabrese, *Como se lê uma obra de arte*, 2015, p. 120).

[527] Na imagem: "O interpretante de um signo pictórico são as ideias, pensamentos, conclusões, impressões ou ações que a imagem evoca" (Nöth, *Fundamentos semióticos do estudo das imagens, in Tabuleiro das Letras*, Revista do Programa de Pós-Graduação em Estudo de Linguagens, Universidade do Estado da Bahia, no. 05, dez. 2012, p. 07).

entre os estudos da *Semiótica da Pintura* e a *Semiótica do Direito*, mas, sobretudo, a importância da *Semiótica da Pintura* para a *Semiótica do Direito*, na medida dos próprios déficits encontrados no âmbito do Direito ao lidar com a *imagem*. Isso tem evidentes razões históricas, e elas remontam ao século XIX,[528] quando a cultura visual deixou de ser estimulada, priorizando-se uma formação jurídica letrada e fundada na escrita, algo que predomina na cultura ocidental até os dias de hoje, quando a expressão do Direito se confunde com a expressão de *textos verbais*.[529] Curioso é notar que, ao contrário, a predominância até o século XIX, e, portanto, antes da ascensão do *positivismo jurídico* – onde se destaca a predominância de *signos linguísticos*, na forma da predominância do Código, do Regulamento, da Lei, da Prova, da Dogmática Jurídica, do Documento Escrito, do Processo –,[530] se dava pela evocação da imagem da justiça, do símbolo da justiça, da alegoria da justiça, em diversos espaços de justiça, como, aliás, se poderá vislumbrar na análise concreta das obras que serão *lidas* e *interpretadas* na sequência. O *positivismo jurídico* constrói o desprestígio da *imagem* na cultura do Direito, a partir do século XIX.[531]

---

[528] "Le culte de la Loi, avec sa majuscule, dans la littérature politique connaît un essor au cours du XVIIIᵉ siècle. Sans doute antérieurement a-t-elle bénéficié d'une grande révérence en étant souvent liée à un ordre divin exprimé par le truchement de ceux qui gouvernaient. Mais au siècle des Lumières, l'Être suprême fait une progression dans certains esprits qui ne s'en cachent pas sur la place publique" (Goedert, Maillardi, *Le droit en représentation*, 2015, p. 168).

[529] "L'évolution de la production normative en Occident, marquée par la prédominance de l'écrit, comme source, comme preuve, comme expression du droit, semble en avoir fait un objet textuel. L'énoncé du droit ne saurait pourtant se circonscrire à sa lettre. Car le texte juridique s'inscrit dans un univers normatif plus vaste constitué de référents symboliques et de rituels. Le droit se montre, s'exprime, s'élabore sous des formes diverses dont le juriste peut aussi se saisir pour appréhender sa discipline dans toute sa complexité" (Goedert, Maillardi, *Le droit en représentation*, 2015, p. 18).

[530] "Il primo argomento che intendo considerare è di *semiotica giuridica*. Il diritto viene formulato e trasmesso mediante segni. Tradizionalmente – e nella modernità in particolare – si tratta di segni linguistici. Costituzioni, codici, leggi, regolamenti ecc. Vengono formulati tramite un linguaggio che ne consente l'esposizione e la diffusione nel contesto rilevante" (Tuzet, Contro le immagini: Semiotica giuridica e demenza collettiva, *in Il Diritto tra testo e immagine* (FARALLI, Carla; GIGLIOTTI, V.; HERITIER, P.; MITTICA, M.P.), 2014, p. 176).

[531] Esta crítica ao positivismo é especialmente elaborada por Franca Filho: "A partir daqueles marcos históricos, a racionalidade jurídica começa a assumir uma forma predominantemente textual e passa a hostilizar tudo o que produzisse incerteza semântica e abertura conceitual,

SEMIÓTICA APLICADA, DIREITO E ARTE

A busca por uma *iconologia jurídica*, ou, por uma *iconografia jurídica*, não é, no entanto, dos dias de hoje.[532] Aqui, então, a *imagem jurídica*, ou ainda, o *texto estético com sentido para o Direito*, é o que se procura tratar e desenvolver como objeto de estudo, como destacam as historiadoras francesas do Direito Nathalie Goedert e Ninon Maillard.[533]

Não por outro motivo, esse percurso da *Semiótica da Pintura* é solidário dos estudos da *História da arte* e da *História da cultura*.[534] É a complexidade da *imagem* que atrai a necessidade de que o seu estudo seja necessariamente interdisciplinar, como aponta Lucia Santaella,[535] e, exatamente por isso, circunscrito e revelador, ao mesmo tempo. Sendo impossível de se cobrir um percurso completo da história da pintura ocidental,[536] aqui se trabalha apenas com um breve recorte histórico.

daí o crescente desprestígio da imagem artística e o apelo à nomofilia e à monolatria na retórica jurídica positivista" (Franca Filho, *A cegueira da justiça*: diálogo iconográfico entre arte e direito, 2011, p. 82).

[532] "Dès 1923, Hans Fehr définit l'iconographie juridique comme la « reconnaissance des formes ayant une signification juridique » et invite le juriste à s'intéresser aux figures du droit et à en interpréter les motifs" (Goedert, Maillardi, *Le droit en représentation*, 2015, p. 19).

[533] Em dois trechos de seus estudos, isto fica claro: "Les gestes, les paroles, comme les signes, marques, artefacts, codes, tables, et jusqu'à l'architecture et les décors des lieux de justice, les sites internet ou encore le cinéma...parlent du droit ou font parler le droit" (Goedert, Maillardi, *Le droit en représentation*, 2015, p. 18); "La représentation peut désigner l'image elle-même, qui peut être visuelle ou mentale, ou un savoir, non savant et partagé, si l'on parle de représentation sociale. Appliquée au droit, cette définition nous permet, à travers l'expression « image du droit », de désigner tout autant ses représentations figurées que l'idée, véhiculée le cas échéant par d'autres supports, que l'on s'en fait" (Goedert, Maillardi, *Le droit en représentation*, 2015, p. 22).

[534] A advertência é de Paulo Ferreira da Cunha: "Assim, e porque *est modus in rebus*, localizamo-nos epistemologicamente n*este estudo* (e o sublinhado é significativo) principalmente no domínio da Iconologia, entendida esta num plano abrangente, como parte de uma História da Arte solidária da História das Ideias e da História da Cultura." (Cunha, *O Tímpano das Virtudes*; arte, ética e direito, 2004, p. 22). A respeito, também, *vide* Jacob, *Images de la Justice*, 1994.

[535] "As investigações das imagens se distribuem por várias disciplinas de pesquisa, tais como a história da arte, as teorias antropológicas, sociológicas, psicológicas da arte, a crítica de arte, os estudos das mídias, a semiótica visual, as teorias da cognição. O estudo da imagem é, assim, um empreendimento interdisciplinar" (Santaella, Nöth, *Imagem, Cognição, Semiótica, Mídia*, 1998, p. 13).

[536] De acordo com o historiador da arte, Giorgio Argan, o início da arte rupestre remonta ao período do paleolítico superior (35.000-28.000a.C.) e que o início da arte mobiliária

SEMIÓTICA, DIREITO & ARTE

A história da *imagem* tem percurso fascinante na história mundial, a exemplo do *signo do bisão* numa caverna,[537] e se poderia incidir no erro de procurar cobrir longos períodos históricos que nos desviariam da tarefa de interpretar de *forma localizada* as obras estudadas. Por isso, sabendo-se da vastidão da empresa de cobrir as *obras pictóricas* do período paleolítico[538] ao período contemporâneo – como, aliás, apontam os estudos de *Antropologia Visual* –[539] a tarefa de recorte é decididamente relevante.

Mas, de toda forma, como também se destaca a partir da *Antropologia Visual*, um *recorte de imagem* é já uma porção significativa das tradições, das crenças, da cultura, das práticas e das ideologias que governam todo um sistema de cultura.[540] Neste sentido, a arte pode captar, representar, apreender, figurar, sensibilizar, traduzir, plasmar, refletir toda uma

---

remonta ao período paleolítico superior (28.000-23.000). *Vide* Argan, *História da arte italiana*, Vol. 1, 2013, p. 22.

[537] "O signo que corresponde a 'bisão' pode ser repetido muitas vezes e a série indica que se possuem, ou que se desejam possuir, não só um, mas muitos bisões. O mesmo signo vale para todos eles, isto é, não indica aquele bisão, mas como diríamos hoje, a essência ou idéia do bisão, o que todos têm em comum" (Argan, *História da arte italiana*, Vol. 1, 2013, p. 25).

[538] "Pertence, de fato, ao Paleolítico superior toda uma série de figurações tão sintéticas e intensamente expressivas que alguns dos maiores artistas modernos (antes de todos, Picasso) as consideraram obra de arte perfeita, chegando mesmo a propô-las como modelos de absoluta autenticidade da expressão artística" (Argan, *História da arte italiana*, Vol. 1, 2013, ps. 21-24).

[539] "Das pinturas rupestres do paleolítico a imagens holográficas da contemporaneidade criamos uma civilização em que o tempo e o espaço surgem dimensionados por uma idade da imagem" (Mathias, *Antropologia visual:* diferença, imagem e crítica, 2016, p. 15). Igual consideração se encontra aqui: "In quello stadio, il bisonte dipinto sulla parete della caverna paleolitica è simbolo del bisonte che la mano stesa e impressa al di sopra dovrà catturare: è nato il segno come immagine" (Brandi, *Segno e immagine*, 1986, p. 13).

[540] E isso não se pode desprezar, seja para a leitura de comunidades tradicionais, seja da história da pintura ocidental: "Os seres humanos criaram arbitrariamente representações do mundo, simbologias, e isso lhes permite tanto ensinar às gerações futuras valores, crenças e costumes como ampliar o estoque de conhecimento sobre as experiências cotidianas. Com isso, cada grupo controla o significado das interpretações vividas coletivamente. A linguagem é o sistema básico simbólico por excelência que possibilita o intercâmbio dessas interpretações" (Mathias, *Antropologia visual:* diferença, imagem e crítica, 2016, p. 27).

época e todas as suas crenças. Assim, pretende-se cobrir um *percurso iconológico curto*, exatamente ali onde o historiador Robert Jacob localiza a emergência de uma mais sistemática e coerente produção artística e arquitetônica, no período medieval,[541] a respeito da justiça, analisando-se assim um recorte de *imagens selecionadas*.

A imagem pictória da justiça será visitada sem a pretensão de desvelar o seu caráter enigmático,[542] e sem a pretensão de cobrir senão o período entre o século XIII e o século XXI, da arte europeia – considerando-se a massa iconográfica que nos lega –, seguindo-se a ordem cronológica sequencial (1218; 1297; 1303; 1508; 1768-9; 1857; 1937; 2013), tendo-se presentes apenas algumas obras representativas e fortemente simbólicas, em bom estado de conservação, e que são inestimável patrimônio cultural da humanidade. Neste caso, a escolha implicou um percurso dentro da *arte italiana*,[543] sabendo-se da importância e da significação desta, local e universalmente, inclusive, do ponto de vista da *história da arte*, sem descurar das *artes belga, espanhola, francesa, inglesa, brasileira*, entre outras. Esse breve percurso histórico-pictórico – onde arquitetura e pintura se correlacionam entre si –[544] permitirá extrair alguns significados das obras

---

[541] "Les miniatures médiévales les plus anciennes, en effet, comme les premiers tableaux de justice, révèlent déjà un monde ordonné, la justice est forte, mais elle a soif d'exposer aux yeux de tous ses racines et ses fondements. Elle les trouve dans une forme idéale de justice, celle de Dieu, qu'elle s'efforce d'imiter, avec laquelle elle aspire même à se confondre. La délégation de Dieu aux hommes du pouvoir de juger est alors la clef du système iconographique. Elle manifeste tout à la fois la légitimité de la fonction judiciaire et la responsabilité du juge, deux thèmes systématiquement associés, comme en un jeu de miroir, et simultanément présent dans l'image comme ils l'étaient dans la pensée des hommes" (Jacob, *Images de la Justice*, 1994, p. 12).

[542] Uma exploração exaustiva está longe de ser alcançada, mesmo pelos especialistas, como apontam os estudos de Robert Jacob: "Il n'en reste pas moins que la dame à la balance est loin d'avoir livré tous ses mystères. Dans l'art européen, la masse des représentations qu'elle a laissées est si considérable qu'elle résiste, et résistera sans doute longtemps encore, à toute tentative d'exploration exhaustive" (Jacob, *Images de la Justice*, 1994, p. 219).

[543] Cf. Argan, *História da arte italiana*, 2013.

[544] A pintura tem a função específica de sobrecarregar, intencionalmente, de significado a casa da justiça, como afirma Robert Jacob: "Dans l'exploration de l'image de la justice et de son histôire, la prise en compte de l'architecture est indispensable. L'interprétation des tableaux de justice en est tributaire, puisque c'est cet ordonnancement qu'ils avaient fonction de rehausser d'éclat et de surcharger de signes" (Jacob, *Images de la Justice*, 1994, p. 103).

SEMIÓTICA, DIREITO & ARTE

analisadas, sem a pretensão de desanuviar o caráter aberto do *significado das imagens*,[545] em sua consideração para a *iconologia da justiça*.[546]

4.1.2.2. O quadrado semiótico e o texto pictórico

Antes de entrar na análise de cada uma das obras, em específico, é importante afirmar que a *Semiótica* permite uma leitura de fundo dos *textos pictóricos*. Assim, um *texto pictórico* pode ser decomposto, considerando-se três patamares, o *fundamental*, no qual se constata a oposição principal, o *narrativo*, no qual se constata o investimento de sujeitos em torno de objetos na cena, e o *discursivo*, formando a camada mais superficial.[547] Se o *sentido* pode ser construído desta forma, ele pode, da mesma forma, ser *decomposto* pelos mesmos caminhos. À *enunciação* (E) do *texto estético*, segue a *decodificação* (D) do *texto estético*. A *operação semiótica* de *desmontagem* do *texto pictórico* é uma tarefa central da analítica. Toda a estrutura narrativa do nível da expressão pode ser reduzida, através da metodologia da *Semiótica*, a estruturas lógico-gramaticais, fornecendo *chaves-de-leitura* importantes para a interpretação dos textos.

E isso porque todo *texto* é elaborado na forma de uma trama. Não seria exceção que o *texto pictórico* fosse elaborado de modo a formar uma *trama*,

---

[545] "Em comparação com a língua, a semântica da imagem é particularmente polissêmica (...). Imagens têm o caráter de uma mensagem *aberta* (...)" (Santaella, Nöth, *Imagem:* cognição, semiótica, mídia, 1998, p. 53).

[546] A análise e a compreensão das imagens em que a justiça está encenada e seus significados: "Nessa direção, a iconologia tem objetivos comuns aos da semiótica da arte, ou seja, o interesse na dimensão semântica da arte. Mas a semiótica não exclui o aspecto da forma e está envolvida como outras dimensões da semiose estética" (Santaella, Nöth, *Imagem, Cognição, Semiótica, Mídia*, 1998, p. 98).

[547] "A semiótica concebe a produção do sentido num texto como um percurso gerativo constituído de três patamares: o fundamental, o narrativo e o discursivo. No fundamental, uma oposição abrangente e abstrata organiza o mínimo de sentido a partir do qual o texto se articula. No nível narrativo, entram em cena sujeitos em busca de valores investidos em objetos, traçando percursos que expandem e complexificam as oposições do nível fundamental. No patamar discursivo, um sujeito da enunciação converte as estruturas narrativas em discurso, por meio da projeção das categorias sintáticas de pessoa, tempo e espaço e da disseminação de tema e figuras que constituem a cobertura semântica do discurso" (Teixeira, Para uma metodologia de análise de textos verbovisuais, *in Linguagens na comunicação:* desenvolvimentos de semiótica sincrética (OLIVEIRA, Ana Claudia de; TEIXEIRA, Lucia, orgs.), 2009, p. 43).

muito difícil de ser *dissociada* em partes, ou em elementos parciais, na medida em que sua aparição no *nível discursivo* é sempre a de uma *totalidade de sentido.*[548] Seja para *textos pictóricos,* seja para *textos sincréticos* mais complexos, a formação da totalidade de sentido não é por hibridização, mas por uma *totalidade complexa articulada.*[549]

Ademais, um *texto pictórico* lançado sobre um suporte planar, é estruturado com base no uso, por parte do artista, de inúmeras categorias, que se cruzam complexamente na determinação da obra de arte. Em *Sémiotique figurative et Sémiotique plastique* (1984), é Algirdas Julien Greimas quem afirma e diferencia as categorias de análise da *imagem* em categorias cromáticas, categorias eidéticas,[550] e, ainda, categorias topológicas.[551] Assim é que estas categorias podem ser identificadas como *categorias cromáticas* (preto x branco; azul x amarelo), *categorias eidéticas* (herói x bandido;

---

[548] "É geralmente aceite que um texto não consiste simplesmente num efeito global ou na soma dos efeitos de sentidos parcelares que produz, mas numa construção segundo uma trama que regula a sua arquitectura interna não só a organização do texto em si mesmo, mas também a relação entre modalidade de produção do texto e o próprio texto, e a relação entre texto e leitor abstracto ou empírico por ele previsto" (Calabrese, *Como se lê uma obra de arte,* 2015, p. 31).

[549] "Enquanto totalidade complexa articulada e não enquanto somatória de partes por processos de fusão que as dissolvem formando como resultante um produto diferente, como se dá nos processos de hibridização, é que concebemos a constituição dos objetos sincréticos. Cada um dos elemenos dos distintos sistemas com o seu atuar particular participa de uma totalidade partitiva que passa por sincretizações das distinções pertinentes das várias expressões postas em funcionamento ao mesmo tempo" (Oliveira, A plástica sensível da expressão sincrética e enunciação global, *in Linguagens na comunicação*: desenvolvimentos de semiótica sincrética (OLIVEIRA, Ana Claudia de; TEIXEIRA, Lucia, orgs.), 2009, p. 84).

[550] "En partant de la constation conventionelle que, sur une surfasse peinte, on peut trouver des couleurs et des formes, la distinction des catégories chromatiques et des catégories éidétiques" (Greimas, Sémiotique figurative et sémiotique plastique, *in Actes Sémiotiques – Documents,* vol. 60, 1984, p. 16).

[551] "Le cadre apparaît comme le seul point de départ sûr, permettant de concevoir une grille topologique virtuellement sous-tendues à la surfasse oferte à la lecture: les catégories topologiques, les unes rectilignes – telles que haut/bas ou droite/gauche – les autres curvilignes – périphérique/central ou cernant/cerné – (...)" (Greimas, Sémiotique figurative et sémiotique plastique, *in Actes Sémiotiques – Documents,* vol. 60, 1984, p. 15). A imagem pode ser decomposta, considerando-se no *plano da expressão* a categoria eidética, a categoria cromática e a categoria topológica, e *no plano do conteúdo* as figuras do discurso, a exemplo do que faz Pietroforte, *Análise do texto visual*: a construção da imagem, 2.ed., 2016, p. 28.

SEMIÓTICA, DIREITO & ARTE

justo x injusto), *categorias topológicas* (alto x baixo; esquerdo x direito), *categorias matéricas* (duro x mole; nobre x simples), estas que permitem ao semioticista elaborar a *leitura do texto pictórico*.[552] A partir de uma *Semiótica figurativa*, é possível afirmar que uma obra de arte é um *texto* que forma um *sistema semiótico*.[553] É evidente que – como analisa Omar Calabrese – o *texto pictórico* pode conter certos objetos *cachés* encriptados, que colocam na dimensão do segredo[554] aquilo que se pode dispor somente ao olhar mais atento do *leitor* da obra, seja dentro da *tradição iconográfica*, seja dentro da própria *tradição autoral* do(a) artista.

Então, é a partir de uma *oposição fundamental* – extraída do texto e identificada pelo semioticista – que se pode chegar a formar uma oposição fundamental do *eixo semântico*. Deste, em direção às estruturas lógicas mais profundas (contrariedade; contraditoriedade; complementariedade), vai-se formando o *quadrado semiótico*, na medida em que para Algirdas Julien Greimas, o mundo é formado por estruturas elementares de diferenciação e de oposição (quente x frio; belo x feio; justo x injusto; claro x escuro).[555]

---

[552] "A observação dessa materialidade permitiu que a teoria desenvolvesse modelos metodológicos consistentes que contemplam categorias particulares de análise. Assim, por exemplo, categorias cromáticas, ediéticas, topológicas e matéricas são aquelas que constituem um texto visual produzido num suporte planar" (Teixeira, Para uma metodologia de análise de textos verbovisuais, *in Linguagens na comunicação*: desenvolvimentos de semiótica sincrética (OLIVEIRA, Ana Claudia de; TEIXEIRA, Lucia, orgs.), 2009, p. 45). Também: "A semiótica plástica opera com três categorias: 1) as cromáticas, responsáveis pela manifestação por meio da cor; 2) as eidéticas, responsáveis pela manifestação por meio da forma; 3) e as topológicas, responsáveis pela manifestação da distribuição dos elementos figurativizados" (Pietroforte, *Análise do texto visual*: a construção da imagem, 2.ed., 2016, p. 39).

[553] "Dire qu'un objet planaire construit produit des 'effects de sens', c'est déjà postuler qu'il est lui-même un objet significant et qu'il le releve, comme tel, d'un *système sémiotique* dont il est une des manifestations possibles" (Greimas, Sémiotique figurative et sémiotique plastique, *in Actes Sémiotiques – Documents*, vol. 60, 1984, p. 13).

[554] A exemplo da análise da obra *Os embaixadores*, de Hans Holbein, por Omar Calabrese: "O segredo do quadro torna-se segredo de Estado: os embaixadores não são simplesmente amigos de profissão, mas são os embaixadores oficialmente encarregados de uma missão secreta. Uma vez mais, é uma chamada à concorrência intertextual que nos dá a chave da leitura: a citação de outro texto visivo" (Calabrese, *Como se lê uma obra de arte*, 2015, p. 55).

[555] "As relações elementares do mundo semântico de Greimas são relações de oposição: o mundo se estrutura para nós na forma de diferenças e oposições. Significações, portanto,

Assim é que se chega ao *quadrado semiótico,* considerado, na leitura de Joseph Courtés, como a organização da *estrutura elementar da significação.*[556] O *quadrado semiótico* informa o conjunto de *traços de significação* de nível mais profundo das *estruturas de significação,* permitindo-se enxergar o *texto pictórico* apenas como a ponta superficial de um *iceberg.* O *quadro semiótico* é uma figura que representa a articulação de uma *categoria semântica* qualquer,[557] implicada num texto (branco x preto; claro x escuro; divino x demoníaco; justo x injusto; vida x morte; alto x baixo; ser x parecer),[558] e que nos permite acessar as estruturas fundamentais da *narração* e do *discurso,* dissecando as estruturas lógicas[559] que permeiam aquilo que se apresenta no *plano da expressão.* Ele pode ser aplicado para analisar um *texto literário,* um *texto fotográfico,* um *texto cinematográfico,* um *texto publicitário,* da mesma forma como pode ser aplicado para analisar um *texto pictórico.* Um exemplo geral de construção do *quadro semiótico* – oferecido no *Dictionnaire* por A.J. Greimas e J. Courtés –[560] considera a relação entre *ser* e *parecer* – que coloca em discussão o plano da *verdade* e da *mentira* –[561] resulta na seguinte configuração estrutural do sentido:

não existem como elementos autônomos mas somente por relações opositivas" (Nöth, *A semiótica no século XX,* 3.ed., 2005, p. 151).

[556] "A organização da estrutura elementar da significação, situada ao nível *profundo* e de natureza *lógico-semântica,* toma a forma de um modelo bem preciso representável pelo *quadro semiótico* (chamado também modelo constitucional)" (Courtés, *Introdução à Semiótica narrativa e discursiva,* 1979, p. 71).

[557] Segue-se literalmente o conceito apresentado por Greimas, Courtés: "On entend par carré sémiotique la représentation visuelle de l'articulation logique d'une catégorie sémantique quelconque" (*Sémiotique:* dicctionnaire raisonné de la théorie du langage, 1993, verbete *carré sémiotique,* p. 29).

[558] "Naturalmente, é tarefa de quem procura realizar uma análise semiótica identificar uma oposição que seja efetivamente ativa e pertinente no texto que está examinando" (Volli, *Manual de semiótica,* 3.e.d, 2015, p. 73).

[559] Por isso, como identifica Ugo Volli, o quadrado semiótico é de origem aristotélica, e é reapropriado pela semiótica contemporânea: "O modelo mais eficaz para representar esse funcionamento opositivo do eixo do sistema é o *quadrado semiótico,* um antigo dispositivo lógico que remonta a Aristóteles, e que foi usado na semiótica contemporânea sobretudo pela escola de Greimas" (Volli, *Manual de semiótica,* 3.e.d, 2015, p. 72).

[560] Greimas, Courtés, *Sémiotique:* dicctionnaire raisonné de la théorie du langage, 1993, verbete *carré sémiotique,* p. 32. Cf. Greimas, *Sobre o sentido II:* ensaios semióticos, 2014, ps. 66-67.

[561] A interpretação do quadro semiótico da verdade resulta em: "Verdade é definida como aquilo que é o que parece; segredo, como aquilo que não parece aquilo que é; mentiroso é

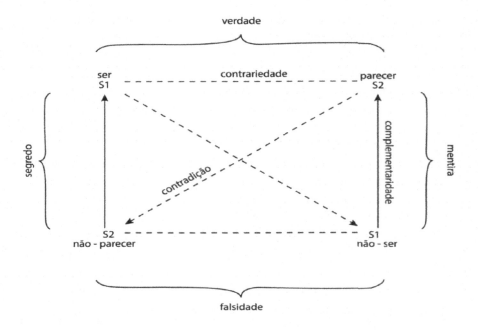

Assim, é percorrendo um quadrado semiótico que se percebe o que está contido no nível superficial, da aparência estética e formal da obra de arte, ao nível estrutural e lógico. Ou seja, nas estruturas profundas se buscam as oposições sêmicas elementares, que serão enunciadas no *texto estético*, na forma de signos visuais não-verbais. Ao nos oferecer a *narrativa mínima* de um texto,[562] se torna um potente instrumento de *análise narrativa* e *discursiva*, a ser trabalhado e desenvolvido pelo semioticista.[563]

---

chamado aquele que não é o que parece; falso, quem não parece e não é; falsidade e verdade são contradições; segredo e mentira, opostos" (Volli, *Manual de semiótica*, 3.e.d, 2015, p. 76).
[562] "O quadrado semiótico é feito para ser percorrido: o sistema de valores que ele propõe pode esboçar as principais fases de uma narrativa mínima" (Fontanille, *Semiótica do discurso*, 2015, p. 66).
[563] E as oposições são várias, a depender da obra analisada, a exemplo da relação visível x invisível, descrita por Omar Calabrese: "...em termos de visualidade, obteremos um quadrado absolutamente análogo, em tudo, ao anterior, no qual essa oposição se formula entre *invisível* (o espiritual) e *visível* (o material). Daí que: invisível *versus* visível e não visível *versus* não-invisível" (Calabrese, *Como se lê uma obra de arte*, 2015, ps. 109-110).

4.1.3. *Affreschi* no *Palazzo della Ragione* de Padova

O *Palazzo della Ragione*, ou também chamado *Salone*, na cidade de Padova (Itália), data de 1218,[564] e contém vivas alusões à *justiça*. Mas, não de uma *justiça* como algo isolado, pontual, mas da *justiça* envolvida num *grande cosmo simbólico* de significações. Afinal, é erigido com a finalidade de ser uma construção dedicada aos tribunais citadinos (*tribunali cittadini*) de Padova.[565] Mas, sabe-se que ali se praticavam também atividades notariais, cartoriais e contratuais.[566] Aliás, sua posição *topográfica*, na cidade, encimando a divisão entre a *piazza delle erbe* e a *piazza della frutta*, é a clara demonstração de quanto a *vita pubblica* está imbricada à *vita privata*, no albor da vida medieval em transição para o burgo moderno, na medida em que se estabelece numa relação direta com os *mercatti padovani*, e, também, de quanto toda a enervação do tecido urbano encontra no *centro* o seu coração pulsante.

As proporções arquitetônicas do *Salone* são descomunais – e ali se acessa por escadarias do fundo, mas ao se entrar no *Salone*, uma pessoa se vê em escala reduzida à insignificância –,[567] a indicar também, simultaneamente, a majestade e a importância da *função citadina da justiça*, mas também a opulência, a intensidade e a efervescência da vida comercial e mercantil que emerge na Itália medieval do século XII.[568] A *jurisdição* implicava todos os tipos de delitos, e a abertura ao público do *Palazzo*

---

[564] "Nel 1218, sotto il podestà Giovanni Rusconi, si eresse il grande Palazzo del Comune, terminato nel 1219, mentre era podestà Malpilio da San Miniato" (Rossi, *Palazzo della Ragione a Padova*, 2007, p. 23).

[565] "Il Palazzo della Ragione, simbolo del potere comunale e al centro della vivace area dei mercati, dal 1100 non più soggetti alla giurisdizione vescovile, prende il nome dal latino *reddere rationem* e allude alla sua funzione principale, l'amministrazione della giustizia" (Rossi, *Palazzo della Ragione a Padova*, 2007, p. 23).

[566] "Ma il Salone era anche il centro dell'attività amministrativa: non solo si trovavano gli equivalenti degli odierni uffici delle imposte e del registro, ma si stipulavano compravendite, si stringevano contratti matrimoniali, si svolgevano cioé tutte le pratiche per le quali oggi si accede agli studi notarili" (Rossi, *Palazzo della Ragione a Padova*, 2007, p. 66).

[567] "L'architettura del palazzo non ha uguali per imponenza e pregnanza di significati simbolici che legano l'aspetto architettonico alla cultura filosofico-astrologica dell'epoca" (Rossi, *Palazzo della Ragione a Padova*, 2007, p. 32).

[568] "Dall XII secolo la crescita urbana ed economica spinse mercati e mercanti a porsi come interlocutori obbligati dei poteri politici e a rivendicari non solo l'autonomia ma anche gli spazi necessari. Il Pallazzo della Ragione si trovava al centro della grande *platea Communis*,

SEMIÓTICA, DIREITO & ARTE

fazia dele um tipo de *arquitetura da justiça* disposta para atender a toda a comunidade citadina,[569] sendo desenvolvida por juízes e oficiais notariais, daí pressupor-se que o *Salone* era subdividido em partes menores, localizadas nos pontos onde as respectivas funções *simbólicas* da decoração também evocavam inspirações para a modalidade de *justiça* da qual se tratava.[570]

O *Palazzo* tem um interior em madeira e bem adornado, mas exibia, do lado de fora, *signos de justiça* que apelavam menos à razão e à sensibilidade, e mais ao temor e à fustigação pública humilhante. Ali, cinco cordas ficavam expostas à vista dos citadinos, com vistas a servir de admoestação pública, mas também para o cumprimento de penas que se davam na forma de *fustigação pública*.[571] Aliás, além das penas pecuniárias, a exposição à multidão, a pronúncia da sentença em alta voz ao conhecimento de todos, os suplícios, a execução de réus na praça, além das penas que suprimiam parte da orelha, da língua ou do nariz, demonstram o caráter exemplar e simbólico das penas aplicadas sob o escrutínio público da

con le fronti principali aperte e porticare per consentire il passaggio di uomini e merci" (Rossi, *Palazzo della Ragione a Padova*, 2007, p. 13).

[569] "Gli *Statuti* cittadini stabilivano che i conflitti dovevano essere risolti dal tribunale pubblico. Il tribunale di Padova, realmente e simbolicamente dominante su tutte le attività sottostanti, restava aperto dalle prime ore del mattino fino alle 9.00 e poi per tutto il pomeriggio; aveva piena giurisdizione su città e contado ed era accessibile a tutti. Le donne però non potevano accedere al tribunale, dovevano avere qualcuno che le rappresentava." (Rossi, *Palazzo della Ragione a Padova*, 2007, p. 62).

[570] "La mole enorme di pratiche da svolgere ogni giorno teneva impegnato un gruppo di giudici affiancati da numerosi notai che redigevano tutte le scritture. La terza categoria di impiegati del tribunale erano i messi o *precones*, incaricati, tra l'altro, di stanare e catturare i colpevoli. Nelle citazioni a giudizio che il reo riceveva vi era il simbolo del tribunale presso il quale doveva recarsi." (Rossi, *Palazzo della Ragione a Padova*, 2007, p. 62).

[571] "I palazzi comunali sono collegati al Salone da un cavalcavia sotto il quale si trova il cosiddetto *Volto della Corda*, così chiamato per le punizioni eseguite. C'erano infatti cinque corde appese ad altrettanti anelli, sempre esposte come monito per i cittadini. Non è certo se la punizione consistesse nei terribili tratti di corda, ossia la sospensione del reo legato con le mani dietro la schiena e lasciato penzolare, o in una pubblica fustigazione. Un supplizio con la corda era praticato anche in un locale fetido del *Palazzo del Podestà* detto *Basta* e, a detta di Giovanni da Nono, in piazza della Frutta si trovava un'altra berlina, una pietra quadrangolare guarnita di catene e di collari di ferro fissati con piombo, presso la quale venivano fustigati i falsari" (Rossi, *Palazzo della Ragione a Padova*, 2007, p. 21).

città.[572] A exposição pública, a infâmia moral e o caráter espetacular das penas fazia parte das práticas do período, e servia como forma de incutir *medo* e *temor* na população.[573] Ora, não havia nada que acirrasse mais o interesse da população do que a intensidade da *crueldade* aplicada aos malfeitores, devedores e criminosos, e disto nascia um interesse ainda maior pelos poderes da cidade, e uma veneração ainda maior da autoridade, como aponta Umberto Eco.[574]

4.1.3.1. A justiça no centro da cidade e da vida comunal

A visão total do *Salone* dá uma impressão de se estar diante do *kósmos* como um todo, ou seja, de uma *visão global* sobre a vida e os afazeres mundanos e supra terrenos, numa imensa *coordenação* que faz de tudo algo funcionando na maneira de uma *ordem cósmica*, onde os ciclos astrológicos funcionam como se dessem a tônica do universo. Para constituir todo o *décor* do *Salone* houve a inspiração teórico-filosófica das concepções aristotélicas de Pietro d'Abano, retratando uma clara imbricação medieval entre a teologia, a filosofia e as visões zodiacais do universo, numa compreensão sistêmica das coisas. Ademais, num *Palazzo* desta proporção, a *carga simbólica* é enorme, e para que as figuras decorativas possam assumir uma feição humana, as figuras são enquadradas dentro de nichos que compensam a proporção descomunal do ambiente, e a técnica utilizada

---

[572] "Oltre alle pene estreme, i giudici potevano comminare sanzioni di tipo pecuniario o supplizi. A volte tutta la comunità poteva partecipare alle pene deridendo e insultando il condannato. Le pene erano un monito a tutta la cittadinanza, per questo erano pubbliche e precedute dalla lettura delle sentenze ad alta voce. Ai frequentatori di *piazza della Frutta* poteva capitare di sentire le voci dei banditori ma anche le urla dei condannati alle fustigazioni o ai tratti di corda o addirittura di assistere a esecuzioni capitali. Per segnalare la pericolosità dei condannati, si procedeva a renderli per sempre riconoscibili, ad esempio tagliando loro il naso. Ogni pena aveva anche un significato simbolico, perciò agli spergiuri e ai bestemmiatori veniva tagliata la lingua." (Rossi, *Palazzo della Ragione a Padova*, 2007, ps. 64-65).

[573] "Sottoporre alla pubblica vergogna era uno dei caratteri fondanti della punizione, così come la spettacolarità: per questo i cadaveri dei condannati a morte erano esposti sulle mura della città." (Rossi, *Palazzo della Ragione a Padova*, 2007, p. 66).

[574] "A crueldade pode nascer não apenas do ódio ou do gosto perverso pela violentação, mas também do amor e da veneração vividos de modo desproposidado" (Eco, *História da feiúra*, 2007, p. 224).

SEMIÓTICA, DIREITO & ARTE

para constituir os painéis é a do *affresco*. Inclusive, os afrescos originais são de autoria de Giotto, mas se perderam no incêndio de 1420.

Apesar da enormidade e da diversidade das figuras aí constantes, há *unidade temática* em todo o ciclo do salão, que opera um giro dinâmico nas paredes sul, norte, leste e oeste, preenchendo todo o espaço lateral da dimensão vazia do salão. Os motivos são *astrológico-filosóficos*, e ali se encontram representados todos os *signos zodiacais* (Áries; Touro; Gemes; Câncer; Leão; Virgem; Balança; Escorpião; Sagitário; Capricórnio; Aquário; Peixes), dando-se a volta completa no salão. Ademais, assim como o mundo medieval vai conhecer, desde o século II-III, um movimento crescente de assimilação das *figuras animais* nas ilustrações e na construção dos bestiários medievais, o tema das *figuras animais reais* e *fictícias* aparecerá aqui com muita constância, algo que não é de forma alguma estranho na decoração pictórica do *Palazzo*.[575] Assim, a evocação constante na cobertura do *Salone* de *figuras animais* (reais ou fictícios), muitos dos quais inspirados dos bestiários medievais, e que cobrem todas as estações do ano, encerrando ao longo da visão de 360 graus da sala, um ciclo completo de observação do céu e da vida cotidiana.

O grande ciclo (macrocosmo) do zodíaco funciona dinamicamente em rotação, enquanto o pequeno ciclo (microcosmo) da vida humana se manifesta pelas atividades quotidianas e pelos ofícios medievais. Estas dimensões estão relacionadas entre si, e se evocam o todo tempo. Nesta rotação completa, no fundo, é o caráter humano que está ali o tempo todo representado – e exibido –, por diversas figuras, forma de admoestação dirigida aos juízes de que o seu ofício envolve a compreensão das atitudes humanas e das formas pelas quais se agem em sociedade.[576] Há um destaque para o significado do uso de *animais reais* e de *animais imaginários*, pois, na visão dos bestiários didático-morais medievais, os *vícios*

---

[575] A observação é de Umberto Eco, na *História da Feiúra*: "Segundo o modelo do *Fisiólogo* (devidamente ampliado e reorganizado), nasceram desde a maior parte dos bestiários, lapidários, herbários e, de uma meneira geral, as várias enciclopédias concebidas nos moldes da *História Natural* de Plínio (...)" (Eco, *História da feiúra*, 2007, p. 116).

[576] "Il ciclo astrologico sostancialmente riassume la varietà di tipi umani e occupazioni che costituivano la vita dell'uomo medievale: il microcosmo simboleggiante il macrocosmo della vita che gli ruota attorno. Le scene dipinte ricordavano ai giudici le tendenze e i caratteri degli uomini e li rassicuravano nei loro giudizi" (Rossi, *Palazzo della Ragione a Padova*, 2007, p. 46).

e as *virtudes* humanas são relacionadas aos diversos *animais*, e sua *função pictórica* é a de *rememorar* os juízes sobre os *vícios* e as *virtudes* que levaram os réus a julgamento, e as situações conflitivas a estarem sob a avaliação pública no *Palazzo*.[577] Há outro destaque para a *Juízo de Salomão*, no *Salone*, evocando-a em caráter claramente pedagógico aos circunstantes, clara inspiração da tradição bíblica.[578] Ou seja, na concepção completa dos *affreschi*, fica a visão clara de que tanto a Providência Divina, quanto o esforço humano, ambos concorrem para que os fins humanos e a liberdade possam estar presentes na vida comum.[579]

Os afrescos pintados na faixa inferior das paredes, em todos os lados, correspondem à *faixa dos tribunais*. Neste nível, se pode ver um dos afrescos medievais que reporta a cena de realização de um julgamento, da forma como era executado, e quem eram os seus personagens.[580] Neste nível

[577] "Le immagini più antiche, fatte dipingere nel 1271 dal podestà Tomasino Giustiniani, sono le figure di animali poste a contrassegnare i tribunali, detti anche dischi: *Aquila, Orso, Pavone, Porco, Capra, Volpe, Lupo, Cammello, Drago a due teste, Pantera, Leone, Bue, Cervo, Leopardo, Drago alato, Cavallo, Unicorno*. Esse derivano dai bestiari mediavali, libri didattico-morali che raccoglievano un'antica tradizione secondo la quale ogni animale, reale e immaginario, possedeva virtù e vizi relazionabili ai caratteri umani. L'osservazione del loro comportamento poteva aiutare gli uomini a comprendere la natura umana e distinguere il bene dal male. È probabile ci fosse un collegamento tra l'animale rappresentato e i crimini giudicati nel tribunale sottostante, così come con il ciclo astrologico superiore." (Rossi, *Palazzo della Ragione a Padova*, 2007, ps. 37-40).

[578] "L'affresco con il *Giudizio di Salomone*, della fine del Trecento ma praticamente rifatto, è un'esaltazione della saggezza del re biblico, additata come virtù fondamentale per i giudici. Il loro era infatti un ruolo quasi sacerdotale, simile a quello dei *Pontifices* romani, interpreti della liceità dei comportamenti e mediatori tra coscienza e giustizia. Si datano al Trecento anche le eleganti *Virtù teologali e cardinali*, indispensabili per praticare la giustizia, già assegnate a Giusto de' Menabuoi, ma recentemente attribuite ad Antonio di Pietro da Verona (1405-1434?), seguace di Altichiero. L'allegoria del *Comune in Signoria*, in cui la città offre un ramoscello di limone, simbolo di fedeltà e ricchezza, rimanda a un prototipo giottesco. Controversa l'identificazione della cena con il *Comune rubato*, che alcuni identificano con l'affresco a sinistra di *San Prosdocimo*, altrimenti interpretato come la personificazione del *Diritto*" (Rossi, *Palazzo della Ragione a Padova*, 2007, ps. 40-42).

[579] "Tutta la decorazione del Salone corrisponde alla concezione secondo la quale la natura umana e la Grazia divina lavorano insieme nel rispetto della libertà dell'uomo" (Rossi, *Palazzo della Ragione a Padova*, 2007, p. 40).

[580] "L'affresco di fine Trecento sulla parete ovest con il *Processo a Pietro d'Abano* offre un'idea dell'organizzazione di un tribunale. Ogni tribunale era arredato con panche in legno di larice, riconoscibile dal colore rossiccio, fornite di alto schienale e un tavolo rettangolare,

Palazzo della Ragione
Detalhe interior
Padova, Itália
Arquivo Pessoal: Fotografia: © ecbittar

dos afrescos, a *justiça* aparece representada com olhos abertos, portando espada e balança, mas é de fato feita e praticada pelos juízes profissionalizados e estudados – já neste período – considerando os livros de leis utilizados na época, ou seja, o *Codice*, o *Digesto*, as *Institutas*.[581]

chiamato desco o disco. L'acesso era sul davanti. La scena mostra il presidente del tribunale, forse il podestà stesso, vestito con un abito dall'ampio collo di pelliccia. In atto di tenere un'udienza. Alla sua destra è dipinto un altro giudice, forse il vicario del podestà, riconoscibile dal collo ugualmente in pelliccia, anche se più modesto, affiancato da un canceliere o uno scriba che scrive su un rotolo steso su una tavoletta. Alla sinistra del presidente vi sono un giudice consiliario e un avvocato che alza la mano per prendere la parola. In atteggiamento umile, il condannato in primo piano, raffigurato di dimensioni molto ridotte." (Rossi, *Palazzo della Ragione a Padova*, 2007, p. 63).

[581] "Per far parte del collegio dei giudici bisognava avere almeno vent'anni e aver compiuto un corso di studi giuridici di almeno sei anni, pagare una modesta tassa e possedere i libri necessari per l'amministrazione della giustizia: il *Codice*, le *Instituzioni* e il *Digesto*" (Rossi, *Palazzo della Ragione a Padova*, 2007, p. 62).

4.1.3.2. A justiça, o sistema de leis e a cidade nos *Affreschi*

É que seu *significado histórico* aqui é aquele exatamente relacionado à necessidade de superar a *justiça dos povos bárbaros*, articulando uma concepção inspirada da Antiguidade clássica, e que fosse capaz de se estruturar como um *sistema zodiacal* de organização da vida da comunidade, em todos os seus afazeres e misteres, ofícios e atividades regulares, ligada a um *sistema de leis*, o que provoca uma ruptura simbólica e prática com a ordem de coisas até então vigente de penas bárbaras familiares e privadas, forçando-se com isso uma retomada citadina do *Direito Romano,* como forma de superação das ordálias e outras penas dos povos germânicos.[582] Este ponto de mutação é dado, exatamente, pela *simbólica* e *majestosa,* representativa e central, forma com a qual o *Palazzo* é construído e decorado.

Se o *Palazzo* está no centro da vida comunal, isto concede uma autoridade também *central à justiça,* em sua capacidade de intervenção na vida comum. Aliás, o *local topográfico* da justiça é um forte indicador de sua *função vital na comuna* medieval. Isto está claro. Mas, é ainda mais interessante observar que o *Palazzo* está no centro da *città,* mas que no centro do *Salone* está a pedra do vitupério (*Pietra del Vituperio*), uma pedra negra, sendo que todo o ciclo astrológico se cumpre em torno da pedra e de sua função expiadora dos males da cidade, para onde eram arrastados os devedores insolventes,[583] devendo pronunciar por três vezes as palavras rituais (*cedo bonis;* renuncio ao meus bens), sentando-se e levantando-se três vezes. Podiam evitar serem presos, numa primeira vez, com este procedimento, mas numa segunda vez, ali eram reconduzidos para

---

[582] "Al declinio del sistema giuridico d'età classica era subentrata, in epoca barbarica, una giustizia di tipo privato, basata su vendette familiari. La dimostrazione dell'innocenza avveniva attraverso giuramenti, ordalie e duelli giudiziari. L'assenza di un adeguato apparato carcerario rendeva rare le pene detentive sostituite da supplizi o somme da pagare. Con la nascita e lo sviluppo del Comune, tra il XII e il XIV secolo, fu recuperato il diritto romano che era stato abbandonato in epoca barbarica. Pian piano la legge perse il carattere di arbitrio e di vendetta personale per diventare un sistema articolato gestito da giudici professionisti. Il primo libro degli *Statuti* cittadini, era conservato, legato con una catena di ferro, nella cappella di san Prosdocimo in Salone" (Rossi, *Palazzo della Ragione a Padova*, 2007, ps. 61-62).

[583] "Al centro della sala si trovava la "pietra del vituperio", un sedile in pietra nera dove venivano messi alla berlina i debitori insolventi" (Rossi, *Palazzo della Ragione a Padova*, 2007, p. 25).

SEMIÓTICA, DIREITO & ARTE

novo ritual, sendo expulsos da cidade para poderem retornar apenas após saldar seus débitos.[584] Ou seja, a *pena* é o centro e o fim do *sistema de justiça.*

4.1.3.3. O quadrado semiótico e o texto pictórico

No caso dos *Afreschi* do Palazzo della Ragione de Padova, considerando--se a relação intrínseca entre *monumentalidade arquitetônica* e *afrescos artísticos,* entre o ciclo astrológico-metafísico e as quatro paredes do edifício, a altura do pé-direito do teto e a amplitude do espaço físico requerido para a distribuição de todo o ciclo de obras interconecta-das, enfim, fica clara a presença da relação passível de análise, através do *quadrado semiótico,* que se esboça a partir de eixos semânticos da *narrativa filosófico-cosmológica,* quais sejam: centro x periferia; grande x pequeno; macrocosmo x microcosmo; divino x humano; geral x pontual; espiritual x material; ordem x desordem; comuna x indivíduo; todo x parte. Como não é relevante, para fins de análise do *Palazzo* a observação de uma pintura em separado, mas a observação do *todo estético* formado pela soma de *força arquitetônica* e *força pictórica,* o resultado da análise da referida obra aponta, fundamentalmente, para a relação entre o *corpo do apenado,* na *pedra do vitupério,* e o *cosmo* que o cerca, justificando a necessidade da aplicação da *justiça,* para que a *injustiça* não implique na *desordem* e no *caos,* na *desorganização* e na *corrupção* do que é comum.

Daí, o quadrado semiótico melhor se reportar à tensão contida na oposição entre *todo* e *parte,* para designar o conjunto da obra do *Palazzo,* conforme o esquema a seguir:

---

[584] "Condotti alla "pietra del vituperio", detta "pria del refuso" e lasciati "in braghe di tela", i debitori insolventi dovevano sedersi tre volte sulla pietra pronunciando le parole *"cedo bonis"*, *"rinuncio ai beni"*, mentre gli astanti li deridevano. Perdevano i beni, ma evitavano il carcere. Se però il loro comportamento non era correto e rientravano in città senza il consenso dei creditori, venivano ricondotti alla pietra del vituperio dove ricevevano tre secchi d'acqua fredda addosso e dovevano ripetere la dichiarazione rituale. Dopoché dovevano lasciare la cittá e potevano ritornarci solamente dopo aver saldato i debiti e riacquistato in tal modo l'onore" (Rossi, *Palazzo della Ragione a Padova,* 2007, p. 67).

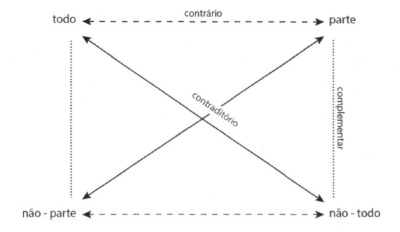

4.1.4. *Allegoria ed Efetti del Buono e del Cattivo Governo*, Palazzo Pubblico di Siena

No *Palazzo Pubblico di Siena* (*Palazzo Comunale*, Siena, Toscana, Itália, 1297-1310),[585] encontra-se um exemplar muito curioso de alegoria medieval, fertilíssima para a compreensão da história da iconologia da justiça,[586] bem como as relações entre direito, política e justiça, na medida em que na *Sala dei Nove* (*Sala della Pace*), na recentemente intitulada *Allegoria ed Efetti del Buono e del Cattivo Governo* (1338-39), cujo nome inicial fora *La*

---

[585] "Achiudere la piazza, come una preziosa quinta, il Palazzo Pubblico, iniziato nel 1297 e già in uso nel 1310. Alla decorazione del Palazzo furono chiamati i grandi artisti senesi: c'è un'urgenza di bellezza nella Siena del Trecento che invade tutto, dalle sale del potere alle copertine dei libri contabili." (Carlotti, *Il bene di tutti*, 2010, p. 31).

[586] São inúmeros os comentadores que assinalam a sua importância: "A particularly good example is in Ambrogio Lorenzetti's well-known fresco, *Allegory of Good Government, in Sienas's* Palazzo Pubblico" (Resnik, *Images of Justice*, Faculty Scholarship Series, Paper 917, in http://digitalcommons.law.yale.edu/fss_papers/917, Acesso em 07/04/2017, 1987, p. 1744); "Da Giotto derivano molto degli elementi che, tra il 1338 e il 1339, Ambroglio Lorenzetti introduce nella rappresentazione della Giustizia che domina, all'interno del tema più ampio del Buon Governo, nella Sala dei Nove Palazzo Pubblico di Siena, precisando ancora meglio la dimensione assoluta e sovrannaturale della sua origine" (Gandolfo, L'idea di giustizia nelle arti figurative del medioevo, *in Arte e limiti. La misura del diritto* (MANGIAMELI, Agata C. Amato; FARALLI, Carla; MITTICA, Maria Paola, orgs.), 2012, p. 304).

Pace e la Guerra,[587] cuja técnica do afresco (*affreschi*) é de autoria do artista-filósofo Ambrogio Lorenzetti. O *Palazzo Pubblico* é a sede do governo,[588] onde se exercem os atos de coordenação da vida na cidade e no campo, distribuindo-se justiça na comuna.[589] Aqui, a *justiça* é um atributo do *governante*,[590] e não do *julgador*, e tem a ver com o equilíbrio geral da *vida comum*, da *coisa pública*.[591] Isso dá um traçado muito específico à representação medieval do *símbolo da justiça*, pois ele está associado ao exercício do *poder real* e do *poder político*.[592]

[587] "La denominazione di Buono e Cattivo Governo è relativamente recente: infatti fino al 1700, l'argomento degli affreschi è identificato con *La pace e la guerra*." (Carlotti, *Il bene di tutti*, 2010, p. 47).

[588] A função do *Pallazzo* na interpretação do historiador italiano da arte, Argan: "Em Siena, ao contrário, o *palácio público* (iniciado em 1298) desenvolve-se inteiramente em superfície, arqueando-se para seguir a curva da praça côncava como uma grande bacia; e tem duas ordens de finíssimas tríforas. A torre esguia e alta (terminada por volta de 1350) sulva o céu com sua linha reta, acentuando por contraste o desenvolvimento horizontal e em superfície do palácio. Próximas das formas dos palácios públicos são aquelas dos palácios das grandes famílias, antes fechados como fortalezas, depois sempre mais abertos, com ordens de janelas ornadas dando para a rua" (Argan, *História da arte italiana*, Vol. 1, 2013, p. 350).

[589] Sobre a vida comunal medieval: "Il comune non è – come in epoca moderna – un apparato politico-burocratico: è la *communitas*, che si ordina per raggiungere lo scopo del bene comune" (Carlotti, *Il bene di tutti*, 2010, p. 58).

[590] "On peut en dire autant des célèbres fresques peintes en 1337-1339 par Lorenzetti au palais public de Sienne. La Justice est cette fois celle du Prince. Elle est associée par l'image, sinon au traitement des causes, du moins à la régulation des rapports sociaux. Mais elle intervient dans une composition qui a pour but d'exalter le *buon governo*, en concurrence avec les autres vertus qu'il est permis d'attendre du dirigeant idéal. Politique et législative au moins autant que judiciaire, elle amorce une prise de distance par rapport à la figure centrale du Prince, mais est loin encore de s'isoler tout à fait" (Jacob, *Images de la Justice*, 1994, p. 228).

[591] "Come suggeriscono, in maniera molto esplicita, le opere veneziane che abbiamo preso in considerazione, il tema della Giustizia si lega strettamente a quello del governo della cosa pubblica" (Gandolfo, *L'idea di giustizia nelle arti figurative del medioevo, in Arte e limiti. La misura del diritto* (MANGIAMELI, Agata C. Amato; FARALLI, Carla; MITTICA, Maria Paola, orgs.), 2012, p. 288).

[592] "Anche questo però, il rapporto della Giustizia con l'esercizio del potere politico, è un tema che ha alle spalle una lunga e articolata tradizione iconografica medievale" (Gandolfo, *L'idea di giustizia nelle arti figurative del medioevo, in Arte e limiti. La misura del diritto* (MANGIAMELI, Agata C. Amato; FARALLI, Carla; MITTICA, Maria Paola, orgs.), 2012, p. 288).

SEMIÓTICA APLICADA, DIREITO E ARTE

Para iniciar a análise, é importante verificar que o *locus* do *Palazzo* é o centro da *piazza del Campo*, onde se localiza também o *centro do governo*, e o centro da vida cívica comunal medieval. Uma torre longilínea, *Torre del Mangia*, com 88 metros de altura (4ª. maior da Itália), símbolo do poder da comuna autônoma, da emergência do poderio burguês e da autoridade político-administrativa da cidade. Em torno de Siena, neste período, havia se constituído uma cidade emergente, próspera e com destaque no campo das artes, aí se formando a famosa *Escola de Arte de Siena (arte senese)*, em pleno ciclo do *del Trecento* italiano, que rivaliza em importância com a arte de *Firenze* e de *Pizza*, e que será um ponto nevrálgico na grande mudança que ocorrerá na arte ocidental.[593]

A obra é de clara influência aristotélico-tomista, decorrente da influência teológica de Ambrogio Lorenzetti,[594] havendo desconfianças sobre a sua enorme proximidade com a *Divina Commedia*, de Dante Alighieri,[595] sendo que o enorme conjunto de *affreschi* ocupa uma sala inteira, a *Sala dei Nove*, de onde se governava a cidade, onde se encontram tematizados a *Justiça* e o *Bom Governo*, a *Tirania* e o *Mau Governo*, colocando no centro do imaginário medieval, a noção de *Bem Comum*, e das virtudes necessárias para suportá-la. Trata-se de uma *obra* enorme, mas muito importante pelo fato de ser uma obra civil, governamental, contendo concepções filosófico-teológicas de mundo.[596]

---

[593] Sobre a *Scuola senese*: "Siena rappresenta nella storia dell'arte un punto nevralgico: è qui che nel Medioevo si sviluppa una scuola che, con una propria impronta originale, diversa da quella fiorentina o pisana, darà un contributo significativo alla nascita del nuovo linguaggio figurativo occidentale" (Carlotti, *Il bene di tutti*, 2010, p. 22).

[594] "La lettura dell'Allegoria rimanda innanzitutto alle caratteristiche culturali di Ambrogio, "l'artista-filosofo", che riprende concezione aristoteliche, tomistiche e della scolastica contemporanea, con riferimenti storici e allegorici alla cultura e all'arte classica. Due temi etico-politici risultano centrali: la Giustizia che discende dalla Sapienza divina e che genera concordia, da un lato e dall'altro la subordinazione dell'interesse privato al bene comune" (Meoni, *Utopia e realtà nel Buongoverno di Ambrogio Lorenzetti*, 2001, p. 16).

[595] A remissão é feita por Carlotti: "Se inffati la composizione riflette la filosofia politica aristotelica e tomista, tante sono le immagini che richiamano alla potente creazione dantesca della *Commedia*" (Carlotti, *Il bene di tutti*, 2010, p. 63).

[596] A anotação é do historiador da arte Argan:"Em 1338 Ambrogio começou a sua obra maior: os afrescos com as *Alegorias do bom e do mau governo* e com os *Efeitos do bom governo* na sala dos Nove do Palácio Público de Siena. É, na história da arte italiana, a primeira obra civil com um conteúdo não mais apenas religioso, mas filosófica e político. O assunto

SEMIÓTICA, DIREITO & ARTE

A alegoria é a mais completa e multidimensional interpretação holística da vida comunal, incluindo a vida urbana e a vida campesina, dividida claramente em duas partes, a saber, aquela que representa o *Buon Governo* e os seus efeitos, e aquela outra que representa o *Cattivo Governo* e os seus efeitos. A representação da vida quotidiana, urbana e campesina, não é apenas e mera *representação* da realidade, é, também, projeção ético-política da *verdadeira forma de governar,* numa *utopia figurada,*[597] utilizando-se o artista apropriadamente de uma dicotomia entre o *Bem (Paz; Interesse Público; Concórdia; Primavera; Justiça)* e o *Mal (Guerra; Interesse Privado; Divisão; Inverno; Injustiça),* repetidamente tematizada na escatologia medieval.[598] Por isso, os *conceitos* de *justiça* e *bem comum* estão muito mais bem encenados, do que propriamente a tentativa de representação da realidade.[599]

---

doutrinário é claramente tomista: não só porque reflete a hierarquia dos princípios e dos fatos, das causas e dos efeitos, mas também porque alça como motivos fundamentais da ordem política a *autoridade* (nas alegorias) e a *sociabilidade* (nos efeitos), especialmente insistindo no conceito aristotélico da *naturalidade* da sociabilidade humana" (Argan, *História da arte italiana,* Vol. 2, 2013, p. 35).

[597] "L'autorappresentazione della cità, dal punto di vista del potere che la governa, e come espressione di un ideale etico-politico del suo autore, viene sottoposta a verifica: la scomposizione dell'opera in moduli narrativi visivamente percepibili e la individuazione, attraverso l'analisi, di aspetti *tipologici,* consentono di leggere la veridicità degli episodi rappresentati e, al tempo stesso, di collegarli alla sfuggente materia poetica, alla percezione di una folgorante sintesi concettuale e artistica, che rinvia ad una sostenuta formalizzazione figurativa" (Meoni, *Utopia e realtà nel Buongoverno di Ambrogio Lorenzetti,* 2001, p. 13).

[598] "Le coppie di opposizioni sono transparenti e ne citeremo solo alcune, che hanno un valore centrale: Pace / Guerra e Buon Governo / Mal Governo, che costituiscono anche gli effetti immediati del tipo di gestione della cosa pubblica: quella rivolta al Bene comune, in contrasto con la subordinazione all'interesse privato di chi amministra; Giustizia / Ingiustizia, Concordia / Divisio, Securitas / Timor; fino all'opposizione – passando per le Virtù principali contro i Vizi – delle stagioni della fertilità, come la Primavera e l'Estate che dominano il fregio degli Effetti del Buon Governo, rispetto a Autunno e Inverno che sovrastano la parete di fronte" (Meoni, *Utopia e realtà nel Buongoverno di Ambrogio Lorenzetti,* 2001, p. 15).

[599] O comentário é de Castelnuovo: "...a representação do *Buongoverno* é uma complexa alegoria política que dá mais espaço à representação da doutrina que à figuração de homens singulares e reconhecíveis (...)" (Castelnuovo, *Retrato e sociedade na arte italiana*: ensaios de história social da arte, 2006, p. 109).

SEMIÓTICA APLICADA, DIREITO E ARTE

Ambrogio Lorenzetti
Il Buon Governo
Palazzo Pubblico
Siena, Itália
Arquivo Pessoal: Fotografia: © ecbittar

4.1.4.1. Os três estados da justiça na *Allegoria*

A *Allegoria* deve ser lida, interpretada e percebida, considerando-se os três níveis (divino; instituições; humano) em que se inscrevem – pictórica, simbólica e filosoficamente – os signos dos quais se utiliza Ambrogio Lorenzetti para dar cores e vida à encenação em que atua o *Buon Governo*.[600] A *Allegoria*, vista como um todo, contém a *figura da justiça*, em três momentos diferentes, seja ali onde demonstra a *Justiça Divina* (em plano maior e patamar simbólico central) como entronizada, seja ali ao lado do *Buon Governo*, a *justiça humana* como *virtude cardeal* (em plano menor e patamar simbólico menor), seja numa terceira forma, a saber, a *justiça*, submetida

---

[600] "L'allegoria del buon governo nella sua composizione è articolata su tre livelli: nella fascia centrale le virtù e le istituzione che devono presidere la vita politica (da sinistra la Giustizia, il Comune e le Virtù), ispirate e rese possibili – in alto – dal dono della Sapienza di Dio e dalla conoscenza dell'essere rivelata da Cristo (Fede, Carità, Speranza), e attuate nella vita della città, dal protagonismo degli uomini, legai liberamente dalla Concordia, l'unica allegoria presente in questa fascia inferiore di figure reali. A completare l'affresco, nella cornice superiore, trovava posto la già ricordata allegoria del Sole, in quella inferiore abbiamo ancora la rappresentazione delle arti del Trivio, Grammatica, Retorica e Logica." (Carlotti, *Il bene di tutti*, 2010, p. 61).

SEMIÓTICA, DIREITO & ARTE

e amarrada, despida de poder, aos pés de uma figura tirânico-diabólica, anulada no *Mal Governo*.

Na parede à direita (parece norte), se encontra o *Buon Governo*,[601] onde o ciclo da vida se cumpre centralizada pelas noções de ordem, harmonia, trabalho e produção, onde as trocas comerciais são paritárias,[602] vendo-se os portões da cidade encimados pelos dísticos grafados em torno de uma figura feminina representada na forma de uma *Vitória* alada, chamada *Securitas*,[603] que oferece segurança a todos os que entram e que saem, permitindo que a abertura da cidade (para fora e para dentro) proporcione *relações externas* em harmonia com outras *città*. No *Buon Governo*, há duas representações da Justiça, uma da *Justiça Divina* (em plano maior) e uma da *justiça* como *virtude cardeal* (em plano menor).

A *Sapiência divina* (*Sapientia*),[604] que inspira a *Justiça Divina*, e, logo abaixo dela, a *Concórdia* (no nível do povo) que dela deriva, são figuras femininas que estão alinhadas de tal forma, no canto esquerdo do *Buon Governo*, que ocupam três planos visuais, o que leva a compreender que a *justiça* é fruto da *sabedoria divina*, e que a *concórdia na cidade* é um efeito da *boa administração da justiça* na vida comum. Esta figura da *Justiça Divina* está cercada pelos dísticos escritos, que derivam das *Sagradas Escrituras*:

---

[601] "La lettura della complessa affrescatura della Sala parte dalla parete nord dove Ambrogio ha dipinto l'Allegoria del buon governo" (Carlotti, *Il bene di tutti*, 2010, p. 53).

[602] "L'umanità lorenzettiana domina la natura, creando uno spazio addomesticato attraverso il lavoro. Anche il tempo è concreto, operativo, scandito dall'agire sociale. In quanto rappresentazione del ritmo spazio-temporale del ciclo dell'anno e del ciclo della vita, l'affresco offre una sintesi figurativa dei momenti centrali della vicissitudine umana: si semina e si raccoglie, si va a nozze, a scuola, al lavoro, si danza e si va a caccia" (Meoni, *Utopia e realtà nel Buongoverno di Ambrogio Lorenzetti*, 2001, p. 28).

[603] "Securitas offre anche una continuità concettuale ed inconografica rispetto alla Pace: ricorda la funzione vigile dell'amministrazione della giustizia – infatti tiene in mano una forca con un impiccato, così come Pax è collocata su un piedistallo di armi – consentendo perciò a tutti di agire nella sicurezza, senza paura (come specifica il cartiglio)" (Meoni, *Utopia e realtà nel Buongoverno di Ambrogio Lorenzetti*, 2001, p. 23).

[604] "La Giustizia non può operare – non è lei infatti che sostiene la bilancia – senza la Sapienza, senza cioè la tensione al vero e al bene, non sforzo titanico dell'uomo, ma dono di Dio: "initium sapientiae timor Domini" (l'inizio della sapienza è il timore, cioè la conscienza del Signore). La Sapienza infatti ha lo sguardo rivolto verso l'alto e non sarà inutile ricordare che nel bordo superiore dell'affresco trovava posto l'allegoria del Sole, ora perduta, simbolo per eccellenza di Cristo ("verrà a visitarci dall'alto come un sole che sorge")." (Carlotti, *Il bene di tutti*, 2010, p. 56).

Diligite Iustitiam qui Iudicatis Terram (Amatela la giustizia, voi che governate la terra).[605]

A *Justiça Divina* (mulher vestida de vermelho), que acompanha a figura real do *Bene Comune*, no mesmo plano linear da obra, tem seus braços estendidos em duas direções diferentes, apontando-se para a mão esquerda, onde está inscrito *justiça comutativa* (age no equilíbrio e honestidade do comércio),[606] e, apontando-se para o lado direito, onde está inscrito *justiça distributiva* (age no sentido de cortar a cabeça de um assassino).[607] Dos pratos da *Balança da Justiça* partem duas cordas, que são unidas nas mãos da *Concórdia* (daí, a falsa origem *cum – cordia*),[608] e, a partir daí, são transmitidas aos 24 cidadãos, que a seguram, levando-a às mãos do *Buon Governo*. A corda é o símbolo do *fino liame* que une cidadãos e governo, em torno da justiça e dos propósitos comuns da cidade. Por contraste, tem-se a ideia de que se desatada esta cadeia concatenada oriunda deste *fino liame*, ou ainda, feita a ruptura deste *liame*, tem-se as desditas, seja da vida comunal, seja do governo.

Acima do governante (*Bene Comune*), se encontram, ladeando o Cristo mensageiro do universo divino, as três *virtudes teologais* (*Fides*; *Caritas*;

---

[605] "La *santa virtù* con cui si apre l'iscrizione è la Giustizia, la cui allegoria domina la parte sinistra dell'affresco: è una donna vestita di rosso, che guarda in alto l'allegoria della Sapienza di Dio, da cui riceve ispirazione. Tra *Iustitia e Sapientia* c'è il versetto iniziale del biblico *Libro della Sapienza*, che già avevamo trovato nel cartiglio mostrato dal Bambino Gesù nella *Maestà* di Simone: "DILIGITE IUSTITIAM QUI IUDICATIS TERRAM" (Amatela la giustizia, voi che governate la terra")" (Carlotti, *Il bene di tutti*, 2010, p. 53).

[606] "Quello sulla sinistra accompagnato dalla scritta 'Distributiva' esegue con una mano una condanna capitale, mentre con l'altra assolve un innocente. L'angelo sulla destra, con accanto la scritta 'Comutativa', provvede a consegnare a due mercanti strumenti utili alla vita dei commerci (...)" (Gandolfo, L'idea di giustizia nelle arti figurative del medioevo, *in Arte e limiti. La misura del diritto* (MANGIAMELI, Agata C. Amato; FARALLI, Carla; MITTICA, Maria Paola, orgs.), 2012, p. 304).

[607] "Sulla bilancia, le due dimensioni della Giustizia: a sinistra quella distributiva, che dà ad ogni uomo ciò che merita (taglia la testa all'assassino, facendogli cadere di mano il pugnale e corona il guerriero del quale la spada e la palma indicano la vittoria): a destra la giustizia commutativa, che assicura l'onestà dei commerci, con un angelo che consegna a due mercanti le unità di misura" (Carlotti, *Il bene di tutti*, 2010, ps. 56-57).

[608] "La corda lega liberamente i cittadini – alludendo a una falsa etimologia di concordia (*cum chorda*, invece che l'unità dei cuori) – per finire in mano alla figura di vecchio che domina la zona destra: il Comune di Siena" (Carlotti, *Il bene di tutti*, 2010, p. 57).

SEMIÓTICA, DIREITO & ARTE

Spes).[609] Por sua vez, as *virtudes cardeais* (*Iustitia*; *Temperantia*; *Prudentia*; *Fortitudo*; *Pax*)[610] acompanham a figura real do governante, que atua sob a proteção divina, abaixo da qual se inscreve *Commune Senarum Civitas Virgini*, voltado para a realização do *Bem Comum*.

4.1.4.2. Os efeitos da *justiça na cidade* na *Allegoria*

Em continuidade ao *Buon Governo*, a parede subsequente é inteiramente dedicada aos efeitos do Bom Governo (na cidade e no campo). Os efeitos da justiça são aqueles que decorrem diretamente da relação entre *sabedoria, equilíbrio, justiça, concordia, paz* e *prudência*.[611] A *Allegoria* aponta para a ideia de que o Bem Comum é o centro da vida comunal, e, da administração do governo centrado nesta visão, decorrem efeitos sentidos no cotidiano da vida dos cidadãos. Assim, a relação figurativa de intimidade entre *Justiça* e *Governo*, na própria medida em que a *justiça comutativa* e *distributiva* se fazem pelas mãos do governo, onde inclusive a força organizada do exército se encontra em postura servil e controlada, também servindo de escudo e amparo ao governo, logo abaixo da figura do *Buon Governo*.[612] A vida comunal segue um ritmo *lento, cotidiano*, onde cada coisa ocupa o seu lugar, percebendo-se que a segurança[613] oferece condições para uma vida social próspera e organizada.

[609] Cf. Meoni, *Utopia e realtà nel Buongoverno di Ambrogio Lorenzetti*, 2001, p. 18. Também: "Il Bene Comune è dominato dalle virtù teologali con i tradizionali attributi: la Fede, con la croce, la Speranza che guarda fiduciosa Cristo, e in posizione preminente la Carità, con il cuore ardente in mano: essa "antepone gli interessi comuni a quelli privati" ed è la radice "dell'amore della patria" " (Carlotti, *Il bene di tutti*, 2010, p. 59).

[610] "A *Temperança* sentada ao lado da *Justiça* na *Alegoria do bom e do mau governo* do *Palazzo Pubblico* de Siena representa, pois, o exacto oposto da mediocridade das posições medidas: a medida que encarna é a expressão do tempo mais criador. Esse tempo misturado é o mais improvável, logo o mais cultural" (Ost, *O tempo do Direito*, 2001, p. 428).

[611] "L'iscrizione dell'Allegoria terminava con queste parole, descrivendo gli effetti di una saggia amministrazione della cosa pubblica: 'Per questo con trionfo a lui si danno censi, tributi signorie di terre, per questo senza guerre, seguita poi ogni civile *effetto*, utile, necessario e di diletto' " (Carlotti, *Il bene di tutti*, 2010, p. 67).

[612] "E in effetti Ambrogio ha qui voluto dipingere "come è dolce vita e riposata" quella della città in cui è conservata la Giustizia, che risplende più di ogni altra virtù" (Carlotti, *Il bene di tutti*, 2010, p. 67).

[613] "Sopra la porta e l'inizio della strada, si libra la figura di *Securitas*, rappresentata come una vittoria alata: è bellissima questa immagine di donna nuda, che sembra rimandare a qualche modello classico" (Carlotti, *Il bene di tutti*, 2010, p. 75).

4.1.4.3. Os efeitos da *injustiça na cidade* na *Allegoria*

Na parede esquerda (parede oeste), se encontra o *Cattivo Governo*, sendo que na mesma parede em que está inscrito, se encontram também os efeitos do Mal Governo.[614] O *Cattivo Governo* é uma *figura diabólica*,[615] cercada pelo dístico dos signos verbais: *Tirannide*. O mal governo – cuja figura diabólica entronizada está cercada de figuras bestiais, carrega um punhal e um cálice de ouro sujo de sangue – tem por métodos a tirania, a vingança e a violência, e governa para a obtenção de riquezas pessoais.[616] A desordem, a esterilidade e a devastação dominam toda a configuração desta parece, pintada com cores escuras e cinzas.

A mesma estrutura da *Allegoria* aqui se encontra presente em três planos, sendo que a *justiça* se encontra no plano mais baixo da obra, cercada pelos pratos de uma *balança despedaçada*. No plano superior, a figura diabólica está cercada por *Soberba* (*Superbia*), *Avareza* (*Avarizia*) e *Vangloria* (*Vanagloria*); no plano das instituições, está entronizada a figura do *Mal Governo*, cercado por figuras bestiais e poucos conselheiros; no plano dos homens, por sua vez, sente-se a ausência da proximidade do povo organizado, ou seja, dos cidadãos que cortejam o governo.[617] Com os afrescos muito danificados – o que dificulta a compreensão e a interpretação da obra – a longa parede onde estão os efeitos do *Cattivo Governo*, o ciclo de Lorezentti aponta para o quotidiano de uma vida perturbada, desarranjada, cercada de destruição, governada pelo medo, violência, abandono, assassinatos, intrigas e disputas, estando o campo infértil e

---

[614] "Sulla parete ovest della Sala, c'è un vasto affresco, gravemente danneggiato e lacunoso, diviso in tre zone: l'Allegoria del malgoverno, gli Effetti del malgoverno in città e gli Effetti del malgoverno in campagna." (Carlotti, *Il bene di tutti*, 2010, p. 87).

[615] Umberto Eco, na *História da Feiúra* menciona as várias *figurações*, sempre *feias*, do diabo: "Parece óbvio, também por motivos tradicionais, que o diabo deve ser feio" (Eco, *História da feiúra*, 2007, p. 92).

[616] "Nell'affresco vediano infatti una figura diabolica – la Tirannide – ai piedi della quale sta legata la Giustizia, senza corona, tra i piatti di una bilancia spezzata. La Tirannide tiene in mano un pugnale e una coppa d'oro, sporca di sangue: il suo metodo è la violenza, il suo scopo la ricchezza" (Carlotti, *Il bene di tutti*, 2010, p. 91).

[617] "È un potere solitario, chiuso in una città di cui escono ed entrano solo soldati: non c'è popolo ai piedi della Tirannide, a differenza di quanto accade ai piedi del Comune. Sopra la figura infernale, dove prima abbiamo trovato le virtù teologali, dominano Superbia, Avarizia e Vanagloria" (Carlotti, *Il bene di tutti*, 2010, p. 91).

Ambrogio Lorenzetti
Il malgoverno
Palazzo Pubblico
Siena, Itália
Arquivo Pessoal: Fotografia: © ecbittar

improdutivo.[618] O conjunto dos *affreschi* aponta para um quadro generalizado de *desordem política, desequilíbrio, imoralidade* e *injustiça*.

4.1.4.4. O quadrado semiótico e o texto pictórico

No caso da *Allegoria ed Efetti del Buono e del Cattivo Governo*, dentro do *Palazzo Pubblico* di Siena, a relação entre os dois painéis pintados, considerando-se o que é o *Buon Governo*, e considerando-se o que é o *Cattivo Governo*, leva a uma oposição fundamental que estrutura o eixo semântico na forma do *Bem* x *Mal*, de modo que o *Bom Governo* (inspirado por forças divinas; justo; capaz de produzir bons efeitos) se opõe ao *Mal Governo* (inspirado por forças demoníacas; injusto; capaz de produzir maus efeitos), sabendo-se que as *categorias cromáticas* (azul x preto), *categorias eidéticas* (rei

---

[618] "Ai piedi di questa corte infernale, alla destra della Giustizia legata, scene di violenza e di dolore, leggibili con difficoltà per il danneggiamento degli affreschi: due uomini si contendono un bambino, degli esuli abbandonano la città, lasciando dei cadaveri sul terreno" (Carlotti, *Il bene di tutti*, 2010, p. 93).

x demônio; justiça x injustiça), *categorias topológicas* (alto x baixo), ajudam a reforçar estes traços.

Tendo em vista as proporções da obra de arte, que ocupa toda uma sala de um edifício público, o *texto estético* acaba por entregar ao leitor um verdadeiro programa narrativo-pictórico. Assim, o *programa narrativo-pictórico*, como um todo, é capaz de *simbolizar* os efeitos do bem e os efeitos do mal, e, portanto, a imprimir a visão medieval de que a *virtude da justiça* é algo que acompanha o *Bom Governo* e caracteriza o Bom Governante no uso do poder legítimo. A estrutura como um todo da *iconografia* aponta, numa versão narrativa, para uma história (a exemplo das narrativas literárias), que pode ser assim estruturada de forma figurativa:

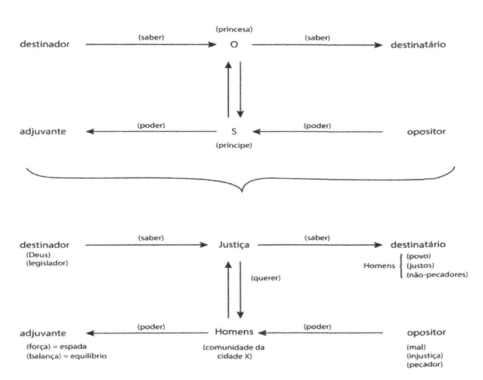

Mas, se a atenção se concentrar não na totalidade da obra, mas se concentrar de modo focal apenas na *narrativa* relativa à justiça, e em seus estados, fica evidenciado no *texto pictórico* a sua situação segundo a qual, numa parede, a justiça funciona como *suporte e inspiração ativa do governo*, no *Bom Governo*, e, na outra parede, a justiça se encontra inativa e inoperante, sendo travada em sua função simbólico-ativa, estando em condição de *inativa, amordaçada, amarrada, vencida* e *derrotada*, no *Mal Governo*, onde se poderia lançar mão da relação lógica entre *ativa* (encadeada à vida pública; influenciando o bom governo; funcionando com espada e balança; agindo como virtude cardeal) e *não-ativa* (amarrada; submetida ao mal governo; desligada da vida comunal; inativa).

Isso implica, também, outras relações internas tais como bem x mal, justo x injusto, bom governo x mal governo, bem comum x interesse próprio, divino x humano.[619] Apesar desta *iconografia* evocar essa imensidão de outras categorias, na sua mais ampla configuração, quando se dá atenção específica à situação da justiça, se percebe a predominância da tensão entre atividade e inatividade, de modo que sua figurativização no *quadrado semiótico* permite enxergar o que segue:

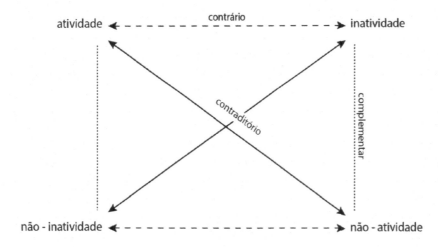

---

[619] Segue-se de perto a metodologia de Calabrese, *Como se lê uma obra de arte*, 2015, ps. 104-105.

4.1.5. *Affreschi* na *Cappella degli Scrovegni* de Pádua

A *Cappella degli Scrovegni* (Padova, Itália),[620] contém uma obra de *affreschi* de Giotto, executada entre 1303 e 1305, sob a encomenda privada de Enrico Scrovegni, de uma família padovana rica e usurária, que possui caráter revolucionário na história da arte. Nesta obra, Giotto inova nas técnicas, e antecipa a história da arte, através do espetáculo vivo de cores – a exemplo do azul do céu estrelado da *Cappella* –, de figuras realistas, de formas autônomas, e pela profundidade, inovações técnicas sem precedentes,[621] em plena Idade Média, apontando-se por meio desta obra os primeiros indícios do Renascimento.[622]

A *Cappella* como um todo narra a história da salvação da alma, e contém inúmeras cenas bíblicas. Trata-se de um enorme *texto pictórico* que exprime um verdadeiro *percurso ético-devocional*, de caráter altamente pedagógico, fundado na visão de mundo teológico-cristã. Obedece à tarefa de *comunicar* o conhecimento sobre as coisas divinas, direcionando-o à conversão e ao ensinamento dos devotos cristãos. A densidade das figuras, a distribuição simétrica na *Cappella,* e a visão de mundo que orienta a construção de toda a imagem global da obra formam, sem dúvida nenhuma, um enorme empreendimento *filosófico-teológico*, elaborado por meio da *figuração pictórica*.[623] Chega-se a afirmar, como o faz o especialista Giuliano Pisano, que se trata de uma *Divina Commedia* da pintura, considerando-se o legado

---

[620] Para a visita virtual à *Cappella*: http://www.cappelladegliscrovegni.it/index.php/en/the-scrovegni-s-chapel/history-of-scrovegni-s-chapel. Acesso em 30.07.2018.

[621] Em dois trechos, o historiador italiano da arte, Argan ressalta a importância de Giotto: "No fim do século XIII e no princípio do século XIV, Giotto terá, na criação das grandes estruturas culturais do mundo ocidental, uma importância certamente não inferior à de Dante" (Argan, *História da arte italiana*, Vol. 1, 2013, p. 390); "...poucos anos depois, em Pádua, pinta afrescos (perdidos) na basílica franciscana de Sant'Antonio e, entre 1304 e 1306 (segundo outros entre 1309 e 1310), recobre as paredes da *Cappella dos Scrovegni* com as *Histórias de Nossa Senhora e de Cristo*" (Argan, *História da arte italiana*, Vol. 2, 2013, p. 25).

[622] "Un'autentica rivoluzione. Agli inizi del Trecento Padova divenne, grazie a Giotto, la capitale della pittura: qui accorsero maestri da orgni parte per vedere, imparare, copiare, imitare (da Paolo Veneziano a Paolo Uccello, da Piero della Francesca a Michelangelo" (Pisani, *I volti segreti di Giotto*: le rivelazioni della Capella degli Scrovegni, 3.ed., 2015, p. 09).

[623] "Lo schema si rivelò ben presto un sofisticato disegno filosofico-teologico" (Pisani, *I volti segreti di Giotto*: le rivelazioni della Capella degli Scrovegni, 3.ed., 2015, p. 12).

SEMIÓTICA, DIREITO & ARTE

pictórico que produz.[624] A obra contém um ciclo de afrescos com histórias bíblicas, encimada pela espetacular representação do *Juízo Final*, um tema recorrente na pintura medieval, como aponta Umberto Eco[625] – que se encontra na grande parede da contra-fachada –, entre duas grandes paredes onde desfilam as *virtudes* e os *vícios*.

4.1.5.1. A *justiça* e a *injustiça* no centro do ciclo das virtudes

A escolha humana é algo que se exerce na base do *liberum arbitrium*,[626] diante de dois percursos possíveis, a saber, o dos *vícios* ou o das *virtudes*. O ciclo *giottesco* dos vícios (parede norte) e das virtudes (parede sul) ladeia todo o percurso da *Cappella* – sendo que toda esta construção pictórica está *simetricamente* dividida entre três virtudes e três vícios –, tendo-se no *meio centralizadas as figuras* da *Justiça* e da *Injustiça*, como dupla de opostos, num total de sete vícios e de sete virtudes.[627]

Este esforço por colocar a Justiça no *centro* é tão grande,[628] na obra de Giotto, que para que isso ocorra, tem de *inverter* a ordem de distribuição das virtudes cardeais, que estão assim distribuídas: *Prudentia; Fortitudo; Temperantia; Iustitia* (quatro virtudes cardeais); *Fides; Karitas; Spes* (três virtudes teologais). As *virtudes* estão representadas totalizando-se em número de sete. Estas são opostas aos vícios, que se encontram na parede oposta: *Stultitia; Inconstantia; Ira; Iniusticia* (vícios cardeais); *Infidelitas; Invidia; Desperatio* (vícios teologais). Isto é revelador da importância e, também,

---

[624] "Alla fine di questo viaggio la Cappella degli Scrovegni ci apparirà per quello che realmente è: una *Divina Commedia* della pittura, una grandiosa sintesi del pensiero filosofico e teologico medievale, che sa interpellare anche noi..." (Pisani, *I volti segreti di Giotto*: le rivelazioni della Capella degli Scrovegni, 3.ed., 2015, p. 30).

[625] "Dentre os vários temas apocalípticos, estes portais e tímpanos irão privilegiar o Cristo entronado e cercado pelos quatro evangelistas, o Juízo Final e, portanto, o Inferno" (Eco, *História da feiúra*, 2007, p. 78).

[626] Cf. Pisani, *I volti segreti di Giotto*: le rivelazioni della Capella degli Scrovegni, 3.ed., 2015, p. 150-151.

[627] "Gli premeva mettere in evidenza il binomio Giustizia-Ingiustizia e per questo ha voluto che entrambe risultassero in posizione centrale, accompagnate simmetricamente, a sinistra e a destra, da due gruppi di tre" (Frugoni, *Gli affreschi della Cappella Scrovegni a Padova*, 2005, p. 91).

[628] "Di qui derivano i concetti etici di giustizia e ingiustizia, la coppia centrale dell'intero ciclo giottesco: *Iniusticia – Iusticia*" (Pisani, *I volti segreti di Giotto*: le rivelazioni della Capella degli Scrovegni, 3.ed., 2015, p. 161).

196

da sacralidade, da centralidade e da significação que se encontra no par *Justiça/Injustiça*,[629] na visão geral que Giotto imprime à representação das *virtudes*.[630] Elas não somente fazem a divisão entre *virtudes teologais (vícios teologais)* e *virtudes cardeais (vícios cardeais)*, como também são o centro de todas as *virtudes* e de todos os *vícios*.

Mas, a representação de Giotto na *Cappella degli Scrovegni* é diferente da tradição que se impõe, desde Dante Alighieri e São Tomás de Aquino,[631] a este respeito. Nesta tradição, às sete *virtudes teologais*, se opõem os sete *vícios capitais* (soberba; inveja; preguiça; ira; avareza; gula; luxúria), e, no lugar destes, Giotto irá representar os sete *vícios cardeais* e *teologais* (*Stultitia; Inconstantia; Ira; Iniusticia* – vícios cardeais; *Infidelitas; Invidia; Desperatio* – vícios teologais). Por isso, Giotto não simplesmente segue a *tradição teológica* mais conhecida, mas irá representar as virtudes e os vícios de forma muito particular, ainda que com a mesma finalidade salvacional.[632] Isso permite entender que a visão que impregna a *Cappella* não é simplesmente uma *reprodução da visão teológica* imperante, mas, verdadeiramente, uma *criação inovadora*, que adiciona algo de particular no sentido da relação entre vícios e virtudes.

---

[629] "Già ai primi del Trecento con Giotto, nella padovana *Cappella degli Scrovegni*, nei monocromi alla base delle pareti laterali, con le immagini delle virtù contrapposte ai loro contrari, la rappresentazione della Giustizia trova nuovamente le ragioni per una sacralizzazione. Grazie alle scene di genere rappresentate al di sotto, si ribadisce il concetto che se la Giustizia è presente le attività dell'uomo si svolgono serenamente, al contrario di ciò che accade là dove regna l'Ingiustizia, posta in un castello dalle mura cadenti e accompagnata da immagini di delittuosa violenza" (Gandolfo, L'idea di giustizia nelle arti figurative del medioevo, *in Arte e limiti. La misura del diritto* (MANGIAMELI, Agata C. Amato; FARALLI, Carla; MITTICA, Maria Paola, orgs.), 2012, p. 303).

[630] "La *Iusticia* è collocata al centro delle sette virtù, in posizione di assoluto rilievo. Un particolare significativo rivela come la *Iusticia* (e specularmente, sulla parete opposta, l'*Iniusticia*) rappresenti il fulcro dell'intero ciclo affrescato..." (Pisani, *I volti segreti di Giotto*: le rivelazioni della Capella degli Scrovegni, 3.ed., 2015, p. 165).

[631] "Di contro alle sete virtù Dante pone, sempre seguendo san Tommaso, i sete vizi capitali: 1. Superbia; 2. Invidia; 3. Ira; 4, accidia; 5. Avarizia; 6. Gola; 7. lussuria" (Pisani, *I volti segreti di Giotto*: le rivelazioni della Capella degli Scrovegni, 3.ed., 2015, p. 152).

[632] A finalidade é a mesma da *Divina Commedia*: "Tutta la struttura, intellettuale e fisica, della *Divina Commedia* risponde a questo rapporto tra le virtù cardinali e teologali, che rappresentano la via della salvezza terrena e ultraterrena dell'uomo, la terapia dell'uomo e la terapia di Dio, e i vizi capitali, che conducono l'uomo alla dannazione eterna" (Pisani, *I volti segreti di Giotto*: le rivelazioni della Capella degli Scrovegni, 3.ed., 2015, p. 153).

SEMIÓTICA, DIREITO & ARTE

Justiça
Ciclos das Virtudes e dos Vícios (1304-1306)
Giotto di Bondone (1267-1337)
Cappella degli Scrovegni
Padova, Italia
Arquivo Pessoal: Fotografia: © ecbittar

A representação da *Justiça* é aqui de caráter secular,[633] e não divino, na medida em que aparece como uma das várias *virtudes*.[634] Isso significa que ela está ao alcance de todo ser humano de ser exercida. Ainda assim, encontra-se serenamente postada em posição de uma mulher coroada, centralizada e entronizada.[635] Como a figura ao lado mostra, é bem no meio do *Cilo das Virtudes* que se situa a deusa da justiça, vista como virtude central:

Ela está figurada na forma de uma mulher, com fundo azul, sentada num trono, com uma balança, onde no prato-direito, encena-se a condenação de um malfeitor por

---

[633] Na leitura da historiadora da arte Chiara Frugoni: "Guistuzia ha nelle mani due piatti della bilancia, tenuta dall'invisibile Sapienza divina, sopra cui sono due essere alati dei quali l'uno, vecchio e barbuto, sta per decapitare un reo con le mani legate dietro la schiena, mentre l'altro, un giovane coronato, premia un uomo, seduto dietro ad un banco, che ricorda quello di un cambiavalute: la zona è rovinata ma si vedono bene un calamaio, due penne e il piedistallo, parrebbe, di una bilancia o dia una coppa per conervare denaro. Al di sotto, in un riquadro, del tutto separato dal trono di Giustizia, sono rappresentati cavalieri con il falcone, fanciulle che danzano e suonano fra gli alberi vicino ad una capanna di paglia, mercanti a cavallo con la merce apessa alle selle" (Frugoni, *Gli affreschi della Cappella Scrovegni a Padova*, 2005, p. 92).

[634] Os comentários são de Daniele M. Conanzi, que aponta: "La giustizia poi si secolarizza, accentuando i segni del suo potere, non più divinità ma umana, affare umano tra gli uomini. Così la rappresenta Giotto nella *Cappella degli Scrovegni*. Tanto umana da richiedere specularmente la rappresentazione dell'ingiustizia" (Conanzi, *Estetica del Diritto: Geologia e Genealogia del Giuridico*, 2016, p. 47).

[635] "La Giustizia coronata, abbigliata come una Madonna, è seduta su di un trono con archi acuti che la inquadra prospetticamente; da notare che il trono è stato preso in prestito da quello che Giotto dà alla Madonna (si veda ad esempio la Madonna in maestà degli Uffizi)" (Frugoni, *Gli affreschi della Cappella Scrovegni a Padova*, 2005, p. 91).

SEMIÓTICA APLICADA, DIREITO E ARTE

um senhor, e no prato-esquerdo, encena-se a coroação de uma pessoa, por um jovem alado.[636] Deve-se acentuar com fortes tintas o fato de que esta representação da *justiça* não lhe concede uma espada – a espada se encontra nas mãos da *injustiça*, na parede contrária – e isto porque, como afirma o historiador Robert Jacob, os medievais irão resistir em atribuir à justiça o elemento da *força*, entendendo-a preferencialmente como *equilíbrio*, algo que somente será modificado na idade moderna.[637]

A *equidade* e o *bem comum* são os frutos da atitude diligente de *distribuição do justo*.[638] A *justiça* tem os olhos serenamente abertos, sendo que o seu olhar está voltado para o Céu da parede do *Juízo Final*, e abaixo dela, há o *reino da justiça*, onde há *ordem, comércio, paz* e *dança*. A *justiça* aqui é claramente disposta como sendo a condição da *paz*, da *ordem* e da *harmonia* da vida em comum na cidade, invocando uma noção vastamente trabalhada pelo pensamento filosófico antigo e clássico.[639] As cenas apresentadas aos pés da justiça entronizada mostram o *reino da justiça*, onde

---

[636] "Sulla parete opposta ecco la *Iusticia*, assisa su uno splendido trono. Sul piatto della destra un uomo barbuto, alato, vibra la spada ed esegue la condanna a morte per decapitazzione di un malfatore. Sull'altro piatto una giovane figura, alata e di meravigliosa fattura, sta per coronare una persona seduta dietro un tavolo (la parte superiore, purtroppo, è abrasa e illegibile): questo giusto rappresenta simbolicamente tutti coloro che hanno compiuto la prima parte del percorso di salvezza, quello scandito dalla sequenza delle virtù cardinali. Lo sfondo è azzurro, come nel monocromo della *Prudencia*" (Pisani, *I volti segreti di Giotto*: le rivelazioni della Capella degli Scrovegni, 3.ed., 2015, ps. 163-164).

[637] "En 1305, à la chapelle des *Scrovegni di Padova*, Giotto peut opposer à une figure de l'Injustice, nantie d'une épée et d'un croc, une Justice saisie dans l'attitude pacifique de la pesée. Quelles que soient les significations qu'il projette dans le glaive, l'homme du Moyen âge a hésité à en faire l'attribut ordinaire de la Justice, parce que celle-ci lui paraît portée du côté de la mesure, donc de la balance, plus que de la force. C'est à la fin du XVᵉ siècle seulement et surtout au XVIᵉ que le port de l'épée se généralise et que son association à la balance devint systématique. À ce moment, on peut tenir pour acquis que l'on voyait bien dans le glaive brandi vers le ciel la marque de la force au service de la justice" (Jacob, *Images de la Justice*, 1994, p. 225).

[638] "La giustizia è la virtù morale che si attua nella costante e ferma volontà di dare a Dio e al prossimo che è loro dovuto. La giustizia verso Dio è 'virtù di religione', mentre quella verso i uomini garantisce il rispetto dei diritti di ciascuno, stabilisce nelle relazioni umane comportamenti conformi al principio di equità e promuove il bene comune" (Pisani, *I volti segreti di Giotto*: le rivelazioni della Capella degli Scrovegni, 3.ed., 2015, p. 164).

[639] Cf. Pisani, *I volti segreti di Giotto*: le rivelazioni della Capella degli Scrovegni, 3.ed., 2015, p. 166.

SEMIÓTICA, DIREITO & ARTE

um homem e sua esposa – que renunciaram à guerra – saem para caçar, e onde aldeões de uma vila dançam, além de dois mercadores cavalgarem e exercerem a atividade do comércio entre cidades em segurança.[640] Ou seja, enquanto a perfeita justiça se executa, a vida humana tem condições de se desenvolver de forma harmoniosa.[641] Eis a terapia divina, claramente indicada, como caminho do esforço para a aquisição das virtudes cardeais.[642] O ciclo completo da faixa das virtudes desta parede conduz, no *Juízo Final*, ao Céu,[643] numa visão que revela a clara concessão divina para que a justiça se faça entre os homens, algo inscrito na tradição medieval-cristã com muita clareza, inclusive considerando-se a tradição das *iluminuras da justiça*.[644]

---

[640] "Nella predella sotto il trono della *Iusticia*, in palese contrapposizione all'orrore che imperversa sotto il regno dell'ingiustizia, appaiono tre scene di vita quotidiana, spensierata e gioiosa: il nobil signore rinuncia alle opere della guerra e si dedica alla caccia, cavalcando tranquillo in compagnia della sua dama, che regge un falcone, mentre due cani precedono la coppia fiutando il terreno; in un villagio, sullo sfundo di un casoni di paglia, una coppia di popolani danza festosa al suono di nacchere, mentre una leggiadra giovanetta scandisce il ritmo con un tamburello; due mercanti, infine, viaggiano tranquilli con il loro carico, senza paura di essere assaliti dai briganti" (Pisani, *I volti segreti di Giotto*: le rivelazioni della Capella degli Scrovegni, 3.ed., 2015, p. 165).

[641] "La scritta, tranne un verso di discussa lettura e significato, è del tutto comprehensibile: 'La perfetta giustizia pesa tutto quanto con braccio di bilancia pari; coronando i buoni, vibra la spada contro i vizi. Ogni cosa si rallegra della libertà; se Giustizia regnerà, agirà con amabilità dovunque si volga il retto cavaliere. Quindi si può cacciare, cantare e vendere, i mercanti già... si giova...; 'Equa lance cuncta librat perfecta iusticia; coronando bonos, vibrat ensem contra vicia. Cuncta gaudent libertate ipsa si regnaverit, agit cum iucuditate quosque (quo) volverit miles probus. Tunc venatur, cantatur, venditur; mercatores iam... proditur...'" (Frugoni, *Gli affreschi della Cappella Scrovegni a Padova*, 2005, p. 92).

[642] "Qui sta la sostanziale differenza delle virtù cardinali rispetto alle virtù teologali, perché queste ultime sono diretto dono di Dio e si acquiscono per infusione nell'atto in cui si riceve il battesimo. Senza gli insegnamenti divini, senza la rivelazione della verità, che supera e trascende la ragione umana, senza la pratica delle virtù teologali, l'uomo non può aspirare al Paradiso celeste, alla gioia della vita eterna" (Pisani, *I volti segreti di Giotto*: le rivelazioni della Capella degli Scrovegni, 3.ed., 2015, p. 166).

[643] "Gli studiosi hanno generalmente considerato la sequenza delle virtù come un percorso devozionale che porta in Paradiso, mentre quella dei vizi sarebbe la via lastricata di peccati, che conduce all'Inferno" (Pisani, *I volti segreti di Giotto*: le rivelazioni della Capella degli Scrovegni, 3.ed., 2015, p. 148).

[644] A exemplo do que aponta Robert Jacob: "L'image du Christ déléguant leurs pouvoirs aux autorités humaines, c'est aussi celle que retient l'illustration du Miroir des Saxons dès

4.1.5.2. A figura masculina da *injustiça*

Em contradição com esta figura feminina da *justiça*, na parede oposta, e face a face à *justiça*, se encontra a figura masculina da *injustiça*. A figura masculina está sentada e veste roupas nobres, possui cabelos brancos longos, tem uma feição ríspida, segura com a mão esquerda uma espada, e com a mão direita segura um arpão, notando-se como suas unhas invocam garras ou figuras bestiais. Seu ar é de desprezo, e o ambiente que o circunda não é a vida na cidade, a vida urbana, mas tem algo de um bosque, local obscuro, onde o assalto e o crime podem acontecer de forma incontrolada, evocando-se a ideia do escuro, do medo, e, também, da fúria obscura do descontrole e da insegurança, da desordem e da violência.[645]

Note-se que, no todo da *Cappella*, todas as virtudes são femininas, e, inclusive, os vícios, à exceção de dois: a *injustiça* e a *infidelidade*.[646] Essa representação incomum de uma figura masculina, para designar o oposto da figura feminina, talvez seja a invocação de um tirano, fazendo eco a uma tendência que somente se acentuou a partir do fim da Idade Média.[647] Nesta representação, o fundo cromático utilizado pelo artista é vermelho. O olhar da figura masculina da *injustiça* está voltado para o Inferno, e logo abaixo da figuração da *injustiça*, há o *reino da injustiça*, onde predominam

---

que débute, passés les deux prologues en prose et en vers, sa partie proprement normative" (Jacob, *Images de la Justice*, 1994, p. 28).

[645] "Il torvo individuo che impersona *Iniustitia* siede in mezzo ad una porta urbana merlata in rovina, circondato da molti alberi, un bosco, propizio all'assalto dei malfattori, lugo che in niente rivela la saggia opera modificatrice dell'uomo. Nelle mani uncinate ha una spada e un'asta anch'essa uncinata; è abbligliato con ricercatezza, ma lo sguardo duro è di chi è abituato ad affermare con violenza il proprio potere. La scena esplicativa ai suoi piedi no è separato da elementi architettonici ma vi è intimamente legata: non ha perciò un valore di allegoria ma di racconto realistico" (Frugoni, *Gli affreschi della Cappella Scrovegni a Padova*, 2005, p. 93).

[646] "Nella cappella tutte le Virtù sono femminili, cosí come i Vizi, ad eccezioni di *Iniustitia* ed *Infidelitas*" (Frugoni, *Gli affreschi della Cappella Scrovegni a Padova*. Torino: Einaudi, 2005, p. 90).

[647] "By the late Middle Ages, artists had come to use the male form for certain Vices. How and why words, activities, or abstractions come to be gendered is a topic of feminist theory, for the iconography reflected, produced, and codified sex-role distinctions" (Resnik, Curtis, *Representing Justice*, 2011, p. 9).

SEMIÓTICA, DIREITO & ARTE

Injustiça
Ciclos das Virtudes e dos Vìcios (1304-1306)
Giotto di Bondone (1267-1337)
Cappella degli Scrovegni
Padova, Itália
Arquivo Pessoal: Fotografia: © ecbittar

a *violência*, o *crime*, a *guerra*, e, portanto, o *conflito* e a *infelicidade*.[648] Como a figura ao lado demonstra, é bem no meio do Ciclo dos Vícios que se situa a figura masculina da injustiça.

Nesta faixa, as cenas são de uma mulher sendo desnudada e ferida, de um homem morto e caído no chão, e dois soldados seguem armados em direção a outras guerras.[649] A figura masculina da injustiça olha diretamente para o Inferno, representado na parede do *Juízo Final*,[650] sabendo-se que o ciclo completo da faixa dos vícios desta parede conduz a alma ao Inferno.[651] Ao final de todo o ciclo, na grande parede de fundo da *Cappella*, há o *Juízo Final*. No centro dela, resplandece a figura do Cristo judicante encima tudo,[652] operando a separação entre o joio e o trigo, e exercendo o seu papel no *Juízo Final*.

---

[648] "Il regno dell'ingiustizia è disordine, violenza, delitto, guerra, somma infelicità" (Pisani, *I volti segreti di Giotto*: le rivelazioni della Capella degli Scrovegni, 3.ed., 2015, p. 163).
[649] Cf. Pisani, *I volti segreti di Giotto*: le rivelazioni della Capella degli Scrovegni, 3.ed., 2015, p. 63.
[650] "La *Iusticia* guarda alla sua destra, verso l'uomo che avanza: l'inclinazione del capo ricorda quella del Cristo giudicante. Anche l'*Iniusticia* guarda alla sua destra, ma la testa è di profilo e gli occhi puntano diritti sull'Inferno della controfaciata" (Pisani, *I volti segreti di Giotto*: le rivelazioni della Capella degli Scrovegni, 3.ed., 2015, p. 165).
[651] Cf. Pisani, *I volti segreti di Giotto*: le rivelazioni della Capella degli Scrovegni, 3.ed., 2015, p. 148.
[652] "Al centro della controfacciata, apice e sintesi della storia umana, Giotto dipinge l'ovale perfetto di una mandorla con i colori dell'iride, dentro cui si staglia solenne la figura di Cristo Giudice, seduto su un trono di cielo" (Pisani, *I volti segreti di Giotto*: le rivelazioni della Capella degli Scrovegni, 3.ed., 2015, p. 236).

4.1.5.3. O quadrado semiótico e o texto pictórico

No caso dos *Affreschi* na *Cappella degli Scrovegni* de Pádua, a obra prima de Giotto leva a uma figuração completa e mais ampla que tem a ver com um tema filosófico-teológico, que opõe a estrutura semântica de forma a criar a tensão entre *salvação x danação* da alma. O *Juízo Final* consome toda a cena do ciclo das virtudes e dos vícios, de forma que a *narrativa filosófico-teológica* aponta para o Céu ou para o Inferno, a partir do percurso da alma individual, em sua vida na Terra. Se tomado o *Juízo Final*, o Cristo aparece de forma *central*, como o *Julgador divino*, em oposição a todo o resto, que se encontra de forma lateral nas duas paredes que contém o ciclo das virtudes e dos vícios. A escolha é a atividade fundamental da alma, entre uma ou outra as perspectivas. Assim é que as virtudes conduzem à salvação e os vícios conduzem à danação.

Mas, se o foco estiver dado na *figura da justiça*, no ciclo das virtudes e dos vícios, fica claro que a oposição se dá se valendo de *categorias cromáticas* (azul x preto), *categorias eidéticas* (justiça x injustiça; mulher x homem; ordem x desordem; harmonia x desarmonia; paz x guerra; vida x morte), *categorias topológicas* (direita x esquerda; céu x inferno), que reafirmam o papel que a *justiça* tem ao organizar todas as demais virtudes, representando-lhes o centro da vida em sociedade, e de direcionar o ciclo da vida ao destino celestial. A figurativização do *quadrado semiótico* implica, então:

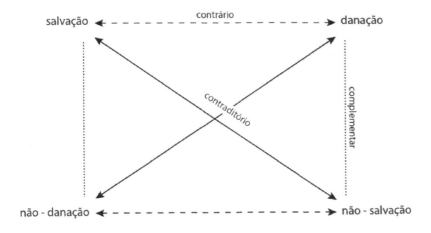

SEMIÓTICA, DIREITO & ARTE

4.1.6. *Affreschi* na *Stanza della Segnatura* do Vaticano

A *Stanza della Segnatura* contém um excelente exemplar de arte renascentista em temário religioso, encontrando-se nos *Musei Vaticani* (Roma, Itália),[653] tendo sido pintada por Raffaello Sanzio, entre 1508 e 1511, utilizando-se da técnica do *affresco*. Pode-se dizer que, na história da iconologia da justiça, no mundo Ocidental, este é um dos mais belos representantes da figuração da *justiça*, numa visão teológico-platônica.[654] A cosmovisão inspiradora de todo o movimento da sala está inserida na *visão cristã* de mundo, mas a evocação é toda voltada para o enaltecimento das *virtudes* provenientes do mundo clássico antigo, a *Verdade*, a *Beleza*, o *Bem* e a *Justiça*, de acordo com os mais do que pertinentes comentários do jurista português Paulo Ferreira da Cunha.[655]

Somente na parede *Scuola di Atene*, encontram-se representados Sócrates, Platão, Aristóteles, Epicuro, Diógenes, Averróes, Zoroastro, Ptolomeo, Heráclito, e esta talvez seja a mais bela representação da *filosofia* e das *escolas filosóficas* jamais recolhidas na iconologia ocidental. Deve-se destacar que, neste pequeno ambiente, onde funcionava um tribunal eclesiástico, e que se tornou, posteriormente, a Biblioteca do Papa Júlio II – e o Papa teria ele mesmo concebido a iconografia do ambiente –,[656]

[653] As imagens podem ser visitadas por meio do site oficial do Museu Vaticano, em Roma: http://www.museivaticani.va/content/museivaticani/it/collezioni/musei/stanze-di-raffaello/stanza-della-segnatura.html.

[654] "Qui, sul fondamento della teologia cattolica e della filosofia platonica, siamo al vertice della cultura d'Occidente fatta propria dalla Chiesa di Roma nel suo momento senitale" (Paolucci, *Michelangelo e Raffaello in Vaticano*, 2013, p. 151). Também: "Essa é a forma que consubstancia a concepção, aceite pela Cúria romana do tempo, segundo a qual os universais existem antes das coisas particulares, as ideias antes das coisas (no que se atesta o seu platonismo filosófico): *universalia sunt ante rem*" (Cunha, *O Tímpano das Virtudes*: arte, ética e direito, 2004, p. 66).

[655] "Rafael é, neste ciclo, um autor ao serviço de uma ideia, de uma cosmovisão, de uma ideologia. Em que medida recebeu a encomenda desta apologia da fé e de uma razão mais platónica que aristotélica, sem negar Aristóteles, é questão ainda para ponderar. Mas ninguém foge à sua circunstância, e a originalidade e o carácter têm mesmo de emergir dessas determinantes. No plano da concepção, é um hino aos bens clássicos *verdade, bem, belo*, com tintas cristãs" (Cunha, *O Tímpano das Virtudes*: arte, ética e direito, 2004, p. 131).

[656] É o que afirma Paolucci a este respeito: "Analizziamo l'opera di Raffaello nelle *Stanze* di papa Giulio II, cominciando dall'inizio dei lavore che, condotti fra il 1508 e il 1511, riguardano l'ambiente noto come '*della Segnatura*'. Si chiama così perché, nel 1541, vi ebbe sede il Tribunale ecclesiastico di quel nome. In realà in origine doveva contenere la biblioteca

SEMIÓTICA APLICADA, DIREITO E ARTE

dentro do Vaticano,[657] uma parede inteira que é dedicada à *justiça*; é certo que esta parede é menor que aquela dedicada à *Scuola di Atene* e à *Disputa del Sacramento*, mas ainda assim a *justiça* recebe um espaço considerável e simbolicamente equilibrado a todas as demais representações pictóricas de toda a sala.

4.1.6.1. A justiça e a cosmovisão cristã

Para compreender a iconologia da justiça nesta sala do Vaticano, é necessário compreender que ela não *significa* sozinha, ela *significa* em conjunto com toda a construção do ambiente de afrescos. Do ponto de vista semiótico, ela *encripta significações* através de *imagens* que se não forem decodificadas com atenção e cuidado, nos levam a pistas errôneas sobre *os sentidos* produzidos pela obra. Aliás, esta é a natureza das *obras complexas,* a exemplo do que fizeram Michelangelo e Raffaello Sanzio, no Vaticano.[658] O *contexto pictórico* confere coesão ao *texto visual*. E isto porque ela faz parte de um *sistema de compreensão* do mundo, para o qual um *sistema simbólico* é aqui arquitetado, de forma a que cada enquadramento temático se reporte e indique o outro.

O ambiente está marcado por quatro paredes (*Scuola di Atene; Disputa del Sacramento; Santi e Dottori; Parnaso*) que são correspondentes a quatro medalhões do teto (*La Filosofia,* na parede leste ligada ao elemento água; *La Teologia,* na parede oeste, ligada ao elemento fogo; *La Giustizia,* na parede sul, ligada ao elemento terra; *La Poesia,* na parede norte, ligada ao elemento ar). Os escritos que acompanham as figuras dos medalhões

---

privata del papa. Alla partitura tematica degli affreschi (Teologia, Filosofia, Diritto, Estetica) dobbiamo immaginari collegate raccolte di libri di corrispondente argomento. L'iconografia delle scene dipinte era stata voluta e concepita nelle sue linee essenziali dal papa stesso. "*Ad praescriptum Iulii*", cioè su diretta istruzione del pontefice, scrisse infatti Paolo Giovio che di Raffaello fu protettore, amico e biografo" (Paolucci, *Michelangelo e Raffaello in Vaticano,* 2013, p. 150).

[657] "A *Stanza della Segnatura*, que deve a sua designação a ter sido certamente local de funcionamento de um tribunal eclesiástico (*tribunal della signatura gratiæ*), acaso se transformaria ulteriormente em biblioteca do Papa Júlio II" (Cunha, *O Tímpano das Virtudes*: arte, ética e direito, 2004, p. 51).

[658] Segue-se de perto a leitura de Omar Calabrese: "Os frescos de Miguel Ângelo na Capela Sistina são uma obra tão imensa e complexa que é fácil, a alguém a estuda ou examina com atenção, encontrar pequenos pormenores que podem distrair-nos da visão geral e levar a sua análise para terrenos quase impensáveis" (Calabrese, *Como se lê uma obra de arte,* 2015, p. 93).

SEMIÓTICA, DIREITO & ARTE

do teto estão a enviar suas mais diretas mensagens, a saber, através de imagens coligadas a *signos verbais escritos*: *La Filosofia (Causarum Cognitio)*; *La Teologia (Divinarum Rerum Notitia)*; *La Giustizia (Unicuique suum)*;[659] *La Poesia (Numine Afflatur)*.

Numa *mensagem narrativa* complexa e holística, que envolve a *visão teológico-cristã* e *filosófico-platônica* de mundo, e que vai ganhando vida através das *imagens pictóricas decorativas*, interconectadas entre si, fica claro que a codificação transparece a visão oficial da Igreja, e a força das imagens clássicas de matiz renascentista, alcançando a máxima excelência estética (com cores vivas e formas clássicas), capaz de formar um *sistema--de-significações* e *simbologias* reciprocamente reportadas, sobre as coisas do espírito que ajudam o homem a se conectar, de sua mundanidade, com as coisas divinas, através das tarefas do espírito, que envolvem as *virtudes*. O esforço humano, a luta humana, para elevar-se em sua condição, parece ser o que comanda a *significação geral* da mais completa visão do ambiente.

E é propriamente este o *movimento-de-leitura* de toda a sala. O homem busca através da *razão humana* compreender o mundo (motivo da *Escola de Atenas*). Em seguida, exercendo o seu poder de libre arbítrio, passa a conviver e reconciliar-se com a criação através da revelação (motivo da *Disputa del Sacramento*). Em seguida, somente se pode perceber a completude da vida, com a capacidade que as Artes e a Poesia são capazes de fornecer beleza aos sentidos, assim como a Justiça é capaz de se consubstanciar naquilo que torna possível a vida em comum, ou seja, em Leis.[660]

---

[659] "Um elemento, porém, assinala aqui o eclectismo de Rafael. Se a deusa em si mesma é praticamente toda moldada pelo ideal helénico, já as tábuas transportadas pelos seus acólitos remetem para um paradigma muito diverso do grego, que deixava muito a desejar na concretização da arte jurídica: *certa autem iuris ars Græcis nulla*. Tal paradigma é o romano: *Ius suu(m) unicuique tribuit*, fórmula de clara inspiração no Digesto" (Cunha, *O Tímpano das Virtudes*: arte, ética e direito, 2004, p. 88).

[660] Segue-se de perto a interpretação de Paolucci: "Il sistema iconografico che si dispiega sulle pareti della *Stanza della Segnatura* obbedisce a una logica tanto impeccabile quanto affascinante. L'uomo si sforza di comprendere razionalmente le ragioni delle cose perché questo è suo dovere (*Scuola di Atene*). Esercitando il libero arbitrio accetta la Rivelazione (*Disputa del Sacramento*). Ma non sarebbe completa e neppure possibile la sua esistenza su questa terra se non ci fossero la consolazione della Bellezza e la certezza della Legge" (Paolucci, *Michelangelo e Raffaello in Vaticano*, 2013, p. 152).

4.1.6.2. A justiça como ideia e virtude cardeal

Frente a frente se encontram as duas paredes menores, o *Parnaso,* com a representação de vários poetas (Homero, Virgílio, Dante, Petrarca, Boccaccio, Sannazzaro, Ariosto, Horácio, Safo), e a *Parete della Giustizia.* A *justiça* representada na forma de uma deusa grega,[661] num dos dísticos do teto – e o teto aqui quer significar que a *justiça* é uma *ideia* no sentido platônico –[662] observada por quatro anjos, tem os olhos abertos, postura facial serena, porta uma espada com a mão direita, e uma balança com a mão esquerda,[663] e olha diretamente para a cena pintada na *Parete della Giustizia.* Como se pode verificar, ao observar a imagem contida na próxima página, o medalhão do texto da sala faz da justiça uma representação ao estilo grego, que do alto de sua posição no teto, olha diretamente para a *Parete della Giustizia.*

É aí que a *justiça* não somente aparece como um dos objetos do conhecimento, no caso, como objeto do conhecimento do Direito, mas aparece, sobretudo, como uma ideia que se realiza como *virtude,* em meio a outras *virtudes cardeais e teologais.*[664]

Assim, a *justiça* está fortemente presente na *Stanza della Segnatura,* e guarda sua força ali onde é apoiada e inspirada por diversas outras *virtudes*

---

[661] "Esta representação de Rafael aparenta ser, assim, absolutamente grega, e grega do período tardio (a romana *não* tem espada, tal como a não tinham Zeus justiceiro ou Thémis), salvo na direcção do olhar da deusa" (Cunha, *O Tímpano das Virtudes*: arte, ética e direito, 2004, p. 87).

[662] "Ora, é o momento de voltar a casa, à *Stanza dela Segnatura. Wohin gehen Wir? Immer nach Hause..* Pois bem. Rafael, sendo platónico e não tomista, coloca a Justiça no céu, no tecto. Mas não a venda, pelo contrário a representa olhando para baixo, para as virtudes, e como ambas estão no eixo central da parede, decerto, melhor e antes das demais, verá a Prudência" (Cunha, *O Tímpano das Virtudes*: arte, ética e direito, 2004, p. 120).

[663] "Comecemos então a análise pelo mais importante, a Justiça, elevada ao céu dos conceitos. A representação da Justiça não traz novidades. É uma deusa sentada, sem dúvida bem menos austera que a descrita por Crisipo, e não contemplando o céu, como se dizia da *Dikê* grega, mas segurando os atributos que se vulgarizaram: balança e espada" (Cunha, *O Tímpano das Virtudes*: arte, ética e direito, 2004, p. 86).

[664] "Le due pareti brevi della *Stanza della Segnagura* celebrano, l'una di fronte all'altra, la *Poesia* e il *Diritto.* Da una parte c'è la raffigurazione del *Parnaso,* il monte sacro a Febo Apollo qui raffigurato in atto di suonare la lira dal braccio circondatto dalle Muse e dai grandi poeti di ogni tempo. Mentre la parete contrapposta è dedicata alla Giustizia che, ispirata dalle Virtù, si inversa nei massimi codici della storia: il *Corpus Iuris* di Giustiniano, le *Decretali canoniche* di Gregorio IX, un antico papa che qui ha i volto di Giulio II" (Paolucci, *Michelangelo e Raffaello in Vaticano,* 2013, p. 152).

Raffaello Sanzio (1483-1520)
La Giustizia – Medaglione della volta (1508-1511)
Stanza della Segnatura
Vaticano, Itália
Arquivo Pessoal: Fotografia: © pyo

que a acompanham. Logo ao alto da *Parete della Giustizia* se encontra pintado o tímpano *Le virtù cardinali e teologali*, onde três das *virtudes cardeais* (*Fortaleza*, se apóia no carvalho e porta roupas com aspectos de força, estando acompanhada da força natural do animal leão; *Prudência*, se olha no espelho segurado por um anjo alado e *Temperança*, segura as rédeas de cavalos), e que devem inspirar a *justiça*, ali se encontram representadas. Ademais, os anjos também ali pintados representam as *virtudes teologais* (*Fé*: anjo com dedo apontando para cima; *Esperança*, anjo com tocha acesa na mão; *Caridade*, anjo que recolhe algo de um carvalho), que igualmente devem inspirar a *justiça*.[665] A própria *justiça* não aparece representada no *Timpano*, porque já está representada no teto.[666]

---

[665] "L'altra parete breve è insieme la glorificazione del Diritto e delle Virtù che devono ispirarlo. Ed ecco, nella lunetta rappresentate tre delle quattro Virtù cardinali (*Fortezza, Prudenza, Temperanza*) che sono potenzialmente presenti in ogni uomo, e le Virtù teologali (*Fede, Speranza, Carità*) che vengono da Dio" (Paolucci, *Michelangelo e Raffaello in Vaticano*, 2013, p. 153).

[666] "La Giustizia – la quarta Virtù cardinale – non compare in questo assembramento perché è già presente con il cartiglio esplicativo (*"unicuique suum"*) e con i simboli iconografici

A partir da inspiração superior da justiça nas *virtudes*, na parte baixa da mesma parede, vai-se perceber que a *justiça* se realiza entre os homens pelos meios do Direito, da forma como é conhecido à época, ou seja, por meio do livro do *Corpus Iuris* de Justiniano e do livro das *Decretais canônicas de Graciano*,[667] conferindo-se clara orientação de que todo o Direito se encontra no *Direito Romano* e no *Direito Canônico*, as duas principais *fontes do Direito* reputadas no período do *Cinquecento* ao *Seicento*.[668] Ainda, na *Stanza della Segnatura*, está representada a cena bíblica do *Juízo de Salomão*, algo que deve inspirar toda e qualquer pessoa que intente realizar a justiça, ou tenha por mister a *justiça*.[669]

4.1.6.3. A justiça como ideia e o Direito Positivo

Numa visão geral, percebe-se que a *justiça* é arquétipo ideal,[670] que depende de forma central da *Prudentia,* que, entre as virtudes, é aquela que deci-

---

della bilancia e della spada, nella corrispondente porzione di volta" (Paolucci, *Michelangelo e Raffaello in Vaticano*, 2013, p. 153).

[667] "L'imperatore Giustiniano che riceve dal suo ministro Triboniano il *Corpus Iuris* e il papa Gregorio IX che, con le sembianze di Giulio II, riceve le *Decretali canoniche*, sono i protagonisti della storia del diritto." (Paolucci, *Michelangelo e Raffaello in Vaticano*, 2013, p. 153).

[668] "Assim, ao invés do que seria o modelo da pura justiça divina (para mais vista com olhos humanos e eventualmente numa versão excessivamente determinada pela sua circunstância, o que hoje temos no quadrante da Justiça é a estrutura, admiravelmente simbolizada e executada, da narrativa causante da Justiça numa perspectiva cristã e platónica (ou neoplatónica na medida em que platónica cristianizada): no tecto, a pura Justiça, arquétipo inteligível, no céu dos conceitos. Logo a seguir, o tímpano das virtudes, quer cardeais quer teologais, a mostrar que, mesmo se as teologias são menores e como que ancilares neste particular, e ainda que despojadas de signos mais eloquentemente religiosos, são elas, pilares da dimensão religiosa e moral (e no caso mais moral que religiosa), que determinam o Direito. Só depois, nas paredes a ladear a janela, vêm os frescos das Decretais e do Digesto, apresentados nos seus momentos fundadores, mas sintomaticamente desprovidos de qualquer alusão ao Direito Natural" (Cunha, *O Tímpano das Virtudes*: arte, ética e direito, 2004, p. 132-133).

[669] "Cosí la *Filosofia* sopra la *Scuola di Atene* ha al suo fianco il *Primo moto* a significare le origini delle cose. *Accanto alla Poesia c'è il Supplizio di Marsia*, scorticato vivo da Apollo al termine della perduta gara con il dio. Il *Giudizio di Salomone* compete alla *Giustizia*, alla Teologia il *Peccato originale*" (Paolucci, *Michelangelo e Raffaello in Vaticano*, 2013, p. 153).

[670] "E esta Justiça é a própria deusa (e não a sua imagem), que se encontra precisamente no Olimpo arquetípico. Por isso olha para baixo, benevolentemente, como que conferindo o seu assentimento a esses momentos fundantes do direito positivo ocidental, a compilação

SEMIÓTICA, DIREITO & ARTE

didamente se encontra no centro da construção pictórica de Raffaello.[671] As demais *virtudes* se encontram em plano inferior, com relação a esta virtude. Isso se explica pelo quanto a noção de *Prudentia*, na tradição platônico-aristotélico-antiga, e também, na tradição tomístico-medieval, é decisiva para a realização da *justiça*. Com isso, ao todo, se percebe que a *justiça* é algo que participa do *equilíbrio* geral das coisas do mundo, que depende vivamente das *virtudes* para se realizar, e que se concretiza por meio do Direito Positivo (Direito Romano; Direito Canônico).[672]

O Direito Positivo decorre da *justiça*, tem fundamento na *justiça*, por isso, sua materialização entre os homens é apenas a aparição imperfeita (ou, a mais perfeita possível, na ordem das coisas terrenas) de uma ideia universal, constante e eterna.[673] Ademais, no todo da *Stanza* fica claro que sem o esforço por conhecimento, se teria a *ignorância*, sem o esforço pela fé, se teria a *incredulidade*, sem o esforço pela poesia, não se teriam as artes mais sutis do *espírito*, e sem o esforço por justiça, se estaria no reino da *injustiça*.

---

justinianeia e a gregoriana." (Cunha, *O Tímpano das Virtudes*: arte, ética e direito, 2004, ps. 87-88).

[671] Isso nos faz notar Paulo Ferreira da Cunha: "Acresce que a Justiça não se encontra ao lado das demais virtudes morais *stricto sensu*, mas a Prudência está como que entronizada, num plano superior, e ocupa o centro da respectiva composição. Este facto compositivo espelha muito adequadamente a dependência das demais virtudes face à Prudência, e a necessidade de esta se exercer por aquelas, tal como dissemos." (Cunha, *O Tímpano das Virtudes*: arte, ética e direito, 2004, p. 120).

[672] "Ora para todos os que não desejem voltar a Aristóteles, aos Romanos e a S. Tomás um caminho se impõe, até porque todos os caminhos vão dar a Roma: demandem a *Stanza della Segnatura*, e nesse microcosmos utópico, redescubram, se puderem (e é bom que possam) a velha e nova lição de um Rafael filósofo do Direito: se não há Direito positivo sem fundamento na Justiça, ela só pode ser acessível (não passando pelo Direito Natural) pelo caminho das virtudes." (Cunha, *O Tímpano das Virtudes*: arte, ética e direito, 2004, p. 111).

[673] "Daqui decorrem muitas consequências: antes de mais, o facto de que o tecto da *Stanza della Segnatura*, ao contrário do que sucedeu noutros casos, mais simplesmente decorativos, haja sido pintado pelo próprio Rafael (talvez com excepção do motivo do certame de Apolo e Marsia, pelas figuras serem mais longilíneas), e nele está presente a Justiça. Da justiça do tecto, e à sua imagem (imperfeita) decorre o Direito, que como que escorre pelas paredes. Deriva pois o Direito da Justiça, como diz uma glosa medieval decerto bem conhecida na época: *Est autem ius a iustitia, sicut a matre sua, ergo prius fuit iustitia quam ius*" (Cunha, *O Tímpano das Virtudes*: arte, ética e direito, 2004, p. 85).

4.1.6.4. O quadrado semiótico e o texto pictórico

No caso dos *Affreschi* na *Stanza della Segnatura* do Vaticano, há um esforço da parte de Raffaello no sentido de fazer com que o *ciclo completo* de *Affreschi* apontem no sentido de que as clássicas estruturas do *Bem, Beleza, Verdade* e *Justiça* funcionem como o caleidoscópio de elementos que deve inspirar o cristão para o equilíbrio geral da vida. Mas, não somente isto; em verdade, todo o *Bem*, toda a *Beleza,* toda a *Verdade* devem acorrer em apoio à *Justiça*.[674] Neste sistema de compreensão teológico-cristão, a sala contém um ciclo completo, que exprime uma visão filosófico-platônica, e que, se percorrido em sua inteireza, passa a *mensagem* ao seu intérprete de que a *justiça* participa do equilíbrio geral da vida mundana.

Mas, se o foco estiver dado na *figura da justiça (La Giustizia)*, esta se encontra caracterizada por certos traços: *categorias eidéticas (distribuição x não-distribuição), categorias topológicas* (teto x chão), que reafirmam o papel que a *justiça* como *idéia* (no sentido platônico) que aponta para as *Virtudes* e para as *Leis* (Direito Positivo), que se encontram na parede (em plano mais baixo), estas que deve orientar a *ação humana* no plano mundano, visando o equilíbrio geral. Se for dado o destaque ao *símbolo da justiça*, se poderá verificar que ele se opõe drasticamente ao local onde se encontra o observador, ou seja, no chão, de modo que a oposição entre *texto x chão* se realiza na relação entre o *alto* e o *baixo*, entre o *divino* e o *humano*, entre a *Justiça* e a *justiça*, o que puxa para uma relação de *transcendência narrativa* paulatina, ali onde se faz presente o movimento do fiel de observar as virtudes e as leis, para alcançar a justiça, ou, em visão reversa, de se partir da ideia de justiça, para se chegar à materialização nas leis, e, daí, afetar a *ação humana*. Desta forma, o quadrado semiótico permite dar figuração e expor a tensão entre o ideal e o real, no seguinte esquema:

---

[674] Esta é a leitura de Judith Resnik e Dennis Curtis: "She could also be seen as dominating the disciplines – Poetry, Theology, and Philosophy – through a reading of the room as depicting the ideal Christian world, in which "all branches of knowledge unite in the service of Justice"" (Resnik, Curtis, *Representing Justice*, 2011, p. 76).

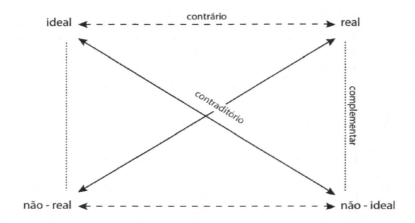

4.1.7. Alegoria na *Grand´Chambre de Justice* no Parlamento de Flandres

O Parlamento de Flandres (Bruxelles, Douai) é instalado em 1714, sendo que a *Grand´Chambre de Justice* está plenamente executada em 1768-9, para conter as discussões parlamentares, contendo pinturas executadas pelo pintor da Academia Real, Nicolas-Guy Brenet, no albor do século XVIII, sabendo-se que estas constituem um exemplar de notória qualidade na tentativa de compreensão dos registros de obras artísticas de caráter *alegórico*[675] a respeito da justiça no período do *Ancien Régime*.[676] Ela é testemunho da arte do *Iluminismo*, mas ela é também o testemunho de uma *iconografia* voltada para o enaltecimento do crescimento do poder e da influência dos magistrados.[677] Como um todo, as *alegorias* pintadas na *Gran´Chambre* não são a pura repetição da tradição, contendo *inovações*

---

[675] "L'allégorie est une représentation d'une idée, exactement comme peut l'être un mot dans l'ordre lexical. Si la syntaxe dispose les mots dans un certain ordre pour produire du sens, le programme de Brenet assemble ces vertus pour faire percevoir le sens du jugement, l'essence de l'acte de juger. Ces allégories fournissent en effet une image théorique du jugement en donnant un aspect objectif à un plan subjectif, une forme extérieure à la réalité intérieure du jugement, mieux: elles construisent la réalité morale de l'acte de juger. Plus que de simples figures, en nommant ces vertus, elles les font advenir: elles sont à la fois représentation et action" (Hayaert, Garapon, *Allégories de Justice*, 2014, p. 23).

[676] A imagem pode ser consultada através do site http://www.douaitourisme.fr/index.php/ Acesso em 13/08/2018.

[677] Cf. Hayaert, Garapon, *Allégories de Justice*, 2014, p. 31.

artísticas e *simbólicas*, que remetem ao dicionário próprio de Nicolas-Guy Brenet e de seu contexto.

Em correspondência ao crescimento do poder dos magistrados, nesta que se celebrizou como sendo a capital da justiça, Douai, é no centro da cidade que se situa o *Palais de Justice*, e é na câmara de julgamentos que a *alegoria* se instala com a função de exercer um duplo papel: (i) de um lado, a celebração da justiça como uma virtude central, em face das demais virtudes; (ii) de outro lado, a pedagogia estética que funciona como advertência aos magistrados sobre o fato de que o crescimento de seus poderes deve estar associado ao cumprimento de sua tarefa, com elevado grau de estudo, competência, racionalidade, virtudes e justiça.[678] Ela é uma advertência memorial e, ao mesmo tempo, uma indicação de rumos em direção ao seu significado e, por isso, tem pouco de arbitrário e muito de intencional-contextual, seja no contexto da obra artística de seu autor, seja no que tange ao seu público-destinatário.

4.1.7.1. A centralidade do poder real

Mas, aqui, no coração do *Ancien Régime*, a *justiça* está representada sob o poder do rei, no caso Louis XIV, que está presente de forma central em diversas alegorias do Palácio,[679] em especial na pintura executada por Nicolas-Guy Brenet, que é cópia da obra de Hyacinthe Rigaud que se encontra no Louvre, tendo sido executada em 1768.[680] Isso dimensiona, na principal figuração do *Palais*, a *justiça* em *pintura de fundo em abismo* logo abaixo do cetro real no qual Louis XIV se apoia com a mão direita, indicando que o rei é justo. Por sua vez, a mão esquerda de Louis XIV se apoia sobre a espada, que se encontra embainhada e pende de sua

---

[678] "La peinture est une poésie muette et vice versa. La suprématie de l'allégorie à l'âge classique correspond à un âge d'or et la peinture. Placée au sommet de la hiérarchie des genres, l'allégorie a pour dessein de vanter les vertus des Grands, du Souverain comme des Princes. De leur rappeler leurs devoirs également" (Hayaert, Garapon, *Allégories de Justice*, 2014, p. 16).

[679] "Le spectacle de la vertu, voulu par les magistrats de Douai, est un moment dynamique. Il se fait l'écho de l'essence même de la justice : médiatrice entre les Justiciables et ceux qui détiennent le pouvoir de juger, la justice de l'Ancien Régime se rend sous les auspices du roi, dont le portrait officiel contient une mise en abyme du portrait de la Dame à la balance et au glaive" (Hayaert, Garapon, *Allégories de Justice*, 2014, p. 35).

[680] Cf. Hayaert, Garapon, *Allégories de Justice*, 2014, p. 50.

cintura, num gesto de delicada energia potencial direcionada à possibilidade de uso da *força*. Ou seja, numa só *imagem pictural, justiça* e *força* estão circulando e cercando a figura central do rei, o que demonstra aquilo que a *História do Direito* procura identificar com o exato traço do período.[681] Por si só, esta imagem é auto-dizente da expressão do *poder* no *Ancien Régime*, e de sua concentração na figura do Monarca Absoluto.

Os magistrados exercem o seu ofício sob o olhar vigilante do Monarca, e o esclarecimento racional deve guiar, pelo exercício das virtudes, a atribuição e a distribuição de justiça em sociedade. Diante da pluralidade dos magistrados e dos parlamentares, a *justiça* é assim uma concessão, um *poder-agir-no-lugar-de,* enquanto a *unidade* do poder é mantida nas mãos do Monarca. Por isso, o triunfo da justiça se torna a alegoria central do período do *Iluminismo,* a esclarecer a atuação dos magistrados e parlamentares.[682]

4.1.7.2. O Triunfo da Justiça: a justiça e as alegorias acessórias

A *Grand'Chambre* tem a característica de um *teatro,* onde disputas políticas e judiciárias podem encontrar um *nobre* acento. E é neste espaço que a decoração exulta. Em sua configuração, em torno do Monarca, há um *desfile* de virtudes que inspiram vários motivos. Em sua totalidade, o *ciclo de alegorias* da *Gran'Chambre* de Flandres é a exaltação das virtudes, tais quais, a Prudência, a Religião, a Justiça e a Força.[683] Apesar destes quadros individuais terem sido executados não de uma única vez, mas dentro de etapas da execução da obra, o significado da sala deve ser visto

---

[681] "O soberano detém, no entanto, todos os poderes do Estado, isto é, não há 'poderes'colocados em pessoas separadas. Há, sim, órgãos separados que exercem, por delegação do rei, as funções típicas do Estado: justiça, governo, fazenda e guerra" (Lopes, Querioz, Acca, *Curso de História do Direito,* 2.ed., 2009, p. 110).

[682] "Au XVIIe et XVIIIe siècles, un thème prédomine : celui du « Triomphe de la Justice ». L'allégorie perdure au siècle suivant, elle devient le mode privilégié du décor judiciaire" (Hayaert, Garapon, *Allégories de Justice,* 2014, p. 36).

[683] "Les allégories du cycle de Douai célèbrent des principes moraux (Justice, Religion, Prudence, Force) qui font très régulièrement l'objet de personnifications, Le *decorum* rhétorique vise l'incarnation de ces vertus" (Hayaert, Garapon, *Allégories de Justice,* 2014, p. 32).

de forma circular e intertextual, onde um *texto estético* remete a outro *texto estético*.[684]

Mas, as diversas virtudes aqui *iconizadas* são apenas figuras *acessórias* na Câmara de Justiça ao grande Triunfo da Justiça, a única das *virtudes* coroadas, e cuja figuração permite que ela esteja representada na forma de uma virgem de pele muito alva, jovem, com seio à mostra, envolvida por nuvens, escudada por três *putti*, seja portadora de uma espada carregada na mão direita, com atitude de quem olha para a figura do rei, e aponta com a mão esquerda para o seu reino, ou seja, para o infinito do reino de justiça, onde um *putto* exerce o papel de *transcrição* dos *ditos de justiça*, revelando a passagem do oral ao escrito no *modus* do exercício das sentenças e julgamentos.[685] Aqui, deve-se destacar que esta *imagem da justiça* não se refere ao uso da *balança*, e se mostra com os *olhos abertos*, e não vendados. Ao contrário da tradição em que seu corpo está coberto, aqui, a *justiça* tem o colo exposto em nudez, talvez evocando o caráter *nutriz da justiça*.[686]

As demais virtudes da sala estão a escudar a tarefa primordial da *justiça*. Seu papel acessório, no entanto, não diminui sua *força simbólica*, e nem a imaginação com a qual as alegorias foram revestidas de atributos para poder passar o significado correlato a suas funções. Por isso, com as demais virtudes, estarão presentes na *totalidade* da *Chambre* inúmeros elementos que invocam ideias acessórias para o exercício da *justiça*. Junto à *alegoria da religião* estão as *Santas Escrituras* na forma de livro e o

---

[684] "Le 2 novembre de la même année, les deux premiers tableaux représentant la *Justice et la Religion*, sont envoyés au Parlement. Quant aux autres, dont les différents sujets sont la *Prudence*, la *Force*, l'*Étude* et la *Vérité*, ils ne seront achetés que dans le courant de l'année suivante" (Hayaert, Garapon, *Allégories de Justice*, 2014, p. 49).

[685] "Cette représentation de la Dame à la balance et au glaive n'est ni dominatrice, ni agressive. En rejetant les deux attributs dans sa main droite, le peintre privilégie la gestuelle oratoire de sa pose. L'index pointé fait écho aux délibérations des magistrats qui se tenaient dans cette salle des révisions. Ce geste commande peut-être aussi au cortège des vertus auxiliaires qui se trouvent sur le mur attenant" (Hayaert, Garapon, *Allégories de Justice*, 2014, p. 60).

[686] "L'âllégorie en peinture s'incarne dans le corps paré ou dénudé femme: le dévoilement n'est pas seulement vestimentaire, il suggère un mouvement spirituel et cognitif" (Hayaert, Garapon, *Allégories de Justice*, 2014, p. 30).

crucifixo;[687] junto à *alegoria da prudência* estão a serpente e o espelho;[688] junto à *alegoria da força,* uma figura masculina, pode-se localizar o *freio* (utilizado para segurar os animais, um atributo usual da *alegoria da temperança,* aqui mesclada à *alegoria da força*);[689] junto à *alegoria do estudo* estão a *luz,* a *régua* e o *esquadro,* a *coruja,* a *ampulheta,* o *livro*; junto à *alegoria da verdade,* uma figura feminina de pé, estão uma folha com figuras *geométricas* extraídas dos *Elementos* de *Euclides* e o *ourobolos* (serpente que come a própria cauda, e que indica o caráter cíclico e infinito do tempo).[690]

Eis o ciclo completo, com *imagens, figuras, ícones* e *símbolos* que atingem a consciência, e chamam os magistrados ao exercício da vocação judicial, por meio de um processo *catártico-estético*[691] de caráter pedagógico e altamente moral.[692] Aqui, o caráter catártico-estético e, também, pedagógico e instrutivo são formas de convencimento e de rememorização das funções judiciais e suas responsabilidades, sutilmente tecidas através do enaltecimento das virtudes. Esta forma de estética do convencimento, aqui utilizada, reforça algo que a *pintura medieval* já fazia ao rememorar que a corrupção do juiz pode levar a *punições severas,* tal como a figura dos juízes de mãos cortadas (*Les juges aux mains coupées*),[693] uma figura do

---

[687] Cf. Hayaert, Garapon, *Allégories de Justice,* 2014, p. 60.

[688] "Le serpent et le miroir sont des attributs anciens de *Prudence.* Selon l'écriture sainte, le serpent est l'animal prudent par excellence « *Estote prudentes sicut serpente*" (Hayaert, Garapon, *Allégories de Justice,* 2014, p. 67).

[689] Cf. Hayaert, Garapon, *Allégories de Justice,* 2014, p. 70.

[690] Cf. Hayaert, Garapon, *Allégories de Justice,* 2014, ps. 84-85.

[691] "La présence d'une œuvre d'art dans un lieu de justice responsabilise aussi bien l'œuvre d'art que le jugement des hommes. Mais comment ? Cette question – immense – de l'action de l'œuvre d'art sur le spectateur n'est pas tranchée par l'histoire de l'art, et d'ailleurs le sera-t-elle jamais ? On peut imaginer que contemplées par des juges qui les côtoient quotidiennement pendant des années et qui cherchent à les interpréter, ces allégories fortifient leur sens de la justice. Elles les encouragent à être prudents, attachés à la vérité, indépendants, studieux, bref à se montrer justes" (Hayaert, Garapon, *Allégories de Justice,* 2014, p. 23).

[692] "La ronde de ces vertus délimite un espace réglé. Leur gestuelle expressive est cohérente; éviter route cacophonie visuelle. Les poses inventées par le peintre doivent être lisibles, et converger vers une même et unique fin: l'édification morale des magistrats" (Hayaert, Garapon, *Allégories de Justice,* 2014, p. 89).

[693] "*Les juges aux mains Coupées* (The Judges with Hand Cut Off), a late fifteenth/early sixteenth century fresco from the Geneva Town Hall, is another startling image" (Resnik, Curtis, *Images of Justice,* Faculty Scholarship Series, Paper 917, in http://digitalcommons. law.yale.edu/fss_papers/917, Acesso em 07/04/2017, 1987, p. 1750).

século XV, muito mais *dramática, chocante* e *convocatória* dos deveres da função da judicatura pela ameaça – como nos lembra Robert Jacob –[694] constante do *Hotel de Ville de Genève* (Suíça). As figuras aqui invocadas por Nicolas-Guy Brenet têm algo de etéreo, angelical, divino, conferindo um ar de *suspensão* a toda a sala, e que convoca ao dever pela *inspiração,* e não pelo *medo,* como até o final da Idade Média se procurava fazer seja nas igrejas, seja nas salas de justiça. Assim, se esta *iconografia* é continuadora da tradição de evocação das responsabilidades do ato de julgar,[695] também é disruptiva na capacidade de *enlevar* o destinatário das mensagens, pela *força* contida na *leveza* e na *sutileza* das representações das virtudes.

4.1.7.3. O quadrado semiótico e o texto pictórico
No caso da Alegoria da *Grand'Chambre de Justice,* no Parlamento de Flandres, a obra de Guy Brenet contém diversas escolhas pictóricas que se conectam à ambiência geral da *Grand'Chambre,* apontando o caráter real do poder e da justiça. Ainda assim, a figura da justiça é representada de forma a ser considerada uma *virtude central,* com relação a todas as demais, que são coadjuvantes (estudo; prudência; fé; força; verdade) ao papel que ela desempenha numa sala de justiça.

Mas, se o foco estiver dado na *figura da justiça,* esta se encontra caracterizada por certos traços capazes de gerar inspiração aos magistrados, a saber, a de uma figura feminina, de pele branca-alva, onde predominam

---

[694] "Impressionnante, la scène de l'écorchement du juge corrompu semble d'abord ne porter qu'une menace. La déchéance du prévaricateur est montrée dans tout ce par quoi elle peut faire horreur, de l'angoisse qui se lit sur son visage, au moment où l'empereur le prive de sa charge, jusqu'au rictus qui saisit ses traits sous le couteau et qui contraste avec l'application chirurgicale de ses bourreaux. Rarement le Moyen Âge aura figuré une scène de supplice avec un réalisme aussi froidement cruel. Pour les magistrats de Bruges, qui voulurent l'avoir en permanence sous les yeux, la leçon était sans équivoque. Malheur à celui d'entre eux qui trahirait son état !" (Jacob, *Images de la Justice,* 1994, p. 74).

[695] "Ceux qui gouvernent doivent observer la Justice, la départir à chacun avec équité. C'est pourquoi sa personnification est une des figures les plus fréquentes et les plus banales du répertoire officiel, pour attester qu'elle doit être présente à la pensée de tous, magistrats qui la dispensent et dont elle exprime le pouvoir, sujets qui en reçoivent les récompenses et les châtiments" (Deonna, La justice à l'Hôtel de Ville de Genève et la fresque des juges aux mains coupées, *in Revue Suisse d'art et d'archéologie,* n. 11, 1950, p. 144).

as cores claras: *categorias eidéticas* (espiritual x material),[696] *categorias topológicas* (centro x lateral), que reafirmam o papel que a *justiça* como a virtude que, na sala, é a única coroada. A Justiça é a *Virtude* de todas as *virtudes*. Então, o *Triunfo da Justiça* é uma *construção divinizadora* da Justiça, com a função de inspirar os magistrados ao cumprimento de seu dever por força dos elementos estéticos ali presentes, todos apelativos e sedutores da *convocação ao dever de justiça pela inspiração*, e não pelo medo, de forma a que as *categorias cromáticas* evocam o espiritual (branco x preto; azul x vermelho), a leveza e a sutileza das virtudes fundamentais do espírito, com vistas a enlevar a alma dos magistrados (anjo; coroa; nuvem; brancura), de modo a inspirá-los em direção à tarefa de justiça. Assim, o quadrado semiótico opõe espiritual e material:

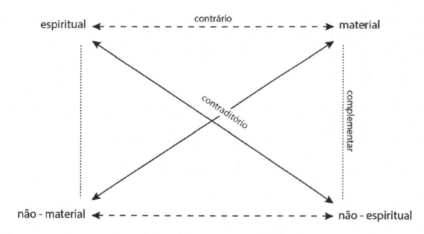

4.1.8. Desenho *Iustitia* de Victor Hugo

Através de uma imagem enigmática, é em pleno século XIX que iremos encontrar na obra de um poeta francês, o poeta-desenhista que manifesta seu amor pelas artes desde muito cedo,[697] Victor Hugo, um legado de impactante significação para a história da iconografia de *justiça*. E isso

---

[696] "Por outras palavras, estamos em presença de um programa narrativo baseado numa oposição semântica profunda: espiritual *versus* material" (Calabrese, *Como se lê uma obra de arte*, 2015, p. 109).
[697] "Cette tendance à laisser s'immiscer la reverie dans ses feuilles, écrites ou déssinées, esta habituelle à Hugo" (Molinari, *Victor Hugo*: visions graphiques, 2010, p. 09).

já por esta característica primeira de se retirar de um *desenho*, e não de uma *pintura*, uma obra sobre a *justiça*, capaz de traspassar tamanha força à ideia de *justiça*. Também, pela segunda característica de se reportar ao conjunto dos quatro mil desenhos deixados pelo autor de *Les Misérables* e de *Nôtre Dame de Paris*. Ademais, pelo contexto de inquietante transformação do mundo conhecido, pelas novas correntes da arte e da pintura do século XIX.

A obra consiste num desenho, executado em *crayon grafite*, tinta preta e executada em papel, se encontra atualmente enquadrada e afixada para exposição na *Maison Victor Hugo*, na *Place des Voges*, aquela que foi a residência do poeta no período de 1832 até 1848, no bairro *Le Maris*, em Paris (França). Seu título se reporta diretamente ao que procura designar, com clareza e objetividade: *Justitia* (1857, Paris).[698] Esta não é única vez que Victor Hugo se reporta a temas sociais, legais e de justiça, e não é a única vez que desenha algo relacionado ao tema da pena capital.[699] Por isso, ela se reporta a um tema central – qual seja, a pena capital –, que é repudiado por vários textos anteriores de Victor Hugo, a exemplo do poema *Les quatre Vents de l'ésprit*, contido em *La Révolution* (1857):

> "Ô terreur! Au milieu de la place déserte, [...]
> Apparaissaient, hideux et debout dans le vide,
> Deux poteaux noirs portant un triangle livide; [...]
> Une tête passa dans l'ombre formidable.
> Cette tête était blême; il en tombait du sang [...]"[700]

---

[698] A obra pode ser consultada no site oficial dos Museus da Cidade de Paris, através do link:http://parismuseescollections.paris.fr/. Acesso em 13/08/2018.

[699] "L'humanisme qui est en Hugo se manifeste três tôt. Ses premiers combats, dès *Han d'Island* en 1823, ont pour cible la misère et la pein de mort, laquelle fera l'objet d'un réquisitoire implacable en 1829 dans *Le Dernier Jour d'un Condamné*.
Des nombreux dessins rappellent le caractère monstrueux des executions capitals en laissant apercevoir des potencies et des gibbets – ces constructions indignes de l'homme – à l'ombre d'un château ou au fond d'un paysage que leur presence vient souiller..." (Molinari, *Victor Hugo*: visions graphiques, 2010, ps. 52-53).

[700] "Jean Massin a rapproché ce dessin d'um passage de 'La Révolution'(*Les quatre vents de l'esprit*)" (Molinari, *Victor Hugo*: visions graphiques, 2010, p. 56).

SEMIÓTICA, DIREITO & ARTE

4.1.8.1. O horror, a dor e a injustiça

A obra é reveladora deste espírito de humanista de Victor Hugo, que repudiava as diversas formas de *injustiça*, e, no fundo, o que *Iustitia* evoca é exatamente o seu oposto, ou seja, a *injustiça*. A oposição entre alto e baixo, claro e escuro, grito e silêncio, guilhotina e cabeça são de *intensa* e *perturbadora força simbólica*. A profundidade da obra estética é asfixiante, e apesar de seu título evocar a ideia de *Justitia*, nada da *iconografia tradicional* está aqui presente, na medida em que no desenho não há balança, não há deusa, não há espada. A escolha da coloração escura, com predomínio esfumaçado de preto, com marcas de vermelho, evocam uma ideia muito *borrada* de *justiça*, por opor-se ao seu sentido: a máxima *injustiça* é a negação completa da *justiça*. Daí, a obra parecer navegar no *inacabado*, da volitação de uma cabeça cortada, deixando em *suspenso* algo que a civilização ainda (à sua época) não havia decidido abolir: a pena capital. Uma cabeça esbugalhada olha para o infinito do céu, dali recebendo alguma tintura de luz, e, ao reproduzir o último grito de dor, vaga no espaço esquerdo do papel, deixando ao fundo uma guilhotina, o cinza e as brumas. O vazio não pode deixar de ocupar o resto da obra, espalhando *estupefação, amargor* e *luto*.

Não se trata de nenhuma tentativa de *significar* a *Justiça*, de *coroar* a *justiça*, de *enaltecer* a virtude da *justiça*, e sim de clamar por ela, e alarmar onde e quando ela não está presente. Trata-se de uma *obra estética* crítica e de acusação, na medida em que sua força se deposita nesta *suspensão de morte e dor,* que evoca por *signos verbais escritos* a direta evocação da noção não presente entre os humanos de *justiça*. A palavra *Iustitia* está escrita em sangue derramado e infiltrado nas ranhuras dos blocos asfálticos que cobrem o espaço urbano vazio, sombrio, árido, despovoado e esquecido nas sombras e nas brumas.[701] Com tão pouca cor, com tão pouca composição figurativa, e, em meio a esfumaçadas formações de cor, é possível

---

[701] "Trois ans après la série des quatre pendus, Victor Hugo revient sur le thème de l'exécution capitale, maintes fois dénoncée dans ses écrits, avec um nouveau dessin saisissant. Il montre une tête tranchée flottant, hagarde, dans l'espace. Le regard du supplicié reflète encore la terreur des derniers instants, tandis que la bouche grimace toujours dans un ultime cri d'effroi. Dans la nuit noir comme l'encre, cette âme s'élève symboliquement vers le ciel. Au sol, le sang verse trace entre les paves les lettres de l'éternelle supplique de l'auteur pour la clémence et le respect de la vie: JUSTITIA" (Molinari, *Victor Hugo*: visions graphiques, 2010, p. 56).

ao poeta *dizer tanto* e *dizer tão fundo* sobre o mundo terrível do *suplício* e do *terror*, que ele próprio procura repudiar, acusar e denunciar.

Mas, Victor Hugo é um personagem de sua época, compreendido como um membro do romantismo francês. O romantismo é um movimento do século XIX, e se localiza no bojo das grandes tensões do século, um século marcado pelas repercussões e pelos ecos da Revolução Francesa de 1789, pela ascensão de Napoleão, pelas disputas em torno do republicanismo, e, ademais, pela Comuna de Paris (1848). O engajamento da obra de Victor Hugo, a exemplo de *Les Misérables* (1862), é enorme e testemunha a grande atividade política que o envolveu a vida toda. Desde o romantismo, aliás, a *obra estética* já não evoca apenas e exclusivamente o belo, mas, agora, também, o feio, o caricato, o disforme, a miséria, a dor, a morte, o sofrimento.[702] Mas, na *História da Arte,* o momento é o do pós-impressionismo, onde se destacam figuras pintores e artistas como Paul Cézanne (1839-1906), Vicent Van-Gogh (1853-1890) e Henri de Toulouse-Lautrec (1864-1901). Neste particular, o *grito de dor* contido no desenho de Victor Hugo (apesar de Victor Hugo ter morrido antes de Edvard Munch) ecoa, se assemelha e aspira a mesma atmosfera de *O grito*, do pintor norueguês Edvard Munch (1893),[703] ou ainda, contém o mesmo *desespero* contido na obra do pintor espanhol neo-barroco Francisco Goya (1746-1828), com especial referência ao *O três de maio* (1808).[704]

---

[702] "Le premier des problèmes théoriques qui se posent donc, pour la sémiotique, est de savoir commnet tout cela 'se trouve' dans l'objet. La dificulté, sur laquelle la sémiotique de l'art doit se déveloper, est qu'à partir du romantisme l'objet d'art est de moins en moins produit au nom des valeurs positives, données, et donc énoncées dans l'objet même. L'objet d'art ne vaut plus pour la beauté de sa composition, la bonté des valeurs morales mises en scène, ou l'utilité d'objet même par rapport à un but quelconque" (Tore, L'art comme création, ou la règle de nier la règle: contribution à une sémiotique de l'art, in *Actes Sémiotiques*, no. 114, 2011, p. 06).

[703] "Algo da mesma qualidade macabra permeia as primeiras obras de Edvard Munch (1863-1944), um talentoso norueguês que veio para Paris em 1889 e baseou o seu estilo francamente expressivo em Toulouse-Lautrec, Van Gogh e Gaugin. *O grito* acusa a influência de todos eles; é uma imagem do medo, aquele medo aterrador e irracional que se sente num pesadelo" (Janson, *História da arte*, 5.ed., 1992, p. 657).

[704] Janson, *História da arte*, 5.ed., 1992, p. 603; "La force de cette oeuvre accusatrice, laquelle ne peut manquer de rappeler Goya, réside dans le caractère insoutenable d'une exécution qui serait aujourd'hui 'retransmise en direct' par le dessinateur"(Molinari, *Victor Hugo: visions graphiques*, 2010, p. 56).

4.1.8.2. O quadrado semiótico e o desenho

No caso do Desenho *Iustitia* de Victor Hugo, a tensão colocada no desenho em *crayon preto* é aquela que opõe *vida x morte*.[705] Ali ecoa o grito de horror da cabeça que volta ao alto, e que é apenas brevemente iluminada por tonalidades brancas, contra um imenso fundo de escuridão, silêncio e cinza asfáltico. Os pequenos contrastes de vermelho que impregnam a palavra *Iustitia* apenas reafirmam a sua ausência entre os homens. Assim, no plano da expressão, na composição deste *texto pictórico*, percebem-se *categorias eidéticas* (justiça x injustiça; vida x morte; sangue x luz), *categorias topológicas* (alto x baixo; cabeça x corpo) e *categorias cromáticas* (preto x branco; preto x vermelho; luz x sombra; claro x escuro).

Na obra de Victor Hugo, a verdadeira vida está fora do mundo humano, que é obscuro e se mantém impregnado à morte e ao sangue que escorre pela terra, onde a pena capital ainda é uma prática comum. Assim, há um paralelismo entre a verdadeira vida, onde há luz e onde se projeta justiça, e a morte mundana, onde há sombra e a justiça se escreve com sangue, que colabora para reforçar a *tensão pictórica* provocada pelo desenho. E ela se estrutura em torno da oposição que, no quadrado semiótico, permite opor *vida x morte*, da seguinte forma:

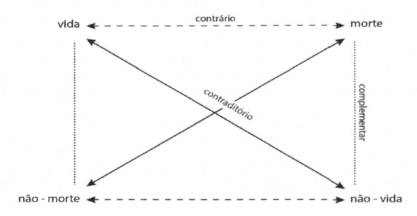

---

[705] "E, se nos fixarmos no banal quadro semiótico formado pela oposição vida, morte, não-morte, não-vida" (Calabrese, *Como se lê uma obra de arte*, 2015, p. 82).

4.1.9. Pintura *Guernica* de Pablo Picasso

A história da arte moderna e contemporânea perturba completamente as concepções anteriores sobre a relação entre imagem e realidade. O *surrealismo* teve exatamente esta capacidade de ruptura, com relação à tradição artística das escolas precedentes.[706] Se até então a noção de *representação* coube adequadamente para traduzir o poder simbólico da arte, agora passa a haver uma forte migração da pintura em direção a cada vez mais algo abstrato, desconectado da *mimese* e da capacidade de evocar figuras reais. O mundo das *imagens sem referenciais*,[707] ou que se reportam a *referenciais imaginários*, passa a ser a nova forma de expressão da arte. As imagens sem referenciais podem ser chamadas – como o fazem Santaella e Nöth – de *signos plásticos*.[708] Mais e mais a arte contemporânea se manifesta – especialmente através da arte abstrata, como nota John Dewey –,[709] mais a pintura perde em referenciais externos reais e ganha em projeções plásticas, imagéticas e não-icônicas.[710]

Dentro da tradição da arte contemporânea, a pintura a óleo intitulada *Guernica* (1937), de autoria de Pablo Picasso (1881-1973) – que vive, por períodos entrecortados, o *cubismo* e a cisão entre forma e conteúdo na

---

[706] "Há pouca dúvida de que as imagens podem referir-se a algo que não existe ou que nunca existiu, mas elas mentem por isso? O surrealismo deu evidências amplas de pinturas que se referem a meros objetos imaginários" (Santaella, Nöth, *Imagem, Cognição, Semiótica, Mídia*, 1998, p. 196).

[707] "Além disso, a pintura abstrata mostra que imagens sem referenciais, ou seja, sem função icônica, podem ser simples signos plásticos. Por fim, devemos observar que, se imagens representadas são determinadas como ícones, por outro lado, nem todos os signos icônicos são imagens visuais" (Santaella, Nöth, *Imagem, Cognição, Semiótica, Mídia*, 1998, p. 37).

[708] "O conceito de signo plástico possibilita a análise semiótica de imagens que não representam coisa alguma (ver Sonesson 1993b: 151), mas também imagens icônicas podem ser consideradas como signos plásticos" (Santaella, Nöth, *Imagem, Cognição, Semiótica, Mídia*, 1998, p. 38).

[709] "A arte "abstrata" pode parecer uma exceção ao que foi dito sobre a expressividade e o significado. Suas obras são tidas, por alguns, como nada tendo de arte e, por outros, como o próprio auge da arte. Estes últimos as valorizam por sua distância da representação no sentido literal; os primeiros negam que elas tenham a menor expressividade" (Dewey, *Arte como Experiência*, 2010, p. 196).

[710] "Apesar de estar claro que as imagens podem referir-se tanto à realidade fatual quanto ao irreal, a questão de transmitirem uma verdade ou uma mentira permanece em discussão". (Santaella, Nöth, *Imagem, Cognição, Semiótica, Mídia*, 1998, p. 196).

SEMIÓTICA, DIREITO & ARTE

obra estética –,[711] tem *força tonitruante*. O quadro foi pintado em Paris, onde vivia Pablo Picasso à época, mas se reporta aos eventos passados na Espanha, quando do cenário de guerra civil,[712] retratando a crueldade do poder do General Franco que, apoiado por bombardeiros alemães de Adolf Hitler e por aviões italianos, provoca um massacre por bombardeios à comunidade basca de *Guernica*, em 26 de abril de 1937, tendo produzido estimadas centenas ou milhares de mortos, tendo atingido fundamentalmente a população civil. A celebridade de Pablo Picasso o fazia já um nome artístico consagrado, e que havia sido selecionado para pintar uma obra que representasse a presença da Espanha na *Exposição Nacional de Artes e Técnicas*, a ocorrer em Paris. Ao longo deste período, os fatos em Guernica, perturbadores, vieram ao conhecimento do artista, que resolveu tomá-los como *objeto* de sua *obra*, para aquela ocasião. A imensa obra se encontra hoje na Espanha, após a sua repatriação em 1981, no *Museu Nacional Centro de Arte Reina Sofia*.[713]

4.1.9.1. Guerra, violência, horror e injustiça

O poder de denúncia da obra de arte é uma de suas características potenciais, e esta obra se assinala como uma das grandes obras da *História da arte*, que se coloca no *front* da denúncia em face da guerra, do horror e da injustiça. Esta é a *potência do signo estético*, qual seja, a de *narrar o inenarrável*.[714] Este *texto estético* é um *símbolo mundial* da luta contra a guerra, a opressão e a violência, e não por acaso, mas por ter dado *forma* à dor, ao sofrimento, e feito falar *figuras imagéticas* que estão colocadas em cena, no momento da construção *impressionista* da obra. Sua *codificação simbólica*

---

[711] Janson, *História da arte*, 5.ed., 1992, p. 658.

[712] "Em 1937 pinta o seu mais famoso mural em que representa, com veemente indignação, o bombardeio da cidade espanhola de Guernica, responsável pela morte de grande parte da população civil formada por crianças, mulheres e trabalhadores" (Proença, *História da Arte*, 1990, p. 156).

[713] A obra pode ser consultada no site oficial do Museu Nacional Reina Sofia, através do linl: http://www.museoreinasofia.es/en/collection/artwork/guernica. Acesso em 13/08/2018.

[714] Lucia Santaella, ao refletir sobre a obra do artista argentino Jorge Caterbetti, afirma a este respeito: "Como imprimir na memória coletiva a inenarrabilidade da dominação ditatorial? O artista sabe encontrar o caminho: traduzir o inenarrável em uma encenação poética capaz de produzir no participante a afecção do abominável" (Santaella, *Temas e dilemas do pós-digital*: a voz da política, 2016, p. 146).

interna é dada por uma *linguagem artística trágica e barroca* que estabelece um circo-circuito paradoxal em sua composição.

Esta obra é um prenúncio dos horrores da 2ª. Guerra Mundial, e, em sua resposta a um evento *localizado,* é também uma resposta a um *padrão de eventos,* que haverão de dominar a cena do século XX. Por isso, não há outra obra de arte do século XX com tanta força quanto esta, na capacidade que reúne de apresentar o *despedaçamento,* a *cisão,* a *dor,* a *morte* e os resultados *desumanos* da guerra, ademais do poder de *vitimização de civis,* no caráter interminável dos *gritos* que se ouvem perpetuamente, por parte das *figuras* contidas no quadro. É assim que esta obra é uma *denúncia das barbáries* do século XX. Talvez seja o *texto pictórico* que melhor identifica – por suas formas esvoaçantes e desmembradas – o caráter *necrófilo* da destrutividade humana, tal como apontado em *A anatomia da destrutividade humana (The anatomy of Human Destructivesess,* 1973), o *texto filosófico* de Erich Fromm.[715]

O quadro contém figuras deformadas, corpos despedaçados, além de apresentar mutilações, fragmentações, e a luta pela vida nos últimos esforços por sobreviver dos personagens que figuram nesta *obra estética.* Aqui, toda a força do traçado surrealista de Pablo Picasso encontra condições para ganhar sentido, exatamente ali onde se faz uma forma de *découpage* de corpos, pessoas, casas e animais. Ela representa um posicionamento do artista perante a *história,* especialmente, sendo capaz de *denunciar* a *violência da guerra.*[716]

Na obra de Picasso estão presentes muitas figuras de mulheres, pois as mulheres significam a vida, e seu sofrimento é o sofrimento da vida. Não há sinal da presença física das bombas na pintura, mas apenas o efeito do que puderam causar, pelo sistemático bombardeio vivido pela cidade, na Espanha, e captado à distância por imagens de jornais, na França, pelo artista. A pintura também evoca, constantemente, a luz da energia elétrica e a presença do candeeiro, que alternam na capacidade de clarear a escuridão. Enquanto obra monocromática, e na linguagem do claro-escuro, e em sua oposição, que ela significa. Assim, observam-se na composição da obra: uma mulher com uma criança ao colo; uma mulher com os

---

[715] Fromm, *Anatomia da destrutividade humana,* 2.ed., 1987, p. 483 e ss.

[716] "Ele pode ainda ser incorporado como paródia, como inversão e discordância com o modelo, caso de Picasso quando pinta *Guernica:* aqui a obra se situa em atitude crítica e polêmica frente à história" (Plaza, *Tradução Intersemiótica,* 2010, p. 07).

braços ao alto; uma mulher que grita; uma galinha em vôo, a indicar que o bombardeio tendo ocorrido em dias normais de feira, teria dispersado os animais; um soldado desmembrado, dividido e partido no chão, indicando a luta pela república e a resistência anti-franquista estabelecida durante a guerra civil; o cavalo que grita, sabendo-se que significa o próprio povo espanhol; o touro, que também aponta para a própria unidade simbólica do povo espanhol, desmembrada e destruída pela divisão política.

4.1.9.2. O quadrado semiótico e o texto pictórico

No caso da Pintura *Guernica* de Pablo Picasso, onde predomina o despedaçamento de corpos em todos os ângulos da obra, a *ruptura de corpos humanos e animais* ocupa toda a configuração possível da obra. Assim, na composição deste *texto pictórico*, percebem-se *categorias eidéticas* (vida x morte; guerra x paz; construção x destruição; inteiro x pedaço), *categorias topológicas* (alto x baixo) e *categorias cromáticas* (preto x branco; claro x escuro).

A interpretação deste quadro é complexa, pois envolve várias variáveis, mas ele é o maior símbolo de repúdio à guerra, e, neste sentido, um protesto pela paz. Em seu interior, há um paralelismo entre claro e vida, e escuro e morte, pois todo o *paradoxo* embutido no quadro de Picasso aponta para o fracasso da ideia *moderna* das *Luzes,* representado na figura da *lâmpada acesa* no ambiente. Vale reforçar que o caráter cubista da representação permite enxergar com força a tensão entre inteiro x pedaço, e a ideia de *despedaçamento* (da vida; da feira; dos animais) atravessa toda a composição. Ainda assim, o *quadrado semiótico* pode se deter na relação mais evidente entre *guerra x paz*, principal objeto da narrativa pictórica, da seguinte forma:

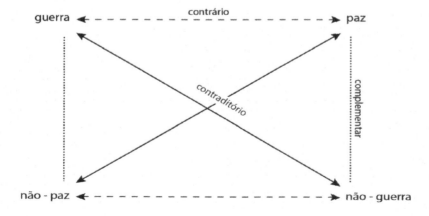

4.1.10. *Street Art* de Banksy

A *Street Art* é uma forma de manifestação artística atual, nascida da cultura suburbana dos anos 1970 nos EUA, baseada na cultura do *spray,* marcada por seu caráter jovem e urbano, rebelde e transgressor. Sua importância se deve exatamente pelo fato de se tratar de um perfil de obra de arte não-museificada, inscrita a céu aberto, em permanente diálogo com o *tecido urbano.* Assim, é, sem qualquer dúvida, uma forma de *arte contemporânea,* uma arte *das ruas,* que, inclusive, irá retratar temas de cotidiano das ruas, uma forma de *arte livre,* desatada de amarras acadêmicas, de caráter suburbano, multitemática e que participa do *tecido urbano* das grandes metrópoles contemporâneas.[717] Por sua própria atitude efêmera, foge às convenções, e se instaura na *vida urbana* a partir de sua aparição como *signo estético,* ali onde a *urbanidade* costuma apenas colocar o cinza, a asfalto e o concreto. Ao escapar às formas tradicionais, no mundo moderno, de *enquadramento* da obra de arte, nos espaços culturais formais, se coloca como uma *obra* sujeita às condições do meio ambiente urbano, que vão da degradação pictórica, ao vandalismo, e, deste, à simples incompreensão das autoridades públicas sobre o seu significado.

O *spray* faz, portanto, parte de uma *cultura urbana,* e é neste sentido uma *linguagem jovem e artística,* que *fala* sobre o que a cidade contemporânea quer calar. Ali, onde se dá como aparição urbana, a textura do *graffiti,* ele se concebe em contraste, da cor em face do cinza urbano, da presença artística em face da impessoalidade das cidades contemporâneas, como linguagem sensível onde tudo foi reduzido a verticalização, velocidade, passagem, massificação e degradação. Neste ponto, não são poucas, mas várias, as cidades brasileiras retratadas pelo *graffiti* (São Paulo; Rio de Janeiro; Belo Horizonte; Porto Alegre; Recife; Brasília), e que possuem artistas de renome internacional (Speto; Kobra; Os Gêmeos; Criola;

---

[717] "El arte contemporâneo, libre de las ataduras que la originalidad le imponía a los artistas modernos, abre possibilidades de alcances no solo icónicos, indexicálicos y simbólicos, sino también contextuales, meramente sensitivos o experimentales y experienciales" (Rendon, Hacia uma semiótica del arte: implicaciones del pensamento peirceano en el estúdio del arte contemporâneo, *in Cuadernos de Filosofía Latinoamericana*, Vol. 35, no. 11, 2014, pp. 138).

SEMIÓTICA, DIREITO & ARTE

DMS),[718] mostrando-se a potência das artes de rua.[719] A *desumanização* do ambiente urbano é denunciada pela arte que se expressa, no sentido de fazer *revelar* na cidade, o potencial criativo contido em seus muros. No *graffiti*, temas sociais, temas urbanos, temas cotidianos, temas ocasionais são de constante evocação.

Mais especificamente, nas últimas décadas, é o trabalho do artista de rua Banksy (Bristol, Inglaterra, 1974) – o artista de rua inglês –[720] que veio se destacando enormemente, gerando polêmicas muito interessantes, além de mitos e críticas, a respeito do papel do *spray*, do *graffiti* e do estêncil. As iniciativas de Banksy têm forte inspiração de crítica social, e os temas sobre o poder, a guerra, a paz, a autoridade, os políticos, a destruição ambiental, a corrida pelo dinheiro estão sempre presentes em suas intervenções urbanas. O tônus irônico, a qualidade artística, a irreverência, a capacidade de colocar na agenda pública o último tema do debate público, a inventividade, o anonimato, a linguagem antissistema e o poder reflexivo das intervenções de Banksy vêm fazendo dele um artista mundialmente reconhecido, atraindo o interesse das galerias de arte, e ativando o interesse de observação de um público cada vez mais mobilizado. Não por outro motivo, é tão instigante e importante, para fins deste percurso iconográfico, incluir o trabalho de Banksy como um caminho para a compreensão dos desafios da vida contemporânea.

4.1.10.1. Justiça, Injustiça e Violência de Estado

Em particular, vale ser considerada a obra intitulada *There is No Justice, There's Just Us*, de autoria de Banksy, o pseudônimo de um artista anônimo inglês (Bristol, Inglaterra, 1974) – o artista de rua britânico –[721] uma obra inscrita nos muros de Dublin (Ireland, 2013).[722] Se trata de uma obra estética pintada em muro de rua, com ampla significação para o universo dos artistas de rua, mas que explora esta dimensão, ao tratar do tema da

---

[718] A este respeito, consulte-se as imagens em https://streetartbrasil.wordpress.com/. Acesso em 13/08/2018.

[719] A este respeito, consulte-se Malland, *Tropical spray*: viagem ao coração do grafite brasileiro, 2012.

[720] http://banksy.co.uk/faq.asp. Accessed 11.03.2020.

[721] A respeito, consultar: http://banksy.co.uk/faq.asp. Acesso em 13/08/2018.

[722] A obra pode ser vista em Ket, *Planet Banksy:* the man, his work and the movement he inspired, 2014, p. 76.

228

justiça associando dois temas cruciais para os grandes centros urbanos do mundo: a violência policial; a vontade de justiça. Por isso, a dupla tensão de *justiça* e *violência* irá organizar a obra, conferindo-lhe caráter único e singular: *a justiça sendo espancada por um agente policial*. Aliás, são muitos os artistas de rua que gostam de continuamente retratar questões ligadas ao universo policial – a exemplo da obra de Banksy intitulada *Law and Order* (Toronto, Canadá, 2010) – na medida em que as *ruas* são ocupadas pela tarefa permanente de ronda e segurança por parte das forças policiais, em todo o mundo.[723]

Aqui se percebe que a *simbólica da justiça*, nos tempos contemporâneos, recebe o mesmo tratamento da *arte contemporânea*. Isto significa que enquanto a arte contemporânea se torna cada vez mais *indefinível*, retracejando a relação entre *forma* e *conteúdo*, as representações da justiça irão se multiplicar, diversificar, pluralizar e acusar problemas pontuais, situacionais e locais, concernentes às questões de justiça/ injustiça. A *pintura*, na forma do *graffiti*, é constituída na rua, fala para a rua, e provém da rua. Portanto, se trata de um *texto pictórico* de alta densidade social, com caráter *acusatório, revelando* e *denunciando*, o abuso de poder no exercício do *monopólio da força*, por parte das autoridades estatais, enquanto violação da justiça.

A força da *figura* da *justiça* está na agressividade de sua ideação, na medida em que a vigorosa *representação iconográfica* precedente na história do *símbolo de justiça* – de uma deusa, coroada, em ascensão, plena de atributos de força e equilíbrio – agora é substituída por esta figura *disruptiva*, onde a evocação da sua *simbólica* se encontra na forma de uma *jovem*, colocada em posição de fragilidade infantil e sexual, está em posição horizontal e de costas, e é surrada por um policial. Nada esconde o que a *street art* quer denunciar: o escudo do policial repousa ao lado da espada (agora, quebrada), assim como o uniforme que despersonaliza a pessoalidade do agente de polícia, investindo-o num preto absoluto, que aparece em figura maior, contrastante com a figura feminina, fragilizada, que ainda segura a *balança* de forma *desajeitada* e *desbalanceada*,

---

[723] "A favorite target for man street artists is the police and other authority figures. It goes without saying that the two groups are diametrically opposed, with police and government normally targeting street artists for arrest" (Ket, *Planet Banksy*: the man, his work and the movement he inspired, 2014, p. 73).

SEMIÓTICA, DIREITO & ARTE

mantendo-se *vendada*, mas manifestando o seu horror pelos lábios entre-abertos de *espanto*.

Toda a composição está baseada no *contraste*: a oposição entre o preto das vestes do policial e o branco das roupas da justiça; o homem que exerce a força bruta, em face da mulher de tonalidade de pele clara; o cassetete em uso agressivo apontado para o corpo da justiça, e a balança desmesurada e pendente, ao aguardo de um ato de brutalidade; a fragilidade, em face da força; a concentração enérgica do agente de polícia, em face da estupefação da justiça; esse lugar anônimo e abandonado na cidade, em face dos lugares habitados e glamourosos, onde tudo está em ordem. A composição transmite o *escândalo*, a *estupefação*, o *desnorte*, e é rica de significado, pois se trata de um *grito das ruas*, sobre uma realidade de *arbitrariedade*, evocada pela arte, sobre a *desmedida no uso e aplicação da força*.[724]

4.1.10.2. O quadrado semiótico e o texto pictórico

No caso da *Street Art* de Banksy, em *There is no Justice, There's Just Us*, há uma oposição claro entre justiça e violência. Ela se encontra explicitada de forma tão clara, à primeira vista, que não revela todo o conjunto de *micro significados* que estão interiorizados nesta *complexa* obra de *street art*.

O *Programa Narrativo* contido na obra (numa primeira leitura, oculto aos olhos do intérprete) é a paradoxal vitória da *força bruta* sobre a *justiça*, de modo que, após uma ação de enfrentamento entre *polícia* (força) e *justiça* (balança), a primeira vence, e deixa a espada da justiça quebrada ao lado do escudo, para servir-se de um banquinho, onde realiza a ação (em suspenso na obra) de surrar a *justiça*. Antes de surrar o símbolo da *justiça*, aplicando-lhe uma correção infatilizante (pois, não há sangue, e não há dor, não há cortes e não há morte), é possível escutar o *personagem* do policial sussurrar de modo cínico e aviltante, até mesmo desafiador e inaudível, através de sua máscara de proteção, aquilo que está escondido também no nível do título da obra: *There is no Justice, There's Just Us*, onde *Justice* e *Just Us* possuem uma confusa relação de proximidade fonética ao serem pronunciadas em inglês. Essa provocação estético-fonética é absolutamente *constitutiva* da obra, e necessária para a sua compreensão e interpretação.

---

[724] Consulte-se Ket, *Planet Banksy*: the man, his work and the movement he inspired, 2014, p. 76.

As *categorias eidéticas* (justiça x injustiça; força x equilíbrio), as *categorias topológicas* (vertical x horizontal), as *categorias cromáticas* (branco x preto) reafirmam os contrastes entre o plano da violência (preto; vertical; força; homem; cacetete) e o plano da justiça (branco; horizontal; balança; mulher; desarmada), de modo a gerar espantoso e chocante caráter disruptivo à *arte de rua*, em sua capacidade de *denúncia da violência policial* e da *arbitrariedade do uso da força estatal*. Ademais, deve-se notar que a obra opera – na sua representação de um estado de não justiça – uma radical oposição entre o *equilíbrio* esperado da *balança*, e o *desequilíbrio* no qual se encontra, e este *desequilíbrio* da balança é causado por um *descontrole* do uso da força. Assim, existe uma *conexão semiótica interna e opósita* entre os polos opostos do cassetete (alto; ereto; vertical; preto) e da balança (baixo; desequilíbrio; lateral), onde o *descontrole* aponta para o *desiquilíbrio*. Nota-se, assim, a inversão de polaridades entre a *força* e o *equilíbrio*. Onde há *controle* da *força*, o *equilíbrio* predomina através da *balança*; onde há o *descontrole* da *força*, o *desequilíbrio* predomina através do cassetete.

Assim é que, na tessitura desta obra está algo mais forte e mais vivo do que a mera oposição entre justiça e injustiça, pois a discussão sobre a justiça que nela se encontra implicada, é uma discussão a partir do ponto de vista da vida nas ruas, implicando a ideia de que a violência contra a justiça é uma injustiça. Assim, para além da mais ingênua leitura desta obra, que possui diversas sub-imbricações de sentido, o quadrado semiótico parece apontar para a tensão entre *arbítrio x controle*, de modo a poder se figurativizar da seguinte forma:

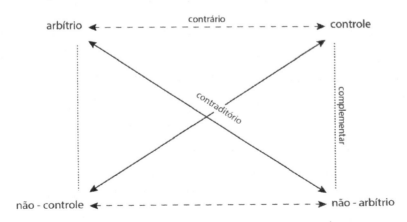

SEMIÓTICA, DIREITO & ARTE

4.2. Semiótica, Direito e Arquitetura: o ritual de justiça

A *Semiótica da Arte* também comporta uma *Semiótica da Arquitetura*.[725] Na *Semiótica da Arquitetura* estão em jogo o espaço, o uso do espaço e a relação tensional entre a *funcionalidade da obra* (relação real do homem com o mundo) e a *esteticidade da obra* (relação ideal do homem com o mundo).[726] Através de seu aspecto funcional, a obra de arquitetura se coloca no mundo a serviço de funções, e, através da estética, a obra se reveste de símbolos, significados urbanísticos, não sendo raro que seja *índice* de *poder*, de *status*, de *condição de classe*, ou ainda, na sua ausência ou deficiência, signifique o seu contrário, ou seja, *índice* de *subcidadania*, de *marginalidade* e *exclusão*. Aqui não se fala em papel representativo da arquitetura,[727] mas se fala em *papéis funcionais* e *estéticos* da arquitetura, sabendo-se que a arquitetura se estrutura na base do *signo arquitetônico*, este que evoca, por sua vez, o homem e suas condições (técnicas, sociais, políticas, econômicas, culturais, religiosas, históricas) na relação de ocupação e constituição dos espaços.[728]

A arquitetura manipula a *matéria* e o *simbólico*, valendo-se de recursos técnicos e artísticos, para criar soluções entre o funcional e o estético, ocupando e conferindo *sentido* ao espaço. E isso revela a profunda conexão

---

[725] A *Semiótica da Arquitetura* já é mencionada por J. Courtés: "Tomemos ainda outro exemplo: a distribuição e a organização do espaço, quer no domínio arquitectónico (hospital psiquiátrico, catedral, prisão, escola materna, etc.), quer na topologia urbana (zonas de habitação, de circulação, espaços verdes, etc.), pressuporão um emissor individual ou colectivo) como exige o esquema clássico da comunicação?" (Courtés, *Introdução à semiótica narrativa e discursiva*, 1979, p. 42).

[726] A dicotomia funcional/ estético é mobilizada por Mauricio Puls, na obra *Arquitetura e filosofia*, e é tomada por seu alto sentido didático neste trecho: "O conteúdo funcional espelha a relação real do homem com o mundo, enquanto sua forma estética expressa a relação ideal do homem com o mundo" (Puls, *Arquitetura e filosofia*, 2006, p. 29).

[727] A observação é de John Dewey: "A arquitetura não é representativa, se por esse termo entendermos a reprodução de formas naturais em nome de sua reprodução – tal como alguns presumiram que as catedrais "representam" árvores altaneiras da floresta" (Dewey, *Arte como Experiência*, 2010, p. 392).

[728] "Todas as figuras artísticas nascem desse fundo não-artístico constituído pela construção vernacular: os homens produzem bens não-artísticos (as construções) para satisfazer suas necessidades, enquanto os arquitetos criam signos artísticos (os edifícios) que espelham esses bens e, com isso, expressam os próprios homens" (Puls, *Arquitetura e filosofia*, 2006, p. 21).

entre o uso do espaço, a sociedade e a condição histórica.[729] Daí, a possibilidade da *arquitetura do poder*, da *arquitetura da prisão*,[730] da *arquitetura do castigo*,[731] da *arquitetura da memória*,[732] da *arquitetura da justiça*.[733]

É desta forma que se quer verificar o quanto os edifícios estão *prenhes de significados*,[734] e o quanto estes *significados* estão relacionados ao *universo simbólico da justiça*, na medida em que as *escolhas* realizadas dentro

[729] "O espaço é, assim, indissociável da sociedade que o habita, e é na relação que se estabelece entre ambos – espaço/sociedade – que se deve procurar a explicação para os tipos de organização que manifesta. Deste modo, a forma do espaço representa uma função sociológica na medida em que as formas ou instituições nas quais o espaço pode ser dividido correspondem a atividades espacialmente enquadradas (Ferreira, 2013)" (Branco, Análise da arquitetura judiciária portuguesa: as dimensões de reconhecimento, funcionalidade e acesso à justiça, in *E-Cadernos CES*, no. 23, 2015, http://eces.revues.org, p. 02).

[730] Foi Michel Foucault quem desenvolveu, em *Vigiar e punir*, a mais extensa reflexão sobre a ascensão da *arquitetura do controle* no mundo moderno: "A prisão é menos recente do que se diz quando se faz datar seu nascimento dos novos códigos. A forma-prisão preexiste à sua utilização sistemática nas leis penais. (...) A forma geral de uma aparelhagem para tornar os indivíduos dóceis e úteis, através de um trabalho preciso sobre seu corpo, criou a instituição-prisão, antes que a lei a definisse como a pena por excelência" (Foucault, *Vigir e punir: nascimento da prisão,* 12.ed., 1995, p. 207).

[731] A expressão é inaugurada por José Calvo Gonzáles: "Desde que el Estado moderno se reserva al lado del monopolio normativo y el de la coacción física legítima (ofensiva o defensiva), puede decirse que su constitucionalidad orgánica se encuentra ligada al Derecho penal; es decir que su Derecho constitucional es el Derecho penal. Entonces, sólo la *arquitectura del castigo* puede ser también su arquitectura más característica" (Gonzáles, *Derecho y Arquitectura: Apuntes en Construcción*, in *AntiManual de Direito & Arte* (Franca Filho, Marcílio; Leite, Geilson Salomão; Pamplona Filho, Rodolfo, coords.), 2016, ps. 72 e 73).

[732] A este respeito, *vide* Felman, *O inconsciente jurídico*: julgamentos e traumas no século XX, 2014.

[733] "Qu'il s'agisse de maisons ou de palais de justice, ils sont toujours des témoins irremplaçables, qu'il faut savoir interroger sans relâche. L'architecture constitue une composante essentielle de l'image de la justice" (Jacob, *Images de la Justice*, 1994, p. 11).

[734] "Os edifícios são, assim, objetos tridimensionais que trasmitem poder, soberania, ideologia, distância, funcionalidade, legitimidade, dignidade, através da localização, da implantação, da escala, da proporção, do volume, da cor, da simetria, da verticalidade e do contexto, o que é analisado pelo nosso sistema de percepção atendendo às nossas representações icónicas, simbólicas e sociais, afetando a nossa liberdade, controlando especialmente os indivíduos ao definir regras que orientam a sua interação (definindo as localizações, os cursos de movimentação, os cursos visuais, os encontros sociais e individuais) (Lawson, 2001)" (Branco, Análise da arquitetura judiciária portuguesa: as dimensões de reconhecimento, funcionalidade e acesso à justiça, in *E-Cadernos CES*, no. 23, 2015, http://eces.revues.org, p. 02).

da *linguagem arquitetônica* definem visões, enquadramentos e traduzem concepções acerca da justiça. Os estudos de *Semiótica da Arquitetura de Justiça* – ou ainda, segundo alguns, os estudos de *Direito Arquitetônico* –[735] demonstram que o *design*, a decoração, o projeto arquitetônico, a escolha de materiais, a concepção do prédio, o volume, a simetria, a verticalidade, a proporção, a localização, não são decisões aleatórias, mas simbolicamente referidas, sempre destinadas a conferir fé e elevada missão às tarefas desempenhadas nos espaços de justiça.[736] Isso indica que a *justiça* se alimenta de ideais, visões e ideais, e estes parecem reclamar serem materializados e plasmados, em formas e materiais, a ponto de ganharem uma dimensão real e concreta, existencial, enfim.

E, na arquitetura, a *arte* é convocada aos templos, palácios, casas, praças, porque seu *poder-de-fazer-falar-a-matéria*,[737] que é um *poder-fazer-saber*, é capaz de constituir e investir de *cultura humana*, aquilo que é *pura matéria* (pedra; barro; tijolo; massa; areia; gesso; cimento; vidro; ferro), convertendo-a em objeto pleno de significação a serviço da cultura, da religião, do governo, da economia, do comércio, de instituições, mobilizando o prestígio, a inteligência, a serventia, a simbologia, a vaidade, a soberba, o temor, a riqueza, a ideologia, a fé, as convicções ideológicas a favor de objetivos intencionais ou não-intencionais, mas de qualquer forma, presentes na relação da ocupação humana dos espaços.

A *forma arquitetônica* é, assim, capaz de materializar ideias e concepções, e dar *existência concreta* àquilo que se quer implantar no mundo, na medida em que a *forma* deixa rastros de *significação*, a exemplo da capacidade de

---

[735] Como o faz José Calvo Gonzáles, na relação entre Direito e Arquitetura: "Lo que llamo Derecho arquitectónico resultaría de la aglomeración de ambos, de su trama sellada y compacta, pero interactiva" (Gonzáles, *Derecho y Arquitectura: Apuntes en Construcción*, in *AntiManual de Direito & Arte* (Franca Filho, Marcílio; Leite, Geilson Salomão; Pamplona Filho, Rodolfo, coords.), 2016, p. 72).

[736] Por isso, é exemplar o argumento de Piyel Haldar: "The law has always been, and continues to be, structurally dependet upon aesthetics, upon the rhetoric of the ornament, to elicit faith in its ideals and principles. And this can be reconstructed through an analysis of the tropes and figures of the design of court buildings" (Haldar, The function of the ornament in Quintilian Alberti, and Court Architecture, *in Law and the image*: the authority of art and the aesthetics of law (DOUZINAS; NEAD, editors), 1999, p. 135).

[737] "O que a arte faz é tornar visível aquilo que é invisível: a arquitetura espelha a estrutura social, separando dominantes e dominados, aliados e adversários" (Puls, *Arquitetura e filosofia*, 2006, p. 22).

transmitir *força* de um templo egípcio ou de transmitir *equilíbrio* de um templo grego.[738] A arquitetura, de certa forma, nomeia o mundo nas formas de habitar, e ocupa de humanidade os campos possíveis do espaço e sua relação com outros elementos do entorno e do ambiente.

4.2.1. A arquitetura da justiça

Os *edifícios de justiça* estão carregados de significações para o campo do estudo do estado da justiça.[739] Isso grifa de maneira muito específica a relação entre *Direito & Arte*.[740] Ademais, essa constatação inicial é de importante relevo, mas deve necessariamente estar acompanhada da visão histórica acerca da *justiça*, sem a qual a constatação perde o seu sentido. Por isso, destaca-se a importância de analisar, na relação entre *Direito & Arquitetura*, a história da *arquitetura da justiça*. E, neste sentido, a histó-

---

[738] A força para o templo egípcio: "No templo egípcio, os suportes são altas e poderosas pilastras muito próximas entre si: deseja-se que a construção transmita uma imagem de força, que preencha com sua massa o ambiente. No templo grego, os suportes são colunas cujo diâmetro é proporcional à altura e ao intervalo, manifestando assim, visivelmente, a lei de medida e de equilíbrio de forças que rege a natureza" (Argan, *História da arte italiana*, Vol. 1, 2013, p. 69). O equilíbrio para o tempo grego: "A forma do templo, como vimos, resulta do equilíbrio ou da proporção das verticais e horizontais: no alto, o frontão triangular resume e conclui, quase estabelecendo sua medida proporcional nos lados oblíquos, os dois grandes temas estruturais da carga (horizontais) e da sustentação (verticais). (...) É um espaço ideal porque está cima do equilibrado contraste das forças, simbolicamente representado além do horizonte natural da arquitrave e pelo friso" (Argan, *História da arte italiana*, Vol. 1, 2013, p. 78).

[739] Esta importante constatação se encontra nesta análise: "Mas onde o direito e a arquitetura se assumem como tendo uma relação simbiótica é, a meu ver, na arquitetura dos edifícios dos tribunais. A arquitetura dos tribunais carrega consigo uma intenção, desvelando-se como um símbolo daquilo que pretende ser, do que deve sugerir e impor relativamente a uma determinada visão do mundo social (Commaille, 2013)" (Branco, Análise da arquitetura judiciária portuguesa: as dimensões de reconhecimento, funcionalidade e acesso à justiça, in *E-Cadernos CES*, no. 23, 2015, http://eces.revues.org, p. 03).

[740] "Wheter symbolic or historical, the link between the beautiful and the just is evident in the various representations and statues of Justitia that adorn the courts of law and other public buildings of the great European cities. Justice is presented as a beautiful Greco-Roman figure with her scales, sword, and – form the sixteenth century on – blindfold, wich, according to art historians, represent respectively the balance and harmony of law, its force, and its impartiality" (Douzinas, Prosopon and antiprosopon: prolegomena for a legal iconology, *in Law and the image*: the authority of art and the aesthetics of law (DOUZINAS; NEAD, editors), 1999, p. 53).

SEMIÓTICA, DIREITO & ARTE

ria da *arquitetura da justiça* envolve,[741] fundamentalmente, dois grandes períodos, a saber: i) o período da ausência de edifícios (até o século XII d.C.); ii) o período da construção de edifícios (medieval, do séc. XII ao XIV d.C.; moderna, do séc. XIII ao XVI d.C.; moderno-régio, do séc. XVI ao XVII d.C.; clássico, do séc. XVIII ao XX).[742]

No período da ausência de templos, ou de espaços judiciais, desde os períodos mais remotos, tem-se notícia de que se tornou hábito constituir um *espaço* socialmente representativo para a comunidade, onde as questões de *justiça* eram tratadas de forma separada da vida comum, constituídas num espaço diverso da vida ordinária, estando assim, de um lado, resguardadas da violência e, de outro lado, investidas dentro de uma forma ritualística.[743] São, sobretudo, executadas ao ar livre, sob a sombra de *árvores* (freixos, carvalhos) ou em torno de *pedras*,[744] cujo

---

[741] "Toda arquitetura nasce de um diálogo de uma classe com suas aliadas e de um debate com suas adversárias: ela expressa um momento histórico determinado" (Puls, *Arquitetura e filosofia*, 2006, p. 32).

[742] A evocação é feita por Antoine Garapon, da classificação de Robert Jacob e Nadine Marshall, a respeito da França: "Robert Jacob e Nadine Marchall distinguem seus períodos na história da arquitectura dos edifícios de justiça em França: a era da justiça sem edifícios, até finais do século XII; a arquitectura judiciária medieval, até o fim do século XIV; a grande vaga de construção de edifícios judiciários, de Luís XIII a Henrique IV; a afirmação do poder régio, de Luís XIII ao início do século XVII, através da edificação de edifícios majestosos; o período entre 1760 e 1960, que pode ser classificado de 'clássico' devido à estabilização e instalação de um estilo judiciário por todo o país; por fim, a fase actual, de contornos ainda relativamente incertos" (Garapon, *Bem julgar:* ensaio sobre o ritual judiciário, 1999, p. 26).

[743] Antoine Garapon historia esta etapa: "A primeira delimitação de um espaço de justiça no Ocidente consistiu numa sebe de ramagens erguida no exterior das cidades. Na colina, em redor da árvore ou da pedra, erguia-se, no começo de cada processo, uma paliçada de rama: 'A sessão deve decorrer', prescreve a Lei dos Francos ripuários, dentro do círculo e da sebe de aveleira, isto é, no centro da folhagem. Esta cintura vegetal cumpria uma função jurídica, pois demarcava claramente do mundo exterior, no qual os conflitos podiam eclodir e desenvolver-se, o lugar privilegiado para a sua resolução" (Garapon, *Bem julgar:* ensaio sobre o ritual judiciário, 1999, p. 28).

[744] "Nem sempre os espaços da justiça foram delimitados como os conhecemos hoje. Durante muitos séculos as audências decorreram ao ar livre, junto a um círculo de pedras sagradas ou debaixo de uma árvore (freixos, olmos, tílias ou carvalhos), num espaço delimitado por uma cerca de barrotes de madeira, onde, sob a sua ramagem, eram escutadas as pretensões dos cidadãos (Jacob, 1994)" (Branco, Análise da arquitetura judiciária portuguesa: as dimensões de reconhecimento, funcionalidade e acesso à justiça, in *E-Cadernos CES*, no. 23, 2015, http://eces.revues.org, p. 04).

236

SEMIÓTICA APLICADA, DIREITO E ARTE

investimento *simbólico-comunitário* fazia assumir novas funções à natureza. Ao longo dos séculos, até que haja espaços de justiça constituídos para tal (século XII d.C.),[745] as reuniões em torno de uma *árvore da justiça* – ou, o seu equivalente, a saber, uma *coluna de pedra*[746] (ex.: a coluna de pedra na praça do mercado de Trèves)-,[747] exerce o papel fundacional de representação de um *lugar especial*. Ora, a *árvore da justiça* representa a *árvore ancestral*[748] que funciona como *eixo axial*, que regula e ordena o mundo, ao pé do qual se dá a administração da justiça pelas autoridades, geralmente, em nome da(s) divindade(s). A *madeira* (ou a *pedra*), a *ancestralidade*, a *autoridade da natureza*, a *localidade cerimonial*, o *caráter solene do ato*, a *presença das autoridades da comunidade*, a *especialidade do espaço* com relação à vida comum, são os principais traços que marcam e identificam o *nascimento* do *ritual de justiça*.

O período da construção de templos, ou de espaços judiciais, por sua vez, se estende desde a Antiguidade, Idade Média, e Modernidade.[749]

---

[745] A ausência de espaços judiciários não significa, no período histórico, a ausência de imagens judiciárias, pois estas já estavam contidas na arte da iluminura medieval: "Toute incursion dans l'univers des représentations judiciaires commence donc par les manuscrits à peintures" (Jacob, *Images de la Justice*, 1994, p. 21).

[746] A coluna pode estar, muitas vezes, estilizada com folhas – que invocam a árvore ancestral –, ou ainda, com a cruz – que evoca o Cristo julgador: "Parfois, on substitua à l'arbre primitif une colonne de pierre. Surmontée d'une sculpture en forme de pomme de pin, en fait une représentation stylisée et conventionnelle du feuillage, généralement sommée d'une croix, la «colonne de justice» (*Gerichtssäule*) perpétue l'image pétrifiée de l'arbre originel" (Jacob, *Images de la Justice*, 1994, ps. 44-45).

[747] A imagem pode ser vista pela internet, através do site https://www.trier-info.de/francais/place-du-marche-info. Esta imagem é uma sobrevivência histórica importante, para a análise do processo de constituição dos posteriores espaços judiciários. Na leitura de Robert Jacob: "Dans l'histoire judiciaire de l'Occident, l'arbre de justice est une figure douée d'une longévité exceptionnelle. Il survécut à l'avènement d'une véritable architecture judiciaire, c'est-à-dire de bâtiments spécialement conçus et équipés pour abriter les débats de l'audience et qui paraissaient devoir déclasser sans retour la vieille justice à ciel ouvert" (Jacob, *Images de la Justice*, 1994, p. 43).

[748] "Aquel árbol, producido por la naturaleza y al que se otorgaban poderes mágicos, fue el primer cobijo del Derecho. Un derecho probablemente tan natural como el mismo árbol" (Gonzáles, José Calvo, *Derecho y Arquitectura: Apuntes en Construcción*, in *AntiManual de Direito & Arte*, (Franca Filho, Marcílio; Leite, Geilson Salomão; Pamplona Filho, Rodolfo, coords.), 2016, p. 59).

[749] Cf. Garapon, *Bem julgar*: ensaio sobre o ritual judiciário, 1999, p. 26.

Na Antiguidade clássica, a *ágora* é eleita como o lugar público mais notório e mais comum, para a realização do *ritual de justiça*, algo com profundo sentido comunitário, pois a *ágora* é o lugar do comércio, da religião, do governo e das leis.[750] Uma vez erodido o mundo antigo – tanto a *civitas romana*, quanto a *pólis* grega –, agora sob a influência dos povos bárbaros, a ideia de conduzir o *ritual de justiça* em um *lugar especial* (retirado ou central) persistirá. Durante algum tempo, até século XII, se realizará em castelos, em igrejas,[751] em guildas, e, até, em tavernas.[752] A partir de então, se estabelecerá uma tradição de *arquitetura medieval de justiça*, consagrada pelos auditórios, pelas casas de petição e pelas primeiras aparições de edifícios civis destinados à justiça.[753] Nestes edifícios medievais, será comum a estruturação funcional e estética da arquitetura de justiça em dois níveis, estando a carceragem abaixo do nível da circulação, e o nível do tribunal no andar de cima, numa verdadeira representação da *leitura simbólica* que se tinha do *universo* como um todo, dividido entre o bem e o mal, da justiça e a injustiça.[754]

---

[750] "Las *polis* de la antigua Grecia también situaron en un lugar central el acto jurídicamente relevante de juzgar. Fue en el *ágora*. De ese modo, en lugar tan destacado como el centro de sus emplazamientos habitacionales, la zona más pública y idónea para las grandes reuniones, juzgaban y resolvían sus pleitos" (Gonzáles, José Calvo, *Derecho y Arquitectura: Apuntes en Construcción*, in *AntiManual de Direito & Arte*, Franca Filho, Marcílio; Leite, Geilson Salomão; Pamplona Filho, Rodolfo, coords., 2016, p. 60).

[751] Na afirmação de José Calvo Gonzáles: "Fuera de ello, el carácter señorial de la justicia a lo largo del alto y medioevo invita a pensar en una justicia nobiliaria y real; los castillos, los palácios, y hasta catedrales e iglesias acogieron las salas de justicia y tribunales" (Gonzáles, *Derecho y Arquitectura: Apuntes en Construcción*, in *AntiManual de Direito & Arte*, (Franca Filho, Marcílio; Leite, Geilson Salomão; Pamplona Filho, Rodolfo, coords.), 2016, p. 64).

[752] A notícia história é esta:"Temporalmente, este período terá decorrido até finais do século XII, quando começou a surgir uma arquitetura judiciária medieval. Mas as audiências tiveram ainda lugar em vários espaços, como salões de castelos, adros de igrejas, átrios de guildas ou mesmo em tabernas (MacNamara, 2004; Jacob, 1994)" (Branco, Análise da arquitetura judiciária portuguesa: as dimensões de reconhecimento, funcionalidade e acesso à justiça, in *E-Cadernos CES*, no. 23, 2015, http://eces.revues.org, p. 04).

[753] O trecho é de Robert Jacob: "Dès la fin du XIIᵉ siècle apparaissent des bâtiments appelés «auditoires» ou «maisons des plaids», dont la fonction était d'abriter l'exercice de la justice" (Jacob, *Images de la Justice*, 1994, p. 96).

[754] Sobre este simbolismo da arquitetura medieval de justiça: "Elle une signification constante, immédiatement lisible. La justice s'est appropriée la force pour vaincre le mal. Elle la

É aí que se anunciará, no período medieval, ao lado da economia de mercado nascente, no centro da *praça* do mercado (Ex.: o *Pallazzo della Ragione*, em Padova, Itália). Seguindo-se a observação de Robert Jacob, é possível perceber que o período medieval tem algo de relevante no sentido da afirmação e consolidação da *simbólica da justiça* da forma como se conhecerá desde então no imaginário do Ocidente.[755] Será neste período que se perceberá com clareza a aparição de casas de justiça no centro das cidades, como afirmar Judith Resnik e Dennis Curtis.[756] Ora, essa forma de conduzir o *ritual de justiça* é, portanto, ancestral,[757] sabendo-se que data de períodos anteriores ao mundo clássico greco-romano, e que irá se perpetuar, em alguns locais, na Europa, até o período da *Revolução Francesa*, no século XVIII.[758] Na arquitetura medieval e moderna, será possível ver que, na medida em que começaram a surgir os *Palácios de justiça*, a figura da *árvore da justiça* e as *colunas centrais* do edifício passam a representar e a evocar aquilo que está enraizado na *ancestralidade* desta

domine, la maîtrise, elle menace à chaque instant de la tourner vers les parties corrompues du corps social. Elle a sus s'assujettir, pour la mettre à son service, une violence qui serait à l'état brut tout entière du côté des forces mauvaises. En outre, les éléments symboliques qui se logent dans la construction à deux étages composent une manière de microcosme : une représentation de l'univers entier auquel la justice assigne son ordre et ses fins" (Jacob, *Images de la Justice*, 1994, p. 102).

[755] "En fait, pour voir surgir un flot dense d'images cohérentes, il faut attendre le cœur du Moyen Âge. C'est aux XIIᵉ et XIIᵉ siècles que se fixe, dans des traits précis, une représentation qui constitue en quelque sorte l'archétype de l'image de la justice en Europe. Quoi d'étonnant? Ces siècles féconds furent ceux où s'établirent, dans les espaces laissés libres par le déclin du monde féodal, nombre de repères essentiels des cultures occidentales" (Jacob, *Images de la Justice*, 1994, p. 18).

[756] "Civic halls, providing "the stage for the ceremonial display of power" come to mark city centers" (Resnik, Curtis, *Representing Justice*, 2011, p. 134).

[757] Mesmo antes destas aparições de *símbolos da justiça,* estas práticas rituais já existiam: "La représentation de la justice dans l'imaginaire des hommes comme produit de ce qu'y imprime la répétition des rites, l'usage de symboles, les liturgies de spectacles réglés, est un phénomène social antérieur à tous les documents iconographiques qui nous soient parvenus" (Jacob, *Images de la Justice*, 1994, p. 17).

[758] "Fréquemment, ils officient à l'ombre de l'arbre millénaire que la tradition locale a consacré. Ces usages ne disparurent qu'avec les réformes judiciaires de la Révolution. En Allemagne, où l'on préférait en général le tilleul au chêne ou à l'orme, ils eurent la vie plus dure encore" (Jacob, *Images de la Justice*, 1994, p. 44).

longeva história do *ritual de justiça,* como demonstra o historiador Robert Jacob.[759]

A partir do momento em que a *arquitetura de justiça* se institucionalizou nos *tribunais modernos* – considerando-se a história do fortalecimento da autonomia dos juízes como classe profissional, das revoluções liberais e da tripartição de poderes – o espaço arquitetônico logo se incumbiu de não ser apenas um edifício civil convencional, mas sim um reflexo planejado do eco de uma *conquista civilizatória*. O que nele se vê é mais do que o conjunto de suas pedras, pois é na sua *arqui-história* que se encontra – de forma espectral – o seu *protótipo-fundador*. Os traços arquitetônicos do *templo grego* ou do *templo romano* são constantemente invocados pela tradição dos espaços arquitetônicos de justiça, inclusive no mundo moderno, especialmente a partir dos *Palácios de Justiça,* ou *Templos de justiça,* entre os séculos XVI, XVII, XVIII e XIX,[760] quando se multiplicam e ganham plena autonomia.[761]

Esse *protótipo-fundador* funciona como uma espécie de *código-simbólico--arquitetônico* fundador histórico da *legitimidade* das decisões de justiça. Como se pode observar pela imagem na próxima página, o edifício da *Supreme Court of Justice* (Washington D.C., EUA), enquanto construção do início do século XX, manifesta com todo o esplendor, com toda a perfeição, com toda a clareza e com toda o estilo o que esta tradição dos *Temples of Justice* acabou por consagrar.

---

[759] "L'essentiel est d'observer que colonnes et arbres de justice ont perpétué, avec une constance et une force remarquable, la fixation de la scène judiciaire autour d'une réplique symbolique du pilier de l'univers" (Jacob, *Images de la Justice,* 1994, p. 45).

[760] Os estudos do historiador Robert Jacob apontam neste sentido: "C'est dans le domaine de l'architecture judiciaire, nécessairement, que la figure du Temple de la Justice devait trouver son expression la plus achevée. Il est possible que sa matérialisation ait commencé dès le XVIᵉ siècle, avec l'adjonction à des bâtiments médiévaux d'entrées monumentales, composées d'un large escalier surmonté d'un portique à colonnes, celle qui ouvrit sur l'extérieur, après 1580, le palais du parlement de Bourgogne à Dijon" (Jacob, *Images de la Justice,* 1994, p. 203).

[761] "A figura do palácio de justiça como *Templo,* surgida no princípio do século XVII, consagra essa emancipação: ele fundamenta-se a si próprio. Passa-se de uma heteronomia para uma autonomia simbólica" (Garapon, *Bem julgar:* ensaio sobre o ritual judiciário, 1999, p. 31).

Supreme Court of Justice
Detalhe da Fachada
Principal e Frontão
Washington, D. C.,
Estados Unidos
Arquivo pessoal:
Fotografia: © pyo

A *linguagem arquitetônica* permite conferir *dignidade* e *solenidade* às decisões de justiça.[762] Por isso, geralmente, a *linguagem arquitetônica* se vale do *ornamento*, da *solenidade* e da *massa*, além de uma decoração ostentatória para demonstrar a *solenidade* e a *seletividade* do ambiente de justiça, como aponta o ensaio de Piyel Haldar na obra intitulada Law and the image, de Costas Douzinas.[763] Ora, o que se faz num *Palácio de Justiça* não é arbitrário, possui uma história e dá continuidade ao curso da civilização, desde o seu *protótipo-fundador*. É aí que o *Palácio de Justiça* revela uma forte investidura simbólica, que traduz, como afirma o sociólogo francês Antoine

---

[762] Na percuciente análise de Patrícia Branco: "A relação entre um conceito universal de justiça (entendida como um ideal e um direito absoluto) e a prática ou aplicação da justiça (que se liga ao sistema judiciário e que se realiza mediante o julgamento) sublinha o papel central que a arquitetura desempenha ao conferir legitimidade e solenidade à ocasião, situando o acontecimento (procedimento e sentença) e as suas consequências (Simon, Temples e Tobe, 2013)" (Branco, Análise da arquitetura judiciária portuguesa: as dimensões de reconhecimento, funcionalidade e acesso à justiça, in *E-Cadernos CES*, no. 23, 2015, http://eces.revues.org, p. 11).

[763] "The elegance of legal architecture provides the background against wich justice I seen to be done; it advertises itself as a select and exclusive space in wich a monopoly over the administration of justice according to rational precepts is supposed to reigns" (Haldar, The function of the ornament in Quintilian Alberti, and Court Architecture, *in Law and the image*: the authority of art and the aesthetics of law (DOUZINAS; NEAD, editors), 1999, p. 135).

Garapon, três experiências fundamentais: a de um espaço separado, a de um lugar sagrado, a de um percurso iniciático.[764]

E isso é feito porque estes enviam 'mensagens', por séculos e séculos – considerando-se a permanência temporal do *signo arquitetônico*, por sua durabilidade, publicidade e persistência no tempo –, acerca das características que marcam e evocam a *simbologia profunda* desta cultura e desta tradição, a saber: medida; ordem; proporção; matemática; simetria; precisão; harmonia; técnica; equilíbrio; força; razão; estabilidade; cultura; origem; fundação; poder; autoridade. A formação do *templo moderno da justiça* do período clássico irá aprofundar ainda mais esta *ordenação* do espaço de forma racional.[765] Mas, a sua função é clara: ao ecoar, faz coro, e ao fazer coro, rememora, reacende e mantém viva uma tradição milenar de *cultivo* e *busca* da *justiça* por meio de valores que lhe parecem constitutivos, considerada a própria elevada e relevante *função simbólico--social* da justiça.

4.2.2. A arquitetura de justiça e a investidura simbólica

Todo o espaço arquitetônico passa por uma *investidura simbólica*. A *simbólica da justiça* corresponde ao conjunto de estímulos *semióticos, estéticos* e *simbólicos* próprios à dimensão da justiça e que são, normalmente, carregados na arquitetura da justiça para *relembrar, rememorar, admoestar, instruir, intimidar, enaltecer, evocar* e *inspirar*. E, de fato, Judith Resnik e Dennis Curtis deixam evidenciada a ideia de que construir é por si mesmo um ato de poder, que impõe a capacidade de designar o poder estatal e a importância da função judicante, de modo que a *arquitetura de justiça* constrange e impõe.[766] A *simbólica* não atua no nível do racional, por isso,

---

[764] "O templo da justiça produz três experiências fundamentais: a de um espaço separado, a de um lugar sagrado e a de um percurso iniciático" (Garapon, *Bem julgar:* ensaio sobre o ritual judiciário, 1999, p. 34).

[765] "Le cubisme judiciaire de l'âge classique est aussi, en son genre, une architecture fonctionnelle. Il tente de répondre aux critiques que les professionnels du droit adressaient à l'auditoire médiéval. Les espaces intérieurs y sont donc distribués selon un plan qui se veut rationnel, en raison de leur affectation. Le bas étage reste cependant le domaine des prisons. Pour que l'architecture pénitentiaire se sépare de la judiciaire, il faudra attendre le tournant des XVIIIᵉ et XIXᵉ siècles" (Jacob, *Images de la Justice*, 1994, p. 207).

[766] "Building serve not only as stages but also as constraints" (Resnik, Curtis, *Representing Justice*, 2011, p. 134).

SEMIÓTICA APLICADA, DIREITO E ARTE

tem forte poder de estímulo enquanto afeta diversos dos sentidos – especialmente, o tato, a visão e a audição – daqueles que circulam pelos *espaços judiciários*.

Ao ser mergulhado na *experiência* de uma *Court House*, mensagens explícitas e mensagens subliminares são constituídas no universo dos destinatários das mensagens. E as reações são várias: admiração; reverência; espanto; medo; constrangimento; pequenez; temor; respeito; imposição. A princípio, a enorme *carga simbólica* dos espaços judiciários está voltada para o seu frequentador mais recorrente: o(a) juiz(a). No entanto, ela se destina a todos(as) aqueles(as) ao(à)s quais se destina o espaço judiciário: serventuários(as) da justiça; juízes (as);[767] réus (rés), advogados(as) e promotores(as) de justiça; partes processuais; cidadão(ã) s. Para fortalecer a *simbólica da justiça*, vários elementos de origens mitológicas, religiosas, históricas são reunidos, a exemplo do que ocorre no *Palácio da Justiça de Paris.*[768]

A imagem contida na próxima página, que apresenta a entrada principal do *Palais de Justice de Paris* (Île de la Cité, Paris), demonstra muito bem como a estrutura do edifício é clássica, se encontra nivelada com escadarias acima do nível da via pública, e está encimada com signos verbais que evocam as tradições posteriores à *Révolution Française* (1789), *Liberdade (Liberté), Igualdade (Égalité), Fraternidade (Fraternité)*.

Por isso, deve-se compreender bem que a *investidura simbólica,* que corresponde ao trabalho dos arquitetos na dimensão estética da obra arquitetônica, não entra na constituição do edifício como simples *adereço*, pois ela entra, neste caso, como sinônima de *reinstauração, memória, regeneração da ordem social* e, ao mesmo tempo, *expressão de poder.* O Estado moderno fará da *estatalidade* um *dístico* que faz confundir *legalidade* e *legitimidade.* Também, o poder do judiciário se estruturará de forma a

---

[767] "Importa referir que, inicialmente, esse simbolismo se destinou aos juízes. Os primeiros destinatários dessa força simbólica eram, efetivamente, mais os profissionais em si do que propriamente o público" (Garapon, *Bem julgar:* ensaio sobre o ritual judiciário, 1999, p. 30).

[768] "O simbolismo judiciário foi buscar muitos dos seus elementos à mitologia, à Bíblia, à história, entre outros domínios. Estes diversos registos – cosmológico, mitológico, religioso, histórico – confundem-se nos edifícios, como ficou demonstrado por um recente estudo feito sobre o Palácio da Justiça de Paris" (Garapon, *Bem julgar:* ensaio sobre o ritual judiciário, 1999, p. 27).

Palais de Justice (1857-1868)
Île de la Cité
Paris, França
Arquivo pessoal: Fotografia: © ecbittar

constituir-se simbolicamente na especialidade do discurso e na distância da sociedade.[769] Assim, toda *simbólica* do *signo arquitetônico* não se resume ao *símbolo da justiça*, mas irá reunir diversos outros elementos, tais quais: símbolo da justiça;[770] arquitetura da justiça; projeto arquitetônico racional;

---

[769] "Il n'est nullement fortuit que la distance entre la justice et la société se soit introduite, symboliquement, dans les premières décennies du XVIIe siècle" (Jacob, *Images de la Justice*, 1994, p. 211, 212).

[770] O historiador Robert Jacob constata esta disseminação do símbolo de justiça na arquitetura do período clássico: "Quelle que soit l'interprétation que l'on donne de la personnification allégorique et de ses attributs, on ne peut que constater le succès qu'elle connaît sans interruption après la fin du Moyen Âge. Au XVIe siècle, son ascension est continue. Avec l'âge classique, elle triomphe. La voici partout présent au palais : dans les sculptures de la façade, aux murs des salles des pas perdus, aux plafonds des chambres solennelles" (Jacob, *Images de la Justice*, 1994, p. 238).

SEMIÓTICA APLICADA, DIREITO E ARTE

calabouço e sala de julgamento;[771] ritual judiciário; sinais sonoros do espaço judiciário; divisões internas do espaço da sala de audiências; vestimentas; ordenação do tempo do processo; martelo e balança. Do ponto de vista histórico, a *simbólica da justiça* se referiu vivamente a elementos da natureza, evocando-os à saciedade, para se cristianizar, no período medieval, e, em seguida, no período moderno, ir ganhando a sua autonomia na figura da justiça como virtude.[772]

É interessante notar que os *elementos arquitetônicos* do *espaço judiciário* serão, não raro, investidos de *muita força simbólica*, seja do lado externo (i), seja do lado interno (ii), da construção arquitetônica. Na dimensão de sua ornamentação externa (i): os leões, as bocarras,[773] as espadas, as lanças, os portões altos, as cercas, a separação com o mundo exterior,[774] a grande massa arquitetônica em pedra, os pórticos, a solidez da construção, as escadas elevadas de inúmeros degraus acima do nível da

---

[771] Algo que até a Idade Média era dividido, num mesmo edifício, entre baixo (calabouço) e alto (sala de julgamento): "As primeiras casas de justiça da Idade Média inspirar-se-ão neste simbolismo cósmico para organizar o espaço. Este era dividido em duas partes: o baixo piso, que albergava os calaboiços, e o piso superior, onde se situava o auditório" (Garapon, *Bem julgar*: ensaio sobre o ritual judiciário, 1999, p. 29).

[772] "Numa primeira fase, a simbólica judiciária retirou a sua força da natureza, numa época em que as religiões pagãs ombreavam com o cristianismo. Depois, cristianizou-se à medida que a Igreja foi afirmando o seu poder. Por fim, emancipou-se da empresa religiosa para se tornar expressão de uma virtude e de uma instituição autónomas" (Garapon, *Bem julgar*: ensaio sobre o ritual judiciário, 1999, p. 27).

[773] Para compreender a relação entre justiça e violência: "É que a violência não é aí repelida mas, pelo contrário, mostrada e sublimada. Estas imagens que dificilmente chegam à nossa consciência preenchem sem dúvida um papel de compensação. Estas vinganças terríveis, estas bocas de leão, estas lanças cortantes não somente inspiram o respeito, mas libertam-nos da nossa agressividade, e devolvem-no-la sob uma forma simbólica, eufemizada" (Garapon, *O guardador de promessas*, 1998, p. 207).

[774] Isto marca uma grande diferença com relação à casa medieval de justiça, na visão de Robert Jacob: "Le Moyen Âge sentait la justice proche, familière. Il ne la voyait inquiétante qu'elle incorporait la proximité du châtiment et du salut, dont chacun devait se pénétrer. L'âge classique une justice distante, inspirant la crainte parce qu'elle se veut autre. Le Moyen Âge avait constitué une justice de contraste, il alternait au voisinage les uns des outres des espaces froids et morts, les geôles et le carreau, et des foyers de chaleur et de vie, le parc et l'arbre de justice. L'âge classique sépare les extrêmes, dégage le judiciaire du pénitentiaire" (Jacob, *Images de la Justice*, 1994, p. 245).

Enrico Quattrini
Corte di Cassazione – Palazzo di Giustizia
Detalhe: Justiça, entre Força e Lei
1889
Roma, Itália
Arquivo pessoal: Fotografia: © ecbittar

rua,[775] a porta grandiosa acima do nível do chão,[776] um pórtico com o símbolo da justiça, a deusa da justiça ou inscrições latinas.[777] Todos estes elementos são barreiras e figuras simbólicas que estão impedindo a *desordem* (e a injustiça) de entrar no espaço da *ordem* (e da justiça).

Ora, do lado de fora devem ficar retidos os escândalos, os fatos, os conflitos, a desordem, as injustiças, os gritos, os atos de crueldade, e, sobretudo, toda a dimensão da violência, que ganha nos *ícones naturais* evocações semióticas das forças dos elementos que estão atuando na *contra-marcha* do reino da violência.[778] A título de exemplo, como a figura abaixo demonstra, na fachada externa, próxima à rua, na *Corte di Cassazione – Palazzo di Giustizia* (Roma, Itália), se encontra esta cabeça de leão, ou seja, a evocação da força do mundo animal, como advertência ao universo da violência, da força e da desordem a

---

[775] "Essa arquitectura organiza-se em torno da *distância* que se manifesta pela altura dos edifícios, pela ruptura com a ordenação da rua. A casa da justiça era uma casa integrada numa rua. Eis que o templo se apresenta agora como que separado do resto da cidade, mas, ainda assim, situado no seu centro. É a distância central que dá expressão a sua monumentalidade" (Garapon, *Bem julgar: ensaio sobre o ritual judiciário*, 1999, p. 32).

[776] "A porta de um palácio de justiça nunca se encontra ao mesmo nível da rua: está sempre acima deste" (Garapon, *Bem julgar: ensaio sobre o ritual judiciário*, 1999, p. 35).

[777] "Aquilo que ficar representado no tímpano será sempre de uma particular importância: será frequente ver aí as Tábuas da Lei, uma inscrição latina (*Lex, Jus*) ou mesmo um provérbio" (Garapon, *Bem julgar: ensaio sobre o ritual judiciário*, 1999, p. 35).

[778] Afinal, pretende-se que o processo seja expressão da razão: "O processo é uma domesticação da violência pelo rito e pelo procedimento" (Garapon, *O guardador de promessas*, 1998, p. 207).

respeito do lugar que a *justiça* ocupa no mundo, ao se entrar na Casa da Justiça.

Na dimensão da investidura simbólica interna (ii): a sala de audiência com suas subdivisões, a adoção de espaços grandiosos e amplos, com tetos altos,[779] a decoração com o símbolo da justiça, os grandes pilares estruturais[780] e as colunas verticais e grossas[781] que evocam as árvores ancestrais,[782] os vitrais, as tapeçarias, o espaço fechado e controlado, entre outros elementos. Ademais, os adereços da judicatura, tais como a veste judiciária[783] – ou, a toga –, os sons do espaço judiciário – a exemplo do sinete, da campainha[784] e do martelo[785] –, a atmosfera de suspensão e concentração, expectativa e reverência, de sobriedade, silêncio e ordem,

---

[779] "O espaço judiciário parece justificar uma verdadeira explosão de símbolos e de grandeza. As divisões são grandes, os tectos altos e a sala dos passos perdidos imponente. A arquitectura judiciária oferece o espetáculo de um faustoso dispêndio de espaço. É um local que não hesita em marcar as suas distâncias, com o único inconveniente de utilizar microfones para comunicar. Os dourados e todo esse dispêndio simbólico assinalam uma permuta com a força, a marca do sagrado" (Garapon, *Bem julgar:* ensaio sobre o ritual judiciário, 1999, p. 42).

[780] "Pirâmides e zigurates são metáforas de montanhas, enquanto colunas e pilares são metáforas de árvores" (Puls, *Arquitetura e filosofia*, 2006, p. 21).

[781] "Les colonnes figurant le temple signifient toute la symbolique religieuse attachée à la justice qui se place hors des hommes : une fois ces colonnes passées, le justiciable entre dans le sanctuaire du juge. Le modèle du temple permet de représenter la transcendance de la loi dans ce qu'elle a de plus religieux et impose ainsi l'idée que la justice 'ne peut se concevoir qu'abritée derrière un fronton soutenu par des colonnes' " (Goedert, Maillardi, *Le droit en représentation,* 2015, p. 294).

[782] "Os pilares em tão grande número e tão característicos do espaço judiciário, trazem à memória, quais vestígios petrificados, as árvores do bosque sagrado" (Garapon, *Bem julgar:* ensaio sobre o ritual judiciário, 1999, p. 44).

[783] "A história do traje judiciário confunde-se com a história da própria profissão judiciária. Ela é testemunha do desejo de igualar em dignidade, por meio da magnificência dos símbolos, a nobreza guerreira" (Garapon, *Bem julgar:* ensaio sobre o ritual judiciário, 1999, p. 80).

[784] "A separação do tempo do processo materializa-se, em primeiro lugar, com um ruído. De facto, o tribunal, antes de entrar na sala de audiências, dá uma martelada na porta ou, como sucede nos tribunais modernos, faz soar uma campainha. Este sinal impõe o silêncio aos assistentes, que ocupam já os seus lugares na sala, e fá-los levantarem-se. Não basta uma simples abstenção (o silêncio): a modificação da qualidade do tempo deve integrar-se no corpo pelo acto de se levantar" (Garapon, *Bem julgar:* ensaio sobre o ritual judiciário, 1999, p. 54).

[785] "Nos Estados Unidos, os magistrados dispõem de um pequeno martelo para impor o respeito pelo silêncio" (Garapon, *Bem julgar:* ensaio sobre o ritual judiciário, 1999, p. 78).

SEMIÓTICA, DIREITO & ARTE

acabam por completar a *arquitetura da justiça*, através de uma *arquitetura do ritual de justiça*.

Todas as 'marcas' simbólicas – em separado, e diferentes dos demais espaços sociais – fazem do espaço judiciário este *lugar especial para as coisas da justiça*. E, se trata de um *lugar especial para as coisas de justiça* na medida em que seu oposto é o reino da violência, da barbárie e da desordem, de modo que instituir a ordem, a paz, a razão e a medida carecem de um *investimento simbólico* que justifique ao nível *estético-simbólico* todo o esforço social contido nesta empreitada. Com isso, o *poder de decisão do juiz* é autorizado a agir e a se impor sobre a mundanidade externa dos fatos; é de dentro dos Palácios, Cortes e Tribunais que *saem as ordens de justiça*, para serem cumpridas no espaço circundante exterior, de forma que a *comunicação da arquitetura da justiça* com o exterior se faz por meio de seus *proclamos de justiça*.[786] Não por outro motivo, na visão do sociólogo francês Antoine Garapon, a *arquitetura da justiça* e o *ritual judiciário* servem exatamente para:

> "Eis a função do ritual judicial: mobilizar, tantas vezes quantas forem necessárias, os símbolos da justiça" (Garapon, *O guardador de promessas*, 1998, p. 205).

4.2.3. A *Corte di Cassazione di Roma*: a arquitetura clássica de justiça

A *Corte di Cassacione*, ou, *Palazzo di Giustizia di Roma* (Roma, Itália), situado na *Piazza Cavour*, ao lado do Vaticano e do Castel Sant´Angelo, nominado *il Palazzaccio*, é um exemplar de um Tribunal em forma de templo de grandes dimensões (170x171 metros), realizado inteiramente em mármore travertino, pelo arquiteto Guglielmo Calderini, com claras evocações greco-romanas, tendo por data do período de sua construção o final do do século XIX e início do século XX (1889-1911), estando, portanto, sob a forte influência da tradição europeia que cobre o arco das construções arquitetônicas dos séculos XVII,[787] XVIII, XIX e XX, em estilo clássico. O estilo empregado

---

[786] "O edifício de justiça contribui para instituir a autoridade do juiz, entendida como capacidade de construir – materialmente, simbolicamente e intelectualmente – a deliberação pública" (Garapon, *O guardador de promessas*, 1998, p. 205).

[787] O período clássico da arquitetura judicial tem início no século XVII: "L'âge classique devait inaugurer un modèle nouveau d'architecture judiciaire. La construction simultanée, dans les premières décennies du XVIIᵉ siècles, du palais du parlement de Bretagne à Rennes

é eclético romano, e, portanto, de evocações clássicas muito nítidas, respondendo à tendência de procurar sintetizar a tradição romana de arte.[788]

O que há de impressionante neste *Palazzo* é a *monumentalidade* do edifício e da disposição dos elementos funcionais e estéticos.[789] A *monumentalidade* implica *distância* e *verticalidade*,[790] na medida em que o edifício representa uma enorme *massa arquitetônica*, muito carregado de *elementos estéticos*, fortemente vinculado à noção de templo, e prenhe de dísticos de representação de tudo o que concerne o universo do *Direito*, da *Lei* e da *Justiça*. Aqui, na imagem abaixo, se pode observar com clareza a monumentalidade do edifício, e o amplo investimento em massa arquitetônica, além de massa simbólica, de que se encontra revestido:

A *massa arquitetônica* ainda vem acentuada, se considerada a pequena entrada de luz, a presença de poucas janelas,[791] e a formalidade dos

et du Gravensteen de Leyde atteste que la mutation ne fut pas purement française. Elle produisit ses effets dans l'ensemble de l'Europe continentale, l'Angleterre, à ce que l'on peut en juger, demeurant cependant à l'écart. Son succès ne fut pas d'emblée general" (Jacob, *Images de la Justice*, 1994, p. 205-206).

[788] A este respeito, pode-se consultar o site da *Corte di Cassazione*, onde a história da arquitetura do edifício está narrada em detalhes. Acesso através do site http://www.cortedicassazione. it/corte-di-cassazione/it/storia_palazzo.page. Acesso em 02.08.2018.

[789] Aqui, se fazem expressamente verdadeiras as palavras de Antoine Garapon: "Quem entra pela primeira vez num tribunal fica imediatamente impressionado pelo seu aspecto de templo grego. A maior parte dos tribunais construídos desde a Revolução adoptaram este estilo arquitectónico. Uma vez no interior, ficará surpreendido pela profusão de símbolos como o gládio e a balança, claro, mas também as tábuas da lei, as inscrições latinas, as alegorias pintadas nos tectos. Como explicar uma tal densidade simbólica? Todos estes símbolos são outras tantas referências aos *tempos fundadores* da nossa civilização" (Garapon, *O guardador de promessas*, 1998, p. 203).

[790] O ritual de aproximação do cidadão ao monumento de justiça é redobrado, na passagem da casa medieval ao palácio moderno do período clássico: "La familiarité de l'homme du Moyen Âge et de sa maison de justice est donc rompue, Le palais se reconnaît nettement, il se voit de loin, mais il est en même temps hors d'atteinte. Il est conçu pour que seule une nécessité impérieuse impose d'y pénétrer. Le parcours qui fait s'arracher à la vie de tous les jours pour accéder aux de justice s'est allongé. Il est devenu dès le départ plus pénible. Il faut traverser la place publique, gravir l'escalier monumental, passer sous le portique à colonnes et fronton qui marque l'entrée du temple. C'est là à présent le moment crucial de l'itinéraire initiatique. C'est aussi ce qui est resté jusqu'aujourd'hui l'image la plus caractéristique de la justice vue du dehors" (Jacob, *Images de la Justice*, 1994, ps. 210-211).

[791] Na interpretação de Goedert/Maillardi este é mais um dos grandes traços característicos do significado da justiça, através de seus templos, no período do século XVII-XIX,

Enrico Quattrini
Corte di Cassazione – Palazzo di Giustizia
Detalhe: Justiça, entre Força e Lei
1889
Roma, Itália
Arquivo pessoal: Fotografia: © ecbittar

adereços que encimam e estruturam a construção da *Casa da Justiça*. No Palazzo – como em tantos outros exemplos – fica clara a separação entre o *plano da rua* e o *plano do tribunal*, que separa e *instaura* o lugar diferenciado da justiça, algo comum nas construções dos séculos XVII ao XX, e que estava ausente da casa medieval de justiça.[792] Ademais, a *verticalidade* da estrutura *linear* do edifício não deixa dúvidas quanto à tendência

e início do século XX: "Notons également que si ces palais de justice monumentaux sont en retrait de la cité mais extrêmement visible depuis celle-ci, les passants ne peuvent voir directement ce qu'il s'y passe. Les fenêtres sont peu nombreuses et n'ont pas pour fonction de laisser voir. On peut même aller jusqu'à penser que la faible présence de fenêtres permettant l'entrée d'une lumière naturelle a pour fonction de couper le palais de justice du temps qui passe: le temps de la justice n'est pas celui des hommes" (Goedert, Maillardi, *Le droit en représentation*, 2015, p. 293).

[792] "Mais ce faisant, le palais développe un nouveau symbolisme dont le trait le plus apparent est la hauteur et la distance. La maison de justice médiévale, on l'a vu, ne suggérait rien de tel" (Jacob, *Images de la Justice*, 1994, p. 210).

SEMIÓTICA APLICADA, DIREITO E ARTE

de inspiração noções sobre o *equilíbrio*, o *simétrico*,[793] o *correto*, o *proporcional*, o *justo* e a *medida*, já pela própria mensagem contida na linguagem arquitetônica do edifício.[794]

O edifício acaba sendo, por si só, a revelação de uma *pedagogia estética da justiça*,[795] fundada em três lições fundamentais: (i) uma lição de *História do Direito*, quando observado pelos especialistas e interessados; (ii) uma lição de *Moral*, aos que nele ingressam com funções típicas na justiça; (iii) e, também, uma lição e uma admoestação ao respeito às leis, aos demais passantes e cidadãos. Na fase da *monumentalidade* da arquitetura da justiça, fica claro que a *ornamentação* é carregada, correspondendo à forma discursiva que predomina, em seu interior, a do *ornamento retórico*, como o estudo de Piyel Haldar demonstrou.[796]

Conferir *dignidade, força social, respeitabilidade* e *poder* às funções da justiça significa não confundir, na paisagem urbana, o edifício de justiça com nenhum outro. A *linguagem arquitetônica* deve ser capaz de *encriptar* significados, seja pela escolha dos materiais, seja pela seleção do *décor* aplicado, seja pela totalidade do investimento arquitetônico produzido sobre o edifício. Daí a *monumentalidade* das construções do período ser

[793] "Les formes de la justice se fondent ainsi dans une symbolique de l'équilibre infini des mesures égales. Images de stabilité, reproduction illimitée, en miroir, des pesanteurs équivalentes des plateaux de la balance" (Jacob, *Images de la Justice*, 1994, p. 207).

[794] "Os palácios da justiça da modernidade apresentam uma imagem de simetria, de equilíbrio e de estabilidade. A verticalidade rígida dos edifícios tem um efeito persuasor, normativo (como analisado por Foucault), pedagógico, que também é visível nas suas decorações, que ensinam a moral e os bons costumes, bem como a lealdade que os juízes, enquanto servidores públicos, devem ter ao Estado, cumprindo os deveres e sendo idóneos (Resnik e Curtis, 2011). Esta verticalidade também inspira distância em termos processuais" (Branco, Análise da arquitetura judiciária portuguesa: as dimensões de reconhecimento, funcionalidade e acesso à justiça, in *E-Cadernos CES*, no. 23, 2015, http://eces.revues.org, p. 05).

[795] Isto é algo comum a todos os templos do período clássico: "Ce temple, enfin, on les veut porteurs d'une pédagogie. Leurs façades s'ornent de sculptures, d'inscriptions qui s'adressent au justiciable. Les motifs décoratifs qui n'étaient pas proprement judiciaires et dont l'architecture médiévale usait d'abondance sont abandonnés. Et l'allégorie envahit le palais. La Justice est partout" (Jacob, *Images de la Justice*, 1994, ps. 215-216).

[796] "The persistent dependency of law upon rhetoric is, in effect, manifest in the physical architecture of law and can be reconstructed through the analysis of the tropes and figures of court-room design" (Haldar, The function of the ornament in Quintilian Alberti, and Court Architecture, *in Law and the image*: the authority of art and the aesthetics of law (DOUZINAS; NEAD, editors), 1999, p. 121).

uma marca comum, entre os séculos XVIII, XIX e XX. Em particular, a *monumentalidade* deste edifício expressa muitas coisas, mas pode-se destacar a sua *força arquitetônica* – de caráter esmagador, para usar as palavras de Antoine Garapon –[797] a rivalizar com outros edifícios de enorme *poder simbólico*, como o *Vaticano* e o *Castel Sant'Ângelo*, seus vizinhos na mesma margem do rio *Tevere*.

Não por outros motivos, se não por estes já apresentados, este exemplar compete em grandiosidade com a *Supreme Court Building* dos Estados Unidos da América, localizada na *One First Street* (Washington DC, Estados Unidos da América),[798] cuja obra se atribui aos arquitetos Cass Gilbert, Jr., and John R. Rockart, tendo a obra sido executada entre 1932 e 1935, destacando-se as 16 colunas gregas em estilo coríntio e o enorme capitel central com temas de justiça.[799] Ademais, encimando a escadaria, as duas estátuas atribuídas a James Earle Fraser, *Contemplation of Justice*, estátua de uma mulher sentada em postura meditativa, segura com a mão direita uma estátua da justiça vendada (lado esquerdo da entrada), e, *Authority of Law*, estátua de um homem jovem e musculoso, sentado, segurando a tábua da lei com as duas mãoes, e, simultaneamente, a espada (em plano de fundo) com a mão esquerda (lado direito da entrada).

Nele, também, está abrigada a mesma orientação e concepção do *Palais de Justice de Paris*, situado na île de la Cité (Paris, França), cuja fachada principal em estilo neoclássico, na *Cour du Mai*, data de 1783-1786.[800]

---

[797] Estas palavras são plenamente cabíveis neste caso: "O palácio da justiça apresenta-se por vezes, esmagador, isto por força da sua monumentalidade" (Garapon, *Bem julgar:* ensaio sobre o ritual judiciário, 1999, p. 47).

[798] Sobre as imagens de justiça nos EUA, consulte-se Curtis Resnik: "In many parts of Europe and in the United States, Justice stands as the lone virtue depicted. Several courthouses built in the United States during the nineteenth and, to a lesser extent, the twentieth centuries include Justice as part of the decor" (Resnik, *Images of Justice,* Faculty Scholarship Series, Paper 917, *in* http://digitalcommons.law.yale.edu/fss_papers/917, Acesso em 07/04/2017, 1987, p. 1747).

[799] As imagens da *Supreme Court Builiding* podem ser consultadas no site oficial da instituição, no endereço: https://www.supremecourt.gov/about/photos.aspx. Acesso em 03/08/2018.

[800] "Les palais de justice bâtis il y a maintenant deux siècles reprennent des exigences architecturales communes (Livret p. XIV, 1). Le palais des 24 colonnes (Lyon), œuvre de l'architecte Louis-Pierre Baltard, se présente ainsi comme un véritable temple: ce sont de très nombreuses marches qu'il convient de gravir avant de passer entre les colonnes. Une même construction se retrouve s'agissant du palais de justice de l'île de la cité. La séparation entre

O *Palais de Justice de Paris* está localizado na île de France, tradicional espaço de poder da Monarquia francesa do *Ancien Régime*, e, por isso, ali se instala, enviando mensagens ao passado histórico francês e à cidade de Paris.[801] A obra é feita por camadas – que responde a várias etapas histórica do edifício – funcionando como um verdadeiro *palimpsesto simbólico* dos processos sociais e históricos vividos na França, entre os séculos XVIII e XX.[802] Aqui, se podem destacar as quatro estátuas que encimam a entrada principal do edifício: a abundância; a justiça; a prudência; a força.[803]

Ademais, deve-se lembrar, o *Palazzo di Giustizia di Roma* inspirou a construção em magnificência e monumentalidade do *Palácio da Justiça*, do *Tribunal de Justiça de São Paulo* (São Paulo, Brasil), cuja obra foi atribuída ao arquiteto Ramos de Azevedo, obra instalada no centro da Cidade de São Paulo, na Praça da Sé, local de hábito e frequência dos profissionais do Direito e das principais autoridades públicas da Cidade, naquele que pode ser chamado o quadrilátero do poder:[804] Secretaria de Segurança Pública; Faculdade de Direito da USP; Ministério Público de São Paulo; Prefeitura de São Paulo; OAB-SP. O edifício segue um estilo neoclássico, sabendo-se que sua inauguração se deu, definitivamente, na data de 1943, tendo sido tombado pelo CONDEPHAAT desde 1981 como patrimônio

---

monde des hommes et temple de la Thémis y est encore plus nette – au-delà d'une coupure symbolique permise par l'édification du monument sur une île – en raison de la présence d'une imposante grille de fer forgé précédant les trois étages de marches menant aux colonnes placée à l'entrée du palais" (Goedert, Maillardi, *Le droit en représentation*, 2015, p. 293).

[801] "Ancien régime monarchs had traced the same route, from a mass in the Sainte-Chapelle, whose spire dominates the complex, to the vast *Salle des Pas Perdus* on the other side of the entrance courtyard, identifiable by its paired barrel vaults, for a *lit de justice* in the adjacent courtroom of *Parlement*" (Taylor, The Festival of Justice, Paris, 1849, *in Law and the image*: the authority of art and the aesthetics of law (DOUZINAS; NEAD, editors), 1999, p. 139).

[802] Para um estudo aprofundado, consulte-se Taylor, The Festival of Justice, Paris, 1849, *in Law and the image*: the authority of art and the aesthetics of law (DOUZINAS; NEAD, editors), 1999, p. 171 e ss.

[803] A visualização das imagens podem ser tomadas a partir do site oficial da *Cour d'Appel de Paris*, no endereço: https://www.cours-appel.justice.fr/paris/histoire-du-palais#01. Acesso em 03/08/2018.

[804] Em São Paulo, nos Estados Unidos ou na Europa, a sede do Tribunal está associada ao local do poder: "In the United States, as in Europe, a court also marked the seat of local power" (Resnik, Curtis, *Representing Justice*, 2011, p. 135).

SEMIÓTICA, DIREITO & ARTE

histórico da Cidade de São Paulo.[805] No interior do edifício, se destacam, no *hall* principal, a chamada *Sala dos Passos Perdidos*, um conjunto maciço de mármore carrara e granito de ampla envergadura e fortaleza, ladeado por 16 colunas (granito vermelho), com capitéis em bronze, e, no quinto andar, a *Sala Ministro Manuel da Costa Manso*, contendo vitrais da autoria de Conrado Sergenicht Filho, que exaltam as *virtudes da justiça*.[806]

A estrutura do edifício é em formato retangular, e a forma retangular não é algo acidental, mas – em linguagem arquitetônica – algo *significante* para a ideia da perenidade e perfeição da *justiça*.[807] Aliás, esta tradição na *linguagem arquitetônica*, se instala desde o século XVI, prenhe de significado.[808] A fachada do edifício está inteiramente decorada, em todos os lados do retângulo arquitetônico – num retângulo de ruas que recebem o nome de juristas, sendo a praça dianteira a *Piazza dei Tribunali* – com leões, medalhões, cabeças de guerreiros, colunas, janelas com pórticos, ornamentos florais, botões, sendo adornada com as palavras *Lex* e *Ius*, na lateral, e, logo acima das escadarias principais, na entrada da *Corte*, encontra-se a estátua da *Giustizia*. Aqui, a *justiça* está sem venda, possui expressão serena, e se revela aos olhos do passante de forma entronizada e vigilante; ela tem ao seu lado, uma figura masculina que segura a cabeça de um leão – representando a força – e, de outro lado, uma figura feminina que segura os livros da lei. A *Giustizia* olha para adiante e com

---

[805] As imagens podem ser consultadas pela internet, através do site oficial do Tribunal de Justiça de São Paulo, através do site http://www.tjsp.jus.br/Museu/PalacioDaJustica. Acesso em 03/08/2018.

[806] *Vide* http://www.tjsp.jus.br/Museu/PalacioDaJustica.

[807] "Autre trait commun: la forme rectangulaire du bâtiment. Les palais de justice construits au XIXe siècle tendent à s'approcher de la forme cubique car «la forme d'un cube est le symbole de l'immutabilité». «Et Claude-Nicolas Ledoux d'ajouter que « la forme d'un cube est le symbole de la justice». Cette architecture produit ainsi un effet d'intemporalité: en n'intégrant pas le palais de justice au tissu urbain, l'architecte signifie que la justice ne doit pas être traitée comme une simple affaire quotidienne" (Goedert, Maillardi, *Le droit en représentation(s)*, 2015, p. 293).

[808] O palácio clássico de justiça passa a adotar a forma de quadrilátero, próxima do quadrado: "Le palais de justice classique se signale d'abord par l'abandon de la forme oblongue traditionnelle, au profit d'un plan en quadrilatère proche du carré. Le maître mot de sa conception est la symétrie. Tout se passe comme si la géométrie rigoureuse de la salle d'audience se projetait désormais vers l'extérieur pour dominer chacune des structures de l'édifice" (Jacob, *Images de la Justice*, 1994, p. 207).

a mão esquerda segura um livro e com a mão direita segura uma espada. Ela segue a tradição da justiça divinizada e entronizada dos Palácios de Justiça do período,[809] e é uma constante, talvez não com tanta presença e força simbólica na dianteira de um *Palazzo*, como neste caso.

Mas, neste caso, a justiça não está sozinha, por vem antecipada por inúmeras figuras de eminentes juristas que se encontram enfileirados, circundando a porta de entrada da *Corte di Cassazione*, e dispostos na dianteira do *Palazzo* de frente para a *Piazza dei Tribunali*. Ali estão justapostos inúmeros jurisconsultos, juristas e oradores, da longeva tradição romana e ocidental, sendo que Vico Giambattista (jurista, século XVIII d.C.), De Luca Giambattista (jurista, século XVII d.C.), Cicerone Marco Tullio (orador, século II-I a.C.), Papiniano Emilio (jurista, século II d.C.), Bartolo da Sassoferrato (jurista medieval, século XIV d.C.), Romagnosi Gian Domenico (jurista iluminista, século XVIII d.C.) são as estátuas que se encontram em posição de pé, e, por sua vez, Modestino Erennio (jurista romano, III século d.C.), Gaio (jurista romano, II século d.C.), Paolo Giulio (jurista romano, III século d.C.), Ortensio Ortalo Quinto (orador romano, II d.C.-I a.C.). Ulpiano Eneo Domizio (jurisconsulto romano, século II/ III d.C.), Marco Antistio Labeone (jurisconsulto e preto romano, I a.C./ I d.C.), Crasso Lucio Licinio (orador e jurista romano, II a.C. – I a.C.), Giuliano Salvio (jurista romano, I e II d.C.) são as estátuas que se encontram em posição sentada.[810]

4.2.4. O Palácio da Justiça de Lisboa: a arquitetura contemporânea de justiça

O *Palácio da Justiça de Lisboa* (Lisboa, Portugal) é um exemplar da *arquitetura judiciária contemporânea*. Trata-se de um complexo edilício que tem sua

---

[809] "On le voit, le palais de justice avait une véritable fonction sociale de représentation d'une justice divinisée, représentée en majesté" (Goedert, Maillardi, *Le droit en représentation*, 2015, p. 294).

[810] Na França, são outras referências, mas novamente, o *espaço judiciário* se torna um *espaço* de reverência da autoridade de juristas e legisladores: "Cruzamo-nos também frequentemente nos tribunais com a efígie dos nossos grandes legisladores: Justiniano, Carlos Magno ou Napoleão. Ou dos reis-juízes, como São Luís pregando a justiça debaixo do seu carvalho, que se encontra em Paris na galeria do Supremo Tribunal. A Revolução forneceu também o seu lote, com os bustos dos legisladores revolucionários ou dos redactores do Código Civil" (Garapon, *O guardador de promessas*, 1998, p. 204).

inauguração em 1970, sendo obra e concepção de 1962, elaborada pelos arquitetos portugueses Januário Godinho de Almeida e João Henrique de Mello Breynen Andresen.[811] A concepção da arquitetura é *modernista*, destacando-se as linhas retas, a dimensão e o volume, a *monumentalidade* edilícia, bem como uma localização privilegiada no desenho urbanístico da cidade de Lisboa. A localização da *arquitetura de justiça*, normalmente centralizada, é aqui substituída por outra postura, qual seja, a de *campus* de justiça, em posição de terreno ampla, mas também elevada, com relação ao conjunto da cidade e da região portuária, revelando a uma só vez a importância e a significação da justiça para todos(as), como a sua situação comum de direcionamento das decisões de justiça à toda cidade.[812]

Nesta obra arquitetônica, a decoração ainda não desapareceu.[813] Pelo contrário, a decoração do *Palácio da Justiça de Lisboa* privilegiou a cerâmica e o emprego de materiais modernos, onde a evocação da tradicional arte portuguesa em ladrilhos e azulejos é posta em destaque, tendo sido atribuída ao ceramista português Jorge Barradas. Este foi responsável pela execução de quatro grandes painéis, onde constam trabalhos de 1969 que representam temas da *justiça* e do *Direito*, a saber, *A Balança, O código, O juiz de Fora, A Justiça*. Além destes, o Palácio também abriga outros painéis de cerâmica, atribuídos ao pintor português Júlio Resende, que

---

[811] A respeito, consulte-se as imagens através do site oficial do Palácio da Justiça, no endereço virtual: http://www.trienaldelisboa.com/ohl2017/places/palacio-da-justica/. Acesso em 03.08.2018.

[812] "A localização geográfica à escala local do tribunal é também de extrema importância, quer pelo impacto socioeconómico e de planeamento urbano que um tribunal tem num aglomerado urbano, quer por influenciar a acessibilidade dos cidadãos ao serviço público de justiça. Pode assim afirmar-se que os tribunais beneficiam da sua localização central, ao mesmo tempo que a cidade e a zona envolvente também beneficiam da sua localização por promover a instalação de serviços complementares e dinâmicas económicas" (Branco, Análise da arquitetura judiciária portuguesa: as dimensões de reconhecimento, funcionalidade e acesso à justiça, in *E-Cadernos CES*, no. 23, 2015, http://eces.revues.org, p. 08).

[813] "Nota-se, assim, que a decoração é algo que tem desaparecido dos edifícios: se nos edifícios construídos durante o período do Estado Novo havia vitrais, tapeçarias e estátuas com motivos alusivos à justiça, hoje essa decoração foi substituída por paredes brancas onde estão afixados posters informativos, ecrãs de televisão com informação relativa às diligências do dia e máquinas dispensadoras de bebidas ou de sanduíches" (Branco, Análise da arquitetura judiciária portuguesa: as dimensões de reconhecimento, funcionalidade e acesso à justiça, in *E-Cadernos CES*, no. 23, 2015, http://eces.revues.org, p. 10).

Palácio de Justiça de Lisboa (1970)
Rua Marquês de Fronteira
Lisboa, Portugal
Arquivo Pessoal: Fotografia: © pyo

executou seis painéis, a saber, *Sapiência, Serenidade, Fortaleza, Verdade, Temperança* e *Prudência*. Além destes, apresentam-se outros seis painéis, estes últimos atribuídos ao artista plástico Querubim Lapa, intitulados *Adão e Eva expulsos do Paraíso, O Direito possibilita a paz entre os homens, Criação de um Código, A prática da justiça apoiada no Direito, Espírito de Ordem* e, ainda, *Temperança*.

Pelo que se vê, este edifício manifesta uma *postura simbólico-arquitetônica* muito peculiar. De um lado, procura romper com a *tradição palaciana*, e com a visão da arquitetura da justiça ao estilo de *templo greco-romano*, adotando uma visão *modernista*, no final do século XX, com linhas retas e privilegiando a funcionalidade dos espaços. De outro lado, não abre mão, de forma alguma, de uma *simbólica da justiça*, ao conciliar a *modernidade* com a tradição, na evocação de *signos jurídicos* de enorme importância tradicional, aliás, incorporando temas clássicos na evocação, seja da noção de *justiça*, seja da noção de Direito. Na medida em que a *Balança* aparece aqui representada, apesar do *corte modernista* na história da arquitetura judiciária, se procura restabelecer a conexão com a tradição, evocando um *símbolo* que se consolidou dentro da tradição desde os egípcios, gregos e romanos, até

SEMIÓTICA, DIREITO & ARTE

a tradição medieval e moderna. Ao reenvocar *Adão e Eva*, vê nos princípios da civilização – no sentido cristão – o *pecado original* como fundador de uma tradição onde culpa e erro se associam aos males do mundo.

Neste edifício, portanto, reúne-se uma específica *situação de transição* de épocas, no uso da *linguagem arquitetônica*. Por isso é que o *Palácio da Justiça de Lisboa* é estudado e interpretado por Patrícia Branco como sendo um exemplar que privilegia a *funcionalidade*,[814] e não a *ornamentalidade,* sem se despir da *evocação simbólica tradicional*. O edifício português acompanha a tendência dos demais espaços judiciários contemporâneos, todos marcados pela amplitude, pelo vazio e pelas estruturas vítreas. Pelo período de sua datação (1970), fica claro que se trata de uma obra de arquitetura de *transição,* entre a era dos templos de justiça e a era dos edifícios contemporâneos e digitalizados, no sentido dos grandes *Tribunais contemporâneos,* que agora se ufanam de sua *democraticidade, eficiência, transparência e digitalidade*. Neste sentido, um bom exemplo é a *Supreme Court* de Israel, em Jerusalém.[815] Nesta obra, estudada na perspectiva semiótica, fica clara também a conciliação entre *modernidade* e *tradição,* na medida em que a *simbólica da cidade* (o muro e a porta da Cidade),[816] as referências nacionais fundamentais do Estado de Israel, e os apelos mais constantes da tradição ali estão claramente preservados.[817] Ela tem representado, para

---

[814] "Deste modo, assegurar a funcionalidade de um tribunal implica garantir, em primeiro lugar, as condições necessárias para o bom trabalho dos magistrados e profissionais da justiça em geral e, em segundo lugar, as condições de acessibilidade e de comodidade para os utentes – ou seja, deve conter determinadas valências e acessibilidades, sendo que as primeiras se dividem naquelas que são de apoio às diligências e, portanto, à função de julgar, bem como nas valências de apoio ao público, enquanto as acessibilidades podem ser externas e internas ao edifício (como as rampas de acesso ou os elevadores)" (Branco, Análise da arquitetura judiciária portuguesa: as dimensões de reconhecimento, funcionalidade e acesso à justiça, in *E-Cadernos CES*, no. 23, 2015, http://eces.revues.org, p. 15).

[815] As imagens da *Supreme Court* de Israel podem ser visitada através do site oficial da instituição: http://elyon1.court.gov.il/eng/siyur/index.html. Acesso em 03/08/2018.

[816] "O novo Tribunal Supremo de Jerusalém – verdadeira obra-prima da arte judiciária – está organizado à volta do simbolismo do muro e da porta" (Garapon, *Bem julgar:* ensaio sobre o ritual judiciário, 1999, p. 35).

[817] "As Clare Melhuish has pointed out, the semiotics of the *Supreme Court* building in Jerusalem derive from an understanding of tradition and articulate a sense of national and legal identity as well a profound need for order. Modern court architecture, however, does not eradicate the need for ornament in order to articulate these ideals of rationality, order,

muitos intérpretes, especialmente na leitura de Piyel Haldar, um *símbolo de democratização* da justiça.[818]

A *arquitetura de justiça contemporânea* envia uma mensagem à sociedade, de que se adapta, se flexibiliza e se atualiza às exigências do tempo moderno. Isso significa dizer que da *concepção clássica* de *Templo da Justiça* à concepção contemporânea de *Edifício Moderno*, decorrem modificações importantes aos tempos democráticos, às exigências contemporâneas e aos desafios de última geração. Na *arquitetura judiciária contemporânea*, a passagem da *arquitetura-monumental* (clássica de inspiração greco-romana; solene; rebuscada; fechada; pesada; grande massa arquitetônica; formal; superior; grandiosa; distante; palaciana) à *arquitetura-transparência* (aberta; fluída; transparente; acessível; informal; leve; rápida; eficiente; clara; digital; democrática)[819] é significativa no que tange à mudança da priorização dos significados da justiça.

Assim, numa clara atitude de *desligamento* das ornamentações das construções do período anterior, e de sua sobrecarga de símbolos, as estruturas em concreto, aço e vidro – explorando as dimensões do *liso* e do *polido* como características do *belo digital*, como analisa Byung-Chul Han –[820] tendem a demarcar sua *missão* e sua *tarefa*, na medida em que se

---

and identity. All recent buildings have, with varying degrees of success, made use of the rhetorical ornamentation in order to capture and celebrate 'one of the most fundamental set of principles upon wich our society is based'" (Haldar, The function of the ornament in Quintilian Alberti, and Court Architecture, *in Law and the image*: the authority of art and the aesthetics of law (DOUZINAS; NEAD, editors), 1999, p. 131).

[818] "The Suprem Court of the State of Israel, situated in Jerusalem, is one example of the many new-style courts. The building, it is suggested, attempts to 'calibrate the relationship between the individual and the collective through mutual agreement'. As is often the case in contemporary court architecture, the court tries to democracize the law, to flatten the hierarchical structure, and to disguise the alienating atmosphere of 'superordination' in the courtroom. Members of the judiciary and the public, for example, approach the courtroom at the same level" (Haldar, The function of the ornament in Quintilian Alberti, and Court Architecture, *in Law and the image*: the authority of art and the aesthetics of law (DOUZINAS; NEAD, editors), 1999, p. 130).

[819] "Governments explain their decisions to case their courts in glass and to bathe them in light as representing the values – transparency, accessibility, and accountability – that undergird the exercise of force" (Resnik, Curtis, *Representing Justice*, 2011, p. 15).

[820] "O belo natural contrapõe-se ao *belo digital*. No belo digital, a negatividade do *diferente* foi por completo eliminada. Por isso, ele é totalmente *polido* e *liso*" (Han, *A salvação do belo*, 2015, p. 37).

SEMIÓTICA, DIREITO & ARTE

colocam no frontão de construção da *justiça* da era *democrática, transparente* e *digital*. Isso implica uma cisão, dentro do universo das representações arquitetônicas mais tradicionais, fator que implica certa reserva por parte de alguns juristas, que acusam o *vazio contemporâneo* de ecoar a *dimensão da ausência, do oco, do sem-sentido, do indefinido e da falta da referência*,[821] próprias da condição pós-moderna.[822] Aqui, o próprio projeto do iluminismo, e da simbólica do iluminismo, indica o quanto o *desmanche* da era das grandes certezas, das grandes verdades e das meta-narrativas, se dilui na dimensão do que é líquido, vazio e amorfo. É evidente que o(a) arquiteto(a) passa pelo desrumo e pela dúvida, quanto ao que justapor, enquanto concepção de justiça para estes tempos.[823]

Mas, tem termos de *arquitetura da justiça contemporânea*, prioriza-se no lugar do *segredo*, a *transparência*,[824] no lugar do peso, a leveza, sabendo-se que a *linguagem arquitetônica* pode fazer isto por meio do emprego de vidro e aço.[825] Afinal, a qualidade do que é vítreo, é própria do que valoriza a

---

[821] Da forma ponderada e bem ajustada como aparece na crítica e na reflexão de Antoine Garapon: "Embora, como é evidente, o excesso de representação seja prejudicial para o direito, a ausência de representação constitui uma ameaça para a democracia" (Garapon, *Bem julgar*: ensaio sobre o ritual judiciário, 1999, p. 270).

[822] "Embora o autor estabeleça aqui uma espécie de ordenação axiológica entre os termos, o que, ressalvamos, é uma distinção operatória: enquanto o pós-modernismo se refere, efetivamente, a um determinado modelo de *mentalidade*, que se expressa, por exemplo, em determinadas formas de arte, a pós-modernidade é um fenômeno cultural de fundo, que se refere á base de autocompreensão da contemporaneidade após a derrocada de projetos totalizantes" (Souza, A filosofia e o pós-moderno: algumas questões e sentidos fundamentais, *in O pós-modernismo* (GUINSBURG, J; BARBOSA, Ana Mae, orgs.), 2005, p. 87).

[823] "O arquitecto não sabe o que opor ao vazio democrático que suprime todas as tradições" (Garapon, *Bem julgar*: ensaio sobre o ritual judiciário, 1999, p. 207).

[824] Eis aqui a indicação da tendência no âmbito dos discursos institucionais: "Le site institutionnel de la Cour d'appel de Paris en fait que reprendre une politique clairement affirmée: «Si la symbolique judiciaire doit avoir une expression architecturale contemporaine, c'est principalement au travers des notions de transparence, de lumière naturelle et de légèreté qu'elle se traduit dans ce projet" (Goedert, Maillardi, *Le droit en représentation(s)*, 2015, p. 295).

[825] "Le caractère sacré qui entoure l'architecture judiciaire permet de penser une justice majestueuse et solennelle dont le respect provient de la crainte qu'elle peut inspirer: détachée du mode et secrète, on la vénère autant qu'on la redoute. Face à cette justice redoutée s'oppose le modèle contemporain de l'architecture judiciaire cherchant, par la transparence des matériaux utilisés, à figurer l'idéal démocratique" (Goedert, Maillardi, *Le droit en représentation(s)*, 2015, p. 295).

SEMIÓTICA APLICADA, DIREITO E ARTE

visibilidade, a *leveza,* a *modernidade,* a *transparência,* a *retidão,* a *perenidade,* o *translúcido,* a disposição à iluminação natural. Esses são os traços sêmicos da noção de *transparência,* e do que ela evoca.[826] É aí que se encontra sentido ao *discurso arquitetônico* do século XXI.[827]

Diante da *tensão* ente *tradição* e *modernidade,* fica claro que a tendência pela *opção* contemporânea – na arquitetura judiciária – pela modernidade, por se tratar de um serviço público crucial para a sociedade.[828] Isso indica que a *justiça* não resta enclausurada em seus muros, ou ainda, que não se reveste da tradição para se encolher ao nível dos arranjos adornados e das visões palacianas distanciadas, mas se altera para abrigar as exigências de cidadania e justiça do século XXI. E isto não é algo que se dá ao acaso, mas intencional e proposital, da parte do Estado, perante os cidadãos.[829] Pelo estudo acerca dos investimentos e da associação entre advogados, juízes e arquitetos,[830] percebe-se a crescente importância que

---

[826] "Placée au cœur des discours juridiques et politiques, la transparence n'en demeure pas moins, de manière paradoxale, une notion floue – expliquant en partie d'ailleurs, à notre sens, sa centralité dans ces discours. Elle se définit, selon l'Encyclopédie, de la manière suivante : «en physique, signifie la propriété en vertu de laquelle un corps donne passage aux rayons de lumière». Ainsi, la transparence s'entend comme la possibilité de voir – et réciproquement d'être vu – sans filtre. Elle implique également, au-delà de la faculté, une démarche volontaire : la volonté de voir, mais également celle d'être vu" (Goedert, Maillardi, *Le droit en représentation,* 2015, p. 292).

[827] "C'est donc bien la transparence qui est l'enjeu essentiel du XXIe siècle. La nouvelle architecture judiciaire veut ainsi manifester une évolution dans la conception de la justice : il s'agit de quitter l'abri des branches du chêne puis des temples pour se porter à la vue de tous car « c'est dans cette tendance de transparence (...) que les palais de justice de demain doivent s'inscrire" (Goedert, Maillardi, *Le droit en représentation(s),* 2015, p. 296).

[828] "A arquitetura judiciária pode associar o direito à tradição e ao conservadorismo, ou pode simbolizar um compromisso rumo à mudança, à inovação e à participação democrática" (Branco, Análise da arquitetura judiciária portuguesa: as dimensões de reconhecimento, funcionalidade e acesso à justiça, in *E-Cadernos CES,* no. 23, 2015, http://eces.revues.org, p. 12).

[829] "L'architecture contemporaine des palais de justice ne doit aucunement être regardée comme un hasard. En effet, il convient de constater cependant que l'État entend attacher une réelle symbolique, renouvelée, à la justice" (Goedert, Maillardi, *Le droit en représentation(s),* 2015, p. 297).

[830] "Committed to monumentality when resources permitted, communities deployed prominent architects to showcase their corporate identities and their legal authority.

SEMIÓTICA, DIREITO & ARTE

estes *signos arquitetônicos* possuem no *espaço público* e representam em termos de sociedade.[831]

Sua ruptura não está apenas ao nível da *simbólica arquitetônica,* pois sua verdadeira ruptura está dada ao nível da *concepção de justiça* que abriga em seu interior, respondendo aos reclamos de mudança, alteração, atualização, transparência,[832] democracia,[833] acessibilidade, produtividade e celeridade que se avizinham às questões solicitadas das decisões de justiça. Isso vem implicando, da parte das soluções arquitetônicas, das concepções de projetos e das tendências de reforma e seleção de edifícios para abrigar instalações oficiais de Estado, no campo da justiça, a priorização por outros elementos, tais quais: *funcionalidade; eficiência; acessibilidade; sustentabilidade; localização; ergonomia; informação.*[834]

The deployment of courthouses to signify government was not simply an outgrowth of the expansion of political and economic power. Rather, this special form of building reflects the intersecting interest of three professions – lawyers, judges, and architects – that generated the building type now known as a courthouse" (Resnik, Curtis, *Representing Justice,* 2011, ps. 135 e 136).

[831] Aqui, as observações que atestam esta importância: "Before 9/11, the building had 890,000 visitors a year". (Resnik, Curtis, *Representing Justice,* 2011, p. 151); "Fourth, courthouses have come to the fore as monumental statements of government authority because the federal judiciary has had remarkable success in lobbying for these buildings" (Resnik, Curtis, *Representing Justice,* 2011, p. 152).

[832] "L'architecture des palais de justice tend à s'inscrire dans cette logique de transparence. Rompant avec la monumentalité du passé, les nouvelles réalisations entendent laisser voir et donner à voir" (Goedert, Maillardi, *Le droit en représentation,* 2015, p. 292).

[833] "Si le modèle architectural classique apparaît comme celui figurant une justice rendue en majesté, il nous faut constater que les exigences architecturales contemporaines font de la transparence la nouvelle clé de voûte des palais de justice au nom d'un idéal démocratique" (Goedert, Maillardi, *Le droit en représentation,* 2015, p. 292).

[834] Eis a importante síntese de Patrícia Branco: "Hoje sentimos o borbulhar de diversas tendências relativamente à conceção dos diferentes espaços de justiça: a banalização e o abandono da decoração nos espaços de justiça, interligada com o abandono do ritual e a informalização do processo, por sua vez intimamente relacionados com a aplicação de uma racionalidade gestionária ligada às exigências de performance, de produtividade e de funcionalidade, que resultam, também, numa opção pelo arrendamento e pela reafectação de edifícios, ao invés da construção de raízes em que assentam, ainda, na desmaterialização da justiça; a busca da transparência através do uso abundante do vidro, em tensão com uma preocupação de securitização; a exurbanização dos espaços da justiça, com as novas localizações na cidade, a par da concentração de edifícios e de serviços da justiça, verificando-se ao mesmo tempo, a especialização das competências materiais. E, por fim, uma preocupação cada vez maior

SEMIÓTICA APLICADA, DIREITO E ARTE

A organização da justiça e a administração da justiça passam a ser questões tão relevantes no atendimento aos profissionais do sistema de justiça, e na qualidade do serviço público prestado,[835] que, enfim, estes traços estão acima de quaisquer outras características que marcaram as tradições e os períodos históricos precedentes, sabendo que a crença na justiça não depende tanto da ostentação de seus símbolos,[836] quanto da capacidade de oferecer soluções a um mundo complexo, globalizado e interdependente, ali onde se deposita a 'fé' na justiça, na materialidade dos resultados dos procedimentos judiciais. Eis aí a revelação da íntima relação entre a *arquitetura de justiça* e a concepção prática de justiça existente no tempo histórico.

4.2.5. A Faculdade de Direito do Largo de São Francisco: arquitetura de ensino e arquitetura de justiça

Se até aqui foram analisados exemplares de arquitetura ligados à *arquitetura de justiça*, ao se analisar a *Faculdade de Direito do Largo de São Francisco*, em São Paulo (Brasil), passa-se a analisar uma *arquitetura* ligada ao *ensino*

---

com a sustentabilidade e a ergonomia dos edifícios. São estas, pois, as características que marcam, hoje, os espaços e a(s) arquitetura(s) da justiça e que transmitem a sua evolução desde a árvore ao campus da justiça (Branxo, 2015)" (Branco, Análise da arquitetura judiciária portuguesa: as dimensões de reconhecimento, funcionalidade e acesso à justiça, in *E-Cadernos CES*, no. 23, 2015, http://eces.revues.org, p. 05).

[835] As conclusões do estudo de Patrícia Branco sobre o *Palácio da Justiça de Lisboa* são muito claras, neste exato sentido: "Deste modo, e na sequência dos dados analisados, resulta que um tribunal, enquanto espaço de justiça, necessita de ser reconhecido enquanto tal, na medida em que este reconhecimento se traduz, também, numa potencialização da sua funcionalidade – garantindo, através das suas valências e acessibilidades, a segurança e a ergonomia, quer dos operadores judiciários, quer dos utentes – e, assim, se traduz num verdadeiro e ativo acesso ao direito e à justiça – assegurando espaços acessíveis, quer pela sua localização geográfica, quer pela sua boa construção e inserção na comunidade – o que, em relação inversa, potencia a sua funcionalidade e reconhecimento enquanto espaços que legitimam a administração da justiça e, por esta via, a própria função de julgar" (Branco, Análise da arquitetura judiciária portuguesa: as dimensões de reconhecimento, funcionalidade e acesso à justiça, in *E-Cadernos CES*, no. 23, 2015, http://eces.revues.org, p. 19).

[836] "If justice needs to be seen to be done, if it has to be ostentatious, it is because law continues to demand faith. Law needs to stand out from the mundanity of other institutions and therefore needs an ornate architecture" (Haldar, The function of the ornament in Quintilian Alberti, and Court Architecture, *in Law and the image*: the authority of art and the aesthetics of law (DOUZINAS; NEAD, editors), 1999, p. 135).

Faculdade de Direito da Universidade de São Paulo (1938)
Largo de São Francisco
São Paulo, Brasil
Arquivo Pessoal: Fotografia: © pyo

do Direito. A *arquitetura do ensino* não é menos importante do que a *arquitetura de justiça*, existindo consistentes estudos históricos a este respeito, podendo-se perceber o quanto a *arquitetura de ensino* decorre da *arquitetura de justiça*.[837] E, em particular, a *arquitetura do ensino* da *Faculdade de Direito do Largo de São Francisco*, à semelhança do que ocorre com a *Faculdade de Direito da Universidade de Coimbra*, em Portugal, criada em 1290,[838] e instalada posteriormente no conjunto edilício do *Paço Real* – renomeado

---

[837] E o paralelo arquitetônico pode ser feito, considerando-se a análise de Antoine Garapon da arquitetura de justiça: "O espaço judiciário parece justificar uma verdadeira explosão de símbolos e de grandeza. As divisões são grandes, os tectos são altos e a sala dos passos perdidos imponente. A arquitectura judiciária oferece o espetáculo de um faustoso dispêndio de espaço" (Garapon, *Bem julgar*: ensaio sobre o ritual judiciário, 1997, p. 42).
[838] "É tradicional, embora não isento de controvérsia, o ponto de vista que reconhece a instituição do *Studium Generale* na carta dionisiana de 1 de Março de 1290" (Marcos, *A Faculdade de Direito de Coimbra em retrospectiva*, 2016, p. 09).

para *Paço das Escolas* em 1597 – ,[839] é reveladora da proximidade das *Leis*, do *Direito*, da *Justiça*, com relação ao *Poder* e ao *Estado*.

A imagem que pode ser vista na página anterior, que registra a fachada principal do edifício da *Faculdade de Direito do Largo de São Francisco*, é bastante característica no sentido de estabelecer a nítida conexão entre a *arquitetura de ensino* e a *arquitetura de justiça*. O edifício como um todo é bastante interessante de ser analisado, para além de sua fachada externa, pois a disposição das salas de aula, a decoração interna, os vitrais, as pinturas espalhadas pelo edifício, trazem evocações muito interessantes para o estudo da arquitetura que está a serviço dos ideais de justiça.

Aliás, era a Coimbra que recorriam os estudantes de Direito do Brasil, durante todo o período colonial, e, em parte, durante o período imperial, até que viesse a iniciativa de criação de dois cursos de Direito a serem fixados no Brasil, e que pudessem conferir autonomia aos estudos jurídicos após a Independência, com o advento da Lei de XI de Agosto de 1827. É, antes, o ato jurídico de criação dos cursos a emancipação que permite o desgarramento intelectual e a desvinculação da dependência colonial cultural com relação à *Universidade de Coimbra*,[840] que vinha sendo o berço de formação dos juristas no período colonial, um passo importante e que permitirá a formação de bacharéis formados no próprio Brasil, em caráter autônomo,[841] e que

---

[839] "Em 1597, a UC, que até aí pagava renda pela utilização do Paço, comprou o edifício a Filipe II (I de Portugal) e rebaptizou-o Paço das Escolas" (Queirós, Luiz Miguel, Uma Universidade que mora em aposentos reais, https://www.publico.pt/2013/06/22/jornal/uma-universidade-que-mora-em-aposentos-reais-26725680, Acesso em 03/09/2018).

[840] "A Academia de Direito de São Paulo, como a de Olinda, tem suas raízes atadas à independência política" (Adorno, *Os aprendizes do poder*: o bacharelismo liberal na política brasileira, 1988, p. 81).

[841] No site oficial da Faculdade de Direito, pode-se ler: "Em 1827, poucos anos após a proclamação da Independência do Brasil, foi criada a Academia de Direito de São Paulo, como instituição-chave para o desenvolvimento da Nação. Era pilar fundamental do Império, pois se destinava a formar governantes e administradores públicos capazes de estruturar e conduzir o país recém-emancipado. Tais desígnios não demoraram a se realizar e a presença dos bacharéis logo se fez sentir em todos os níveis da vida pública nacional, tanto nos quadros judiciários e legislativos como nos executivos" (http://www.direito.usp.br/ Acesso em 03/09/2018); "Num sentido mais pragmático, o que informava, antes de mais nada, a proposta de criação de um ou mais cursos jurídicos era a necessidade de formar quadros capazes de administrar o país, isto é, homens com formação político-jurídica, voltados

SEMIÓTICA, DIREITO & ARTE

comporão a elite cultural, política e administrativa do país a partir de então.[842]

A atual *arquitetura* do edifício que abriga a *Faculdade de Direito do Largo de São Francisco* não corresponde à estrutura original onde se instalou, inicialmente, o curso de Direito em São Paulo, a partir da Lei de XI de Agosto de 1827, esta que foi responsável pela oficialização da criação dos cursos jurídicos no Brasil pelo Imperador Dom Pedro I, que também criava o curso de Direito em Olinda. Este último haverá de se instalar nas dependências do Mosteiro de São Bento, a partir de 15 de maio de 1828, enquanto que o curso de Direito de São Paulo, após as buscas entre os diversos Mosteiros de São Paulo, a saber, do Carmo, de São Bento e São Francisco, decidiu-se por sua instalação naquela que seria a estrutura mais espaçosa e propícia ao ensino, a saber, o *Convento dos Franciscanos*, adjunto à Igreja de São Francisco.[843] Portanto, ambas as instalações, tanto em Olinda quanto em São Paulo, denotam a franca aproximação entre *Igreja* e *Estado*, no período do Brasil-Colônia para o Brasil-Império, quanto nascem em instalações provisórias cedidas pela Igreja para abrigar os estudantes e os professores logo após a Lei de criação dos Cursos Jurídicos.

Os atuais prédios da *Faculdade de Direito do Largo de São Francisco* (Universidade de São Paulo) e da *Faculdade de Direito do Recife* (Universidade Federal de Pernambuco) são belíssimas construções do século XX. No caso do Recife, uma construção que se consumou apenas após as obras

para os interesses nacionais" (Martins, Barbuy, *Arcadas*: história da Faculdade de Direito do Largo de São Francisco, 1999, p. 26).

[842] "Assim, no contexto de uma vida acadêmica controvertida, agitada, heterogênea e ambígua, construída nos interiores das associações e institutos científicos, políticos, literários e filosóficos, o jornalismo foi tanto o espaço que possibilitou a inserção do bacharel/ acadêmico em *loci* diversos daqueles exclusivamente ditados pela ciência do Direito, quanto o espaço destinado à criação de uma *intelligentsia*, da qual se recrutaram os intelectuais da sociedade brasileira oitocentista – administradores públicos, parlamentares, magistrados, burocratas, professores, homens de letras" (Adorno, *Os aprendizes do poder*: o bacharelismo liberal na política brasileira, 1988, p. 163).

[843] "As mesmas qualidades apontadas por Rendon – a vastidão e a boa quantidade de salas –, que fizeram com que o edifício fosse escolhido para sede da Academia de Direito, levaram à sua utilização também para várias outras atividades, ainda mais depois de associadas à efervescência do ambiente que se criou com a instalação do Curso Jurídico e a vinda dos estudantes" (Martins, Barbuy, *Arcadas*: história da Faculdade de Direito do Largo de São Francisco, 1999, p. 21).

executadas entre 1906 e 1911, no bairro da Boa Vista, no Recife, se instalará em novo edifício em estilo neoclássico e de características ecléticas, sendo o projeto assinado de responsabilidade do arquiteto francês Gustave Varin, tendo sido a obra executada pelo engenheiro José Antônio de Almeida Pernambuco.

No caso de São Paulo, a partir do projeto do famoso arquiteto português radicado em São Paulo e sucessor de Ramos de Azevedo, Ricardo Severo,[844] uma obra que se consumou após o período de construção de 1933 até 1938,[845] sendo dotada de pórtico de entrada, em estilo neoclássico eclético,[846] com ornamentos em estilo barroco luso-brasileiro,[847] tem escala monumental, rememorando o *Pórtico* de entrada do *Paço Real de Coimbra*. O *Pórtico* está dotado de fachada dianteira avarandada, contando com seis colunas externas verticais largas e sólidas, todas em estilo greco-romano, todas altas e com ornamentos coríntios, que afirmam um *edifício-monumento*, evocando a também a noção tradicional – semelhante à configuração de uma *Corte de Justiça* – de um espaço de influência *memorial greco-romana*, reproduzindo-se com isso o arquétipo de toda a ancestral história ocidental da justiça. Veja-se, na próxima página, o interior das *Arcadas*, no pátio central da *Faculdade de Direito*:

[844] "Ricardo Severo, português radicado em São Paulo, foi o arquiteto que esteve à frente do projeto. Sucessor de Ramos de Azevedo, era na época personalidade de grande prestígio. Defendendo a arquitetura tradicional luso-brasileira, fizera-se conhecido como estudioso do barroco colonial" (Martins, Barbuy, *Arcadas*: história da Faculdade de Direito do Largo de São Francisco, 1999, p. 163).

[845] Cf. Reale, *A Faculdade de Direito do Largo de São Francisco*: a velha e sempre nova Academia, 1996, p. 40.

[846] "A estrutura tem muito de neoclássico, que confere a monumentalidade que se buscava para o edifício" (Martins, Barbuy, *Arcadas*: história da Faculdade de Direito do Largo de São Francisco, 1999, p. 184).

[847] "Severo apresentou, então, um projeto e uma teoria a respeito dele. Desde os anos 1900 vinha publicando vários artigos sobre a arquitetura colonial brasileira e propôs para a Faculdade um edifício monumental, como a modernidade exigia, mas todo ornamentado com motivos extraídos do barroco-jesuítico brasileiro, afirmando os valores históricos da cultura nacional" (Martins, Barbuy, *Arcadas*: história da Faculdade de Direito do Largo de São Francisco, 1999, p. 188). Segundo Ebe Reale: "Os portais, balcões e molduras, tanto da fachada como do *hall* de entrada, foram inspirados em desenhos do aleijadinho" (Reale, *A Faculdade de Direito do Largo de São Francisco*: a velha e sempre nova Academia, 1996, p. 44).

Faculdade de Direito Universidade de São Pauloo
Arcadas, 1938
Largo de São Francisco, São Paulo, Brasil
Personal Archives: Photography: © pyo

Assim, foi que se passou de uma simples estrutura hospedada no espaço do Convento franciscano, no início do século XIX, em contexto provinciano, à época numa Cidade de pouco mais de vinte mil habitantes, e que havia se tornado insuficiente para abrigar a Faculdade de Direito,[848] a uma *Faculdade-monumento*, agora no início do século XX, revelando-se como um *símbolo da capital cosmopolita*, pois começava a estar ladeada por arranha-céus semelhantes aos nova-iorquinos. Não sem lágrimas, dúvidas, críticas, foi que uma *Faculdade-monumento* – a exemplo do *Paço Real de Coimbra*, e da coirmã de Recife – é erguida, com modificações ao *projeto original*,[849] sobre os escombros de demolição do antigo Convento de São

---

[848] "Devido ao aumento significativo de alunos, o antigo edifício não comportava mais os Cursos Jurídicos. O número de salas era insuficiente, as instalações da biblioteca precárias, não havia um anfiteatro para palestras, nem um salão adequado para cerimônias. Além disto o velho prédio estava bastante deteriorado, o telhado apodrecido e as paredes de taipa com infiltração de água" (Reale, *A Faculdade de Direito do Largo de São Francisco*: a velha e sempre nova Academia, 1996, p. 44).
[849] "O escritório de Severo chegou a conceber um edifício *art-déco*, estética por excelência dos anos 30. Mas a constrição causada pela demolição, o 'tumulto de apoteose que se faz(ia)

SEMIÓTICA APLICADA, DIREITO E ARTE

Francisco, fazendo-se viva memória no já consolidado e repisado espaço do *Largo de São Francisco* – da boêmia ao teatro, das artes aos estudos –,[850] sedimentado desde o século XIX como sendo o espaço por excelência dos estudantes de Direito em São Paulo. E são exatamente os estudantes de Direito que fazem da Faculdade de Direito um ambiente tão plural, tão diversificado, tão reativo aos contextos, tão em mudança no tempo, tendo-se em vista o quanto existe de *vida oficial* e o quanto existe de *vida paralela* (a exemplo da 'Bucha')[851] ao currículo acadêmico.[852]

Sua situação topográfica é, assim, central na Cidade de São Paulo, desde os tempos provincianos, e exerce seja um *papel histórico-memorial* – ocupando sempre o local das origens da instalação dos cursos jurídicos no país, em 11 de agosto de 1827 –, seja um *papel simbólico-estratégico* – por se centrar em localidade próxima à antiga sede administrativo-política da Cidade, assim considerada a antiga configuração do Pátio do Colégio, e, também, considerado o atual circuito geográfico do poder da Cidade e do Estado de São Paulo (Tribunal de Justiça de São Paulo; Secretaria de Segurança Pública do Estado de São Paulo; Prefeitura de São Paulo; Fórum João Mendes Júnior; entre outros). Ademais, em termos de patrimônio cultural, o edifício se compõe com outros edifícios

em torno da velha casa desaparecida', foi o que provocou, provavelmente, uma revisão total do projeto e fez decidir pela manutenção das Arcadas e do túmulo de Julio Frank, além do relógio na fachada e das placas de mármore com os nomes da tríade de poetas-estudantes encimando a portada" (Martins, Barbuy, *Arcadas*: história da Faculdade de Direito do Largo de São Francisco, 1999, p. 183).

[850] Os estudantes introduziram vida à pequena Vila, desde o início do século XIX: "Mas a sede de atuação dos moços foi muito além das pilhérias, bailes, passeios e boêmia. Mergulhados na ebulição do ambiente, criaram associações e jornais, fizeram literatura, teatro e, em quase tudo, imprimiram preocupações e ações políticas. E o fizeram geralmente a partir de grupos" (Martins, Barbuy, *Arcadas*: história da Faculdade de Direito do Largo de São Francisco, 1999, p. 45).

[851] Sobre a 'Bucha': "Embora próxima da maçonaria em muitas de suas características e objetivos, não era uma loja maçônica e sim uma sociedade secreta acadêmica, que só tinha membros pertencentes à Faculdade de Direito" (Martins, Barbuy, *Arcadas*: história da Faculdade de Direito do Largo de São Francisco, 1999, p. 40).

[852] "Fundavam jornais, associações culturais e, sobretudo, criavam e/ou filiavam-se a Lojas Maçônicas, propagandistas por excelência da máxima 'Liberdade, Igualdade e Fraternidade' " (Martins, Barbuy, *Arcadas*: história da Faculdade de Direito do Largo de São Francisco, 1999, p. 63).

monumentais do Centro de São Paulo, tais quais, o *Teatro Municipal* e o *Tribunal de Justiça de São Paulo*.

O aspecto de *signo arquitetônico*, encravado no coração da Cidade de São Paulo, construído em pedra cinza de grande investimento de *massa arquitetônica* envia mensagens claras de solidez, de força, de estruturação, apontando para algo compacto, de forma geométrica quadrangular; o *signo arquitetônico* revela sua vocação para *servir* ao poder, revelando-se um compromisso entre *forma* e *conteúdo*, em que aponta para a formação das elites voltadas para os objetivos de um Estado legalista, burocrático, impessoal, forte, robusto, inexpugnável, estável. Desde fora, a impressão que a *construção edilícia* passa é esta; desde dentro, se for considerado o caráter belíssimo das Arcadas, que rememoram os claustros de monges, ademais do conjunto da estatura definida por pé-direito elevado em todos os andares, a reduzir a escala humana em todos os ambientes (salas de aula; salas de reunião; salas de bancas; salas de professores; salão nobre),[853] gera-se um estado de afetação da conduta humana em que, pela escala arquitetônica empregada, se impõe *respeito, sobriedade* e *reverência*,[854] apenas pelo fato de se entrar ou apenas estar no edifício. Internamente, o edifício se tornou cômodo e bem apropriado para o ensino no início do século XX,[855] mas rapidamente iria se defasar, enquanto edifício-histórico, na capacidade de comportar instalações suficientes aos serviços administrativos, às atividades didáticas e às demais funções que exerce, consideradas as necessidades do final do século XX e início do século XXI, quando lhe foi construído um edifício anexo.

---

[853] Já na escala da fachada isto é notório, como indicam as historiadoras Ana Maria Martins e Heloisa Barbuy: "A vista lateral do grande pórtico de entrada, que mostra sua acentuada verticalidade, e sua proporção em relação à figura humana expressam a monumentalidade do edifício" (Martins, Barbuy, *Arcadas*: história da Faculdade de Direito do Largo de São Francisco, 1999, p. 185).

[854] Vale lembrar o que a este respeito diz Antoine Garapon: "Por fim, o símbolo prescreve: as insígnias do poder não se limitam a assinalar a presença da autoridade, exigem respeito por si mesmas" (Garapon, *Bem* julgar: ensaio sobre o ritual judiciário, 1997, p. 42).

[855] "Em seu interior, porém, a boa iluminação, o excelente arejamento e o acabamento qualificado de luminárias, balaústres, grades e mobiliário confeccionados pelo Liceu de Arte e Ofícios tornaram o ambiente agradável, amenizando, talvez, o descontentamento com a demolição do convento" (Martins, Barbuy, *Arcadas*: história da Faculdade de Direito do Largo de São Francisco, 1999, p. 189).

Do ponto de vista *semiótico*, o edifício como um todo evoca a ideia de conciliação entre *modernidade* (uma exigência do século XX) e *tradição* (uma evocação às origens no século XIX), dentro das lutas e disputas pela configuração final da arquitetura do edifício.[856] A construção preserva, por suas escolhas, os traços de *solenidade*, de *oficialidade* e o aspecto fundacional do *ritual de justiça*,[857] guardando em tudo os *dísticos do poder* (salas de aula; salão nobre; símbolos; brasões; pilares; estatuária; vitrais; bustos; placas; túmulos; vestes talares; memoriais; rígidos protocolos acadêmicos; palmeiras imperiais), especialmente em se tratando de um lugar tão atravessado por disputas reais e simbólicas, enfim, um espaço de formação das elites políticas brasileiras.

Do ponto de vista *simbólico*, trata-se de um espaço institucional *hiper-demarcado*, sendo um edifício marcante na memória dos estudantes de inúmeras gerações, ademais de ser um lugar repleto de significados, registros históricos, túmulos e memoravelmente atravessado pela história política e geral do próprio país. Sendo declarado patrimônio histórico pelo CONDEPHAAT, desde 2002,[858] e considerado o número de placas, objetos históricos, quadros, instalações originais, esculturas (vinte e sete),[859] acaba funcionando como um espaço *simbolicamente disputado*, entre funções didáticas, museológicas, culturais, de memória nacional, de arquivo de documentação e biblioteca, ademais de ser um espaço de memória acadêmica,[860] de celebração de atos oficiais.

---

[856] A conciliação entre modernidade e tradição foi alvo de inúmeras discussões à época da construção do novo edifício, e daí resultou: "...essa espécie de exemplar eclético tardio, de inspiração colonial, em nada correspondesse ao que havia sido prometido" (Martins, Barbuy, *Arcadas*: história da Faculdade de Direito do Largo de São Francisco, 1999, p. 189).

[857] "Aquilo que na experiência emocional do espaço judiciário é intraduzível através das palavras é, na verdade, da ordem do poder" (Garapon, *Bem* julgar: ensaio sobre o ritual judiciário, 1997, p. 43).

[858] "Em 2002, todo o conjunto arquitetônico do Prédio Histórico, inclusive a Tribuna Livre e as estátuas e lápides existentes no Largo de São Francisco, foi tombado pelo Conselho de Defesa do Patrimônio Histórico, Arqueológico, Artístico e Turístico do Estado de São Paulo (CONDEPHAAT)" (Vidigal, *Faculdade de Direito do Largo de São Francisco*: USP 190 Anos, 2017, p. 25).

[859] Cf. Barbuy, *As esculturas da Faculdade de Direito*. São Paulo: Ateliê Editorial, 2017, p. 17.

[860] A exemplo das memórias de Goffredo da Silva Telles Junior, onde se registra o processo de criação da Academia de Letras da Faculdade de Direito: "O que os estudantes queriam

SEMIÓTICA, DIREITO & ARTE

É, assim, um *lugar urbano* de atravessamentos históricos, encontros e desencontros, e que sempre representou um espaço de fermentação de ideias, lutas, ideologias e debates de extremo relevo para a *vida pública* brasileira.[861] Aulas, seminários, congressos, celebrações, concursos, projetos sociais, debates, disputas, atividades de extensão, formações, manifestações passam por aquele espaço. É, nesse sentido, um celeiro de juristas, literatos, ideólogos, filósofos, empresários, artistas e governantes, de diversas gerações. É também uma *Casa de Ensino* que cultiva um tipo de *saber enciclopédico, eclético e multi-cêntrico*, pois se esparrama por questões jurídicas, políticas, filosóficas, literárias, artísticas e jornalísticas.

Do ponto de vista sociológico, percebe-se que nunca foi propriamente uma *Casa* exclusivamente voltada ao ensino, mas sim propriamente à criação das elites burocráticas do país, desde a sua fundação, até os dias de hoje. Historicamente, isso sempre produziu uma tensão entre a *qualidade de ensino*[862] e o *mandarinato imperial* de bacharéis na política e na vida pública, como afirma Sergio Adorno.[863] No século XIX já era notável a falta de espírito científico-acadêmico,[864] algo que veio sendo modificado apenas do final do século XX para o início do século XXI, em função

era o apoio e o patrocínio de Olívia Penteado para a criação da Academia de Letras da Faculdade de Direito.

Como era de seu feitio, minha avó se entusiasmou pela idéia. Algumas reuniões se fizeram em sua casa. Ali, os estatutos foram concebidos e aprovados" (Telles Junior, *A folha dobrada: lembranças de um estudante*, 1999, p. 27).

[861] "A propósito, políticos, burocratas, literatos e mesmo juristas que se notabilizaram durante a vigência do regime monárquico, ou que vieram a se distinguir na recém-instaurada República, nos fins do século XIX, tiveram seua assentamentos biográficos atados às atividades extracurriculares da Academia de São Paulo" (Adorno, *Os aprendizes do poder*: o bacharelismo liberal na política brasileira, 1988, p. 158).

[862] "Parece pouco provável que a estrutura curricular tenha sido eficaz do ponto de vista pedagógico" (Adorno, *Os aprendizes do poder*: o bacharelismo liberal na política brasileira, 1988, p. 103).

[863] "Se a história da Academia de São Paulo faz sobressair a ausência de um efetivo ensino jurídico no Império, que apenas esporadicamente produziu juristas de notoriedade nacional e doutrinadores do Direito, faz também destacar seu lado reverso: foi celeiro de um verdadeiro 'mandarinato imperial' de bacharéis" (Adorno, *Os aprendizes do poder*: o bacharelismo liberal na política brasileira, 1988, p. 79).

[864] "Enfim, a ausência de espírito científico e doutrinário marcou, decisivamente, o processo de ensino-aprendizagem na Academia de Direito de São Paulo" (Adorno, *Os aprendizes do poder*: o bacharelismo liberal na política brasileira, 1988, p. 121).

de novas conjunturas e exigências de ensino e pesquisa, quais as atualmente vigentes. Assim foi que, com vocação voltada para a *vida pública*,[865] a Faculdade de Direito, da mesma forma como se dá em Coimbra,[866] terá uma história que irá atravessar o século XX e irá se confundir com a história do Brasil.[867]

É evidente que, neste sentido, não se podem dissociar a *função* do edifício, da *função* do ensino do Direito, e a *função* simbólica, pois estas três dimensões estão intrinsecamente associadas. E é desta forma que o *edifício* como um todo pode ser interpretado como um *arqui-signo-arquitetônico*. Se trata de um *arqui-signo*, pois está repleto de *símbolos* em seu interior, representando uma forma de *celebração estrutural* e, ao mesmo tempo, uma forma de se tornar um *signo-ícone* da história do país. É assim que a composição como um todo é uma celebração do bacharelismo como constitutivo da afirmação do Estado Brasileiro.[868] Aliás, os pilares do *Pórtico* evocam os pilares da história política, seja do Império, seja da República, e a estreiteza dos bacharéis com o exercício político-administrativo de constituição do Estado brasileiro. E isso faz com que o prédio traduza, do ponto de vista da *linguagem não-verbal*, a ideia de uma *semiótica do poder*. Retrata a associação direta entre *poder* e *saber*, através da *técnica jurídica* e do acesso ao conhecimento das *leis*. Trata-se de um ambiente onde a *mixagem* entre *saber* e *poder* se dá por uma fusão complexa e elétrica, em todos os seus aspectos. Aqui, do ponto de vista semiótico, o *saber-fazer*

---

[865] "Não obstante, o curso era amplamente disputado, trajetória predestinada ao jovem da elite que, ato contínuo, ingressava na vida pública, ascendendo rapidamente na magistratura e, sobretudo, na carreira política" (Martins, Barbuy, *Arcadas*: história da Faculdade de Direito do Largo de São Francisco, 1999, p. 93).

[866] "A Faculdade de Direito de Coimbra não atravessou o século XX arredada da vida pública do País. Ao invés, os governos portugueses constituídos na última centúria conheceram muitos rostos pertencentes à galeria dos ilustres Doutores da Faculdade de Direito de Coimbra" (Marcos, *A Faculdade de Direito de Coimbra em retrospectiva*, 2016, p. 126).

[867] "O Brasil fora o país dos bacharéis no Império e com a República não seria diferente" (Martins, Barbuy, *Arcadas*: história da Faculdade de Direito do Largo de São Francisco, 1999, p. 118).

[868] "Enfim, a natureza essencial conservadora do ensino jurídico, na sociedade brasileira, situou as Faculdades de Direito como instituições encarregadas de promover a sistematização e integração da ideologia jurídico-política do Estado Nacional, vale dizer, do liberalismo" (Adorno, *Os aprendizes do poder*: o bacharelismo liberal na política brasileira, 1988, p. 92).

SEMIÓTICA, DIREITO & ARTE

se torna um *poder-dizer*, de modo que a teoria se converte em prática, e a prática se confunde com o exercício do *poder-de-dizer-o-direito*. A *arquitetura de ensino* abriga o processo de conversão do *saber* em *poder*, e é assim que o *signo arquitetônico* serve à sua dupla função primordial, a saber, tanto *ideológica*, quanto *prática*.

E, ao traduzir as dinâmicas imbricadas da *função* do edifício, da *função* do ensino e da *função simbólica*, acaba representando uma síntese das ambiguidades da história e da vida política brasileira, com suas qualidades e seus defeitos. Até hoje, os dois ambientes de maior caráter social e cerimonial, a Congregação e o Salão Nobre, estão marcados pela presença de dois quadros, de Dom Pedro I e de Dom Pedro II, que centralizam os salões, a demarcar esta como a *Casa da Política*, sob o *cetro do poder*. Diante da luta simbólica por autonomia da Colônia em face da Metrópole, a tentativa de emancipação do jugo e do legado culturais deixados pelo colonizador, na ambígua condição de consagração simbólica do colonizador. De um lado, monumento moderno, de outro lado, culto à tradição, revelando com clareza a *dialética* que constitui a história do país, de acordo com as chaves de compreensão da *História do Brasil*[869] e, também, da *Antropologia*.[870] Um lugar de *liberdade*, mas, ao mesmo tempo, um lugar de *controle*. Um lugar de sagração do *nacional*, mas, ao mesmo tempo, a tentativa de busca daquilo que é *universal*. Em tudo, as suas pedras cinzas evocam partes da história da nação, funcionando como um verdadeiro *arquivo simbólico* da vida nacional.

Por fim, quando se destaca a análise do *símbolo da justiça*, se poderá perceber que ele está presente em inúmeros espaços internos do edifício histórico da *Faculdade de Direito*, muitas vezes agregado inclusive às portas de vidro, às divisórias de ambientes e às luminárias e balaústres. Por isso, a decoração interna em estilo *art déco* é evocativa em todos os espaços do edifício, seja do *símbolo do Direito*, seja do *símbolo da Justiça*.

---

[869] "Que possui uma Constituição avançada – a qual impede qualquer forma de discriminação –, mas pratica um preconceito silencioso e perverso. O fato é que, no país, o moderno convive com o arcaico; o tradicional com o cosmopolita; o urbano com o rural; o exótico com o civilizado – e um persiste no outro" (Schwarcz, Assombrados pela história. Das dificuldades de se construir uma democracia e uma (res)pública, *in História do Direito Brasileiro*: leituras da ordem jurídica nacional (BITTAR, Eduardo C. B., org.), 4. ed., 2017, p. 599).

[870] "De um lado, ela é moderna e eletrônica, mas de outro é uma chave antiga e trabalhada pelos anos" (DaMatta, *O que faz o brasil, Brasil?*, 1986, p. 19).

Mas, para além destes motivos mais discretos e pontuais, no *hall* central do átrio da *Faculdade de Direito*, de onde partem as escadarias para os três pavimentos superiores, se irá perceber um conjunto de vitrais – cujas costas recebem iluminação do pátio onde se encontra o túmulo de Júlio Frank –, que é evocativo, enquanto alegoria, de uma *História do Brasil*,[871] cercada por valores universais, tais quais a *Filosofia*, a *Justiça*, a *Força* e a *Temperança*.[872]

Numa visão que vai do andar térreo em direção ao terceiro andar do edifício, a sucessão histórica envolve *vitrais* que copiam quadros do Museu Histórico paulista, evocando-se temas clássicos da pintura brasileira, sendo que esta história somente se sucede sob os olhares atentos do Direito e da Justiça, evocando-se a ideia da missão que a Faculdade e seus bacharéis tiveram e têm na *vida pública* da nação.[873] Assim, do andar térreo ao primeiro andar, veem-se os vitrais do Largo de São Francisco, ladeado à direita pela *Justiça*, e à esquerda pela *Filosofia*.[874] Do primeiro andar ao segundo andar, a *Fundação de São Paulo*, ladeado pelo *Pátio do Colégio* e pela *Partida das Monções*. Do segundo ao terceiro andar, o *Grito do Ipiranga*,[875] ladeado à direita pela *Temperança* e à esquerda pela *Força*.

---

[871] "Para tanto, além da ornamentação arquitetônica, foi concebida uma série de vitrais que se apresentam em sequência na Escadaria. Trata-se da alegoria de uma História do Brasil animada e fundamentada pelo Direito e por valores universais" (Martins, Barbuy, *Arcadas*: história da Faculdade de Direito do Largo de São Francisco, 1999, p. 190).

[872] "Diferentemente, porém, do conjunto montado no Museu Paulista, o da Faculdade de Direito associa a História Nacional a valores universais aos quais o Direito estaria ligado, recorrendo para isto, a pinturas de Rafael que representam a 'Força', a 'Temperança', a 'Filosofia' e a 'Justiça' " (Martins, Barbuy, *Arcadas*: história da Faculdade de Direito do Largo de São Francisco, 1999, p. 190).

[873] "Vitrais elaborados a partir das obras citadas, compõem a sequência de imagens da Escadaria da Faculdade de Direito, com uma alteração simbólica relevante; aqui a tônica é posta no Direito e na Justiça, com berço em São Paulo, como fundamento para a independência e o nascimento da nação" (Martins, Barbuy, *Arcadas*: história da Faculdade de Direito do Largo de São Francisco, 1999, p. 190).

[874] "À sua esquerda e à sua direita, respectivamente, as alegorias da Filosofia e da Justiça completam o tríptico representativo do fundamento do pensamento jurídico que sustenta a nação" (Martins, Barbuy, *Arcadas*: história da Faculdade de Direito do Largo de São Francisco, 1999, p. 191).

[875] "No segundo andar, a proclamação da Independência, no Ipiranga, ato de bravura em solo paulista, símbolo do nascimento da nação" (Martins, Barbuy, *Arcadas*: história da Faculdade de Direito do Largo de São Francisco, 1999, p. 191).

SEMIÓTICA, DIREITO & ARTE

No terceiro andar, tem-se a *Lei das XII Tábuas*. Em todo este conjunto, as alegorias da *Justiça*, da *Filosofia*, da *Temperança* e da *Força* são inspiradas nas figuras utilizadas por Raffaello Sanzio, na *Stanza della Segnatura*, no Vaticano.[876]

Deve-se, no entanto, notar que na *Parete della Giustizia*, de Raffaello no Vaticano, no tímpano *Le virtù cardinali e teologale*, constam três virtudes cardeais, tais quais a *Fortaleza*, a *Prudência* e *Temperança*, e nos vitrais do Largo de São Francisco, a *Prudência* não é representada. Isso é claro, pois não havia pretensão de reproduzir a *Stanza*, em sua inteireza nos vitrais, mas apenas de inspirar os modelos de algumas delas em concepções renascentistas, humanistas e universalmente célebres na história da arte, dentro do conhecimento mundial sobre a mesma. De qualquer forma, a *Justiça* e a *Filosofia* são a reprodução perfeita dos enquadramentos constantes do teto da *Stanza*, sabendo-se que a noção de *Justiça* que ali foi pintada por Raffaello evocava a concepção teológico-platônica uma *Idéia Universal de Justiça*, ou seja, de um *ideal* que só alcança a sua realização material através das *leis*.

Assim, toda a composição dos vitrais conduz a uma *narrativa pictórica*, em forma de vitral, que coloca a fundação do curso de Direito, no extremo abaixo, tendo-se ao meio os episódios da *História do Brasil*, culminando com a vitória última do Direito, ou ainda, nos tempos contemporâneos do *Estado Democrático de Direito*, que encontra a sua expressão no último vitral, do terceiro andar (no ápice, no apogeu, no andar mais alto), em que se nota a associação simbólica entre as *Arcadas*, a *Lei das Doze Tábuas* e o *Símbolo da Balança*.[877] Nesta representação, do fundo para a superfície, em primeiro plano, se constatam as *Arcadas*, em segundo plano, inscreve-se o livro das *XII Tábuas*, e, em terceiro plano, o *símbolo de uma balança* estilizada onde o fiel é substituído pela espada ereta.

É importante notar a singularidade do *símbolo da justiça*, nesta representação, onde a haste central da balança é a lâmina da espada, acompanhada

---

[876] "A Faculdade antiga ladeada pelos símbolos da Justiça e da Lei, baseados em originais de Rafael existentes na Stanza della Segnatura, do Vaticano" (Reale, *A Faculdade de Direito do Largo de São Francisco*: a velha e sempre nova Academia, 1996, p. 61).

[877] "Na sequência dos pavimentos, encontra-se ao alto, no terceiro andar, como que regendo todo o conjunto, a Lei das XII Tábuas, base primeira do *Jus Romanus*, ladeada pela Força (à esquerda) e pela Temperança (à direita), representando o próprio Direito" (Martins, Barbuy, *Arcadas*: história da Faculdade de Direito do Largo de São Francisco, 1999, p. 191).

SEMIÓTICA APLICADA, DIREITO E ARTE

Símbolo da Justiça – Vitral da Escadaria 3º. Andar, Prédio Histórico Faculdade de Direito da Universidade de São Paulo (1938)
Largo de São Francisco
São Paulo, Brasil
Arquivo Pessoal:
Fotografia: © pyo

pelos dois pratos laterais, numa junção única entre espada e balança (talvez a tentativa de reunir os dois elementos mais constantes da iconografia da justiça numa única síntese simbólica) – muito incomum do ponto de vista da *tradição iconográfica* ocidental, que costuma dispor *espada* e *balança* em equinócios opostos nas mãos da deusa justiça (tal como ocorre no vitral do andar térreo) – de modo que se torna possível compreender que, neste *símbolo*: i.) a força é o centro da justiça; ii.) a balança exprime equilíbrio no uso e aplicação da força.[878]

Há, ainda, de forma inequívoca, a vinculação da tradição do Direito brasileiro às suas origens romano-germânicas.[879] Também, ao fundo de todo o Direito, no Brasil, estão as Arcadas, a disseminar o conhecimento que torna possível o exercício da *Lei* e da *Justiça*, no país. Mas, afinal, toda a *narrativa* em forma de vitral converge para afirmar que, se

---

[878] Aqui, se projeta nesta *iconografia* uma perspectiva segundo a qual, a centralidade da força não deixa de simbolizar que a justiça é, antes de tudo, força, para ser equilíbrio, lateralmente. Isso pode sugerir um *universo simbólico* com evocações de *tradição autoritária*.

[879] "Se por um lado, a alegoria afirma valores nacionais, por outro, a utilização de imagens de Rafael, evoca o humanismo renascentista e o culto aos valores universais de Força (vigor), Temperança, Filosofia e Justiça, sem os quais o Direito não pode ser exercido. Associados, ainda, à Lei das XII Tábuas, fazem reportar à filiação do Direito brasileiro à tradição latina e romana" (Martins, Barbuy, *Arcadas*: história da Faculdade de Direito do Largo de São Francisco, 1999, p. 191).

SEMIÓTICA, DIREITO & ARTE

inspirado nos ideais da *Filosofia* – como *Causarum Cognitio* – e da *Justiça* –
como ideia platônica –, em conexão com *Fortaleza* e *Temperança*, a história
deve se desenrolar até se concretizar e se realizar na forma do exercício
da força moderada pela medida da balança, e se realizar na forma da *Lei*,
da *Justiça* e do *Direito*.

4.3. Semiótica, Direito e Teatro: o teatro da justiça

A *Semiótica da Arte* também se desdobra numa *Semiótica do Teatro*.[880]
Já de princípio, é importante ressaltar que Algirdas Julien Greimas
já reconhecia, no *Dictionnaire*, a existência de uma *Semiótica do Teatro*,
identificando-a com a parte da *Semiótica* que trata do *discurso teatral*.[881]
E aqui, a aproximação é útil e importante, na medida em que a *Teoria
do Teatro* se conecta muito bem à *Teoria do Direito*, ali onde ela pode nos
fazer pensar as práticas do Direito.

E, aqui, quando se interroga a respeito de uma *Semiótica do Teatro*,[882] e
sua relação com a *Semiótica do Direito*, é para que se evidencie a relação de
constituição do *teatro da justiça*. Esta concepção segundo a qual se estaria, nos julgamentos e nos procedimentos judiciais, diante de um *teatro
da justiça*, não é de forma alguma uma aproximação arbitrária, nova ou
inusual. Muito pelo contrário, se trata de uma aproximação solidamente

---

[880] A *Semiótica do Teatro* se ocupa dos vários discursos e linguagens que estruturam as
práticas teatrais: "A análise semiótica do teatro tornou-se particularmente complexa, mas
muito interessante, pela estrutura do campo de fenômenos comunicativos que resumimos
sob este nome" (Volli, *Manual de semiótica*, 2007, p. 283).

[881] Greimas e Courtés, no *Dictionnaire*, tratam do verbete *Théâtrale (Sémiotique)*: "Dans un
sens restrictif – celui qu'adopte actuellement la *Sémiologie du théâtre* – le discours théâtral
est d'abord le texte, sorte de partition oferte à des exécutions variées; c'est ainsi un discours à plusieurs voix, une succession de dialogues, érigée en genre littéraire. Dans cette
perspective, la *Sémiotique théâtrale* fait partie de la sémiotique littéraire dont elle partage
les préoccupations" (Greimas, Courtés, *Sémiotique*: dictionnaire raisonné de la théorie du
langage, 1993, p. 392, verbete *Théâtrale (Sémiotique)*).

[882] "La représentation théâtrale apparaît alors comme la construction d'un reseau de relations très complexes entre scène et sale, don't la meilleure image graphique serait partition
du chef d'orchèstre: à chaque instant, sur différents plans (texte, jeu de l'acteur, éclairage,
jeu des taches colorées, costumes sur fond, évolutions, etc.) des stimuli sont produits: linguistiques, visuels, lumineux, gestueles, plastiques – chacun appartenant sans doute à un
système différent dont on pourra peut-être expliciter les règles fondamentales" (Mounin,
Introduction à la Sémiologie, 1970, ps. 92-93).

SEMIÓTICA APLICADA, DIREITO E ARTE

estabelecida em diversos estudos a este respeito, dentro ou fora dos estudos e pesquisas da *Semiótica*, como aponta Alexandre Flückiger.[883] Aliás, no âmbito dos estudos da *Semiótica do Direito*, este tipo de aproximação é feita desde a década de 1990, em pleno momento de afirmação e expansão dos estudos semiótico-jurídicos, como testemunha o escrito *Linguistique Juridique*, de Gérard Cornu.[884]

4.3.1. O teatro da justiça e o espetáculo de justiça

A *linguagem do teatro*, em sua origem, está associada à linguagem dos ritos religiosos, e tem a ver com a necessidade da pedagogia da cidade e a constituição do espaço reservado para a reencenação dos ritos comuns.[885] O *espetáculo teatral* tem a ver com a vida em comum, e guarda raízes na lógica da constituição *simbólica comum*, da unidade da *pólis*.[886] Ademais, o

[883] "Toutes les sources du droit moderne sont couronnées par une instance symbolique: le procès pour la jurisprudence, le parlement pour la loi, voire même les cérémoniales de la vie académique pour la doctrine – pour ceux qui qualifieraient celle-ci de source (au sens large) du droit. La justice serait-t-elle du théâtre? Les analogies foisonnent. Il y a en effet dans le théâtre comme dans la justice des *personnages* (sujets de droit) derrière les personnes, qui *interprétent* sur la scène du droit un *role* conféré et réglé par un texte auquel ils sont tenus, (re)jouant une representation du conflit entre demandeur et déféndeur, entre victim et bourreau, *mis en scène* par une procédure, dans des *costumes* et un *décor* rituels (robes et Palsis), devant des *spectateurs*, en respectant les *trois règles du théâtre classique* de l'unité de lieux (sale d'audience), de temps (le procès se joue d'un seul trai de son ouverture au jugement) et d'action (une seule action est jugée), ses *trois coups* (marteau ou sonnette, lever les spectateurs, processions des juges – dramatization d'entrée en scène du juge)" (Flückiger, L'acteur et le droit: du comédien au stratège, *in Revue Européenne des Sciences Sociales*, XXXIX, 121, 2001, p. 02).

[884] A relação estabelecida é explícita: "Sous cette lumière, le *tribunal redevient un théatre et le procès la pièce qui y a été donnée*. Dans son énoncé même, le jugement publie le nom des acteurs dans la distribution des rôles. Tout jugement contient l'équivalent d'un programme de théâtre ou d'un générique de film. Il contient, en cette partie double si familière, la double indication des personnages et des interprètes" (Cornu, *Linguistique juridique*, 1990, p. 356).

[885] "Visto que o espetáculo, ação representada do mito, era na origem coligado ao rito religioso e considerado essencial para a educação dos cidadãos, a forma aberta do teatro está ao mesmo tempo em relação com o espaço natural, lugar ideal do mito, e com a vida da sociedade ou da *pólis*: não somente geometriza ou reduz à ordem racional a realidade natural (o declive da colina), mas cria também o espaço ideal para a manifesta repetição do mito diante da comunidade reunida" (Argan, *História da arte italiana*, Vol. 1, 2013, p. 74).

[886] Sobre a origem grega do teatro: "Precisamos nos conformar: os antigos gregos não tinham uma palavra para *o teatro*. O que nos deixaria indiferentes se eles tivessem ignorado a coisa.

universo semiótico do teatro é o universo da *linguagem sincrética*, no sentido da semiótica greimasiana.[887] Uma enorme variedade de estímulos sensoriais acorre ao *universo do espetáculo teatral*, onde a *ação dramatúrgica* ocorre, a partir do desempenho de *atores*, que representam *personagens*, investidos de papéis conferidos pelo *texto estético*. Ora, a noção de que a *cena teatral* está organizada em torno de unidade e pluralidade é o que confere a possibilidade de se tratar do *espetáculo teatral*. O *espetáculo teatral* é possível graças à confluência de várias linguagens *verbais* (discursos; texto) e *não-verbais* (cenografia; música; iluminação; imagens) que se realizam no *espaço cênico*, e que concorrem para o sucesso da obra estética.

Mas, a partir daqui, se pretende enxergar para além do *espetáculo teatral*, caminhando-se em direção ao estudo do *espetáculo de justiça*. Igualmente ao *espetáculo teatral*, o *espetáculo de justiça* não é constituído apenas pela *linguagem discursiva* da qual se utilizam as partes envolvidas num conflito social que é alvo de um processo judicial. Aliás, para efeitos desta análise, deve-se ressaltar que o termo espetáculo passa a ser utilizado não em seu sentido vulgar, associado à ideia de espetacularização, mas em seu sentido semiótico de *espetáculo*[888] como algo que aponta para a *complexidade simbólica* de um determinado fenômeno – da forma como se procurou utilizá-lo, no estudo anterior, intitulado *Linguagem jurídica*: semiótica, direito e discurso.[889] No caso do *espetáculo de justiça*, se trata de acentuar que há, nas circunstâncias de atuação dos *atores jurídicos* nos processos judiciais,

---

Mas nós atribuímos a eles o fato de terem praticamente inventado e transmitido a nós o teatro. Isto é que é intrigante" (Guénoun, *O teatro é necessário?*, 2014, p. 18).

[887] "Nas semióticas sincréticas, o sincretismo não é somente do conteúdo, mas é também da forma da expressão" (Fiorin, Para uma definição das linguagens sincréticas, *in Linguagens na comunicação*: desenvolvimentos de semiótica sincrética (OLIVEIRA, Ana Claudia de; TEIXEIRA, Lucia, orgs.), 2009, p. 37).

[888] Toma-se como referência o pensamento de Algirdas Julien Greimas, em colaboração com Eric Landowski: "De passagem, já reconhecemos uma sequência narrativa na organização da jurisprudência: esta apresenta-se como um espetáculo, no qual as partes e o tribunal agem à maneira de *dramatis personae* caracterizadas. De maneira geral, podemos perguntar se aquilo que designamos pelo nome de *processos* não corresponde às unidades narrativas tal como se manifestam dentro da linguagem jurídica" (Greimas, Landowski, *Semiótica e ciências sociais*,1981, p. 82-83).

[889] Sobre o *espetáculo semiótico* do processo: "Não se trata exclusivamente de dizer que os autos constituam o *corpus* para os acontecimentos de discurso e de linguagem, mas sim de dizer que os autos narram a documentam um espetáculo semiótico, onde se podem

no âmbito do *teatro da justiça,* um concurso complexo de *linguagens, textos* e *ritos* que reforçam a *cena judicial* para que seja prenhe de significados. Mais do que isso, é do encontro de *linguagens* que se faz *o espetáculo de justiça,* e não da *textualidade escrita ou oralizada,* apenas extraída dos *argumentos* (jurídicos e não-jurídicos) das partes. E, por fim, o *espetáculo da justiça* se articula na forma do espetáculo que *põe a nu* – que vê e faz ver, tal qual no *espetáculo teatral* –,[890] e sob a observação de todos os atores jurídicos e demais envolvidos – a situação de justiça/ injustiça *sub judice.*

E, de fato, se tomados os elementos que estão sob análise, em sua totalidade, a *cena judicial* guarda similaridades com a *cena teatral.* Este paralelismo, apesar de ter limites, é um importante caminho para a compreensão de que o Estado Democrático de Direito depende deste *jogo* instituído na *arena processual,* onde direitos e deveres são exercidos visando-se alcançar a melhor apreciação possível da causa, e a melhor avaliação possível dos *textos legais* aplicáveis à situação *sub judice.* É nesta medida que a aproximação é valiosa, devendo-se notar a importância do *ritual da justiça* para a realização dos direitos, devendo-se considerar a *justiça espetáculo* um desvio deste processo.[891] Este paralelo entre teatro e direito também traz algumas importantes contribuições para a análise empreendida pela *Semiótica do Direito,* as quais podem ser identificadas, de forma mais analítica, em dez partes, do modo que segue abaixo:

i. os *atores jurídicos,* investidos de papéis, executando ações que lhe são próprias, valendo-se do *poder-de-dizer-o-Direito,* ou seja, do

---

distinguir vários percursos narrativos em ocorrência simultânea" (Bittar, *Linguagem jurídica:* semiótica, direito e discurso, p. 311).

[890] "Atividade intuitiva ou especulativa, que se pode designar, para manter a ressonância grega, como teórica: o olhar dos espectadores é, por três vezes, designado por *teoria,* e o adjetivo apresentam a vantagem de uma proximidade com o teatro, visto que *teatro* e *teoria* partilham esta referência ao ver – o teatro é o lugar onde se vê" (Guénoun, *O teatro é necessário?,* 2014, p. 26).

[891] "L'example de ces procès evoque plutôt un théâtre de l'absurde. La réflexion precedente montre pourtant que l'exercice de la justice formalisée et représentée dans un procès au cours duquel différents rôles sont attribués et qui laisse un 'jeu' aux différents acteurs est la condition de l'existence d'une société démocratique veillant au respect des droits fondamentaux de ses citoyens. Si la justice exclusivement spectacle est une déviance, la justice sans scène est bel et bien une illusion" (Flückiger, L'acteur et le droit: du comédien au stratège, *in Revue Européenne des Sciences Sociales,* XXXIX, 121, 2001, p. 07).

poder de representação discursiva do(a)s personagens, da sociedade, do Estado e do interesse público, agem dentro da *cena judicial*;

ii.   as *personagens representadas* (autor(es); vítima(s)), a partir de suas ações no *teatro da vida*, considerando-se as possíveis *posições de ação social* (criminoso(a); inadimplente; contratante; vítima; contribuinte; trabalhador(a); empregador(a); etc.), cujos *dramas, ações* e *situações* são representados em juízo, para avaliação, enquadramento legal e apuração de responsabilidades;

iii. os *terceiros*, externos à *cena judicial*, são tornados perante o processo judicial, os espectadores do *resultado judicial* (se identificando ou não com os pólos processuais e com os resultados judiciais);

iv.   o *lugar de encenação*, que funciona como *contra-fundo* da terapêutica judicial, é localizado no palco e através dos elementos cênicos, e as formas como interferem na *qualidade da interação* da *cena judicial*, na medida em que define os modos da justiça, os rituais da justiça, as formas de exercício da palavra, a orquestração das etapas processuais, as formas e as colocações dos atores(as) em cena (modelo virtual; modelo circular-mediação; modelo júri; modelo-audiência);

v.   o *enredo narrativo*, que descreve a trama existencial (sempre histórica, cultural e socialmente situada) em que estão envolvidos os personagens, previamente à *cena judicial*;

vi.   os elementos da *estratégia narrativa*, da cena teatral, o eu-discursivo adotado (eu-lírico; eu-heroico; eu-dramático, dos gêneros teatrais),[892] tornados elementos da *estratégia judicial* (estratégia processual; estratégia dramatúrgica; estratégia argumentativa), na *cena judicial*, onde a *pessoa*, os *fatos* ou o *conflito* são enfatizados, de modo aliado ao jogo com os elementos do sistema jurídico e suas fontes (lacuna; conflito de normas; interpretação das normas; ambiguidade da linguagem jurídica; ponderação de princípios);

vii. o *processo catártico* (*kátharsis*),[893] no qual se envolvem os(as) atores(as) na *cena judicial*, recambiando *posições actanciais*, revivendo os fatos

---

[892] Sobre os gêneros teatrais, lírico, épico, dramático, *vide* Candeias, *A fragmentação da personagem*: no texto teatral, 2012, p. 18.

[893] "A *kátharsis* opera como efeito da cognição" (Guénoun, *O teatro é necessário?*, 2014, p. 37).

e as ações sociais passadas, reencenando o *drama existencial* e, muitas vezes, com afecções várias envolvidas (lágrimas, mentira, dissimulação, sofrimentos, confissão, arrependimento, irritação, raiva, vingança, perversidade, perdão, renúncia), recambiando as perspectivas do desfecho judicial, por meio de acordo, desistência, abandono, condenação, absolvição, reconsideração, recurso;

viii. o *poder estético* (o exercício da arte e a busca de realização cultural) de representação e sensibilização do auditório na reprodução/representação/interpretação da *obra estética*, algo que na *cena judicial* se traduz no *poder judicial* (instituição do dever) de determinar o *desfecho jurídico* da *narrativa judicializada*;

ix. a *finalidade estética* de produzir afecção, substituída na *cena judiciária* pela finalidade da resolução de conflitos, de responsabilização e da estabilização decisória de relações sociais, considerada a função social do Direito;

x. um *campo probante*, que exerce o papel de *contrapeso* à irrealidade do discurso jurídico, procurando soldar novamente a *máscara da personagem* e o *rosto da pessoa*, os *fatos representados* e a *realidade efetiva*, os *vestígios simbólicos* e as *relações reais*, a *realidade cênico-judicial* e a *realidade sociojurídica*.

Não por outro motivo, Alexandre Flückiger irá afirmar:

"Des acteurs, un texte, des spectateurs. L'analogie entre justice et théâtre est troublante".[894]

4.3.2. O teatro da justiça e o espaço simbólico da heurística

O *teatro da justiça*, como expressão constituinte, indica o *espaço em separado* destinado especificamente para *as práticas da justiça*. Sua existência remonta à prática ancestral do *ritual de justiça*, e se confunde com a longeva história da *arquitetura da justiça*, em sua fase de ausência de construções e de edificações. Assim, é ancestral a ideia de que à sombra de uma árvore, ou em torno de uma pedra, mas, de qualquer forma, que se dá a céu

---

[894] Flückiger, L'acteur et le droit: du comédien au stratège, *in Revue Européenne des Sciences Sociales*, XXXIX, 121, 2001, p. 02.

SEMIÓTICA, DIREITO & ARTE

aberto,[895] se destinando um *lugar especial*, para colher as deliberações da comunidade sobre o *justo* e o *injusto*.

A própria ideia de um *parque* – cercado por madeira – de onde se dá a instalação do *quadrado* diferenciado do mundo onde a *cena de justiça* deve se desenvolver, é indicadora da ideia de que mesmo os tribunais modernos irão de certa forma manter. É daí que deriva o nome *parquet* (*parc*; *parquet*; *barre*; *barreau*), até hoje associado ao nome do Ministério Público. Eis aí a montagem do *espaço fictício de justiça*, eis aí a montagem do *teatro de justiça*, como aponta Robert Jacob.[896] Muitas vezes, a ideia moderna[897] de edifícios quadrangulares ou retangulares reevoca este estágio inicial e fundador da tradição sobre as práticas do julgamento e da deliberação pública sobre a justiça.[898]

O *espaço de justiça* é o *espaço da heurística*,[899] ou seja, ali onde o *debate judiciário* – o diálogo contraditório de posições –[900] irá se desenrolar, e onde a atividade de constituição de argumentos, a apresentação de versões dos fatos, a produção de provas e a expurgação das dúvidas constituídas ao longo de um processo irão ganhar a possibilidade de se esclarecerem

---

[895] "Longtemps, on l'a dit, les plaids se tirent en plein air et cette justice à ciel ouvert survécut parfois jusqu'à la fin de l'Ancien Régime" (Jacob, *Images de la Justice*, 1994, p. 93).

[896] "De la sorte, chaque catégorie d'acteurs du jeu judiciaire se voit défini par sa place dans l'espace consacré et les relations qu'elle entretient avec le péristyle de bois. L'enceinte constitue l'élément symbolique le plus constant dans l'identification du théâtre de la justice" (Jacob, *Images de la Justice*, 1994, p. 94).

[897] "Les palais de justice du XIXe siècle en ont poursuivi la tradition et même les architectures les plus récents ont hésité à s'en départir" (Jacob, *Images de la Justice*, 1994, p. 94).

[898] "Nous savons que cette enceinte boisée remontait à l'enclos de coudrier où se réunissait le tribunal des Francs. Elle subsista à travers les âges et lorsque le théâtre de l'audience se déplaça pour venir se loger dans des édifices de pierre, elle le suivit et vint diviser l'espace des salles de justice. Parfois, de tout le décor de l'audience, elle seule est représentée. C'est qu'elle fait signe" (Jacob, *Images de la Justice*, 1994, p. 93).

[899] "Ora, no caso do direito, é inegável a intuição de beleza e sensibilidade que existem na formulação do justo. Assim, o direito é também uma atividade heurística, pela inventividade dessas poéticas que se referem ao belo, bom, justo e verdadeiro" (Carneiro, *Estética do direito e do conhecimento*, 2002, p. 27).

[900] Sobre o debate: "C'est un dialogue contradictoire. Le débat judiciarie en est le modele. Ils se définit par deux traits:
1º. Les interlocuteurs sont des adversaires.
2º. Les interlocuteurs sont des plaideurs" (Cornu, *Linguistique juridique*, 1990, ps. 219-220).

e chegarem a decisões de justiça. Ora, bem se sabe o quanto a *heurística* envolve a capacidade de produção de persuasão, de convencimento, de combate e de disputa em torno dos melhores argumentos.[901] Trata-se de um conflito social que ganha o colorido do conflito discursivo – onde a oratória e as técnicas de persuasão discursiva estão presentes, como destaca Gérard Cornu –[902] na forma da argumentação jurídica, dentro das condições ético-processuais, que infirmam a atuação dos *atores discursivos*. Por isso, se pode dizer que o *ator jurídico*, ao desempenhar o seu papel, atua numa curiosa posição, que está entre o estratego e o comediante.[903] Isso se desenvolve, seja no *espaço de justiça* – e, também, no *espaço parlamentar* –, onde o debate, o confronto de visões, as estratégias oratórias e a disputa por hegemonia e sedução das opiniões estão em jogo.[904]

4.3.3. O teatro da justiça, rito do processo e simbolização do conflito

O *rito do processo* constitui o *espaço simbólico* dentro do qual se praticam os *atos processuais*,[905] constituindo-se, de um lado, a *rotina processual*, e, de outro, as *oportunidades de fala e prova*. Nas diversas etapas legais de um processo judicial, abrem-se as condições para que os *atores jurídicos*, enquanto

---

[901] "Si, comme il est banal de l'observer, le procès est un combat, au moins en matière contentieuse et quand il y a contradiction, la traduction linguistique du duel judiciaire en est un bon témoignage" (Cornu, *Linguistique juridique*, 1990, p. 353).

[902] "Les juristes sont, pour lors, voués à être orateurs. La communication orale directe est la forme traditionnelle, primordiale et plénière de l'acte d'audience" (Cornu, *Linguistique juridique*, 1990, p. 229).

[903] "Ni tout à fait comédien, ni entièrement stratège, l'acteur tel que nous l'avons compris dans le système juridique est à la fois comédien et stratège: un comédien en action; un agent en représentantion" (Flückiger, L'acteur et le droit: du comédien au stratège, *in Revue Européenne des Sciences Sociales*, XXXIX, 121, 2001, p. 09).

[904] "Les débats, qu'ils soient judiciaires ou parlementaires, sont un combat d'opinions qui se déroule dans un espace symbolique commun. Cet espace, c'est l'*agôn* grec – le combat entre athlètes devenu joute oratoire – (...). L'*agôn* se retrouve chez Aristote tant pour parler du théâtre que de la politique. La parenté entre procès et théâtre est ainsi profondément ancrée" (Flückiger, L'acteur et le droit: du comédien au stratège, *in Revue Européenne des Sciences Sociales*, XXXIX, 121, 2001, p. 02).

[905] "O rito e o direito organizam o mundo. O ritual oferece, em qualquer sociedade, a experiência sensível do trabalho jurídico à obra" (Garapon, *Bem julgar:* ensaio sobre o ritual judiciário, 1999, p. 70).

SEMIÓTICA, DIREITO & ARTE

exercentes de *papéis actanciais*,[906] mobilizem *textos legais* e *discursos* sobre fatos, valores, direitos e provas, em direção à *decisão jurídica*.

Neste sentido, os *personagens* não atuam no vazio, mas atuam propriamente dentro do rito, ou seja, num *espaço procedimental* definido, regrado, constituído e delimitado para o exercício do *poder-de-dizer-o-direito*, sendo este o seu palco.[907] Mais do que isso, o que se passa a ter presente é que o *rito* permite uma transferência do universo da violência para o universo da linguagem,[908] onde o *simbólico* se incumbe da tarefa primordial que assegurar *racionalidade* e constituir uma segunda *realidade* sobre a *realidade dos eventos*. E, de fato, esta segunda *realidade*, é a *realidade simbólico-processual*, dentro da qual se atua por meio da *representação judicial*, campo para o exercício dos *atores jurídicos*.

Assim, o *teatro da justiça* não é apenas a encenação, o jogo, a representação. É, sobretudo, a forma de se substituir a *violência*, simbolizando os conflitos. Aqui fica claro que o *teatro da justiça* – na perspectiva de estudo da *Semiótica do Direito* – aponta para algo muito mais profundo, complexo e importante do que a mera *superfície* das expressões *verbais* e *não-verbais* que constituem os enredos narrativos das causas jurídicas em disputa. O *teatro da justiça* envolve os *atores sociais* na base do envolvimento pela lei.[909] A *constituição* da estrutura narrativa através da qual se processam os conflitos é a condição para a reencenação dos fatos e para a

---

[906] "Os actantes são forças e papéis necessários à realização de um processo. As personagens de uma intriga, os sintagmas nominais de uma frase, os atores e os papéis de uma peça de teatro são suas realizações concretas" (Fontanille, *Semiótica do Discurso*, 2015, p. 147).

[907] "Em primeiro lugar, examinemos o palco. Ele era o lugar da existência conjunta de uma prática efetiva – o jogo dos atores –, e de seus efeitos de figuração – os personagens" (Guénoun, *O teatro é necessário?*, 2014, p. 130).

[908] "De facto, é a pertença a um mundo simbólico comum que converte a violência em linguagem, a emoção em razão, a paixão em simbolização e a desordem em ordem" (Garapon, *Bem julgar:* ensaio sobre o ritual judiciário, 1999, p. 147).

[909] "O poder é tão teatral quanto institucional: o fausto, o aparato, as cerimónias, os ritos e a solenidade correspondem a outros tantos instrumentos do prestígio –, e, logo, da permanência – do poder. O respeito por essas formas e a observância desses ritos plebiscitam silenciosamente e garante a sua autoridade de uma maneira emocional e simbólica, proporcionando, em contraponto à desigualdade natural e às injustiças sociais, o quadro pacificador da igualdade perante a lei" (Garapon, *Bem julgar:* ensaio sobre o ritual judiciário, 1999, p. 229).

domesticação da violência, seguindo-se de perto a leitura do sociólogo francês Antoine Garapon.[910]

4.3.4. O teatro da justiça, processo e papéis dos atores jurídicos

O *processo* ainda está envolvido pelo *espaço judiciário,* onde ganha existência (abertura dos autos), onde são executados os atos processuais (rito processual), onde se encerra e é arquivado (arquivamento), podendo raramente ser retirado deste espaço (em caráter excepcional). O lugar do processo, como *espaço simbólico* constituído em torno do conflito, é o *espaço judiciário.* Por isso, os personagens do processo deverão atuar, investidos dentro de certos papéis, com certos direitos e deveres, dentro dos delimitados campos do *espaço judiciário.* Por isso, o *espaço judiciário* é o *entorno arquitetônico* que *meta-simboliza* o conflito. Trata-se de uma *sobre-linguagem* (linguagem arquitetônica), com tripla sobrecarga semiótica, na medida em que se reporta à *linguagem jurídica* dos autos do processo (simbolização do conflito), e esta, por sua vez, se reporta à *língua natural* na base da qual estão demarcadas as características do conflito social.

O espaço judiciário abriga o *conflito* agora já *simbolizado;* trata-se de um conflito *redefinido, institucionalizado, batizado* pela *linguagem jurídica.* Por isso, ao se dar origem ao processo em seu interior, formam-se as condições para que o espaço judiciário constitua uma separação com relação ao mundo circundante.[911] Isso implica que as partes processuais, agora, serão *convocadas* pontualmente a uma audiência, estarão acompanhadas de seus *representantes,* falarão ao *escrivão,* poderão compulsar os autos *no local,* de modo que este *novo universo simbólico-arquitetônico* – a casa provisória do conflito e, ao mesmo tempo, a casa permanente do processo – toda uma nova dinâmica e novos ritos estarão em jogo para a busca da decisão jurídica.

---

[910] "O processo é uma domesticação da violência através do rito" (Garapon, *Bem julgar:* ensaio sobre o ritual judiciário, 1999, p. 283).

[911] "O espaço judiciário é um espaço sagrado. A separação do resto do mundo funda o templo. O círculo de pedra que delimita o espaço sagrado é uma das mais antigas estruturas arquitectónicas do santuário. A palavra grega *temenos,* tal como a palavra latina *templum,* formam-se a partir de uma raiz que sugere a ideia do corte, da separação: o *tememos* é o recinto consagrado, por oposição ao espaço profano (literalmente *profanum*) defronte do templo" (Garapon, *Bem julgar:* ensaio sobre o ritual judiciário, 1999, p. 41).

O *espaço judiciário* – a depender da instância, da fase processual, da competência, do perfil do conflito – estará caracterizado por diversas *marcas arquitetônicas* (o muro; as grades; a sala de espera; o cartório; a sala de audiências; o *cancel*; o salão do júri)[912] que ajudam a circunscrever a atuação dos *atores jurídicos* na representação dos interessados no desfecho do conflito por meio da decisão jurídica. O espaço judiciário e suas subdivisões conferem a *destinação certa* ao papel a ser exercido por cada um(a) dentro do *ritual de justiça*, sabendo-se que a *cancella* é o lugar mais central do ritual judiciário.[913] Inclusive, dentro do *espaço judiciário*, o juiz representa a autoridade investida do *poder-de-dizer-o-direito* que representa o eixo axial da cultura, da tradição e da preservação da civilização, em face da desordem, da violência e da injustiça.[914]

4.3.5. O teatro da justiça, investidura actancial e papéis discursivos

Os *atores jurídicos* atuam na *cena judicial*, uns em face dos outros, cada um tendo o seu *lugar discursivo*, e a *posição semiótico-narrativa* actancial de seu papel.[915] O *papel* é algo da ordem da lei, da instituição, da ética e da profissão. Cada *ator jurídico* desenvolve um *papel*, na medida em que está *programado* para exercer certas tarefas processuais, dentro de

---

[912] "O espaço judiciário resulta de uma sobreposição de diversos recintos, encerrando cada um deles uma ordem mais obrigatória, logo, mais perfeita: a do gradeamento, a dos muros, a da sala de audiências, a da *cancella*. O espaço judiciário é assim um espaço à parte e obrigatório para os seus ocupantes; um espaço organizado e hierarquizado, inteiramente constituído pelo vazio e pelo interdito; um espaço à imagem da lei. Suspende, temporariamente, todas as diferenças habituais de categoria entre os homens, substituindo-as por outras" (Garapon, *Bem julgar*: ensaio sobre o ritual judiciário, 1999, p. 46).

[913] "O *cancel* é o espaço judiciário por excelência; é o espaço mais sagrado, o pretório, o santo dos santos, o mais longínquo que se pode alcançar. É a ele que todos os labirintos conduzem e é ele que todas as barreiras impedem de atingir: tudo o resto existe em função deste local, que, por sua vez, suscita a existência de tudo o resto" (Garapon, *Bem julgar*: ensaio sobre o ritual judiciário, 1999, p. 37).

[914] "Quant aux salles d'audience qui s'établissent, de plus en plus nombreuses, dans des bâtiments de pierre, l'arbre et la colonne en ont disparu pour céder la place à une nouvelle figuration du pilier symbolique. Le corps du juge surmonté du corps du Christ: tel est désormais l'axe de symétrie autour duquel s'ordonne le théâtre de la justice" (Jacob, *Images de la Justice*, 1994, p. 46).

[915] "L'indication des rôles et des acteurs unit l'aspect institutionnel et l'aspect personnel du discours juridictionnel" (Cornu, *Linguistique juridique*, 1990, p. 356).

programas narrativos, tornando previsível sua atuação investido de funções processuais, na medida em que são essenciais à justiça (defesa; acusação; ritualização; *amicus curiae;* decisão), como nos chama a atenção Jacques Fontanille.[916] Por isso, a *arena judicial* está caracterizada pela *inter-ação* dos *atores jurídicos,* investidos de *papéis actanciais,*[917] sabendo-se que atuam dentro da *narrativa judicial,* dentro de um *jogo* de constante permutação de argumentos, numa disputa que considera aspectos técnicos, morais e jurídicos em ebulição no quadro da busca pela *veridicção* das decisões judiciais.[918] A ação dos *atores jurídicos*[919] é feita por meio da mobilização de *discursos* e *provas,* e os *discursos* são as *oportunidades de fala* dentro de uma *estrutura narrativa* semioticamente constituinte das condições para que se possa chegar à decisão jurídica.[920] Assim, a *predicação narrativa* de cada *ator jurídico* é feita em função de um *papel actancial.*[921]

Para o exercício de cada um dos *papéis actanciais* institucionalmente relevantes (acusação; defesa; ritual; julgador), dentro do processo, o

---

[916] "Esse exemplo permite também compreender melhor a noção de *papel,* que é indissociável da noção de *percurso.* Como cada ator é programado para um certo número de *percursos figurativos* (o pássaro, por exemplo, é programado para alçar voo, subir, pairar), cada etapa corresponde a um *papel figurativo*" (Fontanille, *Semiótica do Discurso,* 2015, p. 151).

[917] "O actante pertence à sintaxe e define-se pelos papéis actanciais que engloba: o actante Sujeito subsume, entre outros, os papéis de sujeito do querer, de sujeito competente, de sujeito realizador. Na instância do discurso, o actante converte-se em ator, ao receber investimento semântico, temático e/ou figurativo. O ator resulta, assim, da combinação de papéis da sintaxe narrativa com um recheio temático e/ou figurativo da semântica do discurso" (Barros, *Teoria do discurso:* fundamentos semióticos, 1988, p. 80).

[918] "Que exista depois uma distribuição dos papéis entre os falantes, um jogo e uma dramatização mais ou menos complexos – com as partes adversas representando contraditoriamente o desejo de verificação como o de falsificação dos enunciados, e o árbitro agindo por delegação do legislador – tudo isso não é mais da alçada do discurso jurídico, mas da estilística narrativa" (Greimas, Landowski, *Semiótica e ciências sociais,* 1981, p. 81).

[919] "...l'acteur juridique a pour rôle de *diriger une action*" (Flückiger, L'acteur et le droit: du comédien au stratège, *in Revue Européenne des Sciences Sociales,* XXXIX, 121, 2001, p. 08).

[920] "... a relação do discurso com a enunciação e com as condições de produção e de recepção; o discurso como lugar, ao mesmo tempo, do social e do individual; a articulação entre narrativa e discurso, isto é, o discurso constituído sobre estruturas narrativas que o sustentam" (Barros, *Teoria do discurso:* fundamentos semióticos, 1988, p. 03).

[921] Na explicação de Jacques Fontanille: "Portanto, actante é uma entidade abstrata cuja identidade funcional é necessária à predicação narrativa" (Fontanille, *Semiótica do Discurso,* 2015, p. 149).

SEMIÓTICA, DIREITO & ARTE

Direito investe – através de normas jurídicas – os *atores jurídicos*, como nota François Ost.[922] São vários os *atores* do *teatro da justiça*.[923] Ali estão o(a) juiz(a), o(a) promotor(a), o(a) advogado(a), o(a) réu(ré), a vítima, o júri popular, o(a) policial, o(a) delegado(a), a testemunha, o(a) meirinho(a), o(a) escrivão(ã), o público.[924] Estes vários *atores* vêem e são vistos, dentro do curso da narrativa processual,[925] como sói ocorrer no *teatro*.[926]

Sobretudo, para entrar na *cena judicial* é necessário que o *ator jurídico* seja investido da *máscara*, ou seja, que se constitua em *persona* – donde a *personagem* atuar na forma de um *papel ficcional* que lhe é atribuído por lei para ocupar um *lugar-de-discurso* –[927] para que possa desempenhar o seu papel na forma de um *agir dramatúrgico* – utilizando-se a nomenclatura estabelecida por Jürgen Habermas, em *Teoria do agir comunicativo*

---

[922] "Como um encenador, o Direito identifica actores e atribui os papéis correspondentes" (Ost, *O tempo do Direito*, 2001, p. 93).

[923] "Existem vários tipos de actores do ritual judiciário. Em primeiro lugar, temos os celebrantes, que formam um corpo e ocupam o seu lugar no interior do espaço delimitado pela *cancella*. Por outro lado, temos o público, que age e reage enquanto massa. Entre estes, o acusado distingue-se pela sua solidão" (Garapon, *Bem julgar*: ensaio sobre o ritual judiciário, 1999, p. 95).

[924] "Tal como qualquer outra representação, o processo organiza-se em torno de um palco com, de um lado, actores e, do outro, o público. Uns representam, outros são representados. À semelhança da tragédia grega, o processo confronta dois tipos de personagens: um herói – o acusado, autor e vítima de uma falta fundamental, rodeado e rejeitado por um coro vestido com o mesmo traje, que o deplora e maldiz" (Garapon, *Bem julgar*: ensaio sobre o ritual judiciário, 1999, p. 187).

[925] "Os atores e os actantes são distinguidos de duas maneiras. Em primeiro lugar, pelo princípio que orienta seu reconhecimento: reconhece-se um ator pela presença de um certo número de propriedades figurativas, cuja associação permanece mais ou menos estável, enquanto seus papéis se modificam. Em contrapartida, reconhece-se um actante pela estabilidade do papel que lhe atribuído em relação a um tipo de predicado, independentemente das modificações de sua descrição figurativa. Em segundo lugar, e consequentemente, a um ator podem corresponder vários actantes e, do mesmo modo, a um actante podem corresponder vários atores" (Fontanille, *Semiótica do Discurso*, 2015, p. 147).

[926] "O teatro impõe, num espaço e num tempo compartilhados, a articulação do ato de produzir e do ato de olhar. E ele só se mantém de pé se estas duas ações se orquestrarem" (Guénoun, *O teatro é necessário?*, 2014, p. 14).

[927] "Se não há teatro sem ator, também não o há sem personagem. Pois o ator investido desta função, mesmo num teatro sem texto escrito, assume sempre um papel ficcional, uma personagem" (Candeias, *A fragmentação da personagem*: no texto teatral, 2012, p. XIX).

290

SEMIÓTICA APLICADA, DIREITO E ARTE

–[928] em defesa de uma *posição de mundo* diante de um *conflito* em disputa. E, no *agir dramatúrgico*, a realização da *performance* na enunciação de discursos[929] por parte de cada ator jurídico depende de suas habilidades e competências, estratégias e formas de atuação que reclamam, mais ou menos, os mesmos esquemas da atuação teatral.[930] E, mesmo nesta, a diferenciação é feita entre ator, actante e personagem, do ponto de vista da semiótica.[931] Neste ponto, o diretor polonês de teatro e cinema Richard Boleslavski, através de um dos personagens do livro *A arte do ator,* afirma:

" – O ator cria toda a extensão da vida de uma alma humana no palco, cada vez que cria um papel. Esta alma humana deve ser visível em todos os seus aspectos, físico, mental e emocional. Além do que, deve ser única. Deve ser *a alma*".[932]

[928] "O conceito do agir *dramatúrgico* não se refere primeiramente ao ator solitário, nem ao membro de um grupo social, mas aos participantes de uma interação que constituem uns para os outros um público a cujos olhos eles se apresentam. O ator suscita em seu público uma determinada imagem, uma impressão de si mesmo, ao desvelar sua subjetividade em maior ou menor medida. Todo aquele que age pode controlar o acesso público à esfera de suas próprias intenções, pensamentos, posicionamentos, desejos, sentimentos etc., à qual somente ele mesmo tem acesso privilegiado. No agir dramatúrgico, os partícipes fazem uso dessa circunstância e monitoram sua interação por meio da regulação do acesso recíproco à subjetividade própria. Portanto, o conceito central de *autorrepresentação* não significa um comportamento expressivo espontâneo, mas a estilização da expressão de vivências próprias, endereçada a espectadores. Esse modelo dramatúrgico de ação serve em primeira linha a descrições da interação fenomenologicamente orientadas; até o momento, porém, ele não foi elaborado a ponto de constituir uma abordagem teoricamente generalizante" (Habermas, *Teoria do Agir Comunicativo,* 2012, p. 165).

[929] "O percurso do sujeito é constituído pelo encadeamento lógico do programa da competência, pressuposto, e do programa da *performance,* pressuponente, ou seja, o sujeito adquire competência modal e semântica, torna-se sujeito competente para um dado fazer ou *performance* e executa-o, passando a sujeito realizador" (Barros, *Teoria do discurso*: fundamentos semióticos, 1988, p. 36).

[930] "Mas o ator age. Essa é sua função: agir, fazer ações orgânicas. O ator é um fazedor profissional de ações orgânicas. A ação física é sua poesia cênica (Burnier). Mas essa ação deveria ser justamente a medição, a intersecção, a relação biunívoca e bitransitiva entre pontas que se dobram: o afeto e o ser afetado" (Ferracini, *Ensaios de atuação,* 2013, ps. 118-119).

[931] "A noção de actante é uma noção abstrata que deve ser, antes de tudo, distinguida das noções tradicionais ou intuitivas de *personagem, protagonista, herói, ator* ou *papel"* (Fontanille, *Semiótica do Discurso,* 2015, p. 148).

[932] Boleslavski, *A arte do ator*: as primeiras seis lições, 2015, p. 77.

SEMIÓTICA, DIREITO & ARTE

Daí – como nota Algirdas Julien Greimas – a importância de se estudar, do ponto de vista das narrativas – e a *narrativa processual* é uma espécie dentre as diversas narrativas – os *actantes discursivos*. Os *actantes* estão situados diante de arranjos discursivos previamente estabelecidos dentro da *estrutura narrativa* do processo.[933] Os *atores jurídicos* atuam de forma a *representar* (interesses, pessoas, instituições, valores, resultados),[934] e assim estabelecem relações entre as *máscaras* dos que atuam na cena judicial.[935] Assim como no teatro, num dos personagens de Richard Boleslavski em *A arte do ator*, a arte de representar aponta para:

> " – Representar é *a vida da alma humana recebendo seu nascimento através da arte*. Num teatro criativo o objeto de concentração de um ator é a *alma humana*. No primeiro período de seu trabalho – o exploratório – o objeto de concentração é a própria alma do ator e dos homens e mulheres que o cercam. No segundo – o construtivo – só a sua própria alma".[936]

4.3.6. O teatro da justiça, trajes judiciais e papéis discursivos

A investidura do personagem, para a atuação na *cena judicial*, é feita por meio do *traje judiciário*, este que *constitui* a possibilidade da *atuação em nome de algo relevante para a vida social*.[937] Já é comum notar-se que os profissionais do Direito se vestem de modo formal, diferenciando-se de outros perfis

---

[933] "Os actantes são, por conseguinte, concebidos como entidades narrativas. Só é possível pensar em actantes do discurso se uma perspectiva narratológica for adotada no exame da enunciação, ou seja, se a enunciação for abordada do ponto de vista de sua organização narrativa ou espetacular" (Barros, *Teoria do discurso*: fundamentos semióticos, 1988, p. 80).

[934] Como faz notar Ferracini: "Representação significa etimologicamente a 'imagem' ou 'ideia' de um objeto de conhecimento, seja ele qual for. Nesse sentido, a representação pode ser entendida como tornar presente ao espírito algo que já esteve presente aos nossos sentidos' " (Ferracini, *Ensaios de atuação*, 2013, p. 57).

[935] "A personagem do ritual judiciário é uma personagem teatral, que existe apenas para representar. É apenas exterioridade. Talhada numa só peça à volta da toga que ostenta, fala apenas a uma só voz, sem dar espaço a qualquer ambivalência, sendo esta, contudo, inerente a qualquer ser humano. O ritual estabelece relações exteriores, quase impessoais, relações entre máscaras" (Garapon, *Bem julgar*: ensaio sobre o ritual judiciário, 1999, p. 92).

[936] Boleslavski, *A arte do ator*: as primeiras seis lições, 2015, p. 27.

[937] "Na verdade, o traje judiciário cobre um duplo corpo: o próprio corpo do personagem que o veste e o corpo invisível do social" (Garapon, *Bem julgar*: ensaio sobre o ritual judiciário, 1999, p. 85).

SEMIÓTICA APLICADA, DIREITO E ARTE

de profissionais. Mas, ainda por cima dos trajes formais regularmente utilizados na área do Direito, o *traje judiciário* é um *plus*. Neste sentido, o *traje judiciário* tem a função de *purificação do personagem*, numa espécie de *rito de investidura no poder-de-dizer-o-Direito*, para a sua entrada em 'cena' para que exerça o seu 'papel funcional', considerando a posição actancial de discurso na qual se encontra investido(a). Na análise de Antoine Garapon, o uso do traje judiciário igualiza os profissionais do Direito na condição de pertencentes a uma comunidade de regras, perante a qual se reconhece o poder de exercer um papel em torno da justiça e das leis, e, portanto, em face do crime e da violência.[938]

A toga para o juiz simboliza a *responsabilidade* na qual está colocado, na medida em que se insere dentro de uma *função social* relevante, e que, diante da cena de justiça, a *justiça* é algo que apesar de estar assinalada como atribuição de sua pessoa, lhe ultrapassa por completo a subjetividade; aquele que a exerce, o faz em nome da comunidade à qual se destinada, não apenas perantes as partes, não como interessado na causa, mas como um investimento social que reproduz uma descoberta civilizatória e que tem a ver com a medida, o equilíbrio, a paz, a ordem e a regulação social.[939] A toga afasta o próprio *juiz* da *pessoa-juiz*, e assim faz dele, pelo ato de portá-la, aquilo que institucionalmente tem o *dever* e a *obrigação* de preservar.[940]

---

[938] "A vestimenta envolve, um pouco como uma proteção maternal, todos os profissionais do processo num só corpo. Estes não têm senão um só corpo, a toga, uma só linguagem, o direito, e uma só alma, a justiça. Finalmente, o corpo social realizou-se, em contraponto ao carácter associal do crime e do conflito" (Garapon, *Bem julgar*: ensaio sobre o ritual judiciário, 1999, p. 88).

[939] "A participação activa no ritual reclama uma purificação. Essa é a primeira função da toga judiciária. Esta, através do percurso iniciático, opera uma ruptura naquele que a veste e recorda-lhe os deveres do seu cargo" (Garapon, *Bem julgar*: ensaio sobre o ritual judiciário, 1999, p. 85).

[940] "O significado da toga não se esgota nessa dupla missão, purificadora e protectora. A toga assinala também a vitória do parecer sobre o ser. É uma veste institucional que cobre quem a usa. O homem que a veste marca a superioridade – temporária – da instituição sobre o homem: já não é ele que habita a sua veste, mas sim esta que habita a ele" (Garapon, *Bem julgar*: ensaio sobre o ritual judiciário, 1999, p. 86).

SEMIÓTICA, DIREITO & ARTE

4.4. Semiótica, Direito e Literatura: o processo e a decisão jurídica

A *Semiótica da Arte* pode se desdobrar, também, numa *Semiótica da Literatura*. Deve ficar claro, desde já, que o campo da *Semiótica da Literatura* é um dos mais profundos, tradicionais e bem fixados campos de trabalho da *Teoria Semiótica*, com inúmeras aplicações e estudos, destacando-se o próprio trabalho desenvolvido por Algirdas Julien Greimas – e, também, o registro contido no *Dictionnaire*, de Algirdas Julien Greimas e Joseph Courtés –[941] na compreensão das *narrativas literárias*, a partir da *modalização narrativa* fundada na divisão entre *manipulação, competência, performance* e *sanção*. E, à sua época, Algirdas Julien Greimas foi muito inspirado pela concepção do teórico russo da *narratologia*, Vladimir Propp,[942] de onde veio nascendo aos poucos a *Semiótica narrativa*,[943] voltada para a compreensão dos *textos literários* e das *estruturas narrativas*.[944] E, afinal, esta se constitui como sendo a parte da *Semiótica* que se ocupa do *discurso estético-literário* – a noção de *narrativa* é aqui considerada uma noção central para a *Semiótica da Literatura* –,[945] entendendo-se a *trama narrativa* dos textos literários

[941] Ali, se pode ler, no verbete *littéraire (sémiotique)*: "La sémiotique littéraire (ou, si on la considère comme procès sémiotique, le discours littéraire) est un domaine de recherches dont les limites semblent avoir été établies plus par la tradition que par des critères objectifs, formels" (Greimas, Courtés, *Sémiotique:* dictionnaire raisonné de la théorie du langage, 1993, p. 213).

[942] "Viu-se que a simples normalização das denominações das 'funções' proppianas, formuladas como enunciados narrativos, permite já reconhecer um certo número de regularidades no interior da sucessão que constitui, segundo Propp, o conto como narrativa" (Greimas, As aquisições e os projectos: prefácio, *Introdução à Semiótica narrativa e discursiva* (Courtés, Joseph), 1979, p. 11).

[943] Nas palavras de Algirdas Julien Greimas: "A Semiótica narrativa fornece assim um aparelho processualista com vista à constituição de uma *tipologia dos sujeitos semióticos*, contribuindo por este meio para a elaboração de uma semiótica das culturas" (Greimas, As aquisições e os projectos: prefácio, *Introdução à Semiótica narrativa e discursiva* (Courtés, Joseph), 1979, p. 29).

[944] Também, Greimas manifesta esta mesma influência, em *Sobre o sentido II*: "A Reinterpretação linguística dos *dramatis personae*, que propusemos a partir da descrição proppiana do conto maravilhoso russo, primeiro procurou estabelecer uma distinção entre os *actantes* que pertencem a uma sintaxe narrativa e os *atores* que podem ser reconhecidos nos discursos específicos em que são manifestados" (Greimas, *Sobre o sentido II:* ensaios semióticos, 2014, p. 61).

[945] Sobre o conceito de *narrativa*, deve-se consultar a afirmação de Algirdas Julien Greimas: "Eis que, de forma inesperada, se encontra proposta a solução de um problema que não

SEMIÓTICA APLICADA, DIREITO E ARTE

como sendo aquilo que de mais perto se procura investigar nesta área de estudos aplicados.

Neste ponto, a aproximação de campos de estudo é relevante, na medida em que a *Teoria do Direito* vem se servindo da aproximação entre *Direito e Literatura*[946] para exatamente dar conta da dimensão prática da construção das *narrativas* dentro do universo do *processo judicial*. E, essa aproximação entre *Direito & Literatura* não se faz apenas para *afirmar* a proximidade entre o *texto jurídico* e o *texto literário,* mas também – e, muitas vezes, sobretudo – para grifar as *diferenças marcantes*[947] que existem entre estes dois campos diversos do conhecimento estético (ludicidade; abertura de sentido; ficção; abertura à interpretação; adiamento da resolução sobre a verdade) e do conhecimento jurídico (conflito social; decisão; encerramento de processos; certeza e segurança).[948] Por isso, devem ficar claras as diferenças que marcam o *uso* dos *textos estéticos* e o uso dos *textos jurídicos,* pois exercem funções discursivas muito diferentes entre si, como, aliás, ressalta Bruno Romano.[949]

cessa de inquietar os semióticos, o de uma definição eventual da 'narrativa mínima': com efeito, se concebermos a narrativa, intuitivamente, como 'qualquer coisa que acontece', a nossa concepção do acto enquanto produção de um novo *estado* pode servir para uma tal definição" (Greimas, As aquisições e os projectos: prefácio, *Introdução à Semiótica narrativa e discursiva* (Courtés, Joseph), 1979, p. 19).

[946] Nesta medida, é até mesmo possível falar de uma relação entre Direito & Literatura, ao ver-se a relação entre *Constitucionalidade* e *Narratividade,* a exemplo de Alberto Vespaziani, Costituzionalità e narratività, *in Diritto e Letteratura*: prospettive di ricerca (FARALLI, Carla; MITTICA, Maria Paola), Roma, Aracne Editrice, 2010, ps. 123-137.

[947] As diferenças são muto bem demarcadas por Francisco Callejón: "La relación entre Derecho y Literatura como temática general, permite abordar una gran variedad de cuestiones que van desde la estructura narrativa del Derecho y de la Literatura como discursos hasta la función social que ambas disciplinas desarrollan" (Callejón, Verdad y certeza en el Derecho y en la Literatura, *in Antimanual de Direito & Arte* (Franca Filho, Marcílio; Leite, Geilson Salomão; Filho, Rodolfo Pamplona, coords.), 2016, p. 335).

[948] "En todo caso, el discurso literario es diferente del discurso jurídico. No tiene la finalidad inmediata de resolver un conflicto y, por ese motivo, no está orientado hacia una finalidad práctica que condiciona su propia estructura" (Callejón, Verdad y certeza en el Derecho y en la Literatura, *in Antimanual de Direito & Arte* (Franca Filho, Marcílio; Leite, Geilson Salomão; Filho, Rodolfo Pamplona, coords.), 2016, p. 348).

[949] "Il *giudizio giuridico* riguarda una condotta imputabile. Il *giudizio estetico* concerne una monteplicità di fenomeni, separati ed uniti nelle qualificazioni che presentano il bello" (Romano, *Giudizio Giuridico e Giudizio Estetico: da Kant verso Schiller,* 2013, p.15).

SEMIÓTICA, DIREITO & ARTE

E, de fato, já faz algumas décacas que se percebeu que o Direito é composto por uma *imensa massa de textos*, em torno dos quais circulam os *atores jurídicos*.[950] Por isso, hoje são várias as concepções influentes na *Teoria do Direito* que trabalham com a ideia de que o Direito se oferece ao campo da relação entre *Direito e Literatura*. Neste ponto, podem-se alistar, no mínimo, as concepções de Paul Ricoeur e de Ronald Dworkin, entre outros.[951] Aqui, vale resgatar o que afirmam, ambos os teóricos, a começar por Ronald Dworkin:

"Gostaria de comparar o desenvolvimento do Direito à elaboração desse, digamos, romance em cadeia".[952]

Em seguida, Paul Ricoeur:

"Nos limites estreitos do processo o ato de julgar aparece como fase terminal de um drama com vários personagens: as partes ou seus representantes, o ministério público, juiz, o júri popular, etc.".[953]

Assim, na mesma esteira dos dois autores acima citados, pode-se alistar ainda outra, qual a do jurista espanhol Francisco Balague Callejón, que afirma:

"No sólo desde el punto de vista narrativo podemos encontrar similitudes, porque también el Derecho incorpora una faceta escénica que lo aproxima a este tipo de artes, lo que explica la reiterada presencia de la apelación a procedimientos judiciales en el teatro o en el cine".[954]

---

[950] E nisso se concorda com a avaliação cotida em Cunha, *Filosofia do direito*: fundamentos, metodologia e teoria geral do direito, 2.ed., 2013, p. 209.

[951] Dworkin, *Direito, filosofia e interpretação*. In; Cadernos da Escola do Legislativo, Belo Horizonte, 3(5), p. 44-71, jan./jun. 1997; Ricoeur, *O justo 1*: a justia como regra moral e como instituição, 2008; Streck, Trindade, *Direito e literatura*: da realidade da ficção à ficção da realidade, 2013.

[952] Dworkin, *Direito, filosofia e interpretação*. In; Cadernos da Escola do Legislativo, Belo Horizonte, 3(5), p. 44-71, jan./jun. 1997.

[953] Ricoeur, *O justo 1*: a justia como regra moral e como instituição, 2008, p. 177.

[954] Callejón, Verdad y certeza en el Derecho y en la Literatura, *in Antimanual de Direito & Arte* (Franca Filho, Marcílio; Leite, Geilson Salomão; Filho, Rodolfo Pamplona, coords.), 2016, p. 336.

E, por fim, esta última do teórico francês, Gérard Cornu, quando aplica a análise lingüístico-discursiva ao Direito:

"Sous cette lumière, le tribunal redevient un théâtre et le procès la pièce qui y a été donnée".[955]

E, aqui, a *Semiótica da Literatura* em sua relação com a *Semiótica do Direito*, se faz perceber como um campo de intersecções curioso e relevante exatamente ali onde se aproxima do território já devidamente trabalhado do *teatro da justiça*.

4.4.1. Interações sociais, gramática narrativa e sociedade moderna

Mas, um pouco antes disso – e esta concepção já se encontra suficientemente repisada no campo do Direito, explorando-se a relação entre *Direito & Literatura* como uma relação entre as *narrativas literárias* e as *situações de justiça* – a tarefa mais viva e atual da *Semiótica* – numa linha sócio-semiótica –, e aquela que mais tem condições de contribuir com o campo da *Semiótica do Direito* atualmente tem a ver com as recentes incursões propostas pelo semioticista francês Eric Landowski, no livro *Interações arriscadas (Les interacctions risquées,* 2005), oferecendo um ponto de vista semiótico que se aproxima simultaneamente da *Antropologia* e da *Lingüística*.[956] Eric Landowski já havia feito avançar a *Semiótica do Direito*, ali quando colabora com Algirdas Julien Greimas, no empreendimento da compreensão do micro-universo de sentido do *Direito Empresarial*, em *Semiótica e Ciências Sociais*.[957] Além disso, não se pode deixar de dizer que a compreensão desenvolvida por Eric Landowski não somente parte

---

[955] Cornu, *Linguistique juridique*, 1990, p. 356.

[956] "Ao pretender dar conta das condições de emergência do sentido nos discursos e nas práticas significantes mais diversas, a Semiótica se apresenta como uma disciplina com perspectivas empíricas e descritivas, uma entre outras, no âmbito das ciências humanas. Próxima tanto da lingüística quanto da antropologia, dotou-se de uma metalinguagem e de modelos que lhe permitem descrever, não as coisas mesmas, mas a maneira como lhes atribuímos sentido projetando sobre elas um olhar que organiza suas relações" (Landowski, *Interações arriscadas*, 2014, p. 11).

[957] "Como o universo jurídico é susceptível de uma articulação em microuniversos, é o microuniverso em que se enquadra o direito sobre as sociedades comerciais que será objeto da nossa investigação" (Greimas, Landowski, *Semiótica e ciências sociais*, 1981, p. 76).

SEMIÓTICA, DIREITO & ARTE

do legado greimasiano, como sobretudo se estabelece sem prescindir da importante contribuição trazida especialmente pela obra de Joseph Courtés, prefaciada por Algirdas Julien Greimas, *Introdução à semiótica narrativa e discursiva*, datada de 1976.

Mas, aqui, na obra mais recente, *Interações Arriscadas*, datada de 2005, as concepções já estão largamente mais complexas e desenvolvidas. E isso porque – como bem nota José Luiz Fiorin, no Prefácio à obra – esta obra permite uma *leitura de mundo dos fatos da vida na sua dinâmica cotidiana*, a partir da visão modalizada da semiótica a partir de quatro *regimes de interação* (programação; acaso; ajustamento; manipulação), oferecendo graus de riscos e expectativas maiores ou menores,[958] e que, ao atingir o plano existencial das interações humanas, permite fundar uma tomada de posição da *Semiótica* para além das *narrativas literárias*, para as *narrativas das experiências* de interações humanas em sociedade. A constatação de partida do modelo teórico é a de que estamos 'condenados a produzir sentido'.[959]

Aqui, o que se busca descrever é uma *gramática narrativa* das *interações sociais*, o que já aproxima o resultado destes estudos de conclusões claramente estabelecidas no campo da *Sociologia* e da *Filosofia*,[960] especialmente quando se ocupam das *interações sociais* no contexto da *sociedade moderna*. E, a partir deste modelo, se configura um campo de trabalho

---

[958] "Fundado na oposição *continuidade vs, descontinuidade* estabelece regimes de interação. Fazendo o cálculo das possibilidades do sistema, verifica-se que, se há uma interação contínua e uma descontínua, há também uma, não descontínua e uma, não contínua. Por outro lado, o semioticista francês lança mão da *oposição necessidade vs, possibilidade*. Por conseguinte, constata-se a existência da não *possibilidade e a não necessidade*. Isso implica que há um regime governado pela regularidade; um, pela casualidade; um, pela não regularidade e um, pela não casualidade. O primeiro é denominado programação; o segundo, acaso (ou acidente); o terceiro, ajustamento e o quarto, manipulação. A ideia de risco preside a esses regimes de interação. Com efeito, quanto mais regular o regime menos risco ele apresenta" (Fiorin, *Prefácio, Interações arriscadas* (Landowski, Eric), 2014, p. 08).

[959] "Para compreendê-la, basta completá-la: 'aquilo a que estamos condenados é a *construir* o sentido' " (Landowski, *Interações arriscadas*, 2014, p. 15).

[960] "Geralmente, enquanto semioticistas, tentamos não tomar a nós mesmos por "filósofos". Não obstante, a natureza mesma de nosso projeto, que consiste em dar conta das maneiras socialmente atestadas de construir o sentido, leva-nos a filosofar permanentemente, como por delegação, ao esquematizar os princípios de construção do sentido que se utilizam onde se cria sentido" (Landowski, *Interações arriscadas*, 2014, p. 14).

novo, interessante, instigante, que coloca a noção de *sujeito* em evidência e no centro destas reflexões.[961] E isso para afirmar que o *sujeito moderno,* em interação social, se encontra *programado* a executar determinadas *funções* em *sociedade,* na medida da divisão social do trabalho, da especialização dos conhecimentos, da dominação legal-burocrática, da laicização e da racionalização das interações sociais no *mundo moderno.* Entre *ritos, hábitos* e *usos,* se estabelecem os sujeitos no *mundo moderno.*[962]

Assim, o *sujeito moderno* está *investido* de *papel social* diferenciado, e, nisto, sua *performance social* passa a estar descrita segundo um plano de fortes condicionamentos sociais:[963] aguarda-se que, no papel de *trabalhador,* que o *sujeito* trabalhe; no papel de *servidor público,* que sirva ao público; no papel de *educador,* que eduque; no papel de *motorista,* que conduza. Os *papéis sociais* estabelecem o que Eric Landowski chama de *'algoritmo do comportamento',*[964] noção de confere aos *papéis sociais* seus respectivos

---

[961] "Não há semiótica (nem nenhuma outra ciência humana ou social) livre de todo compromisso com o sentido; e nenhum de nossos instrumentos de análise deixa de estar contaminado, em maior ou menor grau, por seu objeto. Se isso salta aos olhos no caso do esquema narrativo, é igualmente óbvio no que se refere ao 'esquema actancial', o qual procede de uma concepção moral, psicológica, social, política e até jurídica muito precisa, do estatuto do *sujeito* em relação com o seu 'destinador'" (Landowski, *Interações arriscadas,* 2014, p. 11).

[962] "Regulando os comportamentos enquanto práticas significantes, programando-os num modo propriamente sociossemiótico, esse tipo de concreções socioculturais – ritos, usos, hábitos – introduz um coeficiente de previsibilidade nos comportamentos e, desse modo, fornece uma base que permite definir, em relação com os atores sociais, procedimentos interativos eficazes, a meio caminho entre manobras fundadas sobre o conhecimento de determinações estritas, de ordem causal, e manipulações estratégicas, que apelam diretamente à competência modal das pessoas-sujeitos" (Landowski, *Interações arriscadas,* 2014, p. 38).

[963] "Correspondendo a condicionamentos socioculturais, sendo o objeto de aprendizagens e se exprimindo por práticas rotineiras, trata-se de regularidades cujo princípio deriva da *coerção social,* ou mesmo se confunde com ela. Ora, desde o momento em que regularidades desse gênero se deixam reconhecer e, em consequência, tornam globalmente previsíveis os comportamentos do outro, nada impede de aplicar às relações entre as 'pessoas' o mesmo modelo de gestão programática que aquele que se considera mais apropriado quando se trata da gestão de nossas relações com os objetos 'inanimados'. É precisamente o que a gramática do *fazer ser* autoriza por princípio e sem reserva ao estender, sob o manto da noção aparentemente neutra de papel temático, a ideia de estritas regularidades de comportamento a todos os tipos de atores possíveis" (Landowski, *Interações arriscadas,* 2014, p. 24).

[964] "Semioticamente falando, para que um sujeito possa operar sobre um objeto qualquer, é necessário que tal objeto esteja 'programado'; mas a noção de programação remete à ideia de

SEMIÓTICA, DIREITO & ARTE

graus de risco nas interações sociais estabelecidas (programação, grau zero de risco/ regularidade; acaso, grau elevado de risco, imprevisível/ eventualidade; manipulação, grau controlável de risco, controlabilidade/ intencionalidade; ajustamento, grau possível de risco, sensibilidade).[965]

Mas, os papéis não são estáticos, implicando *trocas mútuas,* que fazem das *interações* entre os diversos *papéis* em sociedade, algo *complexo* e *arriscado.* Isso leva Landowski a não enrijecer a compreensão e trabalhar com a ideia não de *rigidez de papéis,* mas com a ideia de *regularidades rituais* de comportamentos,[966] na medida em que a *vida* é feita de coisas que se esperam e prevêem e coisas que não se esperam e não se prevêem.[967] Afinal, o *trabalhador,* pode entrar em *greve;* o *servidor público* pode se *corromper;* o

'algoritmo do comportamento'; e finalmente, essa ideia se traduz, em termos de gramática narrativa, na noção precisa de *papel temático.* Um aparelho eletrônico, por exemplo, tem um 'programa', um animal, seus 'instintos', um artesão seu 'ofício', e assim sucessivamente: outros tantos papéis temáticos que não apenas delimitam semanticamente esferas de ação particulares, mas que, em certos contextos, permitirão antecipar até nos mínimos detalhes os comportamentos dos atores (humanos ou não) que deles são investidos" (Landowski, *Interações arriscadas,* 2014, ps. 22-23).

[965] "O primeiro é denominado programação; o segundo, acaso (ou acidente); o terceiro, ajustamento e o quarto, manipulação. A ideia de risco preside a esses regimes de interação. Com efeito, quanto mais regular o regime menos riscos ele apresenta. Assim, a programação não apresenta nenhum risco, pois é absolutamente previsível e, portanto, roça a insignificância. O acaso é possível, mas absolutamente imprevisível e, por conseguinte, está na fímbria do absurdo. A manipulação, sendo da ordem do não imprevisível, apresenta uma regularidade nem totalmente imprevisível, mas também não absolutamente previsível. O ajustamento, sendo o domínio do não previsível, manifesta uma causalidade que pode ser compreendida. Esses quatro regimes de interação dão lugar a quatro modelos narrativos: um governado por uma lógica da regularidade; um, por uma lógica da eventualidade; um, por uma lógica da intencionalidade e um, por uma lógica da sensibilidade" (Fiorin, *Prefácio, Interações arriscadas* (Landowski, Eric), 2014, p. 08).

[966] "Por um lado, sejam de ordem causal ou de ordem social, as regularidades de que depende o caráter programado dos comportamentos de um ator têm por efeito produzir ao mesmo tempo identidades impermeáveis entre si e esferas de ação hermeticamente compartimentadas: um pode (e não pode mais que) ou sabe (e não sabe mais que) fazer isto – pescar –, e outro, aquilo: governar. Cada um desempenha seu papel, segue seu programa ou executa seu plano de atividade por sua própria conta e em seu lugar, independentemente do que possam estar fazendo os outros agentes que o rodeiam" (Landowski, *Interações arriscadas,* 2014, p. 28).

[967] "Mas a vida é feita, também, de relações com e entre pessoas" (Landowski, *Interações arriscadas,* 2014, p. 23).

SEMIÓTICA APLICADA, DIREITO E ARTE

educador pode *desistir de educar*; o *motorista* pode causar um *acidente*. Assim, ali onde aumenta ou diminui o *grau de risco*, os efeitos das *interações* se tornam mais ou menos previsíveis, e, neste sentido, mais passíveis de receberem – através da *segurança jurídica* oferecida pelas *normas jurídicas* em seus *programas de previsibilidade* de condutas programadas socialmente para se desfecharem – 'pré-visões' de quais serão as possíveis e necessárias *conseqüências judiciais* de suas interações.

4.4.2. Interações jurídicas, processo e discurso jurídico

O *discurso jurídico* capta a eventualidade, a previsibilidade, a causalidade dos eventos sociais, para *dispô-los* – como *unidades sociais* – em direção às consequências jurídicas das ações praticadas, mediante o uso de sanções (premiais ou punitivas). Aqui, antevê-se, o papel do sistema jurídico é o de oferecer condições para que as *pré-narrativas processuais* se tornem *narrativas processuais* relativamente previsíveis, a partir da *continuidade* que são capazes de estabelecer entre o *plano das interações sociais* e o *plano das interações processuais*. Aqui – ao adentrar-se a este 'novo mundo' do processo – também, se pode dizer que se espera que o(a) advogado(a) *defenda*, que o(a) promotor(a) *acuse*, que o júri *julgue*, que o(a) juiz(a) profira a *decisão jurídica* terminativa do processo. Há uma *programação processual* bem estabelecida que confere *plena programação formal*, mas, que, no entanto, não é por si só suficiente para *garantir* a *certeza dos resultados*, pois inúmeras variáveis aparecem para determinar o *deslinde* de um certame processual, como busca da *justiça* por meio da *legalidade*.[968]

Antes de se tornarem *partes* (parte ativa ou autor; parte passiva ou réu) de um *processo*, os sujeitos estão enredados em *papéis sociais*, dentro das *divisões sociais modernas*. Ora, a vida em sociedade já se torna em si a ocupação de lugares na condição de *actantes sociais*. Assim é que os *atores sociais* se enredam em *narrativas pré-processuais*. Em contextos sociais mais amplos, os *enredos narrativos* diversos trazem consequências jurídicas: uma crise de ciúmes numa relação amorosa que leva a um crime

---

[968] "*La ragione dell'atività del giudice non consiste nella funzionalità autoreferenziale delle operazioni processuali, né nel porre fine, qualsiasi sia la condizione, ad una situazione di conflittualità.*
Si afferma così che *il processo è uno strumento istituito per garantire la ricerca della giustizia nella legalità*, non è la celebrazione di una *legalità* ostentata con indifferenza contro il desiderio universale di *giustizia*" (Romano, *Giudizio Giuridico e Giudizio Estetico: da Kant verso Schiller*, 2013, p. 26).

SEMIÓTICA, DIREITO & ARTE

passional ou a um divórcio; a manifestação de ódio social de classe, que se externaliza em crime contra o patrimônio; a reação verbal exaltada, que leva a uma injúria/calúnia/difamação; a negligência profissional, que leva ao acidente de trabalho. Uma vez investidos em *contextos narrativos pré-processuais* certas relações sociais acabam desaguando em *narrativas processuais*. É aqui que os *atores sociais* passam a ocupar *posições actanciais*, agindo como *actantes* e *atores*, dentro de *contextos processuais*.[969]

Assim é que o *processo* não cria seus personagens, pois o conflito já os uniu antes no momento da narrativa *pré-processual*; o *processo* não cria os fatos e nem as provas dos fatos, eles já estão dados no momento em que se constitui a narrativa *pré-processual*; o *processo* não cria os textos jurídicos que incidem como regras jurídicas, pois elas já existiam e incidiam como válidos e vigentes sobre os fatos, condicionando-os por *programas normativos* às *conseqüências jurídicas*, antes do *juízo jurídico* que será exercido sob a *discussão, interação e observação jurisdicional*.

Já dentro do processo, os *papéis* dos *atores jurídicos* estarão marcados por interações estratégicas, que observam a lógica das *posições discursivas*, valendo-se do *lugar-de-discurso* para exercer a *manipulação* de provas, documentos, interpretações legais, teses jurídicas, visando o alcance de um *resultado favorável* à sua *posição discursiva*. O *regime discursivo* é aqui propriamente o da *manipulação* – algo característico de *interações livres e democráticas*, pois pressupõe sujeitos livres e capazes de induzirem uns aos outros por meio do *fazer-fazer* –[970] onde a sedução e a indução a resultados governa toda a *lógica do processo*, num grau controlável de riscos, em que a *decisão jurídica* é o *objeto disputado*, de cujo desfecho há um relativo grau de certeza em disputa, sendo relevante a *intenção*[971] dos atores (vencer a disputa; conciliar a questão; vingar-se do opositor; procrastinar o

---

[969] "As categorias actanciais desta sintaxe profunda podem se manifestar em atores na superfície da narrativa. É, portanto, necessário distinguir entre os actantes da sintaxe fundamental e os atores que representam estes actantes na superfície" (Nöth, *A semiótica no século XX*, 3.ed., 2005, p. 158).

[970] Como afirma Eric Landowski: "A *manipulação* – e mais amplamente a *estratégia*, que desenvolve em uma maior escala a mesma lógica do "fazer fazer" – constitui, em seu princípio, o recurso das sociedades civis fundadas na interdependência dos sujeitos" (Landowski, *Interações arriscadas*, 2014, p. 32).

[971] "Aqui a manipulação encontra seu fundamento na *motivação* propriamente subjetiva: ao sujeito importa tanto ser reconhecido como tal, com todas as qualidades e competências

processo; obter a indenização pecuniária; fraudar a justiça; se desvencilhar da aplicação da sanção; induzir o juízo em erro).[972]

Assim, as *interações discursivas* dentro do processo não são espontâneas – são sem dúvida *arriscadas,* pois já partem do pressuposto de rupturas sociais e comunicativas anteriormente estabelecidas entre as partes do processo (*atores sociais*) –, mas fundadas em *razões estratégicas do agir,* exatamente por serem considerados igualmente sujeitos racionais, dotados da possibilidade de exercerem o *querer* e o *fazer* que trarão consequências sobre a *esfera do sujeito* interessado.

Enquanto habitam o mundo social, os *atores sociais* fazem parte dos fenômenos e dos conflitos que transcorrem em sociedade, e ali agem mais ou menos dentro de crenças, hábitos, memórias, forças institucionais, pressões profissionais, usos e costumes.[973] Mas, ao adentrarem os processos, os *atores sociais* já foram convertidos em *atores jurídicos,* por meio da representação processual, constituindo-se aqui as características desta nova esfera – agora a da *narrativa processual* – mediada por representantes, por meio da *linguagem jurídica,* exercendo papéis processuais, mediante a *simbolização* do conflito. Quando o processo reinstala o conflito ao *nível simbólico* coloca para circular uma intensa *carga textual* de *signos verbais* e

que isso envolve, que se sente obrigado a atuar conforme a imagem que deseja oferecer (e oferecer-se) de si mesmo" (Landowski, *Interações arriscadas,* 2014, p. 26).

[972] "As certezas fundadas na necessidade – "a água ferve a 100 graus", "o policial ferve de raiva com a aparição do arruaceiro" – cedem lugar a uma relativa incerteza: como saber o que leva o outro a agir, se ele não é nem uma coisa entre as coisas nem uma marionete? Do registro das interações baseadas em um ou outro dos *princípios de regularidade* – causal ou social – que pressupõe toda programação, passamos agora a outro regime, de tipo manipulatório (ou estratégico), baseado em um *princípio de intencionalidade*" (Landowski, *Interações arriscadas,* 2014, p. 25).

[973] "Contudo, em lugar de se limitar a executar mecanicamente esse gênero de esquemas de comportamento já inscritos na memória individual, familiar, profissional ou, mais amplamente, social (reservando-se sempre a possibilidade de dizer que se os seguimos é porque os consideramos justificados por tal ou qual razão), pode-se ressemantizá-los e, por mais triviais que sejam, transformá-los em práticas concertadas: lavar as mãos, fazer sua cama, organizar suas coisas como todo mundo, certamente, mas não exatamente da mesma maneira: a seu próprio modo, redefinindo, reatribuindo motivo a cada detalhe dessas operações, um pouco como o músico que, em vez de seguir ao pé da letra o enunciado de uma partitura daria a sua execução o valor de um novo ato de enunciação" (Landowski, *Interações arriscadas,* 2014, p. 40).

SEMIÓTICA, DIREITO & ARTE

não-verbais, sabendo-se que os *textos jurídicos e não-jurídicos* em circulação se entrechocam, se contradizem, disputam versões dos fatos, dentro da *heurística* e da *polaridade* típica do *teatro da justiça*.

Assim, aqui é que se exercerá a *argumentação* – enquanto arte do convencimento/ persuasão –, sabendo-se que é exercício difícil e delicado,[974] e que não está marcado pela *simples* capacidade racional de interação discursiva, pois as *intenções* podem estar *viciadas, distorcidas, ocultas*, e, neste sentido, ali onde as *palavras* e *relações discursivas* se estabelecem, um complexo emaranhado de *posições processuais, expectativas interacionais, desfechos possíveis* entram em relação de conexão e/ou desconexão. O Outro (juiz(a); promotor(a); advogado(a); réu(ré); júri) com o qual se *interage* tem duas características: i) em primeiro lugar, não age diretamente perante o Outro, mas, *interage* através de textos, mediante o *relacionamento* pela forma oblíqua ou indireta de fazê-lo;[975] ii) em segundo lugar, é um sujeito, dotado de vontade, liberdade, entendimento, visão de mundo e valores, e nesta complexa trama, a *previsibilidade programática* e *mecânica* não é cabível.[976] Por isso, a *Teoria do Direito* vem recorrendo constantemente à *Teoria da Argumentação* para explicar a *forma* como o processo judicial se *estrutura*, mas ainda sem a capacidade de *afirmar* como o resultado processual se torna passível de se produzir, sabendo-se do *relativo grau de certezas* obtidas nos deslindes processuais. No mínimo, há sempre *duas* opções de deslinde processual, contidas como hipóteses da decisão judicial racional e fundamentada, a de *deferimento* (total; parcial) e a de *indeferimento* da causa.

---

[974] "Há evidentemente aqui um paradoxo: para que o outro nos apareça como manipulável (e não como programado), há que supor que suas ações são *intencionais*, que seu comportamento é *motivado* – e ao mesmo tempo, é precisamente isso o que torna o exercício da manipulação tão delicado" (Landowski, *Interações arriscadas*, 2014, p. 29).

[975] "Os papéis temáticos circunscrevem, desse modo, funções especializadas cuja característica consiste em não se comunicarem diretamente entre si" (Landowski, *Interações arriscadas*, 2014, p. 28).

[976] "É todo esse conjunto o que faz dele um sujeito semioticamente "competente", e por isso mesmo um interlocutor tão dificilmente previsível" (Landowski, *Interações arriscadas*, 2014, p. 29).

4.4.3. Interações jurídicas, processo e programa narrativo

Isso permite, do ponto de vista semiótico, enxergar o *processo judicial* como um *programa narrativo*,[977] repleto de oportunidades de fala, atuação e recursos, por meio dos quais, formalmente, se constitui a arena do conflito judicializado, de forma a que ali estejam representadas as etapas processuais, em direção à *decisão jurídica* e, portanto, ao desfecho da *narrativa processual*. Ao longo do processo, os *atores jurídicos* se esforçam por *traduzir* do texto da lei e da situação fática, para a *linguagem jurídica dos autos,* aquilo que é de fato relevante para o desfecho do processo em direção à *decisão jurídica*.[978] E, para se chegar ao desfecho da *narrativa processual* – a *decisão jurídica* – o juiz atua como o mediador entre o *texto jurídico* e o público, entre o *texto jurídico* e os demais *atores jurídicos*.[979]

Dentro do processo, os *programas narrativos* (PN1; PN2; PNjuiz; PNburocrata),[980] se entrecruzam, coordenados pelos direitos e deveres dos *actantes discursivos*,[981] previstos pelas *normas jurídicas processuais,* que pré-definem as etapas, os procedimentos, as oportunidades de fala, os

---

[977] Segue-se, de perto, a concepção de Éric Landowski: "Semioticamente falando, para que um sujeito possa operar sobre um objeto qualquer, é necessário que tal objeto esteja "programado"; mas a noção de programação remete à idéia de "algoritmo de comportamento"; e finalmente, essa idéia se traduz, em termos de gramática narrativa, na noção precisa de *papel temático*. Um aparelho eletrônico, por exemplo, tem um "programa", um animal seus "instintos", um artesão seu "ofício", e assim sucessivamente: outros tantos papéis temáticos que não apenas delimitam semanticamente esferas de ação particulares, mas que, em certos contextos, permitirão antecipar até nos mínimos detalhes os comportamentos dos atores (humanos ou não) que deles são investidos" (Landowski, *Interações arriscadas*, 2014, ps. 22-23).

[978] Da mesma forma como se dá no âmbito da arte teatral: "Para Burnier, um ator que interpreta um texto dramático ou literário faz uma tradução de uma linguagem literária para a linguagem cênica" (Ferracini, *Ensaios de atuação*, 2013, p. 50).

[979] "Concentrons-nous un instant sur le rôle de l'acteur juge. Le personnage de l'acteur permet de mettre en exergue un point essentiel de l'herméneutique: la necessité d'un interprète, c'est-à-dire d'un médiateur entre le texte (ici, de lois; là, de théâtre et ses destinataires (ici, le justiciable; là, le spectateur)" (Flückiger, L'acteur et le droit: du comédien au stratège, *in Revue Européenne des Sciences Sociales,* XXXIX, 121, 2001, p. 04).

[980] "Por isso é preferível considerar a fórmula em questão como a que representa não o acto, mas o *programa narrativo* dando conta da organização sintáctica do acto" (Greimas, As aquisições e os projectos: prefácio, *Introdução à Semiótica narrativa e discursiva* (Courtés, Joseph), 1979, p. 20).

[981] "Os actantes principais são o sujeito e o objeto, do qual ele ou ela é separado (numa relação de disjunção) ou com o qual ele ou ela é unido (numa relação de conjunção). Disjunção,

SEMIÓTICA, DIREITO & ARTE

limites de atuação.[982] E, ali, dentro da trama narrativa, os sujeitos (S1, S2, Sn), através de suas *performances*,[983] podem estar numa relação de conjunção (∪) com o *objeto-de-desejo* e de disjunção (∩) com o *objeto-de-desejo*. Se o *objeto* for a *condenação do réu*, pode-se obter o *esquema actancial* segundo o qual a *defesa* (S1) se encontra em *disjunção* (∩) com o *objeto* e a acusação (S2) se encontra em *conjunção* (∪) com o *objeto*, da seguinte forma:

$$S1 \cap O \cup S2$$

Ou, a função de comportamento de um determinado sujeito (S1, S2, Sn), enquanto *Programa Narrativo*, seja a de provocar o *estado-de-coisas* tal em que o outro sujeito (S_2) não obtenha o *objeto-de-valor*, da seguinte forma:

$$S1 \cap O \to S2 \cup O$$

Ou, ainda, a *estrutura narrativa* pode se encontrar de forma mais complexa,[984] em que a *Função* (F) de cada um seja descrita de forma a manifestar que o S1 pretende que o S2 não obtenha a condenação do réu:

$$F \text{ transf.} [S1 \to (S2 \cap O)]$$
Ou, o contrário:
$$F \text{ transf.} [S2 \to (S1 \cup O)]$$

---

transformação e conjunção de actantes são, portanto, as fontes básicas de qualquer desenvolvimento narrativo" (Nöth, *A semiótica no século XX*, 3.ed., 2005, p. 149).

[982] Cf. Bittar, *Linguagem jurídica*: semiótica, direito e discurso, p. 312.

[983] "Parece evidente que o sujeito só pode realizar uma *performance* se possuir, previamente, a competência necessária: a pressuposição lógica constitui assim, antes de qualquer outra consideração, a base da componente do percurso narrativo que precede a *performance*" (Greimas, As aquisições e os projectos: prefácio, *Introdução à Semiótica narrativa e discursiva* (Courtés, Joseph), 1979, p. 23).

[984] "Os programas narrativos (que abreviamos por PN) são unidades simples, mas susceptíveis de expansões e de complexificações formais que não mudam em nada o seu estatuto de fórmulas sintácticas aplicáveis às mais diversas posições narrativas" (Greimas, As aquisições e os projectos: prefácio, *Introdução à Semiótica narrativa e discursiva* (Courtés, Joseph), 1979, p. 20).

Mas, a previsibilidade é algo que não pode ser garantido, nem no plano da *narratividade processual*, nem no *plano da narratividade semiótica*. E essa constatação, a *Semiótica* respeita, por isso, não considera as *interações pré-processuais* e/ou as *interações processuais* sujeitas a uma pura relação de *causalidade*, mas a relações fugidias, inconstantes, permutáveis e complexas.[985] Assim, as *interações jurídicas* deixam margem para um grau de imprevisibilidade, e os papéis podem se permutar, as relações podem se recambiar, e os desfechos podem se multiplicar, ainda que não possam, de forma alguma, alterar a *imperatividade programada* e *tecnocrática*[986] com a qual é dada a necessidade de se obter o desfecho obrigatório do processo na forma de *decisão terminativa*, ainda que o *conflito social* não tenha sido concluído, resolvido, exaurido ou superado.

4.4.4. Interações jurídicas, processo e decisão jurídica

Na estrutura narrativa do conto, obter o amor da *princesa* pode ser o *objeto-de-valor* do *herói* da trama narrativa, dentro de sua estrutura ficcional.[987] Na estrutura narrativa do romance policial, a obtenção da *prisão* do criminoso pode ser o *ojeto-de-valor* de toda a trama narrativa, dentro de sua estrutura literária mais realista do que ficcional. Ora, do ponto de vista

---

[985] "Seja como for, para interagir com o outro limitando os riscos, é imprescindível poder contar com um mínimo de constância da sua parte e, portanto, de previsibilidade em seus comportamentos. Mas como outrem, por definição, não é uma coisa submetida a regularidades de tipo causal, é frequentemente difícil ver de antemão em que nível tais qualidades poderiam se manifestar" (Landowski, *Interações arriscadas*, 2014, ps. 34-35).

[986] "*A programação* preside, em primeiro lugar, as atividades de tipo *tecnológico* que concernem as nossas relações com as coisas. Mas ela pode também subjazer a um modo de organização social e política de tipo *tecnocrático*, no que tange às relações entre as pessoas. Dado que esses dois aspectos podem muito bem seguir de mãos dadas, quanto melhor se conseguir conjugá-los, mais se aproximará de um regime de segurança perfeita, sem acidentes nem desvios de qualquer tipo. Sua aliança culmina na organização de sociedades totalitárias de tipo burocrático, espécies de máquinas humanas a serviço da máquina de produção" (Landowski, *Interações arriscadas*, 2014, p. 32).

[987] A observação é de Winfried Nöth: "O modelo básico da estrutura actancial é o seguinte: um sujeito narrativo, prototipicamente o herói do conto, deseja e procura um objeto, que pode ser uma pessoa, por exemplo, uma princesa. O sujeito e o objeto fazem ainda parte de duas redes semânticas mais desenvolvidas: o sujeito, de um lado, é assistido por um *coadjuvante*, mas, do outro lado, tem de lutar contra um *opositor*, o vilão do conto" (Nöth, *A semiótica no século XX*, 3.ed., 2005, p. 157).

SEMIÓTICA, DIREITO & ARTE

da estrutura do processo judicial, a *trama narrativa processual* envolve *atores jurídicos* previamente qualificados, não importa o que digam ou como se expressem, na *superfície* do *uso discursivo*.

As oportunidades de fala estão demarcadas, os prazos estão definidos, as peças processuais são formulários pré-determinados, e as etapas processuais cuidam de conduzir todos os atores jurídicos em direção a um ponto terminativo acerca das *dúvidas*, indefinições, incertezas e expectativas, que reinavam no estado inicial (Ei) da querela judicial, que deve encontrar seu desfecho, seu termo final, num estado final (Ef), por meio de sentença judicial transitada em julgado. Eis o papel da *decisão jurídica*, qual seja, estabelecer a *resolubilidade* dos conflitos sociais, oferecendo *segurança pública*, ao mesmo tempo em que, em condições procedimentais, estabelece as melhores formas para se aproximar do melhor resultado de justiça almejado pelas partes.

Por isso, aqui já se pode dizer, que a *decisão jurídica* é o *objeto-de-valor* (O)[988] a ser obtido pelas partes, enquanto *atores jurídicos investidos de papéis actanciais* (S1; S2; Sjuiz), através do exercício *performático* de seus *percursos narrativos* (PN1; PN2; PNjuiz). A *decisão jurídica* é o *objeto-de-desejo* dos *atores jurídicos* – enquanto aqueles que aguardam um provimento jurisdicional favorável ao seu *lugar-de-discurso* – que os faz se envolverem na *trama judicial*. Aliás, é por *desejarem* o *objeto final* do provimento jurisdicional – a *decisão jurídica* terminativa –, a partir da qual se deslocam *resultados* socialmente relevantes (autoriza-se o divórcio; reconhece-se o vínculo empregatício; dá-se provimento a uma indenização pecuniária; condena-se um criminoso; afasta-se a criança de um perigo; confere-se acesso a um serviço de saúde para um paciente terminal) – que são *investidos* de seus *papéis* como *atores jurídicos*, e ganham a condição de sujeitos; ser sujeito é algo que se reporta a um *objeto*.[989]

---

[988] "O alcance destas confrontações, e pouco importa que elas sejam violentas ou pacíficas, é constituído por objectos de valor cobiçados dos dois lados, e as suas consequências reduzem-se às transferências de objetcots de um sujeito para outro" (Greimas, As aquisições e os projectos: prefácio, *Introdução à Semiótica narrativa e discursiva* (Courtés, Joseph), 1979, p. 16).

[989] "Dito de outra forma, não há definição possível do sujeito sem a relação deste com o objeto, e inversamente" (Greimas, As aquisições e os projectos: prefácio, *Introdução à Semiótica narrativa e discursiva* (Courtés, Joseph), 1979, p. 18).

SEMIÓTICA APLICADA, DIREITO E ARTE

4.4.5. Interações jurídicas, decisão jurídica e nó semiótico

Diante do *objeto-de-desejo* – a *decisão jurídica*, a síntese do ato de julgar, segundo Paul Ricoeur –[990] e das narrativas das partes, fazendo face à legislação vigente, respondendo a pressões contextuais, tendo a tarefa de dialogar com uma enormidade de textos jurídicos, documentos, provas, atos processuais, decisões prévias, o rito processual impõe que a *decisão judicial* se torne um verdadeiro *ponto-de-encontro* de vários *textos*. Assim, a *intertextualidade* é o padrão de definição e de contorno da *decisão jurídica*. Assim, a *decisão jurídica* está longe de ser um *solilóquio* do juiz, ou ainda, um processo *lógico-dedutivo* da lei abstrata ao caso concreto. Na *decisão jurídica*, ao final do *ritual de justiça*, deságua toda a *complexa trama* de *textos* formada ao longo da apuração processual, da petição das partes, da produção de provas e da tentativa de alcance da *verdade* pela justiça. Neste ponto, vale recordar a afirmação do sociólogo francês Antoine Garapon:

> "É então essencial pensar a decisão final como o produto de uma multitude de pequenas decisões tomadas por vários atores que não são, aliás, todos juízes nem mesmo juristas".[991]

Assim, do ponto de vista semiótico, um modelo de *gramática narrativa* do processo nos fornece condições de avaliar que o perfil de *interação jurídico-processual*, apesar de poder ser descrito pelos meios e caminhos da *narratividade semiótica*, não consente de forma alguma a equivalência entre o *processo* e situações de *programação matemática de risco zero*.[992] É assim que a *decisão judicial* envolve relativo grau de previsibilidade – dentro de chances e hipóteses que aumentam ou diminuem a cada *imput* comunicativo processual –, mas jamais um grau de *previsibilidade absoluta* que reduziria

---

[990] O filósofo francês Paul Ricoeur se reporta ao papel das instituições como mediadoras, e afirma: "... é realmente no fim da deliberação que se situa o ato de julgar" (Ricouer, *O justo 1*: a justiça como regra moral e como instituição, 2008, p. 175).

[991] Garapon, *O guardador de promessas*: justiça e democracia, 1998, p. 171.

[992] O juízo jurídico não está fundado num paradigma de segurança total: "Il maestro del diritto cerca nella realtà 'legalizzata' il senso del giusto, nei fatti le intenzioni degli atti, della libertà che genera l'imputabilità e la qualifica, nella sua 'totalità', secondo la 'pietra di paragone', avvero secondo un principio regolativo della cogliere nella legalità con la creatività dell'interpretazione, che distingue e compara nella ricerca della giustizia" (Romano, *Giudizio Giuridico e Giudizio Estetico: da Kant verso Schiller*, 2013, p. 84).

a *decisão jurídica terminativa* a um *ato robótico,* cujo conteúdo se pudesse *antecipar,* no sentido de estar já definido e contido, ou na *descritividade da regra jurídica* ou na *atitude com a qual o juiz pudesse conduzir o processo.*

A *decisão jurídica* não é, por isso, uma *decisão mecânica,* mas *resultante semiótica* dos processos de operações semióticas *intertextuais* dentro do *processo,* para manter viva a ideia de François Rastier.[993] Mais ainda, a *decisão jurídica* não é capaz de revelar uma *verdade absoluta,* mas apenas uma *verdade jurídica* – circunscrita pelas condições processuais –, da mesma forma como a *estética* não é capaz de conduzir a *beleza absoluta,* e sim à *beleza relativa.*[994] Aqui, de novo, a diferença entre o Direito e a Estética, e, também, entre Direito e Literatura. Aliás, a literatura pode estar aberta à *busca infinita* da *verdade,* enquanto o Direito busca a *segurança jurídica* e profere *decisões* que se aproximam ao máximo das possibilidades do *justo.*[995] A *verdade jurídica* é a *verdade formal.*[996]

Ora, isso leva à concepção segundo a qual a *decisão jurídica* não se cria *ex nihilo,* ela se desdobra do conjunto de encontros e desencontros textuais havidos no interior do processo visto como *arena judiciária;* a falta de uma prova pode ser tão decisiva, quanto a indiscutibilidade de uma

---

[993] "Touté séquence textuelle, tout signe même, est suceptible de deux types de fonctionnement: intratextuel et intertextuel (ou plus généralement, et exactement, intersémiotique)" (Rastier, *Sens et textualité,* 1989, p. 30).

[994] "Tuttavia quel che accomuna questi due tipi di giudizi è che a tutte le persone 'giudicanti' non sono accessibili né la giustizia assoluta, né la bellezza assoluta, ma unicamente una possibile progressione nell'avvicinarsi ad una *giustizia parziale* e ad una *bellezza parciale,* che acquistano la loro comunicabilità nel definirsi, rispettivamente, in una *opera giuridica* ed in una *opera estetica*" (Romano, *Giudizio Giuridico e Giudizio Estetico: da Kant verso Schiller,* 2013, p. 47).

[995] "En el caso de la literatura, el proceso de esclarecimineto de la verdad está siempre abierto, porque la literatura no establece la verdad formal ni diferencia entre verdad sustancial y verdad formal" (Callejón, Verdad y certeza en el Derecho y en la Literatura, *in Antimanual de Direito & Arte* (Franca Filho, Marcílio; Leite, Geilson Salomão; Filho, Rodolfo Pamplona, coords.), 2016, p. 350).

[996] "En definitiva, mientras el Derecho tiende a detenerse en la verdad formal para cerrar formalmente el conflicto, favoreciendo así la certeza y la seguridad jurídica – pero dificultando el conocimiento de la verdad y, por tanto, la realización de la justicia y de otros princípios fundamenales para la sociedad – la literatura puede prolongar el conflicto haciendo posible así que se mantenga la tensión social acerca de la verdad" (Callejón, Verdad y certeza en el Derecho y en la Literatura, *in Antimanual de Direito & Arte* (Franca Filho, Marcílio; Leite, Geilson Salomão; Filho, Rodolfo Pamplona, coords.), 2016, p. 351).

tese jurídica. A *decisão jurídica* é assim *nó-semiótico* na medida em que vê desaguar os vários afluxos das estratégias narrativas das partes num *texto-jurídico-síntese,* que deve ser inclusive representativo da capacidade de levar em consideração todos os argumentos, todas as alegações, todas as provas levantadas ao longo da *narrativa processual.* Em reflexão contida em estudo anterior, já se pôde efetivamente destacar esta ideia de que a *decisão jurídica* se constitui como um *nó-semiótico.*[997] Aqui, reafirma-se que não sendo *invenção subjetiva* (subjetividade do ator juiz) e nem *dedução programada* (objetividade normativa), a *decisão jurídica* é sim *resultante* de cada movimento *inter-semiótico* promovido durante das *etapas processuais* pelos *actantes* do jogo processual. Ela se inscreve na ordem das coisas que se encontra, em doses maiores ou menores a cada caso, entre o *subjetivo* e o *objetivo,*[998] não se podendo eliminar nem uma face, nem outra face, do processo de produção da decisão jurídica.

O *raciocínio jurídico* – ao lidar com *signos verbais, não-verbais* e *sincréticos* –[999] aqui tem a ver com a tarefa de operar com *textos,* disputar visões e

---

[997] "Fato é que a decisão jurídica representa um *ponto de confluência* de múltiplos fatores, para se *corporificar* na forma de um texto decisório, aqui tomado o termo *texto* em seu sentido semiótico, que também pode ser dito, um *nó semiótico.* Esta terminologia evoca, e procura exprimir, a ideia de que a *decisão jurídica* não é mero ato racional, não é mero condensado de palavras, não é mera exposição lógica do que se encontra na lei e no caso concreto. Nesta concepção, quer-se muito mais valorizar a ideia de que a *decisão jurídica* está cercada por uma *constelação multi-semiótica* de influências e condicionamentos, de forma que ela significa *o ponto de convergência* destes múltiplos fatores, em seu sentido resolutivo" (Bittar, *Introdução ao Estudo do Direito*: humanismo, democracia e justiça, 2018, p. 492).

[998] A esta mesma conclusão chega aniel M. Conanzi, em seu estudo: "L'analisi strutturale seguita ha condotto ad avidenziare la realtà – tra *formatività e norma* – del diritto; una realtà particolare perché al crocevia tra oggetivo e soggettivo, proprio come la specifità dell'interpretazione giuridica dimosta, tra costituzione e svelamento una realtà che non è *ex nihilo* creativa ma che non è depositata nella cosalità cosmografica" (Conanzi, *Formatività e Norma: elementi di teoria estetica dell'interpretazione giuridica,* 2013, ps. 56-57).

[999] Como aponta Jacques Fontanille: "Além do mais, o raciocínio não deve, quanto a isso, embasar-se somente na linguagem verbal, que dispõe de um vasto estoque de formas codificadas, pois, a partir do momento em que se consideram as linguagens não verbais – gestuais, visuais etc. –, realmente se é obrigado a admitir que nelas o papel da *invenção,* pelo discurso, das expressões e de sua significação é bem maior, pois, do ponto de vista da organização das unidades no sistema, as linguagens estão longe de ser homogêneas" (Fontanille, *Semiótica do Discurso,* 2015, p. 35).

SEMIÓTICA, DIREITO & ARTE

interpretações abertas acerca do *texto normativo*,[1000] lidando com o *curto-circuito* provocado entre os mesmos, movimentando-se num complexo *labirinto semiótico* que desemboca na *decisão jurídica*. A *decisão jurídica* não é o retrato da vontade do juiz, e nem mesmo da vontade do legislador, mas daquilo que a *confluência intra-textual* tornou possível ao longo do processo, considerado o conjunto das *condicionantes textuais* – internas ao processo e externas ao processo –[1001] incidentes sobre o caso concreto, entre elas, a atitude de negativa do réu de se manifestar sobre os fatos, o estado da arte da jurisprudência na matéria, a validade das regras jurídicas incidentes, a precariedade das provas produzidas nos autos do processo, os indícios deixados no local do crime, as teses jurídicas sustentadas pela acusação e pela defensa, a pressão da mídia e da opinião pública sobre o caso.

Em verdade, a decisão ganha 'forma' e pode ser 'expressada' pelos *signos verbais escritos* pelo juiz, na forma de um *texto jurídico* – programado por atribuição actancial como parte do *papel institucional* do juiz –, mas não é construída solitariamente pela mente do juiz, mas sim construída pela *complexa trama*[1002] formada entre os atores do *teatro da justiça*. Por

---

[1000] "El texto legal, no obstante, frecuentemente admite multiples lecturas, a veces muy diversas entre sí; su *lecturabilidad* no es cerrada y única" (González, Derecho y literatura: la cultura literária del Derecho, *in Anais I Simposio de Direito e Literatura* (OLIVO, Luis Carlos Cancellier de, org.), 2011, p. 18).

[1001] Seguindo-se a compreensão de *entorno semiótico*, desenvolvida por François Rastier: "L'entour (ou contexte non linguistique, au sens large) englobe le texte, l'émetteur et le récepteur. Il contient les interprétants nécessaires à l'actualisation de contenus du text. Il se dispose en trois zones d'étendue croissante:

(i) Les sémiotiques associées au texte (mimiques, gestuelles, graphies, typographies, diction, musique, images, illustrations, etc.). Une ou plusieurs sémiotiques associées sont toujours présentes; et l'on pourrait dire que la communication linguistique est de nature plurisémiotique;

(ii) La situation de communication et notamment la pratique sociale où le texte prend place, et qui rend compte du choix de son genre, comme des autres formations sociolectales;

(iii) Les connaissances encyclopédiques *de* la société où la communication a lieu; et, englobant les precedentes, *sur* cette société. Elles incluent bien entendu toutes les connaissances disponibles sur l'émetteur et le récepteur" (Rastier, *Sens et textualité*, 1989, ps. 50-51).

[1002] "Em face dos argumentos e demais elementos que instruem um processo, ou seja, a controvérsia fática formalizada, todo um conjunto argumentativo, que se vale de recursos retóricos, lógicos, sentimentais, normativos, prudenciais, sociais, valorativos, idiossincráticos, interpretativos, funcionais, comunicacionais, teleológicos, os agentes de sentido,

isso, a *decisão jurídica* não é o retrato da vontade do juiz, e nem mesmo da vontade do legislador, mas daquilo que a *confluência intra-textual* tornou possível ao longo do processo.

4.5. Semiótica, Direito e Educação: a educação em direitos humanos
4.5.1. A cultura dos direitos humanos

O termo *cultura* (*colere*, lat.) aqui, sabendo-se da complexidade que o cerca, é utilizado para significar o conjunto das práticas, atitudes, formas de vida, exercícios de consciência, que organizam a forma de viver em comum. Nas palavras de Terry Eagleton, o termo se afirma como sendo "...o complexo de valores, costumes, crenças e práticas que constituem o modo de vida de um grupo específico".[1003] Diante da consternação que provoca, e da ambiguidade que abriga, de toda forma, pode-se dizer que o *lugar do simbólico* é o *lugar da cultura*. Assim, o termo *cultura*, sendo fértil de sentidos, aqui pode ser tomado como um sistema de signos, na visão de Umberto Eco,[1004] ou como aquele *pano de fundo*, a que se refere Herbert Marcuse, para designar o que está estruturando a sociedade em suas práticas.[1005]

---

que são sujeitos engajados em discurso (Delegado, Defensor, Advogado, Autor, Réu, Juiz, Ministério Público), atuam no sentido da formação de um conjunto repertorial capaz de satisfazer exigências de sustentação de um interesse processual colocado em relevo pela faticidade da contenda apresentada em juízo" (Bittar, *Linguagem jurídica*: semiótica, direito e discurso, ps. 327-328).

[1003] Eagleton, *A idéia de cultura*, 2005, p. 54. Marcuse a essa definição se reporta em um de seus estudos sobre o tema: "Parto da definição de cultura dada pelo Webster, segundo a qual cultura é entendida como o complexo específico de crenças religosas, aquisições, tradições, etc. Que configuram o pano de fundo (*Hintergrund*) de uma sociedade" (Marcuse, Comentários para uma redefinição de cultura, *in Cultura e sociedade*, 1998, p. 153).

[1004] "Nesta perspectiva, toda a cultura é vista como um sistema de sistemas de signos em que o significado de um significante se torna por sua vez significante de um outro significado, ou até o significante do próprio significado – independentemente do facto de estes serem palavras, objectos, mercadorias, ideias, valores, sentimentos, gestos e comportamentos. A semiótica torna-se assim a forma científica da antropologia cultural" (Eco, *O signo*, 1990, p. 169).

[1005] "...cultura é entendida como o complexo específico de crenças religiosas, aquisições, tradições, etc. que configuram o 'pano de fundo' (*Hintergrund*) de uma sociedade" (Marcuse, Comentários para uma redefinição da cultura, *in Cultura e psicanálise*, 3. ed., 2001, p. 69).

Como se percebe, o termo *cultura* é um termo disputado em sua significação, sendo vizinho do termo *civilização*,[1006] e, exatamente por isso, resvalando no termo *barbárie*, o que permitirá a Theodor Adorno e a Max Horkheimer afirmarem a existência de uma *barbárie estética* no mundo moderno.[1007] Ademais, sabe-se, pela análise de Walter Benjamin, que 'todo documento de cultura é também um documento de barbárie'. E será no ensaio de 1940, *Sobre o conceito de história*, que se lerá: "Nunca houve um monumento da cultura que não fosse também um monumento da barbárie. E, assim como a cultura não é isenta da barbárie, não o é, tampouco, o processo de transmissão da cultura".[1008] Assim, a cultura pode portar a barbárie, e ser por ela atravessada, constituindo um campo de aproximação entre o que se chama de *civilização* e que se chama de *barbárie*.[1009]

As artes são vistas apenas como um *micro-cosmo* no amplo campo da cultura, mas ainda assim, um micro-cosmo complexo e múltiplo o suficiente para trazer contribuições às reflexões sobre o tema da justiça, da cidadania e dos direitos. E é no plano da cultura que desfilam categorias como a do *belo* e a do *feio*, e bem se sabe o quanto a beleza é um *bem social* estimado pela humanidade desde sempre. Ela sempre foi alvo de desejo, evocação, especulação, contemplação, inspiração, amor, veneração, e até, de teoria. E isto para todas as civilizações e culturas, de suas diversas formas, e por suas diversas abordagens, padrões e compreensões. Aqui, o *belo* e o *feio* sempre se antagonizaram, criando campos de *significação social*

[1006] Em Norbert Elias, se apreende a discussão sobre o conceito de civilização nos seguintes termos: "O conceito de civilização refere-se a uma grande variedade de fatos: ao nível da tecnologia, ao tipo de maneiras, ao desenvolvimento dos conhecimentos científicos, às idéias religiosas e aos costumes" (Elias, *O processo civilizador*: uma história dos costumes, v. I, 1994, p. 23).

[1007] "A barbárie estética realiza hoje a ameaça que pesa sobre as criações espirituais desde o dia em que foram colecionadas e neutralizadas como cultura." (Adorno, Horkheimer, *A indústria cultural*: o iluminismo como mistificação das massas, in *Indústria cultural e sociedade*, 2006, p. 22).

[1008] Benjamin, Sobre o conceito de história, in *Magia e técnica, arte e política: ensaios de literatura e história da cultura*, Obras Escolhidas, Volume 1, 7.ed., 1996, p. 225.

[1009] "Duas idéias se fundem no conceito de civilização. Por um lado, ela constitui um contra-conceito geral a outro estágio da sociedade, a barbárie. Este sentimento há muito permeava a sociedade de corte. Encontrara sua expressão aristocrática de corte em termos como *politesse* e *civilité*" (Elias, *O processo civilizador*: uma história dos costumes, v. I, 1994, p. 62).

também os mais diversos, na medida em que o *feio* já se configurou como um lugar do *mau, sujo, grotesco, odioso, pobre, excluído, anormal, distorcido, moralmente desconforme,* e, por isso, geralmente associado ao campo dos padrões de beleza e de feiúra, dos quais derivam atitudes morais, culturais, políticas e sociais que definem padrões de comportamento diante da *beleza* socialmente aceita e da *feiúra* socialmente rejeitada. A exemplo do que afirma Umberto Eco, em seu famoso estudo *História da feiúra,* em período de guerra, o *outro-inimigo* de guerra é fartamente representado como o *feio,* o *monstruoso,* o *abjeto.*[1010] É nesta linha que se percebe, com clareza, que o *padrão de beleza* predominante, certamente, influencia o padrão de *exigência moral,* que, por sua vez, contamina o *padrão de justiça* predominante.

Essa percepção atinge diretamente a correlação entre *Teoria do Direito* e *Teoria Estética,* ligadas por pontos de contato muito tênues e sutis. E isso porque esta questão toca de muito perto a *dimensão filosófica* do *conceito de cultura* e a *dimensão antropológica* das *práticas de cultura,* apontando-se desde já para o fato de que o *direito* e a *cultura* – e, em conjunto o direito à cultura – tocam de perto nuances sociais e humanas relativas à cultura dos direitos humanos. Aqui, nesta perspectiva de trabalho transfronteiriça, atuando no limiar desafiador e complexo dos campos limítrofes entre as ciências humanas, o direito, a antropologia, a filosofia e as artes, percebe-se que a *cultura* é um *campo simbólico* onde se manifestam *disputas,* mas de qualquer forma, um campo importante de construção como campo de trabalho em direitos humanos. A criação de uma *cultura dos direitos humanos,* que se viabiliza em parte pelo exercício do próprio direito à cultura, é compreendida como um conjunto de esforços em torno de práticas, saberes, afetos e sensibilidades em direitos humanos, o que é, por si só, um imperativo para as democracias contemporâneas.

Esta *cultura dos direitos humanos* deve ser exercida como parte do direito constitucional fundamental e social, de importância para a formação da pessoa humana, diante do simples desafio da *individuação* e da *socialização.* Sua potência está no fato de ser um direito para outros direitos, pois opera no nível da consciência e no nível das práticas. Ela instala um campo de tensões, na fronteira entre a cultura como tradição/conservação

---

[1010] "Mas em toda guerra o adversário é representado como monstruoso" (Eco, *História da feiúra,* 2007, p. 190).

SEMIÓTICA, DIREITO & ARTE

e a cultura como transformação/ mudança. E isso porque toda forma de cultura nos atravessa, nos constitui, nos define e nos perpassa, nos níveis consciente e inconsciente, e aí está o despertar do papel ativo do *direito à cultura* como constitutivo das próprias culturas, e, mais do que isso, como um *ponto de encontro* e de *convergência* de vários outros direitos, tais como: o direito à cidade; a liberdade de pensamento; o direito à educação; o direito à reunião; o direito ao reconhecimento; o direito à inclusão; o direito à liberdade de expressão; direito à comunicação. E, por meio da cultura da cidadania e dos direitos, quer-se enfrentar: a cultura do consumismo; a cultura da banalização da violência; a cultura da negligência; a cultura da exclusão; a cultura da reificação; a cultura da indiferença à injustiça; a cultura da trans-lesbo-homo-fobia; a cultura da xenofobia; a cultura da legitimação da segregação social.

4.5.2. A pedagogia da sensibilidade na educação em direitos humanos

O *olhar dos direitos humanos*, para que seja possível, pode e deve estar conectado ao *olhar artístico*, ainda que seja pelo vínculo do estranhamento.[1011] O que se chama de *olhar dos direitos humanos* é aquele modo de enxergar o mundo que é forjado na base da compreensão da *alteridade*.[1012] Daí, a força da educação no processo de constituição do *olhar para os direitos humanos*, ou do *olhar para a realidade com os olhos dos direitos humanos*. Na educação, transformam-se as visões de mundo,[1013] as concepções, os saberes, os sentimentos, os valores, as percepções, os conceitos, de modo que não há nada mais significativo do que uma educação pela arte para o *auto--conhecimento* e o *conhecimento-do-outro*.[1014]

[1011] "A estética atua pelo estranhamento que provoca diante da normalização da moral, pois pode colocar em questionamento leituras restritivas que carecem de revisão histórica, como nossas interpretações da dignidade humana" (Hermann, *Ética e estética*, 2005, p. 106).

[1012] "Só dando chances à sensibilidade estética, é possível alguém perceber que as diferenças de culturas e de contextos da vida cotidiana modulam o princípio da igualdade e permitem reconhecer e respeitar as diferenças" (Hermann, *Ética e estética*, 2005, p. 103).

[1013] "A estética modifica quem a vivencia e permite ver o mundo sob uma nova luz" (Hermann, *Ética e estética*, 2005, p. 40).

[1014] "Educado pelo estético, o homem não despreza os sentimentos e impulsos provenientes da natureza sensível, mas eleva-se à vida moral" (Hermann, *Ética e estética*, 2005, p. 62).

SEMIÓTICA APLICADA, DIREITO E ARTE

É certo que a relação entre educação e arte, entre educação e moral, e entre arte e moral, nem sempre foi pacífica,[1015] mas pode-se indicar na *arte-educação* um importante caminho para o desenvolvimento do olhar dos direitos humanos. A arte em si já está carregada de sentido, e, aqui, se pode unir o seu amplo *poder simbólico*[1016] à ampla carga semântica contida nos *direitos humanos*. Para isso, concorre a ideia de uma formação geral, ampla, pluralista, crítica e humanista, o que passa necessariamente pela dimensão das *experiências artísticas*, e, esta formação será um tanto melhor e mais qualificada, quanto maior o espectro de *experiências artísticas* e *leques de abertura* em gêneros, modalidades e campos da arte se puder abranger.

A experiência estética permite acessar dimensões, conhecer, fazer, valorizar ações, enxergar características, perceber de modo mais sutil, pleno, original e refinado a realidade, elevando-nos à dimensão do espírito.[1017] Não por melhores palavras, Hermann pode afirmar que: "É no estado estético que o homem atinge sua plenitude, e devemos introduzir a beleza e a arte em todas as dimensões de nossa vida para nos elevarmos ao estado moral".[1018] A *educação* que se quer *ética*,[1019] também tem de ser *estética*, pois *sensível* e *humanizadora*. Uma educação purificada no universo dos conceitos gerais, universais e abstratos nos retira do quotidiano, local

---

[1015] Desde as *Leis*, de Platão, busca-se um sentido moral e educativo para as artes: "Na cidade ideal que o Estrangeiro funda tão cuidadosamente nas *Leis, a* música (acompanhada necessariamente de cantos e danças) desempenha um papel essencial na educação moral dos jovens cidadãos (II, 654 b). A arte exerce sobre o corpo e as paixões uma influência que o legislador deve regulamentar e utilizar à maneira dos regimes que a medicina hipocrática recomendava que se seguissem para gozar de boa saúde (*Leis*, 797 d, e)" (Lacoste, *A filosofia da arte*, 1986, p. 16).

[1016] "Ou, de forma mais resumida, a meta desse ensino é desenvolver nos jovens a disposição de apreciar a excelência nas artes em função da experiência maior que a arte é capaz de proporcionar" (Smith, Excelência no ensino da arte, in *Arte-educação*: leitura no subsolo (BARBOSA, Ana Mae, org.), 2013, p. 134).

[1017] "Enfatizamos a importância de construir-se formal, sistemática e sequencialmente um sentido estético e um ambiente sensível com os quais possamos perceber os objetos de arte" (Smith, Excelência no ensino da arte, in *Arte-educação*: leitura no subsolo (BARBOSA, Ana Mae, org.), 2013, p. 140).

[1018] Hermann, *Ética e estética*, 2005, p. 69.

[1019] "Daí o poder formativo da literatura (extensivo à arte em geral, vale frisar), daí a sua importância didática... sem didatismos, daí a sua importância para o estudo da ética... sem moralismos" (Perissé, *Filosofia, ética e literatura*: uma proposta pedagógica, 2004, p. 171).

SEMIÓTICA, DIREITO & ARTE

e específico, podendo colaborar para processos de desumanização; daí a importância do papel da *arte-educação* e, daí, a importância da associação da *arte-educação* com a *educação em direitos humanos*.[1020]

A exemplo do poder da poesia, pode-se realçar que "Poesia é voar fora da asa", seguindo o que afirma Manoel de Barros, no *Livro das Ignorãças* (1ª. Parte: Uma didática da Invenção, XIV).[1021]

E, ainda, em *Charles Baudelaire: um lírico no auge do capitalismo*, afirma Walter Benjamin:

> *"Os poetas encontram o lixo da sociedade nas ruas e no próprio lixo o seu assunto heróico".*[1022]

A partir desta provocação filosófica, é possível o bom debate sobre o tema *catadores,* considerando-se o poema *Homem-tração*, de Dalila Teles Veras,[1023] onde se pode ler:

> "recolhem
> (latas, caixas, vidros, papéis)
> miserável quinhão
> no latifúndio consumista
>
> brancaleônicas figuras
> recolhem e carregam
> (penas – carga brutal)
> carregam e caminham
> caminham e descarregam
> (elas próprias, descartes)

[1020] "Constata-se a importância de ambos os espaços educativos para o aprendizado da arte, cada qual fornecendo o que lhe é característico: o contato com obras originais no espaço não-formal, exibindo o que é apresentado virtualmente em aula teórica com seus contextos e servindo de exemplo para o desenvolvimento de técnicas e modos de expressão para aulas práticas no ensino formal". (Oliveira, Ana Claudia de, Luciana Chen, *Do sensível, ao inteligível, Duas décadas de construção do sentido*, 2014, ps. 501,502).

[1021] Barros, *Poesia completa*, 2010, p. 302.

[1022] Benjamin, Charles Baudelaire: um lírico no auge do capitalismo, *in Obras escolhidas*, V. 3, 3. ed., 2000, p. 78.

[1023] Veras, Homem-tração, *in Cidades impossíveis* (Bittar, Eduardo C. B.; Melo, Tarso de, orgs.), 2010, p. 132.

menos-valia
não armazenável
ração restrita à hora
incerta e presente"

A força elocutiva do poema *diz radiosamente tudo,* quando a matéria é colocar em evidência a *não-cidadania* da realidade das legiões de catadores espalhados por todas as partes, e que sobrevivem dos *restos* da "civilização consumista". Na mesma toada, pode-se ler em *"Objetos",* de autoria de Donizete Galvão:[1024]

"Agora,
homens são coisas,
badulaques pendurados
como galinhas na peia,
pelas feiras,
de cabeça para baixo
à espera de compradores.

Agora,
mercadorias têm vida própria
Saracoteiam quinquilharias
diante dos homens-coisas
que continuam
com pés atados
e bicos ávidos"

Daí que uma *educação em direitos humanos* tem fértil perspectiva de afirmar 'valores do convívio' e situar questões do 'relacionamento social', valorizando 'formas de socialização' dos parceiros do direito conduzindo olhares, sentimentos, vivências e aproximações *eu-outro* pelos caminhos da *estética,*[1025] nos fortalecendo em nossa autonomia (intelectual, cultural, moral e sensível).[1026]

[1024] Galvão, Objetos, *in Vidas à venda* (Bittar, Eduardo C. B.; Melo, Tarso de, orgs.), 2009, p. 69.

[1025] "O novo conhecimento em direitos humanos, constituído pela Arte não é um novo produto, é um novo processo" (Gorsdorf, Direitos humanos e arte: diálogos possíveis para uma episteme, *in Direitos humanos e políticas públicas* (Faria Silva; Gediel; Trauczynski, orgs.), 2014, p. 65).

[1026] "A elevação da esfera da necessidade para a liberdade e para a autonomia humaniza o homem e isso constitui o imperativo moral e o axioma elementar de nossa cultura.

SEMIÓTICA, DIREITO & ARTE

Por isso, a proposta de uma *educação em direitos humanos* pelas *linguagens das artes* é de fundamental importância para a ampla disseminação de conteúdos que tenham diretamente a capacidade de significar do ponto de vista da cidadania, da diversidade e do reconhecimento da alteridade. No cordelismo de Costa Senna, em seu Cordel intitulado *Etnia*, nas duas últimas estrofes, se poderá ler:

> "Tem mulato, mameluco,
> *Tem caboclo, sarará.*
> *O nosso povo é eclético*
> *Nos costumes, no pensar.*
> *Tente agir corretamente,*
> *Tu és parte dessa gente*
> *Que não deves desprezar.*
>
> *De negros, brancos e índios*
> *Vêm as nossas etnias.*
> *E todos temos direito*
> *À mesma soberania.*
> *No lugar do preconceito*
> *Procure encontrar um jeito*
> *De exercer a cidadania".*[1027]

A também muito conhecida poesia de Thiago de Mello, intitulada *Os Estatutos do homem: ato institucional permanente*, é precisamente explícita no que tange aos direitos humanos:[1028]

O crescimento e ao aperfeiçoamento na direção da autonomia são os únicos caminhos que conduzem à vida exitosa" (Hermann, *Ética e estética*, 2005, p. 47).

[1027] Senna, *Cordéis que educam e transformam*, 2012, ps. 19-20.

[1028] "Por diversas vezes, determinadas obras de arte contribuíram para a reflexão dos Direitos Humanos, na maioria dos casos, de violações de direitos humanos, sendo testemunho de um determinado contexto histórico e revelador do exercício de um poder e de um Direito. Apenas para citar um caso: Guernica, painel elaborado por Pablo Picasso, sobre os horrores da 2ª. Guerra Mundial" (Gorsdorf, Direitos humanos e arte: diálogos possíveis para uma episteme, *in Direitos humanos e políticas públicas* (Faria Silva; Gediel; Trrauczynski, orgs.), 2014, p. 61).

"Artigo I

Fica decretado que agora vale a verdade.
agora vale a vida,
e de mãos dadas,
marcharemos todos pela vida verdadeira.

Artigo II

Fica decretado que todos os dias da semana,
inclusive as terças-feiras mais cinzentas,
têm direito a converter-se em manhãs de domingo.

Artigo III

Fica decretado que, a partir deste instante,
haverá girassóis em todas as janelas,
que os girassóis terão direito
a abrir-se dentro da sombra;
e que as janelas devem permanecer, o dia inteiro,
abertas para o verde onde cresce a esperança.

Artigo IV

Fica decretado que o homem
não precisará nunca mais
duvidar do homem.
Que o homem confiará no homem
como a palmeira confia no vento,
como o vento confia no ar,
como o ar confia no campo azul do céu.

Parágrafo único:

O homem, confiará no homem
como um menino confia em outro menino.

Artigo V

Fica decretado que os homens
estão livres do jugo da mentira.
Nunca mais será preciso usar
a couraça do silêncio

nem a armadura de palavras.
O homem se sentará à mesa
com seu olhar limpo
porque a verdade passará a ser servida
antes da sobremesa.

Artigo VI
Fica estabelecida, durante dez séculos,
a prática sonhada pelo profeta Isaías,
e o lobo e o cordeiro pastarão juntos
e a comida de ambos terá o mesmo gosto de aurora.

Artigo VII
Por decreto irrevogável fica estabelecido
o reinado permanente da justiça e da claridade,
e a alegria será uma bandeira generosa
para sempre desfraldada na alma do povo.

Artigo VIII
Fica decretado que a maior dor
sempre foi e será sempre
não poder dar-se amor a quem se ama
e saber que é a água
que dá à planta o milagre da flor.

Artigo IX
Fica permitido que o pão de cada dia
tenha no homem o sinal de seu suor.
Mas que sobretudo tenha
sempre o quente sabor da ternura.

Artigo X
Fica permitido a qualquer pessoa,
qualquer hora da vida,
uso do traje branco.

Artigo XI

Fica decretado, por definição,
que o homem é um animal que ama
e que por isso é belo,
muito mais belo que a estrela da manhã.

Artigo XII

Decreta-se que nada será obrigado
nem proibido,
tudo será permitido,
inclusive brincar com os rinocerontes
e caminhar pelas tardes
com uma imensa begônia na lapela.

Parágrafo único:

Só uma coisa fica proibida:
amar sem amor.

Artigo XIII

Fica decretado que o dinheiro
não poderá nunca mais comprar
o sol das manhãs vindouras.
Expulso do grande baú do medo,
o dinheiro se transformará em uma espada fraternal
para defender o direito de cantar
e a festa do dia que chegou.

Artigo Final.

Fica proibido o uso da palavra liberdade,
a qual será suprimida dos dicionários
e do pântano enganoso das bocas.
A partir deste instante
a liberdade será algo vivo e transparente
como um fogo ou um rio,
e a sua morada será sempre
o coração do homem".[1029]

[1029] A poesia se encontra em http://www.dhnet.org.br/desejos/textos/thmelo.htm, Acesso em 28.05.2020.

SEMIÓTICA, DIREITO & ARTE

Assim, o artista pode 'falar' de direitos humanos, e é na medida em que esta 'fala' é significante, e, muitas vezes, mais eficaz na capacidade de gerar sensibilização, pode ser mobilizada enquanto *pedagogia estética dos direitos humanos*. Para o campo da *cidadania*, as artes podem encontram enorme valor, na medida em que *significam, iconizam, representam*. A realidade multiforme, multidimensionada e plural, é de difícil captura, em sua totalidade, mas os fragmentos de realidade captados pela lente de um fotógrafo, pelos *sprays* de artistas de rua, conferem *novos* sentidos a outros olhares que não os do próprio artista, daí sua capacidade de *comunicar*, que revela a qualquer estratégia de trabalho em *educação em direitos humanos*.

4.5.3. Arte política e política da arte

Quando o tema é a política da arte, a pressão para que a obra de arte possua engajamento, ou ainda, seja ativa do ponto de vista político, é enorme. Exatamente por isso, a obra de arte, para que seja livre, e exprima liberdade, não 'tem que', mas simplesmente 'pode', *sensibilizar* para as *injustiças, sofrimentos, misérias* e *explorações* vividas na condição humana. Eis, aí, com clareza, a definição de *arte política*, tal como afirmada por Jacques Rancière.[1030] Daí, o sentido político ser uma opção política da própria liberdade do artista. Em *A dimensão estética*, Herbert Marcuse afirma que: "A arte não pode mudar o mundo, mas pode contribuir para a mudança da consciência e impulsos dos homens e mulheres, que poderiam mudar o mundo. O movimento dos anos sessenta levou a uma transformação radical da subjectividade e da natureza, da sensibilidade, da imaginação e da razão. Abriu uma nova visão das coisas, permitiu o ingresso da superestrutura na base".[1031]

E é nesta condição que a sensibilidade assume sentido político, a revelar que o lugar da *sensibilidade* é no *espaço público*,[1032] e não adstrito e

---

[1030] "Contudo, estas práticas divergentes têm um ponto em comum: geralmente consideram ponto pacífico certo modelo de eficácia: a arte é considerada política porque mostra os estigmas da dominação, porque ridiculariza os ícones reinantes ou porque sai de seus lugares próprios para transformar-se em prática social etc." (Rancière, *O espectador emancipado*, 2014, p. 52).

[1031] Marcuse, *A dimensão estética*, 2007, p. 36.

[1032] "A arte elaborada como lugar de resistência e de mudança na sociedade, prima pelo fortalecimento do debate, do espaço público, da cidadania, em confronto com o processo de transformação da arte em produto de fruição individual, produto de consumo de massa"

SEMIÓTICA APLICADA, DIREITO E ARTE

constrangido à *esfera particular*. É necessário o exercício prático e efetivo da *razão sensível* para fazer face à *intolerância*, às *violências*, à *truculência*, à *perversidade*, às *irracionalidades*, à *opressão*, à *brutalidade*, à *barbárie* e aos *barbarismos* do cotidiano. Isso significa algo, qual seja, que a arte *pode ter a liberdade de se engajar*, mas significa outra coisa, também, qual seja, que a eficácia da arte pode não ter alcance;[1033] a ciência destas duas faces faz, na opinião de Jacques Rancière, com que se possa identificar a arte como crítica.[1034]

Ainda assim, a arte engajada, ou ainda, a arte socialmente enfática – a exemplo da pintura a óleo de 1933, intitulada *Operários*, da autoria de Tarsila do Amaral, em sua fase modernista, que retrata 51 rostos de trabalhadores da indústria –,[1035] deve ser tomada como uma experiência de importância, especialmente para as estéticas contemporâneas, com a multiplicidade de seus canais, técnicas, instrumentos e meios de expressão, diante da potência de dizer sobre questões que atinem ao *abuso do poder*, à *opressão social*, às *violências* e à *injustiça*. É por encontrar no cordelismo o meio de afirmar algo sobre a violência que o poeta e artista Costa Senna, em seu *Cordel* intitulado "Violência", nas duas últimas estrofes, exprime:

> "A violência entre nós
> Só ajuda a nos matar.
> Pois ela está na escola
> Na rua, em casa e no bar.

(Gorsdorf, Direitos humanos e arte: diálogos possíveis para uma episteme, *in Direitos humanos e políticas públicas* (Faria Silva; Gediel; Trauczynski, orgs.), 2014, p. 58).

[1033] "Reconhecer esses signos é empenhar-se em certa leitura de nosso mundo. E essa leitura engendra um sentimento de proximidade ou de distância que nos impele a intervir na situação assim significada, da maneira desejada pelo autor. Daremos a isso o nome de modelo pedagógico da eficácia da arte" (Rancière, *O espectador emancipado*, 2014, p. 53).

[1034] "Arte crítica é uma arte que sabe que seu efeito político passa pela distância estética. Sabe que esse efeito não pode ser garantido, que ele sempre comporta uma parcela de indecidível" (Rancière, *O espectador emancipado*, 2014, p. 81).

[1035] "Os operários de Tarsila perfilam-se para a fumaça onipresente e onipotente das fábricas, mas, já na modernidade, ela os pinta e, dessa forma, denuncia, politiza, questiona" (Zaccara, Artes Visuais: *sobre Memória, Identidade e Direito à Diferença*, in *AntiManual de Direito & Arte* (Franca Filho, Marcílio; Leite, Geilson Salomão; Pamplona Filho, Rodolfo, coords.), 2016, p. 86).

SEMIÓTICA, DIREITO & ARTE

São tantas as violências
E as suas consequências
Nos proíbem de amar.

A violência psicológica,
Em adulto e infantil,
Vintenas de violências
De comportamento hostil
Parem, parem um momento
Desde o descobrimento
Elas corroem o Brasil".[1036]

Assim, a *arte política* traz consigo a possibilidade das utopias, pois é da crítica da realidade das coisas, que se nutre a possibilidade de outros horizontes, de outras práticas, de outras formas de interação social. A *negação artística* é já, por isso, a afirmação de outro algo, deste instante utópico,[1037] que nos suspende, lançando-nos nas possibilidades do sentido.

4.5.4. Arte, fotografia e imagem

A fotografia representou uma perturbadora revolução no campo das artes em geral, e, em especial, das artes visuais.[1038] Não por outro motivo, recebeu vários tratamentos, da *abominação*[1039] à *iconização* como nova forma vanguardista de arte, influenciando decisivamente novas frentes

---

[1036] Senna, *Cordéis que educam e transformam*, 2012, ps. 21-22.

[1037] "A arte sempre tem um momento utópico, uma vez que a presença da obra de arte traz consigo a possibilidade do não-existente, transcende os antagonismos da vida cotidiana, emancipa a racionalidade do confinamento empírico imediato" (Hermann, *Ética e estética*, 2005, p. 39).

[1038] "Para as artes visuais, o desenvolvimento da fotografia representou uma total revolução" (Dondis, *Sintaxe da linguagem visual*, 2007, p. 213).

[1039] "Todos conhecem o destino singular da fotografia em relação à arte. Na década de 1850, estetas como Baudelaire a enxergavam como ameaça mortal: a reprodução mecânica e vulgar ameaçava suplantar o poder da imaginação criadora e da invenção artística. Na década de 1930, Benjamin virava o jogo, via as artes da reprodução mecânica – fotografia e cinema – como o princípio de uma subversão do paradigma na arte" (Rancière, *O espectador emancipado*, 2014, p. 104).

de exploração das linguagens das artes,[1040] foi responsabilizada pelo peso da *morte da pintura*,[1041] e pela *dessacralização* da efígie humana. Seja pelo conteúdo, seja pela técnica e pela forma de captação de imagens, a fotografia foi capaz de tornar estáveis imagens a partir do uso de aparato técnico, que, definitivamente, substitui a mediação da pintura e do desenho.[1042] A exemplo da fotografia de Sebastião Salgado, de *Gênesis,* enquanto reveladora do olhar atento para o que há de único na natureza e na cultura, a fotografia é capaz de retratar o mundo por instantes de captura, através da objetiva, da câmera escura e das lentes.[1043]

Daí, especialmente, a partir de 1888, a sua ampla disseminação, e seu acesso facilitado às pessoas.[1044] Nesta perspectiva histórica, é Walter Benjamin, especialmente em *A obra de arte na era de sua reprodutibilidade técnica,* quem irá se dedicar a compreender a passagem histórica que está se operando pela fotografia,[1045] por isso, sua atenção ao tema é apenas pontual. Do ponto de vista de seu objeto, a *miséria* e a *violência* são vistas,

---

[1040] "Não é preciso enfatizar o impacto da fotografia sobre as artes visuais, a fotografia que foi um fator importante do surgimento do impressionismo e do pontilhismo, de Seurat, que de si mesmo dizia não ser pintor, mas 'cientista da cor' " (Pignatari, *Semiótica da arte e da arquitetura*, 1995, p. 35).

[1041] "Assim, como a invenção da fotografia provocou um grande impacto na pintura clássica, abrindo caminho para a pintura abstrata, assim também a 'estória'começou a emigrar da prosa literária para outras linguagens – o cinema, os quadrinhos, a fotonovela, a telenovela, a prosa não-literária (*best-seller*)" (Pignatari, *Semiótica e literatura*,1987, p. 23).

[1042] "O conteúdo e a forma são os componentes básicos, irredutíveis, de todos os meios (a música, a poesia, a prosa, a dança) e, como é nossa principal preocupação aqui, das artes e ofícios visuais" (Dondis, *Sintaxe da linguagem visual*, 2007, p. 131).

[1043] A respeito, *vide* Capítulo Gênesis, Salgado, *Da minha terra à Terra*, 2014, p. 09-14.

[1044] "A invenção da câmera de rolo de filme, por George Eastman, nos Estados Unidos, em 1888, colocou a fotografia nas mãos do homem comum, com ampla e arbitrária possibilidade de uso. Já não havia limitações físicas do equipamento profissional. A nova máquina portátil podia ser carregada por qualquer um para qualquer lugar" (Martins, *Sociologia da fotografia e da imagem*, 2.ed., 2017, p. 52).

[1045] No ensaio de 1934/35, *A obra de arte na era de sua reprodutibilidade técnica*, Walter Benjamin afirma: "Com a fotografia, o valor de culto começa a recuar, em todas as frentes, diante do valor de exposição. Mas o valor de culto não se entrega sem oferecer resistência. Sua última trincheira é o rosto humano. Não é por acaso que o retrato era o principal tema das primeiras fotografias. O refúgio derradeiro do valor de culto foi o culto da saudade, consagrada aos amores ausentes ou defuntos. A aura acena pela última vez na expressão fugaz de um rosto, nas antigas fotos" (Benjamin, A obra de arte na era de sua reprodutibilidade técnica,

SEMIÓTICA, DIREITO & ARTE

agora, como arte, e a arte deve ser mostrada, pois ela é *bela*.[1046] Do ponto de vista do contato com a realidade, o controle do fotógrafo não é absoluto, pois o inconsciente age, independente de sua vontade.[1047]

Mas, se olhada na perspectiva de sua atualidade, ao longo de um longo século de transformações e aperfeiçoamentos técnicos, hoje em dia a máquina fotográfica se converte num instrumento amplamente disseminado, na medida em que os celulares comuns passam a ter acopladas lentes fotográficas potentes, de modo que a fotografia passa a fazer parte do *modus* constituinte das interações nas redes sociais centradas nas *imagens*, e a disseminação da *autoimagem* captada pela *selfie* passa a ser o retrato do individualismo contemporâneo. Aqui, fica clara a proximidade entre *signo* e *sociedade*, na mediação que os signos exercem entre *homem* e *mundo*.[1048] Inclusive, na perspectiva da *Sociologia da fotografia*, a *imagem* é hoje tanto sujeito quanto objeto da sociedade contemporânea, e, portanto, neste sentido, produto e produtora das condições de interação e socialização no mundo contemporâneo.[1049]

---

in Magia e técnica, arte e política: ensaios de literatura e história da cultura, Obras Escolhidas, Volume 1, 7.ed., Tradução de Sérgio Paulo Rouanet, São Paulo, Brasiliense, 1996, p. 174).

[1046] No texto de 1934, *O autor como produtor*, Benjamin afirma: "Mas acompanhemos um pouco mais longe a trajetória da fotografia. Que vemos? Ela se torna cada vez mais matizada, cada vez mais moderna, e o resultado é que ela não pode mais fotografar cortiços ou montes de lixo sem transfigurá-los. Ela não pode dizer, de uma barragem ou de uma fábrica de cabos, outra coisa senão: o mundo é belo. (...) Em outras palavras, ela conseguiu transformar a própria miséria em objeto de fruição, ao captá-la segundo os modismos mais aperfeiçoados" (Walter Benjamin, O autor como produtor, *in Magia e técnica, arte e política: ensaios de literatura e história da cultura*, Obras Escolhidas, Volume 1, 7.ed., Tradução de Sérgio Paulo Rouanet, São Paulo, Brasiliense, 1996, p. 128-129).

[1047] "A natureza que fala à câmera não é a mesma que fala ao olhar; é outra, especialmente porque substitui a um espaço trabalhado conscientemente pelo homem, um espaço que ele percorre inconscientemente" (Walter Benjamin, Pequena história da fotografia, *in Magia e técnica, arte e política: ensaios de literatura e história da cultura*, Obras Escolhidas, Volume 1, 7.ed., 1996, p. 94).

[1048] "Os signos e, entre eles, as imagens são mediações entre o homem e o mundo. Devido à sua natureza de ser simbólico, ser de linguagem, ser falante, ao homem não é nunca facultado um acesso direto e imediato ao mundo" (Santaella, Nöth, *Imagem, Cognição, Semiótica, Mídia*, 1998, p. 131).

[1049] "Diferentemente do uso que os historiadores fazem das fotografias, ao sociólogo da imagem fotográfica põe-se o fato adicional de que a fotografia não é apenas documento para ilustrar nem apenas dado para confirmar. Não é nem mesmo e tão somente instrumento para

SEMIÓTICA APLICADA, DIREITO E ARTE

4.5.4.1. Arte, fotografia e direitos humanos

De toda forma, a fotografia tem grande potencial sensível, quando o tema é o dos *direitos humanos*. A fotografia da *situação de fome* de populações migrantes em campos de refugiados, a fotografia da *situação de superlotação da população carcerária*, a fotografia da *violação de direitos humanos* por meio da tortura, a fotografia da *exploração do trabalho humano*, são apenas alguns exemplos que possuem uma *força elocutiva* muito importante para a *formação em direitos humanos*, na medida em que *exibe* a situação de *indignidade* a que estão expostas populações inteiras, servindo como *fotografia-registro*, *fotografia-memória*, *fotografia-prova*, *fotografia-denúncia*, *fotografia-mensagem*, *fotografia-jornalismo*. Assim, não se pode de forma alguma desprezar o valor e a potência que a *imagem* possui, quando o tema é o do *texto fotográfico*.

E, neste sentido, a fotografia de Sebastião Salgado revela não só o imenso apuro técnico, a imensa qualidade artístico-estética, mas igualmente a vocação pela centralidade do *humano* na *fotografia*, o que significa a tendência a colocar o *desumano* no centro da discussão sobre os rumos e os destinos da humanidade. Não são apenas cliques passageiros, mas incursões e vivências inteiras que estão expostas em seu trabalho fotográfico,[1050] que envolve a vocação pela produção de uma verdadeira *iconologia etnológica*.

De toda a sua imensa obra, podem-se destacar, no tema do trabalho, a famosa fotografia intitulada *Mina de ouro de Serra Pelada* (Sebastião Salgado, Brasil, 1986),[1051] ou ainda, no tema da fome, a famosa fotografia da criança do Mali, sendo pesada em balança para o cálculo de nutrições (Sebastião Salgado, Mali, 1985), no tema dos refugiados, a fotografia

---

pesquisar. Ela é constitutiva da realidade contemporânea e, nesse sentido, é, de certo modo, objeto e também sujeito" (Martins, *Sociologia da fotografia e da imagem*, 2.ed., 2017, ps. 22-23).

[1050] "Foi em janeiro de 1985, na editoria de fotografia do jornal *Libération*, que Sebastião Salgado, de volta de sua primeira viagem ao Sahel, veio mostrar os contatos de suas fotos sobre a seca e a fome que, mais uma vez, dizimavam aquela região da África" (Caujolle, *Sebastião Salgado*, 2011, *Introdução*).

[1051] A imagem pode ser consultada na internt, no link https://publicdelivery.org/sebastiao--salgado-serra-pelada-gold-mine-brazil/ Acesso em 30/08/2018. "Minhas fotos dessa mina de ouro são bastante conhecidas. Foi impactante ver tantas pessoas trabalhando lado a lado num imenso buraco a céu aberto. As imagens podem passar a impressão de um trabalho penoso para os garimpeiros e despertar certa empatia. Mas todos que ali trabalhavam estavam lá por conta própria. Nao eram escravos – a não ser, talvez, da própria vontade de enriquecer" (Salgado, *Da minha terra à Terra*, 2014, p. 73).

SEMIÓTICA, DIREITO & ARTE

sobre o Campo de Refugiados de Bati, na Etiópia (Sebastião Salgado, Etiópia, 1984).[1052] E a *arte fotográfica* aqui tem assumida posição política militante e ativista a respeito da condição humana.[1053] No depoimento do próprio artista, pode-se ler:

> "Amo Ruanda. Decidi fotografar seus trabalhadores e suas plantações, bem como a beleza de seus parques e as atrocidades que neles foram perpetradas, justamente porque a amo. E naquele período de horror fotografei-a com todo o meu coração. Pensava que todos deviam conhecer aquilo. Ninguém tem o direito de se proteger das tragédias de seu tempo, porque somos todos responsáveis, de certo modo, pelo que acontece na sociedade em que escolhemos viver".[1054]

4.5.4.2. Semiótica, fotografia e direitos humanos

Dentre as várias formas de *imagens* – comparando-se a *pintura*, o *cinema*, a *imagem digital* –[1055] a *fotografia* é aquela que mais se coloca no plano do debate sobre a *verdade*.[1056] Daí, se colocar em dúvida a *natureza semiótica* da *imagem fotográfica*, se *ícone* ou se *índice*. Essa dúvida não é apenas de

---

[1052] As imagens podem ser vistas em Cajoulle, *Sebastião Salgado*, 2011, e estão identificadas pela numeração de fotografias n. 18, n. 22 e n. 43.

[1053] "Militante e generoso, Salgado quer reconciliar estética e informação, estética e engajamento, estética e política. Salgado subtrai da forma para produzir sentido. Explora o real como um complexo conjunto de signos, o qual ele remete aos códigos fotográficos, construindo uma gramática acessível, uma grade de leitura do mundo. A finalidade confessa é revelar, apontar, logo, promover a tomada de consciência. Mas também, decerto, preservar os vestígios, reportar-se à história e à memória" (Caujolle, *Sebastião Salgado*, 2011, *Introdução*).

[1054] Salgado, *Da minha terra à Terra*, 2014, p. 93.

[1055] "Concluindo, a partir do momento em que as imagens fotográficas, de modo certamente mais abrangente que a pintura, invadiram as comunicações de massa, a análise semiótica deve levar em conta todos os elementos que volta e meia contribuem para construir um específico *texto fotográfico*, além, obviamente, das disciplinas que refletem na fotografia de um ponto de vista sociológico ou histórico" (Volli, *Manual de semiótica*, 3.ed., 2015, p. 281).

[1056] "É verdade, porém, que a imagem fotográfica joga particularmente com alguns efeitos de sentido verídico. A fotografia, então, é um ícone ou um índice?" (Volli, *Manual de semiótica*, 3.ed., 2015, p. 280).

SEMIÓTICA APLICADA, DIREITO E ARTE

interesse de uma *Semiótica da imagem*,[1057] mas também, uma dúvida constitutiva dos estudos de *Sociologia da Fotografia*, de *História da Fotografia* e de *Foto-Jornalismo*, na medida em que persiste a tendência a considerar que a *foto-documento* é o mais fiel retrato da realidade sociológica, histórica e jornalística. Não por outro motivo, essa discussão é de interesse também da *Semiótica do Direito*, na medida em que se discute a *natureza* do *signo fotográfico*, enquanto *documento-prova-judicial*, no contexto dos debates jurídicos e judiciários, em que a prova dos fatos esteja em discussão. Sua *pretensa* capacidade de *captar*, de *reduzir a pixels*, de *traduzir* do modo mais fiel um instante da história ou dos fatos, faz de sua vocação artística e técnica, algo que *aponta* para a *verdade*. Mas, não se pode esquecer, que, em verdade, ela cria um novo mundo, uma nova verdade, a *imagem fotográfica*.[1058]

E é exatamente aí que reside a sua peculiaridade; a fotografia é, ao mesmo tempo, *ícone* e *índice*, com relação à *realidade fotografada*, tendo, portanto, natureza semiótica de *ícone indexical*.[1059] O *objeto representado* está certamente contido na *imagem fotográfica*,[1060] mas a *imagem fotográ-*

[1057] A fotografia é signo, e, neste sentido: "Como qualquer outro tipo de imagem, a fotografia é um signo, sendo, portanto, na sua referência àquilo que está fora dela e que ela registra, um duplo. Qualquer signo, por sua própria natureza, na sua relação com aquilo que é por ele indicado ou que está nele representado, é um duplo. Só pode funcionar como signo porque representa, substitui, registra, está no lugar de alguma outra coisa que não é ele próprio, daí ser necessariamente um duplo (Santaella 1985:163)" (Santaella, Nöth, *Imagem, Cognição, Semiótica, Mídia*, 1998, p. 131).

[1058] "Além disso, a fotografia nega-se, enquanto suposição de retrato morto da coisa viva, porque é, sobretudo, retrato vivo da coisa morta. A fotografia apirisona e 'mata' o fotografado, pessoas e coisas. E ao mesmo tempo torna-se coisa viva nos usos substitutivos que adquire" (Martins, *Sociologia da fotografia e da imagem*, 2.ed., 2017, p. 29).

[1059] "A característica semiótica mais notável da fotografia reside no fato de que a foto funciona, ao mesmo tempo, como ícone e índice (cf. Sonesson 1993b: 153-154). Por outro lado, ela reproduz a realidade através de (aparente) semelhança; por outro lado, ela tem uma relação causal com a realidade devido às leis da ótica. Por este motivo, Schaeffer (1987: 59) definiu a imagem fotográfica como um 'ícone indexical' " (Santaella, Nöth, *Imagem, Cognição, Semiótica, Mídia*, 1998, p. 107).

[1060] "O protótipo da imagem indexical é, de acordo com essas premissas, a fotografia, mas também a pintura realista está em primeiro plano na indexicalidade, pois o pintor, nesse caso, tem, como princípio de sua representação imagética, que reproduzir o objeto em todos os seus detalhes, da forma em que o pintor o percebeu. Entretanto, é somente na fotografia que a conexão entre imagem e objeto é existencial, na medida em que ela se originou numa

SEMIÓTICA, DIREITO & ARTE

fica não se basta em ser apenas *representação do objeto,* e sim, também, criação e interferência estética sobre a realidade. A imagem fotográfica assume o papel de *obra de arte,* e, nesse sentido, é *subjetivação* da *objetividade* da realidade.[1061] E, nisso, fazem total apelo diferencial, o consciente e o inconsciente do(a) fotógrafo(a), além de jogarem decisivamente para a determinação da qualidade da imagem, o ângulo, o foco, a intenção, o apelo, a iluminação, a artificiliadade, a indução, o tratamento posterior da imagem, a sua aplicação. A fotografia é *captação* da realidade, tanto quanto, *distorção* da realidade.[1062]

É isso que faz da fotografia um *enigma,* como afirma o crítico de arte francês François Soulages, em *Estética da Fotografia,* na medida em que ela está simultaneamente do lado do fotógrafo (sujeito) e do lado do fotografado (objeto).[1063] Ela é um vestígio de algo que se passou, e que ainda carece de ser trabalhada, interpretada, conhecida, lida, associada a outros fatos, na medida em que a totalidade da história é sempre algo da dimensão do *incapturável,* daí a negação do caráter de *prova cabal* a qual-

relação de causalidade a partir das leis da ótica" (Santaella, Nöth, *Imagem, Cognição, Semiótica, Mídia, Imagem,* 1998, p. 148).

[1061] "A partir desse repertório de possibilidades com o qual os fotógrafos modificam a representação da realidade, Berger (1984: 120-121) conclui que a fotografia não só representa a realidade, como também a cria e, finalmente, é capaz de distorcer nossa imagem do mundo representado" (Santaella, Nöth, *Imagem, Cognição, Semiótica, Mídia,* 1998, p. 109).

[1062] "Ela é então vestígio, sintoma e índice de um conjunto de elementos misteriosos, à medida que, apesar de sua existência ser indicada pela foto, sua essência é incognoscível e sua realidade, invisível: por exemplo, longe de esclarecer a natureza e a história do sujeito que fotografa, a fotobiografia as torna enigmáticas, e assim constrói uma lenda ou se descontrói como projeto de conhecimento" (Soulages, *Estética da Fotografia*: perda e permanência, 2010, p. 347).

[1063] "Uma foto não é uma prova, mas um vestígio do objeto a ser fotografado que é incognoscível e infotografável, e, ao mesmo tempo, do sujeito que fotografa, que também é incognoscível, e do material fotográfico; é, portanto, a articulação de dois enigmas, o do objeto e o do sujeito. É por isso que a fotografia é interessante: ela não fornece uma resposta, mas coloca e impõe esse enigma dos enigmas que faz com que o receptor passe de um desejo de real a uma abertura para o imaginário, de um sentido a uma interrogação sobre o sentido, de uma certeza a uma preocupação, de uma solução a um problema. A própria fotografia é enigma: incita o receptor a interpretar, a questionar, a criticar, em resumo, a criar e pensar, mas de maneira inacabável" (Soulages, *Estética da Fotografia*: perda e permanência, 2010, p. 346).

quer *fotografia*, sendo no entanto, sempre de valor de *vestígio de algo sobre o objeto fotografado*. Enfim, a fotografia, no uso do tempo,[1064] instaura a *ambigüidade da imagem*:

> "Por ser enigma é que a fotografia, como um haicai, pede uma recepção poética e uma fala ao mesmo tempo sempre necessária e sempre inadequada. A ambiguidade é ainda mais forte porque a fotografia pode sempre ser, de certa forma, da esfera de uma encenação, de uma instalação e de uma negociação. Assim, no que tem de mais rico, a arte fotográfica cria obras que só podem nos sensibilizar e nos comover, nos desestabilizar e nos abalar, e, portanto, só podem nos enriquecer. A fotografia é então fonte de surpresa: ela nos faz pensar e imaginar, sonhar e ver; ela pode nos incitar a filosofar; ela deve nos convidar à meditação".[1065]

É essa posição da *imagem fotográfica*, como ícone indexical e como vestígio, como enigma e mediação, que a faz de enorme potência para a *nomeação* da *subcidadania* diante da *cidadania*, da *indiginidade* diante da *dignidade*, da *injustiça* diante da *justiça*, das *violências* diante da *não-violência*. Por isso, no campo da relação entre semiótica, arte e justiça, a fotografia exprime enorme *potência*, apontando para a *situação-de-injustiça* e para a *realidade-da-falta-de-direitos*, e nisto ela é um dos mais potentes instrumentos para a captação de fragmentos fugidios do real. É por isso que o trabalho com justiça e cidadania pode ver com características tão claras a enorme contribuição da fotografia e seu papel sensível para a educação em direitos humanos.[1066]

[1064] "Por um lado, em razão de sua própria natureza, a fotografia pertence à esfera de uma *estética do fragmento, do dividido e do parcelar*, de uma *estética do kairos*, e de uma *estética do ponto de vista, do particular e do singular*: então, o irreversível e a finitude a governam. Por outro lado, em relação ao inacabável, o infinito entra na arte fotográfica e instala numa outra perspectiva essas *estéticas do irreversível da determinação, da limitação e da finitude*: uma estética do "ao mesmo tempo" é possível e até necessária" (Soulages, *Estética da Fotografia*: perda e permanência, 2010, p. 347).

[1065] Soulages, *Estética da Fotografia*: perda e permanência, 2010, p. 346.

[1066] A este respeito, consulte-se Dietrich, Machado (orgs.), *Artes, diversidades e afins*, 2017; Cornelsen, Vieira, Seligman-Silva, *Imagem e memória*, 2012.

SEMIÓTICA, DIREITO & ARTE

4.5.5. Arte, curta-metragem e imagem

Se a história da fotografia é recente, e muito curta, apesar de já farta e rica, a história do cinema é ainda mais recente, de onde se salta para a história da televisão,[1067] representando ainda assim pequena porção de desenvolvimento da cultura visual humana.[1068] Enquanto esfera da arte, se pode tomar o cinema como a combinação de *imagem, som* e *palavras* (orais ou legendadas, ou em sinais de libras), esta que se torna a principal forma de *arte visual mundial* no século XX.[1069] A natureza do cinema, por isso, tornou-se objeto de franca discussão, inclusive colocada em questão a estatura artística do cinema (longa-metragem ou curta-metragem), se arte ou negócio,[1070] especialmente diante do progresso e dos investimentos obtidos pela *indústria cultural*. O fato é que, ao longo da história contemporânea, a sétima arte tornou-se motivo de vultosos investimentos, e de grande alcance de massa. É Walter Benjamin, em *A obra de arte na era de sua reprodutibilidade técnica*, quem irá identificar o amor massivo pelo cinema, afirmando: "Com isso, favoreceu a demanda pelo cinema, cujo valor de distração é fundamentalmente de ordem tátil, isto é, baseia-se na mudança de lugares e ângulos, que golpeiam intermitentemente o espectador".[1071] A extrema atenção demandada pelo cinema

---

[1067] "Da fotografia ao cinema e à televisão, a história é mais ou menos conhecida" (Pignatari, *Semiótica da arte e da arquitetura*, 1995, p. 35).

[1068] "Se a fotografia esta representada por um oitavo de polegada no breve período de tempo da história visual, o cinema não vai além de um pequeno e insignificante ponto. Os experimentos de Edison e o triunfo mecânico de Lumière utilizaram o fenômeno da persistência da visão para obter fotografias que pudessem registrar movimento" (Dondis, *Sintaxe da linguagem visual*, 2007, p. 217).

[1069] "Mais compacto e mais "linguagem" que a televisão (considerada mais como um "meio"), o cinema pode ser considerado o modo de comunicação visual (de certo ponto em diante, audiovisual) mais característico do século XX. A partir da década de 1960 abriu-se um grande debate sobre o seu caráter comunicativo ou linguístico, particularmente ativo na Itália e na França" (Volli, *Manual de semiótica*, 3.ed., 2015, p. 286).

[1070] "O cinema e o rádio não têm mais necessidade de serem empacotados como arte. A verdade de que nada são além de negócios lhes serve de ideologia" (Adorno, Horkheimer, A indústria cultural: o iluminismo como mistificação das massas, in *Indústria cultural e sociedade*, 2006, p. 08).

[1071] Benjamin, A obra de arte na era de sua reprodutibilidade técnica, *in Magia e técnica, arte e política: ensaios de literatura e história da cultura*, Obras Escolhidas, V.1, 7.ed., 1996, p. 192.

SEMIÓTICA APLICADA, DIREITO E ARTE

é reveladora da forma de arte que se constituiu: um espelho técnico[1072] dos perigos e iminências da sociedade moderna.[1073]

Não obstante as apreciações provenientes da *Teoria Crítica*, o cinema tornou-se um veículo de importante sentido para as práticas culturais contemporâneas. A experiência de *cinesofia*, de Luiz Alberto Warat,[1074] aponta para este curioso caminho de união entre pensamento e arte, entre filosofia e sensações, provocando criticamente os espaços da pura cognição, dando abertura à dimensão da imagem, do inconsciente e da transformação das mentalidades cientificistas. Enquanto prática de conhecimento ético, humanista e crítico, tem muito a servir, no sentido de permitir o acesso a outras metodologias do conhecimento,[1075] abrindo campos dilatados para a transformação do olhar do espectador, que se faz completamente envolvido pela atmosfera do cinema,[1076] especialmente daquele que se encontra ambientado no domínio da sala escura.

[1072] No ensaio *A obra de arte na era de sua reprodutibilidade técnica*, Walter Benjamin afirma: "O filme serve para exercitar o homem nas novas percepções e reações exigidas por um aparelho técnico cujo papel cresce cada vez mais em sua vida cotidiana. Fazer do gigantesco aparelho técnico do nosso tempo o objeto das inervações humanas – é essa tarefa histórica cuja realização dá ao cinema o seu verdadeiro sentido" (Benjamin, A obra de arte na era de sua reprodutibilidade técnica, *in Magia e técnica, arte e política: ensaios de literatura e história da cultura*, Obras Escolhidas, V. , 7.ed., 1996, p. 174).

[1073] "A associação de ideias do espectador é interrompida imediatamente, com a mudança da imagem. Nisso se baseia o efeito de choque provocado pelo cinema, que, como qualquer outro choque, precisa ser interceptado por uma atenção aguda. O cinema é a forma de arte correspondente aos perigos existenciais mais intensos com os quais se confronta o homem contemporâneo" (Walter Benjamin, A obra de arte na era de sua reprodutibilidade técnica, *in Magia e técnica, arte e política: ensaios de literatura e história da cultura*, Obras Escolhidas, Volume 1, 7.ed., 1996, p. 192).

[1074] "La cinesofía como expresión de una filosofía que trate de establecer la unidad entre la via y el pensamiento" (Warat, La cinesofia y su lado oscuro: la infinita posibilidad surrealista de pensar con la cinesofía, *in Territórios desconhecidos* (Mezzaroba; Rover; Junior; Monteiro, orgs.), V. 1, 2004, p. 556).

[1075] "De ahí la cinesofía, como neologismo que reivindica, mas allá del propio cine, al lenguaje de los medios como expresión estética de la ética" (Warat, La cinesofia y su lado oscuro: la infinita posibilidad surrealista de pensar con la cinesofía, *in Territórios desconhecidos* (Mezzaroba; Rover; Junior; Monteiro, orgs.), Volume I, 2004, p. 552).

[1076] "Con la cinesofía se está proponiendo la sustitución del concepto por el deseo, el cuerpo, el sentimiento y la imagen" (Warat, La cinesofia y su lado oscuro: la infinita posibilidad

SEMIÓTICA, DIREITO & ARTE

4.5.5.1. Arte, cutra-metragem e direitos humanos

Mas, conquanto o cinema tenha sua importância massivamente dada pelos famosos filmes de *longa-metragem*, é ao *curta-metragem* que se irá dedicar atenção, em especial, por conta de sua capacidade de dialogar com temas de direitos humanos,[1077] valendo-se de curtos espaços de tempo, sendo de enorme valor pedagógico para a construção de atividades educativas.[1078] Muito para além do simples debate sobre a *instrumentalização da arte*, a discussão sobre a *arte como método de ensino* é algo que se inscreve na forma de uma *atitude-docente* da qual a arte é parte do cotidiano da educação, e não algo estranho ou alheio a ela. Acima de tudo, antes de qualquer aplicação, a *visão* de que *arte, cultura e educação* podem e devem caminhar juntas, é a visão que se lança sobre a *Educação em Direitos Humanos*.[1079]

Aqui se parte da concepção de que a *imagem* (associada às palavras e aos sons) é um recurso *portador de sentido*, de modo que possibilita a reflexão, na medida em que porta em seu interior o *conceito-imagem*, seguindo-se a concepção de Juli Cabrera.[1080] Ainda que se considere que a *potência da*

---

surrealista de pensar con la cinesofía, *in Territórios desconhecidos* (Mezzaroba; Rover; Junior; Monteiro, orgs.), V. I, 2004, p. 551).

[1077] A este respeito, consulte-se o ciclo Arte, Curta-Metragem e Direitos Humanos, no site institucional do Instituto de Estudos Avançados da Universidade de São Paulo, através do link: http://www.iea.usp.br/midiateca/video/videos-2018/ciclo-arte-curta-metragem-e-direitos--humanos-conversacoes-populacao-em-situacao-de-rua-e-direitos-humanos-oficina-i. Acesso em 30/08/2018.

[1078] A este respeito, consulte-se o enorme acerco de curtas-metragens direcionados para projetos nas Escolas Públicas Municipais da Cidade de São Paulo, através dos 6º, 7º, 8º, e 9º. Festivais de Curtas-Metragens em Direitos Humanos – Entretodos, da Cidade de São Paulo. ENTRETODOS. *6º. Festival de Curtas-Metragens em Direitos Humanos*. DVD. São Paulo: FESPSP; Prefeitura de São Paulo; Estate; 2013; *7º. Festival de Curtas-Metragens em Direitos Humanos*. DVD. São Paulo: FESPSP; Prefeitura de São Paulo; Estate; SPCine, 2014; *8º. Festival de Curtas-Metragens em Direitos Humanos*. DVD 1. São Paulo: FESPSP; Prefeitura de São Paulo; Estate; SPCine, 2015; *9º. Festival de Curtas-Metragens em Direitos Humanos*. DVD 1. São Paulo: FESPSP; Prefeitura de São Paulo; Estate; SPCine, 2015.

[1079] Este argumento foi parcialmente desenvolvido em *paper* apresentado oralmente no *9th International Conference on Human Rights Education* – ICHRE, Australia, Nov. 2018. A este respeito, num estudo mais detido e sistemático, consultar o artigo Bittar, Art, Human Rights Activism and a Pedagogy of Sensibility: the São Paulo Human Rights Short Films Festival – Entretodos, in *Human Rights Education Review*, Oslo, Norway, 3(1), ps .69-90".

[1080] Cf. Cabrera, *O cinema pensa*: uma introdução à filosofia através do cinema, 2006, p. 20, e, também, Oliveira, Abuso de poder e violência não razoável; análise do filme Tropa de

imagem vem seguida da *polissemia da imagem*,[1081] o trabalho mediado e formativo, a partir das *imagens* suscitadas pelos curtas-metragens tem valor pedagógico *estimulante*, uma vez adequadamente aplicado à *Educação em Direitos Humanos*. Isso é especialmente válido de ser afirmado, quando o tema é o dos Direitos Humanos, e o desafio é o de criar uma *Cultura dos Direitos Humanos* – considerada a realidade sócio-histórica latino--americana e, particularmente, a situação do Brasil diante da privação de direitos –, de forma que nada se torna mais disseminador do que a *potência da imagem em movimento*, constituída na forma de *narrativa fílmica*, para despertar uma forma de reflexão que *sensibiliza, humaniza* e permite a *disseminação acessível* de questões atinentes ao *respeito* ao(à) Outro(a).

4.5.5.2. Semiótica, curta-metragem e direitos humanos

A linguagem do curta-metragem – se produzido em câmeras de celulares, se produzida por técnicas e recursos mais ou menos formalizados – é a linguagem do cinema. E, como sói ocorrer, a linguagem do cinema é a *linguagem heterogênea* e *em movimento*, ou seja, há muitos estímulos visuais, textuais e sonoros contidos no *texto fílmico*, de forma que, do ponto de vista semiótico, a obra cinematográfica quantos e constitui no *plano da expressão*[1082] deve sempre ser considerada de *linguagem sincrética*.[1083] Trata-se de *linguagem sincrética* capaz de *fomentar, suscitar* e *mobilizar* o sentido, de forma a *sensibilizar, conceituar, nomear, apontar, denunciar, criticar, persuadir, estetizar*, tornando possível, mobilizar consciências, percepções e estados de alma. A linguagem do *texto fílmico* tem potência para afetar

---

Elite, *in Filosofia e Teoria Geral do Direito* (ADEODATO, João Maurício; BITTAR, Eduardo C. B., Org.), 2011, p. 823.

[1081] "Em comparação com a língua, a semântica da imagem é particularmente polissêmica. Imagens têm o caráter de uma mensagem *aberta*" (Santaella, Nöth, *Imagem*: cognição, semiótica, mídia, 1997, p. 53).

[1082] "Quando um texto manifesta mais de uma semiótica em seu plano de expressão, trata-se de uma semiótica sincrética" (Pietroforte, *Análise do texto visual*: a construção da imagem, 2.ed., 2016, p. 52).

[1083] "Em outros termos, o cinema foi considerado interessante exatamente pela heterogeneidade de códigos que interagem e se condicionam reciprocamente em cada filme, e caracterizam a reconhecibilidade e a identidade de cada autor: nessa perspectiva, o estudo do desenvolvimento narrativo do filme é considerado necessário para a interpretação dos códigos diferentes mas ao mesmo tempo presentes em todo filme" (Volli, *Manual de semiótica*, 3.ed., 2015, p. 286).

SEMIÓTICA, DIREITO & ARTE

de forma muito abaladora as impressões que se possuem sobre algo que seja tomado como *objeto* do cinema. Aí é que a *imagem* auxilia, por isso, em processos de *ensino-aprendizado*, na medida em que é capaz de *fazer--ver, fazer-sentir*,[1084] e, também, *fazer-pensar*.

Ainda mais, todo *texto fílmico* produz, do ponto de vista semiótico, um enredamento *narrativo*, constituído na base da relação entre actantes e objetos, permitindo com isso, a constituição de um programa narrativo que é esteticamente desenvolvido, com maior ou menor habilidade e competência, técnica e sucesso.[1085] Muitas vezes, este esforço de *tradução intersemiótica* que opera, por exemplo, a passagem do *texto literário* (linguagem verbal) para a *imagem* (linguagem não-verbal),[1086] é um esforço estético que produz a distinção de qualidade entre os produtores, artistas e cineastas. E é assim que os fruidores são envolvidos pelas *histórias* dos filmes, e são atraídos pela linguagem da arte exerce um *poder-fazer-sentir* – e é assim que o cinema consegue *superpotencializar* sensações – algo que de forma alguma é desprezível para processos formativos, especialmente quando os temas estão relacionados à dimensão dos direitos.

E isso, especialmente, porque os direitos podem deixar de serem vistos como alvo de um conhecimento técnico e especializado dos juristas, e ser tomado como algo que é do interesse de todo(a) cidadão(ã). Uma cultura de direitos humanos, aliás, somente pode ser construída ali onde subsiste um conhecimento mais amplo e generalizados dos direitos mais centrais para a garantia da dignidade da pessoa humana, e as artes cinematográficas podem contribuir decisivamente neste sentido. Aliás, a constituição de um ramo de trabalho e conhecimento, na interface entre

---

[1084] "A racionalidade logopática do cinema muda a estrutura habitualmente aceita do *saber*, enquanto definido apenas lógica ou intelectualmente. Saber algo, do ponto de vista logopático, não consiste somente em ter "informações", mas também em estar aberto a certo tipo de experiência e em aceitar *deixar-se afetar* por uma coisa de dentro dela mesma, em uma experiência vivida" (Cabrera, *O cinema pensa*, 2006, p. 21).

[1085] Cf. Fontanille, *Semiótica do Discurso*, 2015, p. 196.

[1086] "A Tradução Intersemiótica se pauta, então, pelo uso material dos suportes, cujas qualidades e estruturas são os interpretantes dos signos que absorvem, servindo *interfaces*. Sendo assim, o operar tradutor, para nós, é mais do que a "interpretação de signos linguísticos por outros não linguísticos". Nossa visão diz mais respeito às transmutações intersígnicas do que exclusivamente à passagem de signos linguísticos para não linguísticos" (Plaza, *Tradução Intersemiótica*, 2010, p. 67).

Direito & Cinema começa a se tornar um veio produtivo e interessante, graças aos esforços de alguns(mas) autores(as) que se destacam neste campo de investigação contemporâneo.[1087]

É certo que, enquanto montagem, a obra cinematográfica impressiona como *totalidade narrativa de sentido*, mas, da mesma forma como ocorre com todas as demais obras de arte, existem técnicas, estratégias e metodologias para a *desmontagem* e para a análise do *texto fílmico*.[1088] A esta tarefa não se irá dedicar uma preocupação central aqui, senão para apontar esta possibilidade semiótica. No entanto, o que vale ser melhor analisado é a capacidade de produção de efeitos que o *texto fílmico* é capaz de promover, considerando que a *linguagem sincrética* tem caráter multissensorial e efeito altamente apelativo e sedutor dos sentidos do fruidor. E isto é o que ajuda a compreensão que tipo de papel – enquanto apela ao inconsciente do expectador – a imagem cinematográfica pode ter para gerar sensibilização e percepção para temas e questões de direitos humanos.

E isso na medida em que a *imagem* age como *disparador*, como *estímulo* e como *estopim motivacional*, para despertar a curiosidade e o interesse sobre temas, questões, dilemas, concepções, visões e experiências as mais diversas que atravessam o *cotidiano* da *existência do indivíduo* e o *cotidiano da coexistência sócio humana*. Entre outras razões, a presença do

---

[1087] A este respeito, consulte-se o trabalho especializado de Mara Regina de Oliveira. Em especial, Oliveira, Abuso de poder e violência não razoável; análise do filme Tropa de Elite, *in Filosofia e Teoria Geral do Direito* (ADEODATO, João Maurício; BITTAR, Eduardo C. B., Org.), 2011, ps. 815-850. Consulte-se, também, Warat, La cinesofía y su lado oscuro: la infinita posibilidad surrealista de pensar con la cinesofía, *in Territórios desconhecidos* (Mezzaroba; Rover; Junior; Monteiro, orgs.), V. 1, 2004. Ademais, consulte-se Barros, A civilização chutou as portas do *Saloon*: mito, política e direito em 'O homem que matou fascínora', *in Antimanual de Direito & Arte* (FRANCA FILHO, Marcílio; LEITE, Geilson Salomão; PAMPLONA FILHO, Rodolfo, coords.), 2016, ps. 200-242.

[1088] "Em geral, considerando as variedades das contribuições na semiótica do cinema, é possível observar de que modo, a cada vez, foram privilegiados, em detrimento de outros, alguns aspectos como montagem, os enquadramentos, os sinais gráficos, os códigos sonoros, a encenação, a representação do espaço e do tempo cinematográficos, o ponto de vista, a interpretação, os personagens, a enunciação, o nível narrativo e assim por diante. A pesquisa sobre o cinema como sistema comunicativo estendeu-se após as problemáticas do audiovisual em geral (televisão, vídeo, computador, novas tecnologias) sobretudo graças à obra de Gianfranco Bettentini" (Volli, *Manual de semiótica*, 3.ed., 2015, ps. 286, 287).

SEMIÓTICA, DIREITO & ARTE

curta-metragem favorece imensamente processos de ensino-aprendizado, e é por isso, que sua associação ao campo da *educação em direitos humanos* é tão virtuosa, pois favorece:

i.) uma aproximação de *temas abstratos* através de *situações concretas* do quotidiano, em que o auditório se identifica com personagens e atores(as) dos curtas-metragens;

ii.) uma desconstrução da *universalidade* dos valores de direitos humanos, lançados à revelia nos *contextos de vida* em família, de uso da cidade, do ambiente escolar, etc.;

iii.) uma materialização em *imagens* (sons e palavras) de pensamentos filosóficos que *abreviam* a tarefa de aproximação do público-leitor ao público-expectador;

iv.) uma relação impactante, *psicoafetiva* e *logopática*,[1089] e, portanto, não apenas racional ou intelectual que exigem pré-requisitos muitas vezes inexistentes para os auditórios, no tratamento das situações que envolvem *violações* de direitos humanos;[1090]

v.) uma perturbação de *convicções* profundas,[1091] através de imagens marcantes, *intensificadoras* da realidade, em movimento e sensíveis;[1092]

vi.) uma acessibilidade ampla, que permite evitar a *linguagem técnica* dos direitos, ou, a *linguagem jurídica*, para acessar conteúdos de

---

[1089] "Os conceitos-imagem do cinema, por meio desta experiência instauradora e plena, procuram produzir em alguém (um alguém sempre muito indefinido) *um impacto emocional* que, ao mesmo tempo, diga algo a respeito do mundo, do ser humano, da natureza etc. e que tenha um valor cognitivo, persuasivo e argumentativo através de seu componente emocional. Não estão interessados, assim, somente em passar uma informação objetiva nem em provocar uma pura explosão afetiva por ela mesma, mas em uma abordagem que chamo aqui de *logopática*, lógica e pática ao mesmo tempo" (Cabrera, O Cinema Pensa, 2006, p. 22).

[1090] Cabrera, *O cinema pensa*: uma introdução à filosofia através do cinema, 2006, ps. 23 e 38.

[1091] "Images are sensual and fleshy; they address the labile elements of the self, they speak to the emotions, and they organize the unconscious. They have the power to short-circuit reason and enter the soul without the interpolation or intervention of language or interpretation" (Douzinas, Nead, *Law and the image*: the authority of art and the aesthetics of law, 1999, p. 07).

[1092] Cabrera, *O cinema pensa*: uma introdução à filosofia através do cinema, 2006, p. 28.

340

direitos e fomentar a cidadania de forma ampla, independente de idade, condição social, nível de escolaridade;

vii.) um convite a *outrar-se,* a compreender a diversidade de questões, problemas e situações tipicamente humanas, e seus dilemas;[1093]

viii.) uma forma lúdica e dialógica de *mediação* de conteúdos de direitos humanos, que interessa aos mais diversos auditórios, superando restrições de especialização, idade e outras condições, dirigindo-se a públicos normalmente muito ecléticos e variados.

É aqui que mais uma vez a arte prova e demonstra sua *potência* e sua capacidade de *estímulo,* agindo neste sentido com enorme eficácia no processo de ensino-aprendizagem. Esta é uma das muitas aplicações e possibilidades das artes. E, enquanto fronteira e horizonte aberto – inclusive considerada a *ambiguidade* do *texto fílmico* –, se descortina todo um universo de possibilidades de trabalho e desenvolvimento quando os temas de *justiça social, subcidadania, indignidade, violências, desigualdades socioeconômicas, formas de opressão,* são colocados e expostos nas telas, e mobilizados a processos formativos. Aqui, de novo, como já se evidenciava no capítulo anterior, fica também clara a enorme potência do *curta-metragem* para o desenvolvimento de uma cultura de direitos humanos, especialmente considerado o ambiente de intolerâncias em que muitas vezes se inserem.

São as *formas sensíveis* que são mobilizadas para mover, de forma transformadora, *afecções sensíveis,* onde a questão da *dignidade humana* está no centro. Nisto, igualmente, pode contribuir decisivamente e de forma lúdica para *humanizar, sensibilizar* e *emancipar,* de forma que o esforço por sua gradual tarefa de consolidação, implementação e expansão é de indispensável valor para a construção de uma sociedade mais justa, livre, plural, solidária, diversa e não-violenta. Ao *inscrever nos espaços de cultura,* na *indignação,* no *sofrimento,* na *injustiça* e na *dor* de *personagens* e *atores,*

[1093] "É a arte, portanto, um convite a *outrar-se,* a olhar em volta e a perceber outros rostos, outras formas, outras interpretações, outras visões, outras lógicas. (...) por isso, o que ela diz não quer calar: ela diz que somos profundamente diferentes uns dos outros, e diz, também, em voz tonitruante, que há muita beleza no interior das diferenças" (Bittar, *Democracia, justiça e direitos humanos:* estudos de Teoria Crítica e Filosofia do Direito, 2011, p. 135).

SEMIÓTICA, DIREITO & ARTE

artistas e *cineastas*, e, sobretudo, de *pessoas reais*, o espectro da imagem de um mundo que ofuscado pelo claro-escuro das imagens da tela, seja capaz de desabitar a escuridão das salas de cinema, e fazer-se claridade ali onde raia o campo das possibilidades do comum.[1094]

[1094] "Uma comunidade política não é a atualização do que não está dado como em-comum: entre algo visível e invisível, algo próximo e longínquo, algo presente e ausente. Essa comunhão supõe a construção dos vínculos que ligam o dado ao não dado, o comum ao privado, o próprio ao impróprio" (Rancière, *O desentendimento*: política e filosofia, 1996, p. 137).

Conclusões

"Enquanto a arte for o salão de beleza da civilização, nem a arte nem a civilização estarão seguras".[1095] Esta advertência de John Dewey é aqui retomada, ao final deste trabalho de pesquisa, exatamente para apontar a importância e o sentido da *arte*. Foi neste exato patamar que se procurou retomar, com o auxílio interdisciplinar de inúmeras perspectivas teóricas, a possibilidade de ser afirmar o elo entre *Direito & Arte*. E isso para considerar o quão fértil pode ser este campo de pesquisa e trabalho no Direito, para que se possa reafirmar que a Justiça se encontra em seu centro, e, também, para afirmar que esta relação não pode ser estranha ao jurista, e exatamente por isso, deve fazer-se presente no processo de formação e discussão dos conceitos e categorias jurídicas. Neste sentido, o trabalho acaba por imprimir duplo sentido de contribuição, de um lado, para a *Teoria do Direito,* e, de outro lado, para a *Teoria da Justiça.*

Na aproximação que se procurou privilegiar, pela perspectiva da relação entre *Semiótica, Direito* e *Arte,* a investigação se demonstrou extremamente desafiadora, mas, ao final, frutífera e instigante. Mas, ela é tão fértil, quanto difícil de ser construída, daí a importância do recurso de aproximação entre os campos de conhecimento da *Semiótica do Direito* e da *Semiótica da Arte.* O que se percebe é que e relação entre *Direito & Arte* é uma relação complexa, ainda em processo de afirmação e construção, que se espraia em diversas perspectivas e campos de aplicação, gerando dificuldades para as tarefas de pesquisa. Se há anos, este tipo de aproximação

---

[1095] Dewey, *Arte como Experiência*, 2010, p. 577.

SEMIÓTICA, DIREITO & ARTE

poderia ser considerada *vanguarda,* atualmente se vem verificando uma produção acadêmica notável, e que vem estabelecendo conexões de inúmeros matizes, favoráveis a abordagens cada vez mais decisivamente importantes para a análise do Direito. Não por outro motivo, a relação entre *Direito & Arte* é atravessada por tantas fronteiras de trabalho, como a *Filosofia da Arte,* a *História da Arte,* a *Antropologia da Arte,* a *Sociologia da Arte,* podendo-se, ainda, aplicar a vários campos do conhecimento dentro do universo do Direito. Exatamente por isso, foi possível constituir uma fronteira de trabalho na qual a *Semiótica do Direito* e a *Semiótica da Arte* se fundiram, para ganhar interessantes aplicações nos campos da *Semiótica da Pintura,* da *Semiótica da Arquitetura,* da *Semiótica do Teatro,* da *Semiótica da Literatura,* da *Semiótica da Fotografia* e da *Semiótica do Cinema.*

Ao analisar toda a carga simbólica, e as diversas obras concretas estudadas neste livro, fica claro que o Direito precisa da Justiça para se justificar, pois a ideia de Justiça traz sentido às práticas cotidianas do Direito. Mas, a ideia de Justiça está em transformação na história, e é isto que faz com que o *símbolo da justiça* também sofra modificações e variações, ainda que sutis. Assim, a leitura de *textos estéticos* ajuda o jurista a compreender as transformações sofridas pela *ideia de justiça.* Aliás, muitas das conquistas contidas (iconográficas, analíticas e reflexivas) no caráter exploratório desta pesquisa acabam por guiar o leitor em direção ao encontro da força e da importância que cada período histórico atribuiu ao *símbolo da justiça.* Então, algumas importantes conclusões passam a poder ser desenvolvidas: (i) o *símbolo da justiça* é um símbolo estavelmente presente na cultura, sendo invocado de forma ancestral; (ii) o *símbolo da justiça* é um texto estético em constante evocação nos espaços de justiça; (iii) o *símbolo da justiça* tem forte caráter apelativo e invocativo dos deveres da área do Direito; (iv) o *símbolo da justiça* é explorado para conferir legitimidade ao exercício do poder; (v) apesar de seu caráter estável, o *símbolo da justiça* não é invariável, sofrendo alterações que acompanham as transformações da história; (vi) o *símbolo da justiça* recebe representações estéticas que apreendem a ideia de justiça de modo a conferir-lhe sempre renovados significados, ecoando questões, valores e discussões contextuais. É assim que esta tarefa recolhe evidências importantes para o estudo semiótico da Justiça, na percepção de sua relação complexa, problemática e em transformação, em face das tarefas que circundam o universo simbólico do Direito.

REFERÊNCIAS

ADEODATO, João Maurício; BITTAR, Eduardo C. B. *Filosofia e Teoria Geral do Direito*: homenagem a Tercio Sampaio Ferraz Junior. São Paulo: Quartier Latin, 2011.

ADORNO, Theodor W.; HORKHEIMER, Max. A indústria cultural: o iluminismo como mistificação das massas, in *Indústria cultural e sociedade* (Jorge M. B. de Almeida), Tradução de Julia Elisabeth Levy, 3.ed., São Paulo, Paz e Terra, 2006.

___. *Dialética do esclarecimento:* fragmentos filosóficos. Tradução de Guido Antonio de Almeida. Rio de Janeiro: Jorge Zahar, 1985.

ADORNO, Theodor W. *Minima moralia*. Tradução de Artur Morão. Lisboa: Edições 70, 2001.

___. *Educação após Auschwitz, in Educação e emancipação*. Tradução de Wolfgang Leo Maar. São Paulo: Paz e Terra, 1995.

ADORNO, Sérgio. *Os aprendizes do poder*: o bacharelismo liberal na política brasileira. Rio de Janeiro: Paz e Terra, 1988.

AGREST, Diana; GANDELSONAS, Mario, Semiótica e Arquitetura, *in Uma nova agenda para a arquitetura*: antologia teórica (NESBITT, Kate, org.), Tradução de Vera Pereira, 2.ed., São Paulo: CosacNaify, 2013, ps. 129-141.

AKAMINE JUNIOR, Oswaldo. *Direito e estética: para uma crítica da alienação social no capitalismo*. São Paulo: Tese de Doutorado, 2012.

ANTICH, Xavier, Fármacos icónicos. Memoria y retórica en la fotografía de la guerra civil española, *in Imagem e memória* (CORNELSEN, Elcio Loureiro; VIEIRA, Elisa Amorim; SELIGMAN-SILVA, Márcio, orgs.), Belo Horizonte, Rona Editora, FALE-
-Faculdade de Letras da UFMG, 2012, ps. 191-227.

AQUINO, Sergio R. F. de Aquino. *O direito em busca de sua humanidade*: diálogos errantes. Curitiba: CRV, 2014.

ARAÚJO, Clarice von Oertzen de. *Semiótica do Direito*. São Paulo: Quartier Latin, 2005.

ARGAN, Giulio Carlo. *História da arte italiana*. Tradução de Vilma De Katinsky. São Paulo: Cosa Naif, 2013. Volumes 1, 2 e 3.

AZAMBUJA, Deodato Curvo de; NETO, Gontran Guanaes. Representação, expressão, arte e psicanálise, *in Ciência e Cultura*, São Paulo, SBPC/ FAPESP, 2009, ps. 32-33.

BÁEZ, Fernando. *História universal da destruição dos livros*: das tábuas suméricas à guerra do Iraque. Tradução de Léo Schlafman. Rio de Janeiro: Ediouro, 2006.

BARBOSA, Ana Mae. *Arte-educação no Brasil*. 7ª. edição. São Paulo: Perspectiva, 2012.

___ (org.). *Arte-educação*: leitura no subsolo. 9ª. edição. São Paulo: Cortez Editora, 2013.

BARBUY, Heloisa. *As esculturas da Faculdade de Direito*. São Paulo: Ateliê Editorial, 2017.

BARTHES, Roland. *Elementos de semiologia*. Tradução de Izidoro Blikstein. 10. ed. São Paulo: Editora Cultrix, 1997.

BANKSY, Planet. *The man, his work and the movement he inspired*. London: Michael O'Mara Books Limited, 2014.

BARELLI, Ettore; PENNACCHIETTI, Sérgio. *Dicionário das citações*. Tradução de Karina Jannini. São Paulo: Martins Fontes, 2001.

BARROS, Diana Luz Pessoa de. *Teoria do discurso*: fundamentos semióticos. São Paulo: Atual, 1988.

BARROS, Manoel de. *Poesia completa*. São Paulo: Leya, 2010.

BARROS, Vinícius Soares de Campos, A civilização chutou as portas do *Saloon*: mito, política e direito em 'O homem que matou fascínora', *in Antimanual de Direito & Arte* (FRANCA FILHO, Marcílio; LEITE, Geilson Salomão; PAMPLONA FILHO, Rodolfo, coords.), São Paulo, Saraiva, 2016, ps. 200-242.

BAUDRILLARD, Jean. *Pour une critique de l'économie politique du signe*. Paris: Gallimard, 1972.

BEIVIDAS, Waldir. *Semióticas sincréticas: posições*. Estudos da linguagem do cinema. São Paulo: AnnaBlume, 2014.

BENEDETTI, Giuseppe, Oggettività esistenziale dell'interpretazione. Da un dialogo del diritto con l'arte, la letteratura, la religione, la musica, *in Rivista Internazionale di Filosofia del Diritto*, Ano XC, n. 3, luglio/settembre, Milano, Giuffrè, 2013, ps. 339-364.

BENJAMIN, Walter. *O conceito de crítica de arte no romantismo alemão*. Tradução, introdução e notas por Márcio Seligmann-Silva. 3.ed. São Paulo: Iluminuras, 2002.

___. A imagem de Proust, *in Magia e técnica, arte e política: ensaios de literatura e história da cultura*, Obras Escolhidas, Volume 1, 7.ed., Tradução de Sérgio Paulo Rouanet, São Paulo, Brasiliense, 1996.

___. Pequena história da fotografia, *in Magia e técnica, arte e política: ensaios de literatura e história da cultura*, Obras Escolhidas, Volume 1, 7.ed., Tradução de Sérgio Paulo Rouanet, São Paulo, Brasiliense, 1996.

REFERÊNCIAS

___. A obra de arte na era de sua reprodutibilidade técnica, *in Magia e técnica, arte e política: ensaios de literatura e história da cultura*, Obras Escolhidas, Volume 1, 7.ed., Tradução de Sérgio Paulo Rouanet, São Paulo, Brasiliense, 1996.

___. Sobre o conceito de história, *in Magia e técnica, arte e política: ensaios de literatura e história da cultura*, Obras Escolhidas, Volume 1, 7.ed., Tradução de Sérgio Paulo Rouanet, São Paulo, Brasiliense, 1996.

___. Rua de mão única, Obras Escolhidas, Volume 2, 7.ed., Tradução de Rubens Rodrigues Torres Filho, José Carlos Martins Barbosa, São Paulo, Brasiliense, 2000.

___. Charles Baudelaire: um lírico no auge do capitalismo, *in Obras escolhidas*, Volume 3, 3.ed., Tradução de José Carlos Martins Barbosa, Hemerson Alves Baptista, São Paulo, Brasiliense, 2000.

BITTAR, Carlos Alberto. *Direito de Autor*. 6.ed. revista, aumentada e ampliada por Eduardo C. B. Bittar. Rio de Janeiro: GEN; Forense, 2015.

BITTAR, Eduardo C. B. *Linguagem jurídica*: semiótica, discurso e direito. 6. ed. São Paulo: Saraiva, 2015.

___. *Introdução ao Estudo do Direito*: humanismo, democracia e justiça. São Paulo: Saraiva, 2018.

___. *Democracia, justiça e direitos humanos*: estudos de teoria crítica e filosofia do direito. São Paulo: Saraiva, 2011.

___. Os direitos humanos e a sensibilidade estética: educação em direitos humanos, resistência e transformação social, *in Direitos humanos na educação superior*: subsídios para a Educação em Direitos Humanos na Filosofia (FERREIRA, Lúcia de Fátima Guerra; ZENAIDE, Maria de Nazaré Tavares; PEQUENO, Marconi, orgs.), João Pessoa, UFPB, 2010, ps. 169-188.

___. Diálogo, consciência cosmopolita e direitos humanos: os rumos e limites das lutas identitárias no mundo contemporâneo, *in Direitos fundamentais e justiça*, Ano 7, n. 22, p. 98-123, Jan.-Mar. 2013.

___. Crise econômica, desglobalização e direitos humanos: os desafios da cidadania cosmopolita na perspectiva da teoria do discurso, *in Revista Mestrado em Direito –* Direitos Humanos Fundamentais, São Paulo, Edifieo, Osasco, Ano 12, no. 01, Jan./Jul. 2012, ps. 259-294.

___. *Democracia, justiça e emancipação social*: reflexões jusfilosóficas a partir do pensamento de Jürgen Habermas. São Paulo: Quartier Latin, 2013.

BITTAR, Eduardo C. B., Art, Human Rights Activism and a Pedagogy of Sensibility: the São Paulo Human Rights Short Films Festival – Entretodos, *in Human Rights Education Review*, Oslo, Norway, 3(1), ps. 69-90.

BOAS, Franz. *Arte primitiva*. Tradução José Carlos Pereira. Rio de Janeiro: Mauad X, 2015.

BOFF, Leonardo. *Sustentabilidade:* o que é – o que não é. Rio de Janeiro: Vozes, 2012.

BOLESLAVSKI, Richard. *A arte do ator*: as primeiras seis lições. Tradução e Notas de J. Guinsburg. São Paulo: Perspectiva, 2015.

BRANCO, Patrícia. Análise da arquitetura judiciária portuguesa: as dimensões de reconhecimento, funcionalidade e acesso à justiça, in *E-Cadernos CES*, Coimbra, Centro de Estudos Sociais, Universidade de Coimbra, no. 23, 2015, ps. 01-24, http://eces.revues.org, Acesso em 02/07/2017.

BRANDI, Cesare. *Segno e immagine*. Palermo: Aesthetica Edizioni, 1986.

BUCCI, Eugênio. *O Estado de narciso*: a comunicação pública a serviço da vaidade particular. São Paulo: Companhia das Letras, 2015.

BUCCI, Eugênio. *A forma bruta dos protestos*: das manifestações de junho de 2013 à queda de Dilma Rousseff em 2016. São Paulo: Companhia das Letras, 2016.

BUYSSENS, Eric. *Semiologia e comunicação linguística*. 3.ed. Tradução de Izidoro Blikstein. São Paulo: Editora Cultrix, s.d.

CABRERA, Julio. *O cinema pensa*: uma introdução à filosofia através dos filmes. Tradução de Ryta Vinagre. Rio de Janeiro: Rocco, 2006.

CALABRESE, Omar. *Como se lê uma obra de arte*. Lisboa: Edições 70, 2015.

CANANZI, Daniele M. *Formatività e norma*: elementi di Teoria Estetica dell'interpretazione giuridica. Torino: G. Giappichelli Editore, 2013.

CANDÉ, Roland. *História universal da música*. Tradução de Eduardo Brandão. São Paulo: Martins Fontes, 1994. Volumes 1 e 2.

CANDEIAS, Maria Lúcia Levy. *A fragmentação da personagem*: no texto teatral. São Paulo: Perspectiva, 2012.

CARDENUTO, Reinaldo, *Antonio Benetazzo, permanências do sensível, in Antonio* Benetazzo: permanências do sensível (CARDENUTO, Reinaldo, coord.), São Paulo, Prefeitura de São Paulo (Secretaria Municipal de Direitos Humanos e Cidadania; Secretaria Municipal de Cultura), 2016, ps. 09 a 30.

CARLOTTI, Mariella. *Il bene di tutti*. Firenze: Società Editrice Fiorentina, 2010.

CARNEIRO, Maria Francisca. *Estética do direito e do conhecimento*. Porto Alegre: Rio Grande do Sul, 2002.

CARONTINI, Enrico; PERAYA, D. *O projeto semiótico*: elementos de semiótica geral. Tradução de Alceu Dias Lima. São Paulo: Cultrix, Universidade de São Paulo, 1979.

CASTELNUOVO, Enrico. *Retrato e sociedade na arte italiana*: ensaios de história social da arte. Tradução Franklina de Mattos. São Paulo: Companhia das Letras, 2006.

CAUJOLLE, Christian, *Sebastião Salgado*. Tradução de André Telles. São Paulo: Cosac Naify, 2011.

CHEVALIER, Jean; GHEERBRANT, Alain. *Dicionário de símbolos*. Tradução de Vera da Costa e Silva *et al*. 19. ed. Rio de Janeiro: José Olympio, 2005.

COELHO, Nuno Manuel Morgadinho dos Santos, Direito, arte e formação do jurista, *in Direito, Filosofia e Arte*: ensaios de fenomenologia do conflito (TROGO, Sebastião; COELHO, Nuno Manuel Morgadinho dos Santos, orgs.), São Paulo, RIDEEL, 2012.

REFERÊNCIAS

COMITÊ NACIONAL DE EDUCAÇÃO EM DIREITOS HUMANOS. *Plano Nacional de educação em direitos humanos*. Edição Especial da Cidade de São Paulo. Brasília: SDH; MEC; MJ; UNESCO. São Paulo: SMDHC, 2013.

CONGDON, Kristin G. Art and teaching for peace and justice, *in The Journal of Social Theory in Art Education*, 1993, no. 13, ps. 13-36.

CORNU, Gérard. *Linguistique juridique*. Paris: Montchrestien, 1990.

COSTA, Domingos Barroso da. *A crise do supereu:* e o caráter criminógeno da sociedade de consumo. Curitiba: Juruá, 2009.

COURTÉS, J. Courtés, *Introdução à semiótica narrativa e discursiva*. Tradução de Norma Backes Tasca. Coimbra: Almedina, 1979.

CUNHA, Paulo Ferreira da, Direito, poder e pró-vocação artística, *in Boletim da Faculdade de Direito da Universidade de Coimbra*, v. 101, Coimbra Editora, Portugal, ps. 209- -239, 2010.

___. Paulo Ferreira da. *O Tímpano das Virtudes*: arte, ética e direito. Coimbra: Almedina, 2004.

___. *Filosofia do Direito*: fundamentos, metodologia e teoria geral do Direito. 2.ed. Coimbra: Almedina, 2013.

DAMATTA, Roberto. *O que faz o brasil, Brasil?* Rio de Janeiro: Rocco, 1986.

DANTO, Arthur C. *O abuso da beleza*. Tradução de Pedro Süssekind. São Paulo: Martins Fontes, 2015.

DAVIS, Mike. *Cidades mortas*. Tradução de Alves Calado. Rio de Janeiro: Record, 2007.

DEELY, John. *Semiótica básica*. Tradução de Júlio C. M. Pinto. São Paulo: Ática, 190.

DEONNA, W. La justice à l'Hôtel de Ville de Genève et la fresque des juges aux mains coupées, *in Revue Suisse d'art et d'archéologie*, n. 11, 1950, Zürish, http://www.e-periodica.ch, Acesso em 03/07/2017, ps. 144-152.

DEWEY, John. *Arte como experiência*. Tradução de Vera Ribeiro. São Paulo: Martins Fontes, 2010.

DIDI-HUBERMAN, Georges, The molding image: genealogy and the truth of resemblance in Pliny's natural history, *in Law and the image*: the authority of art and the aesthetics of law (DOUZINAS; NEAD, editors), Chicago, The Universtiy of Chicago Press, 1999, ps. 36-67.

DIETRICH; Ana Maria; MACHADO, Rodrigo (org.). *Artes, diversidades e afins*. Santo André: UFABC, 2017.

DONDIS, Donis A. *Sintaxe da linguagem visual*. Tradução de Jefferson Luiz Camargo. São Paulo: Martins Fontes, 2007.

DOUZINAS, Costa, Prosopon and antiprosopon: prolegomena for a legal iconology, *in Law and the image*: the authority of art and the aesthetics of law (DOUZINAS; NEAD, editors), Chicago, The Universtiy of Chicago Press, 1999, ps. 36-67.

DOUZINAS, Costa; NEAD, Lynda, Introduction, *in Law and the image*: the authority of art and the aesthetics of law (DOUZINAS; NEAD, editors), Chicago, The Universtiy of Chicago Press, 1999, ps. 01-15.

DWORKIN, Ronald. Direito, filosofia e interpretação, *in Cadernos da Escola do Legislativo*, Belo Horizonte, 3(5), p. 44-71, jan./jun. 1997.

ECO, Umberto (org.). *História da feiúra*. Tradução de Eliana Aguiar. Rio de Janeiro: Record, 2007.

____. *O signo*. Tradução de Maria de Fátima Marinho. 4ª. edição. Lisboa: Editorial Presença, 1990.

____. *Semiótica e filosofia da linguagem*. Tradução de Mariarosaria Fabris e José Luiz Fiorin. São Paulo: Ática, 1991.

____. *Opera aperta*: forma e indeterminazione nelle poetiche contemporanee. Bompiani. Milano: Bompiani, 1993.

____. *A definição da arte*. Tradução de Adriana Aguiar. São Paulo: Record, 2016.

EDELMAN, Bernard. *O direito captado pela fotografia*. Tradução de Soveral Martins e Pires de Carvalho. Coimbra: Centelha, 1976.

ELIAS, Norbert. *O processo civilizador*. Volume I. Tradução de Ruy Jugman. Rio de janeiro: Jorge Zahar, 1994.

ENTRETODOS. 6º. *Festival de Curtas-Metragens em Direitos Humanos*. DVD. São Paulo: FESPSP; Prefeitura de São Paulo; Estate; 2013.

____. 7º. *Festival de Curtas-Metragens em Direitos Humanos*. DVD. São Paulo: FESPSP; Prefeitura de São Paulo; Estate; SPCine, 2014.

____. 8º. *Festival de Curtas-Metragens em Direitos Humanos*. DVD 1. São Paulo: FESPSP; Prefeitura de São Paulo; Estate; SPCine, 2015.

____. 8º. *Festival de Curtas-Metragens em Direitos Humanos*. DVD 2. São Paulo: FESPSP; Prefeitura de São Paulo; Estate; SPCine, 2015.

____. 8º. *Festival de Curtas-Metragens em Direitos Humanos*. DVD 3. São Paulo: FESPSP; Prefeitura de São Paulo; Estate; SPCine, 2015.

____. 8º. *Festival de Curtas-Metragens em Direitos Humanos*. DVD 4. São Paulo: FESPSP; Prefeitura de São Paulo; Estate; SPCine, 2015.

____. 8º. *Festival de Curtas-Metragens em Direitos Humanos*. DVD 5. São Paulo: FESPSP; Prefeitura de São Paulo; Estate; SPCine, 2015.

____. 8º. *Festival de Curtas-Metragens em Direitos Humanos*. DVD 6. São Paulo: FESPSP; Prefeitura de São Paulo; Estate; SPCine, 2015.

FARALLI, Carla; GIGLIOTTI, V.; HERITIER, P.; MITTICA, M.P. *Il Diritto tra testo e immagine*. Milano: Mimesis, 2014.

FELMAN, Shoshana. *O inconsciente jurídico*: julgamentos e traumas no século XX. Tadução Ariani Bueno Sudatti. Prefácio Márcio Seligmann-Silva. São Paulo: Edipro, 2014.

FERRACINI, Renato. *Ensaios de atuação*. São Paulo: Perspectiva/ FAPESP, 2013.

REFERÊNCIAS

FERRY, Luc. *Diante da crise:* materiais para uma política da civilização. Tradução de Karina Jannini. Rio de Janeiro: Difel, 2010.

FELICIANO, Héctor. *O museu desaparecido.* Tradução de Silvana Cobucci Leite. São Paulo: Martins Fontes, 2013.

FIORIN, José Luiz, Para uma definição das linguagens sincréticas, *in Linguagens na comunicação:* desenvolvimentos de semiótica sincrética (OLIVEIRA, Ana Claudia de; TEIXEIRA, Lucia, orgs.), São Paulo, Estação das Letras e das Cores, 2009, ps. 15-40.

FLÜCKIGER, Alexandre, L'acteur et le droit: du comédien au stratège, *in Revue Européenne des Sciences Sociales,* XXXIX, 121, 2001, Disponível em http://ress.revues.org/645, Acesso em 11.02.2020, ps. 01-13.

FONTANILLE, Jacques. *Semiótica do discurso.* São Paulo: Contexto, 2015.

FOUCAULT, Michel. *Vigir e punir:* nascimento da prisão. 12. ed. Tradução de Raquel Ramalhete. Petrópolis: Vozes, 1995.

FRANCA FILHO, Marcílio Toscano. *A cegueira da justiça:* diálogo iconográfico entre Arte e Direito. Porto Alegre: Sergio Antonio Fabris, 2011.

FRANCA FILHO, Marcílio Toscano; LEITE, Geilson Salomão; FILHO, Rodolfo Pamplona (Coords.). *Antimanual de Direito & Arte.* São Paulo: Saraiva, 2016.

FROMM, Erich. *Ter ou ser?* 4.ed. Tradução de Nathanael C. Caixeiro. Rio de Janeiro: LTC, 1987.

____. *Anatomia da destrutividade humana.* 2.ed. Tradução de Marco Aurélio de Moura Matos. Rio de janeiro: Guanabara, 1987.

FRUGONI, Chiara. *Gli affreschi della Cappella Scrovegni a Padova.* Torino: Einaudi, 2005.

GALEFFI, Romano. *Novos ensaios de estética.* Bahia: UFBA, 1979.

GALVÃO, Donizete, Objetos, *in Vidas à venda* (Bittar, Eduardo C. B.; Melo, Tarso de, orgs.), São Paulo, Terceira Margem, 2009, p. 69.

GANDOLFO, Francesco, L'idea di giustizia nelle arti figurative del medioevo, *in Arte e limiti. La misura del diritto* (MANGIAMELI, Agata C. Amato; FARALLI, Carla; MITTICA, Maria Paola, orgs.), Roma, Aracneeditrice, 2012, ps. 285-321.

GARAPON, Antoine. *O guardador de promessas:* justiça e democracia. Tradução de Francisco Aragão. Lisboa: Instituto Piaget, 1998.

____. *Bem julgar:* ensaio sobre o ritual judiciário. Tradução de Pedro Filipe Henriques. Lisboa: Instituto Piaget, 1999.

GEERTZ, Clifford. *O saber local:* novos ensaios em antropologia interpretativa. 14.ed. Tradução de Vera Joscelyne. Rio de Janeiro: Vozes, 2014.

GOEDERT, Nathalie; MAILLARD, Ninon. *Le Droit en représentation.* Paris: Éditions Mare & Martins, 2015.

GOMES, Álvaro Cardoso. *A estética simbolista.* São Paulo: Cultrix, 1985.

GONZÁLEZ, José Calvo, Derecho y literatura: la cultura literária del Derecho, *in Anais do I Simposio de Direito e Literatura* (OLIVO, Luis Carlos Cancellier de, org.), Volume I, Fundação Boiteux, Florianópolis, FUNJAB, 2011, ps. 13-24.

GOODRICH, Peter, The iconography of nothing: blank spaeces and the representation of law in Edward VI and The Pope, *in Law and the image*: the authority of art and the aesthetics of law (DOUZINAS; NEAD, editors), Chicago, The Universtiy of Chicago Press, 1999, ps. 89-114.

GORSDORF, Leandro Franklin. Direitos humanos e arte: diálogos possíveis para uma episteme, *in Direitos humanos e políticas públicas* (FARIA SILVA, Eduardo; GEDIEL, José Antônio Perez; TRAUCZYNSKI, Silvia Cristina, orgs.), Curitiba, Editora Universidade Positivo, 2014, ps. 51-66.

GREIMAS, Algirdas Julien. *De l'imperfection*. Périgeux: Pierre Fanlac, 1987.

___. *Semiótica e ciências sociais*. Tradução de Álvaro Lorencini e Sandra Nitrini. São Paulo: Editora Cultrix, 1981.

___, Sémiotique figurative et sémiotique plastique, *in Actes Sémiotiques – Documents*, Vol. 60, Paris, Institut National de la Langue Française, 1984, ps. 01-24.

___. *Sobre o sentido II*: ensaios semióticos. São Paulo: EDUSP, 2014.

___, As aquisições e os projectos: prefácio, *Introdução à Semiótica narrativa e discursiva* (Courtés, Joseph), Tradução de Norma Backes Tasca, Coimbra, Livraria Almedina, 1979, ps. 07-34.

___; COURTÉS, J. *Sémiotique*: dictionnaire raisonné de la théorie du langage. Paris: Hachette, 1993.

GUÉNOUN, Denis. *O teatro é necessário?* Tradução de Fátima Saadi. São Paulo: Perspectiva, 2014.

GUINSBURG, J.; BARBOSA, Ana Mae. *O pós-modernismo*. São Paulo: Perspectiva, 2005.

HABERMAS, Jürgen. *Direito e democracia*: entre facticidade e validade. vs. I. e II. 2.ed. Tradução de Flávio Beno Siebeneichler. Rio de Janeiro: Tempo Brasileiro, 2003.

___. *Mudança estrutural da esfera pública*: investigações quanto a uma categoria da sociedade burguesa. Tradução de Flávio R. Kothe. Rio de Janeiro: Tempo Brasileiro, 1984.

___. *Theorie des kommunikativen Handelns: Zur Kritik der funktionalistischen Vernunft*. Band 2. Frankfurt am Main: Suhrkamp, 1995.

___. *Consciência moral e agir comunicativo*. Tradução de Guio A. de Almeida. Rio de Janeiro: Tempo Brasileiro, 1989.

___. *Teoria do agir comunicativo*. Tradução de Paulo Astor Soethe. Revisão de Flávio Beno Siebneichler. São Paulo: Martins Fontes, 2012.

___. *Verdade e justificação*: ensaios filosóficos. Tradução de Milton Camargo Mota. São Paulo: Loyola, 2004.

___. *Communication and the evolution society*. Translated by Thomas McCarthy. Boston: Beacon Press, 1979.

HALDAR, Piyel, The function of the ornament in Quintilian Alberti, and Court Architecture, *in Law and the image*: the authority of art and the aesthetics of law (DOUZINAS; NEAD, editors), Chicago, The Universtiy of Chicago Press, 1999, ps. 117-136.

REFERÊNCIAS

HAN, Byung-Chul. *A salvação do belo*. Tradução de Miguel Serras Pereira. Lisboa: Relógio d'Agua, 2015.

HAYAERT, Valérie; GARAPON, Antoine. Allégories de Justice: la Grand'Chambre du Parlement de Flandre. Flandre: F. Paillart, 2014.

HERMANN, Nadja. *Ética e estética*: a relação quase esquecida. Porto Alegre: EDIPU-CRS, 2005.

HJELMSLEV, Louis Trolle, A estratificação da linguagem, *in Os pensadores*, vol. XLIX, Tradução de José Teixeira Coelho Netto, São Paulo, Abril Cultural, 1975, ps. 157-182.

___, Prolegômenos a uma teoria da linguagem, *in Os pensadores*, vol. XLIX, Tradução de José Teixeira Coelho Netto, São Paulo, Abril Cultural, 1975, ps. 183-219.

HOBSBAWN, Eric J. *História social do jazz*. 6. ed. Tradução de Angela Noronha. São Paulo: Paz e Terra, 2008.

HONNETH, Axel. *O direito da liberdade*. Tradução de Saulo Krieger. São Paulo: Martins Fontes, 2015.

IBDFAM, Direito e arte. E vice-versa, *in Revista do IBDFAM*, edição 34, Agosto/ Setembro, Belo Horizonte, Assessoria de Comunicação, IBDFAM, 2017.

JACOB, Robert. *Images de la Justice*. Paris: Éditions Léopard d'Or, 1994.

JACKSON, Bernard, Sémiotique et études critiques du droit, *in Droit et Société*, Volume 8, Número 01, 1988, ps. 61-71.

___, A journey into Legal Semiotics, *in Actes Sémiotiques*, n. 120, 2017, epublications. unilim.fr, Acesso em 27/06/2017, ps. 01-25.

JANSON, H.W. *História da arte*. 5.ed. Tradução de J.A. Ferreira de Almeida; Maria Manuela Rocheta Santos. São Paulo: Martins Fontes, 1992.

JAY, Martin, Must justice be blind?: the challenge of images to the law, *in Law and the image*: the authority of art and the aesthetics of law (DOUZINAS; NEAD, editors), Chicago, The Universtiy of Chicago Press, 1999, ps. 19-35.

JUNQUEIRA, João Francisco Franco. *Jazz*: através dos tempos. São Paulo: Via Impressa, Edições de Arte, 2014.

KET. *Planet Banksy*: the man, his work and the movement he inspired. London: Michael O'Mara Books Limited, 2014.

KHARBOUCH, Ahmed, Manipulation et contagion: le discours ambivalent du populisme politique, *in Actes Sémiotiques*, 2018, no. 121, p. 118. Disponível em https:// www.unilim.fr/actes-semiotiques/6021. Acesso em 27.12.2019.

KRISTEVA, Julia. *Semiotica, 1*. Traducción de José Martin Arancibia. Madrid: Editorial Fundamentos, 1981.

LACERDA, Bruno Amaro. *Balança, espada e venda*: a justiça e a imparcialidade do juiz, *in* Direito, Filosofia e Arte: ensaios de fenomenologia do conflito (TROGO, Sebastião; COELHO, Nuno Manuel Morgadinho dos Santos, orgs.), São Paulo: RIDEEL, 2012.

LACOSTE, Jean. *A filosofia da arte*. Tradução de Álvaro Cabral. Rio de Janeiro: Jorge Zahar, 1986.

LANDOWSKI, Eric. *La sociedad figurada*: ensayos de sociosemiótica. Traducción de Gabriel Hernández Aguilar *et alii*. México: Universidad Autónoma de Puebla; Fondo de Cultura Económica, 1993.

___, Para uma semiótica sensível, *in Educação & Realidade*, Volume 30, n. 02, Rio Grande do Sul, UFRGS, jul.-dez. 2005, ps. 93 a 106.

___, Interactions (socio) sémiotiques, *in Actes Sémiotiques*, no. 120, 2017, epublications. unilim.fr, Acesso em 06/06/2017, ps. 01/ 20.

___. *Interações arriscadas*. Tradução de Luiza Elena O. da Silva. São Paulo: Estação das Letras e Cores, 2014.

___. Populisme et esthésie, *in Actes Sémiotiques*, 2018, no. 121 p. 118. Disponível em https://www.unilim.fr/actes-semiotiques/6021. Acesso em 27.12.2019.

___ (org.), Pour une approche sémiotique et narrative du droit, *in Droit Prospectif, Revue de Recherche Juridique: Colloque International de Sémiotique Juridique*, 1986, no. 11, ps. 39-70.

___. Vérité et véridiction en droit, *Droit et Société: Revue Internationale de Théorie du Droit et de Sociologie Juridique*, 1988, no. 08, ps. 45-59.

LAUTHÈRE-VIGNEAU, Catherine (Direct.). *Mai 68*. Préface de Daniel Cohn-Bendit. Paris: Denoël, 2008.

LEONARDI FILHO, Luiz Sergio. *Descrição semiótica do Direito*: o jurídico para além da história e da antropologia. Editora Scortecci, 2006.

LINHARES, José Manuel Aroso. *O binómio casos fáceis/ casos difíceis e a categoria da inteligibilidade sistema jurídico*. Coimbra: Universidade de Coimbra, 2017.

LIPOVETSKY, Gilles. *L´ère du vide*: essais sur l´individualisme contemporain. Paris: Gallimard, 2003.

___; CHARLES, Sébastien. *Os tempos hipermodernos*. Tradução de Mário Vilela. São Paulo: Barcarolla, 2004.

___; SERROY, Jean. *O capitalismo estético na era da globalização*. Tradução de Luis Filipe Sarmento. Lisboa: Edições 70, 2014.

LOMBARDO, Giovanni. *A estética da antiguidade clássica*. Tradução de Isabel Pereira Santos. Lisboa: Estampa, 2003.

LOPES, José Reinaldo de Lima; QUEIROZ, Rafael Mafei Rabelo; ACCA, Thiago dos Santos. *Curso de História do Direito*. 2.ed. São Paulo: GEN, 2009.

MALLAND, Julien Seth. *Tropical spray*: viagem ao coração do grafite brasileiro. Tradução de Bruna Ary Laurent Régnier; Jovita Maria Greheim Noronha. São Paulo: Martins Fontes, 2012.

MANGIAMELI, Agata C. Amato; FARALLI, Carla; MITTICA, Maria Paola. *Arte e limiti. La misura del diritto*. Roma: Aracneeditrice, 2012.

MARCI, Tito. *Prospettiva pittorica e costruzione giuridica*: arte, diritto e potere dal Rinascimento al XIX secolo. Trento: Tangram Edizioni Scientifiche, 2012.

REFERÊNCIAS

MARCOS, Rui Miguel de Figueiredo. *A Faculdade de Direito de Coimbra em retrospectiva.* Coimbra: Imprensa da Universidade de Coimbra, 2016.

MARCUSE, Herbert. Comentários para a redefinição do conceito de cultura, *in Cultura e Sociedade*, V. 2, Tradução de Robespierre de Oliveira, São Paulo, Paz e Terra, 1998, ps. 153-175.

___. *A dimensão estética.* Tradução Maria Elisabete Costa. Lisboa: Edições 70, 2007.

MARTIN, Alfred Von. *Sociología del Renacimiento.* 11.ed. Traducción Manuel Pedroso. México: Fondo de Cultura Económica, 1988.

MARTINS, José de Souza. *Sociologia da fotografia e da imagem.* 2.ed. São Paulo: Contexto, 2017.

MARTINS, Ana Luiza; BARBUY, Heloisa. *Arcadas*: história da Faculdade de Direito do Largo de São Francisco. São Paulo: Melhoramentos/ Alternativa, 1999.

MATHIAS, Ronaldo. *Antropologia visual*: diferença, imagem e crítica. São Paulo: Nova Alexandria, 2016.

MATOS, Miguel (Org.). *Lírica do direito*: antologia de poesias jurídicas. Campinas: Millenium, Migalhas, s.d.

MAZZUCCO, Erminio. *Il crimine e l'arte.* Nell'arte e nel diritto penale. Roma: Tippi Edizioni, 2017.

MELO, Eduardo Rezende. *Nietzsche e a justiça.* São Paulo: Perspectiva/ FAPESP, 2004.

MEONI, Maria Luisa. *Utopia e realtà nel Buongoverno di Ambrogio Lorenzetti.* Firenze: Ifi, 2001.

MOLINARI, Danielle, *Victor Hugo*: visions graphiques, Paris, Paris-Musées, 2010.

MOOR, Pierre. *Dynamique du système juridique*: une théorie générale du droit. Genève; Bruxelles; Paris: Schulthess; Bruylant; LGDJ, 2010.

MOUNIN, Georges. *Introduction à la Sémiologie.* Paris: Minuit, 1970.

NAZARIO, Luiz, Quadro histórico do pós-modernismo, *in O pós-modernismo* (GUINSBURG, J; BARBOSA, Ana Mae, orgs.), São Paulo, Perspectiva, 2005, ps. 23-70.

NESBITT, Kate (org.). *Uma nova agenda para a arquitetura*: antologia teórica. Tradução Vera Pereira. 2.ed. São Paulo: CosacNaify, 2013.

NETTO, J. Teixeira Coelho. *Semiótica, informação e comunicação*: diagrama da teoria do signo. São Paulo: Perspectiva, 1980.

NÖTH, Winfried, Fundamentos semióticos do estudo das imagens, *in Tabuleiro das Letras*: Revista do Programa de Pós-Graduação em Estudo de Linguagens, Universidade do Estado da Bahia, no. 05, dez. 2012, ps. 01-19.

NÖTH, Winfried. *A semiótica no século XX.* 3.ed. São Paulo: Annablume, 2005.

NOVAES Adauto (org.). *O homem-máquina.* São Paulo: Companhia das Letras, 2003.

OLIVEIRA, Adriano Dantas de; MOSCA, Lineide do Lago Salvador. *Retórica e canção.* Goiânia: Espaço Acadêmico, 2019.

SEMIÓTICA, DIREITO & ARTE

OLIVEIRA, Ana Paula Polacchini. *Da ninguendade à humilhação social*. Tese de Doutorado. Orientação de Mara Regina de Oliveira. São Paulo: Universidade de São Paulo, Faculdade de Direito, 2016.

OLIVEIRA, Ana Claudia de (org.). *Do sensível ao inteligível*. Duas décadas de construção do sentido. São Paulo: Estação das Letras e Cores, 2014.

___, A plástica sensível da expressão sincrética e enunciação global, *in Linguagens na comunicação*: desenvolvimentos de semiótica sincrética (OLIVEIRA, Ana Claudia de; TEIXEIRA, Lucia, orgs.), São Paulo, Estação das Letras e das Cores, 2009, ps. 79-140.

___; TEIXEIRA, Lucia (orgs.). *Linguagens na comunicação*: desenvolvimentos de semiótica sincrética. São Paulo: Estação das Letras e das Cores, 2009.

OLIVEIRA, Mara Regina de, Abuso de poder e violência não razoável; análise do filme Tropa de Elite, *in Filosofia e Teoria Geral do Direito* (ADEODATO, João Maurício; BITTAR, Eduardo C. B., Org.), São Paulo, Quartier Latin, 2011, ps. 815-850.

OST, François. *O tempo do Direito*. Tradução de Maria Fernanda Oliveira. Lisboa: Instituto Piaget, 2001.

PANOFSKY, Erwin. *Idea*: a evolução do conceito de Belo. Tradução de Paulo Neves. São Paulo: Martins Fontes, 2000.

PAOLUCCI, Antonio. *Michelangelo e Raffaello in Vaticano*. Roma: Giunti Editore, 2013.

PANOFSKY, Erwin. *Studi di Iconologia*. Torino: Piccola Einaudi, 2009.

PASTORE, Jassanan Amoroso Dias. A arte do inconsciente, *in Ciência e Cultura*, São Paulo, SBPC/ FAPESP, 2009, ps. 20-24.

PERISSÉ, Gabriel. *Filosofia, ética e literatura*: uma proposta pedagógica. São Paulo: Manole, 2004.

PIETROFORTE, Antonio Vicente. *Análise do texto visual*: a construção da imagem. 2.ed. São Paulo: Contexto, 2016.

PIGNATARI, Décio. *Semiótica da arte e da arquitetura*. São Paulo: Cultrix, 1995.

___. *Semiótica e literatura*. 3.ed. São Paulo: Cultrix, 1987.

PINTO, Victor Carvalho. *Direito urbanístico*. 4ª. ed. São Paulo: Revista dos Tribunais, 2014.

PISANI, Giuliano. *I volti segreti di Giotto*: le rivelazioni della Capella degli Scrovegni. 3.ed. Bologna: Programma, 2015.

PLAZA, Julio. *Tradução intersemiótica*. São Paulo: Perspectiva, 2010.

PROENÇA, Graça. *História da arte*. São Paulo: Ática, 1990.

PULS, Mauricio. *Arquitetura e filosofia*. São Paulo: Annablume, 2006.

QUEIRÓS, Luiz Miguel, Uma Universidade que mora em aposentos reais, *in* https://www.publico.pt/2013/06/22/jornal/uma-universidade-que-mora-em-aposentos-reais-26725680, Acesso em 03/09/2018.

RADBRUCH, Gustav. *Filosofia do Direito*. Tradução de L. Cabral de Moncada. 6.ed. Coimbra: Arménio Amado, 1997.

REFERÊNCIAS

RANCIÈRE, Jacques. *O espectador emancipado*. Tradução de Ivone C. Benedetti. São Paulo: Martins Fontes, 2014.

___. *O inconsciente estético*. Tradução de Mônica Costa Netto. São Paulo: Editora 34, 2009.

___. *El malestar en la estética*. Traducción de Miguel Ángel Petrecca, Lucía Vogelfandg y Marcelo G. Burello. Buenos Aires: Capital Intelectual, 2011.

___. *A partilha do sensível*: estética e política. Tradução de Mônica Costa Netto. São Paulo: Eixo Experimental; Editora 34, 2009.

RAPOPORT, Nancy B., Analysis and the Arts, *in* The arts and the legal academy: beyond text in legal education (BANKOWSKI, Zenon; DEL MAR, Maksymilian; MAHARG, Paul, edited by), England, Ashgate, 2013, p. 101-118.

RASTIER, François. *Sens et textualité*. Paris: Hachette, 1989.

___. De la sémantique structurale à la sémiotique des cultures, *in Actes Sémiotiques*, no. 120, 2017, epublications.unilim.fr, Acesso em 06/06/2017, ps. 01/ 13.

REALE, Ebe. *A Faculdade de Direito do Largo de São Francisco*: a velha e sempre nova Academia. Rio de Janeiro: Ac&M, 1996.

RENDON, Pedro Agudelo, Hacia uma semiótica del arte: implicaciones del pensamento peirceano en el estúdio del arte contemporâneo, *in Cuadernos de Filosofía Latinoamericana*, Vol. 35, no. 11, 2014, pp. 127-145.

RESNIK, Judith; CURTIS, Dennis. *Representing Justice*: invention, controversy, and rights in City-States and democratic courtrooms. New Haven: Yale University Press, 2011.

___. *Images of Justice*. Faculty Scholarship Series, Paper 917, in http://digitalcommons. law.yale.edu/fss_papers/917, Acesso em 07/04/2017, 1987.

RIBEIRO, Renato Janine (org.). *Humanidades*. São Paulo: EDUSP, 2001.

RICOEUR, Paul. *O justo 1*: a justiça como regra moral e como instituição. Tradução de Ivone C. Benedetti. São Paulo: Martins Fontes, 2008.

___. *O justo 2*: a justiça como regra moral e como instituição. Tradução de Ivone C. Benedetti. São Paulo: Martins Fontes, 2008.

ROMANO, Bruno. *Giudizio giuridico e giudizio estetico da Kant verso Schiller*. Torino: G. Giappichelli Editore, 2013.

ROSA, Hartmut. *Social acceleration*: a new theory of modernity. Translated by Jonathan Trejo-Mathys. New York: Columbia, 2015.

ROSSI, Elisabetta Antoniazzi. *Palazzo della Ragione a Padova*. Milano: Skira Editore, 2007.

ROUANET, Sergio Paulo. *As razões do iluminismo*. São Paulo: Companhia das Letras, 1987.

SALAZAR, Abel. *Que é arte?* 3.ed. Coimbra: Arménio Amado, 1961.

SALGADO, Sebastião. *Da minha terra à Terra*. Tradução de Julia da Rosa Simões. São Paulo: Paralela, 2014.

SANT'ANNA, Denise Bernuzzi de. *História da beleza no Brasil*. São Paulo: Contexto, 2014.

SANTAELLA, Lucia, Memória e perspectivas da semiótica no Brasil, *in Intexto*, n. 37, Porto Alegre, UFRGS, set./dez., 2016, ps. 22 a 33.

___. *Temas e dilemas do pós-digital*: a voz da política. São Paulo: Paulus, 2016.

___. *A Assinatura das coisas*: Peirce e a literatura. Rio de Janeiro: Imago, 1992.

___. *Linguagens líquidas na era da mobilidade*. São Paulo: Paulus, 2007.

___; NÖTH, Winfried. *Imagem*: cognição, semiótica, mídia. São Paulo: Iluminuras, 1998.

SELIGMAN-SILVA, Márcio, Imagens do trauma e sobrevivência das imagens: sobre as hiperimagens, *in Imagem e memória* (CORNELSEN, Elcio Loureiro; VIEIRA, Elisa Amorim; SELIGMAN-SILVA, Márcio, orgs.), Belo Horizonte, Rona Editora, FALE-Faculdade de Letras da UFMG, 2012, ps. 63-79.

SELIGMANN-SILVA, Márcio; CORNELSEN, Elcio Loureiro; VIEIRA, Elisa Amorim (orgs.). *Imagem e memória*. Belo Horizonte: Rona; FALE-UFMG, 2012.

SENNA, Costa. *Cordéis que educam e transformam*. São Paulo: Global, 2012.

SOULAGES, François. *Estética da fotografia*: perda e permanência. Tradução de Iraci D. Poleti e Regina Salgado Campos. São Paulo: SENAC, 2010.

SOUZA, Ricardo Tim de, A filosofia e o pós-moderno: algumas questões e sentidos fundamentais, *in O pós-modernismo* (GUINSBURG, J; BARBOSA, Ana Mae, orgs.), São Paulo, Perspectiva, 2005, ps. 85-100.

SMITH, Ralph, Excelência no ensino da arte, *in Arte-educação*: leitura no subsolo (BARBOSA, Ana Mae, org.), São Paulo, Cortez, 2013, ps. 131-147.

STRECK, Lênio Luiz; TRINDADE, André Karan. *Direito e literatura*: da realidade da ficção à ficção da realidade. São Paulo: Atlas, 2013.

SCHWARCZ, Lilia Moritz, Assombrados pela história. Das dificuldades de se construir uma democracia e uma (res)pública, *in História do Direito Brasileiro*: leituras da ordem jurídica nacional (BITTAR, Eduardo C. B., org.), 4. ed., São Paulo, Atlas, 2017, ps. 587-599.

TAYLOR, Katherine Fischer, The Festival of Justice, Paris, 1849, *in Law and the image*: the authority of art and the aesthetics of law (DOUZINAS; NEAD, editors), Chicago, The Universtiy of Chicago Press, 1999, p. 137-177.

TANNER, Lee E. *The jazz images*: masters of jazz photography. New York: Abrams, 2006.

TEIXEIRA, Lucia, Para uma metodologia de análise de textos verbovisuais, *in Linguagens na comunicação*: desenvolvimentos de semiótica sincrética (OLIVEIRA, Ana Claudia de; TEIXEIRA, Lucia, orgs.), São Paulo, Estação das Letras e das Cores, 2009, ps. 41-77.

TELLES JUNIOR, Goffredo. *A folha dobrada*: lembranças de um estudante. Rio de Janeiro: Nova Fronteira, 1999.

REFERÊNCIAS

TERRÉ, François. *Introduction générale au droit*. 10.ed. Paris: Dalloz, 2015.

VERAS, Dalila Teles. Homem-tração, *in Cidades impossíveis* (BITTAR, Eduardo C. B.; MELO, Tarso de), São Paulo, Portal Literatura, p. 132, 2010.

TORE, Gian Maria, L'art comme création, ou la règle de nier la règle: contribution à une sémiotique de l'art, *in Actes Sémiotiques*, no. 114, 2011, epublications.unifilm. fr, Acesso em 06/06/2017, ps. 1-11.

TIBBITTS, Felisa. Understanding what we do: emerging models for human rights education, *in International Review of Education*, Kluwer Academic, Netherlands, 2002, no. 48, ps. 159-171.

TRANTER, Kieran, Seeing law: the comic, icon and the image in law and justice, *in International Journal for the Semiotics of Law*, May, 2017, http://link.springer.com/ journal, Acesso em 03/07/2017, ps. 01-04.

TUZET, Giovanni, Contro le immagini: Semiotica giuridica e demenza collettiva, *in Il Diritto tra testo e immagine* (FARALLI, Carla; GIGLIOTTI, V.; HERITIER, P.; MITTICA, M.P.), Milano, Mimesis, 2014, ps. 175-188.

VESPAZIANI, Alberto, Costituzionalità e narratività, *in Diritto e Letteratura*: prospettive di ricerca (FARALLI, Carla; MITTICA, Maria Paola, orgs.), Roma, Aracne Editrice, 2010, ps. 123-137.

VIDIGAL, Allan. *Faculdade de Direito do Largo de São Francisco*: USP 190 Anos. São Paulo: DBA Editora, 2017.

VOLLI, Ugo. *Manual de Semiótica*. Tradução de Silva Debetto C. Reis. 3.ed. São Paulo: Loyola, 2015.

WARAT, Luis Alberto. Literasofia, *in Territórios desconhecidos* (MEZZAROBA, Orides; ROVER, Aires José; JUNIOR, Arno Dal Ri; MONTEIRO, Cláudia Servilha, orgs.), Volume I, Florianópolis, Fundação Boiteux, 2004, p. 19-26.

___. La cinesofia y su lado oscuro: la infinita posibilidad surrealista de pensar con la cinesofía, *in Territórios desconhecidos* (MEZZAROBA, Orides; ROVER, Aires José; JUNIOR, Arno Dal Ri; MONTEIRO, Cláudia Servilha, orgs.), Volume I, Florianópolis, Fundação Boiteux, 2004, ps. 549-562.

WAGNER, Anne; SHERWIN, Richard K (editors). *Law, Culture and Visual Studies*. Netherlands: Springer, 2014.

___; BHATIA, Vijay K. *Diversity and tolerance in social-legal contexts*: explorations in the Semiotics of Law. Burlington: Ashgate, 2009.

WARAT, Luis Alberto. *O direito e sua linguagem*, 2. ed. Porto Alegre: Sergio Antonio Fabris, 1995.

WERLE, Marco Aurélio. *A questão do fim da arte em Hegel*. São Paulo: Hedra, 2011.

ZICCARDI, Maria Giovanna, Una giustizia senza benda e senza spada? Simbologia del giuridico e funzione giudiziale fra Simone Weil e Martha Nussbaum, *in Il Diritto tra testo e immagine* (FARALLI, Carla; GIGLIOTTI, V.; HERITIER, P.; MITTICA, M.P.), Milano, Mimesis, 2014, ps. 167-173.